Südafrika

Thomas Roth

Südafrika
Die letzte Chance

Edition Erdmann in
K. Thienemanns Verlag

Die Farbbilder der Innenillustrationen und der Vorderseite des Schutzumschlages photographierte Dr. Monika Roth sowie Louise Gubb, Johannesburg (Nr. 3, 9); das Rückseitenbild stammt von Uli Michel und die beiden Schwarzweißaufnahmen von Reuters, Johannesburg.

Autor und Verlag danken den Photographen sehr herzlich für die Abdruckgenehmigung.

Die Deutsche Bibliothek – CIP-Einheitsaufnahme

Roth, Thomas:
Südafrika: die letzte Chance/Thomas Roth. –
Stuttgart; Wien: Ed. Erdmann in K. Thienemanns Verlag, 1991
ISBN 3 522 65310 6

Umschlag: Reichert Buchgestaltung in Stuttgart
Schrift: Sabon
Satz: Steffen Hahn Fotosatz in Kornwestheim
Reproduktionen: Gölz Repro Service in Ludwigsburg
Druck und Bindung: Ebner in Ulm

5 4 3 2 1

Für Moni und ihre faszinierende
Fähigkeit, sich immer wieder von
Geduld hinreißen zu lassen.

Inhalt

Mandelas Traum: Sieht so Südafrikas Zukunft aus?

In dem fahlen Schein der beiden Neonröhren wirkt sein Gesicht gelblich. Zwischen den zusammengezogenen Augenbrauen hat sich eine tiefe Falte eingegraben. Er sieht krank aus. Die Hände tief in den Taschen seines blauen Wintermantels, steht Nelson Mandela in einem kahlen, trostlos wirkenden Raum der *Protea Police Station*, der größten Polizeistation des schwarzen Gettos Soweto bei Johannesburg. Er blickt sorgenvoll, schweigt und wartet; es ist kurz vor 22 Uhr. In der Ferne heulen die Sirenen von Krankenwagen und Polizeiautos durch die Nacht. Das Abschlachten ist noch immer im Gange. Es begann bei Tagesanbruch.

Über einem Teil Sowetos hängen dichte Rauchschwaden, es riecht verbrannt. Plötzlich übertönt der Lärm eines Hubschraubermotors und das pfeifende Singen der Rotorblätter die fernen Sirenen. Suchscheinwerfer fingern durch die Dunkelheit, dann senkt sich der blaugelb lackierte Polizeihubschrauber herab und landet auf dem Hof. Kaum ist die Tür zurückgeschoben und in der Sicherheitsverankerung eingerastet, klettert Südafrikas Polizeiminister – eigentlich führt er den charmanten Titel «Minister für Recht und Ordnung» – hastig aus dem Hubschrauber. Zwei Offiziere begrüßen ihn stramm, dann eilt er über den Hof in das Hauptgebäude. Dort wartet Nelson Mandela.

Was ist geschehen?

Gegen vier Uhr in der Frühe waren in Soweto mehrere hundert Krieger vom Stamm der Zulus, Mitglieder der konservativen Zuluorganisation *Inkatha* («Freiheit»), von einem barackenartigen Lager für sogenannte Wanderarbeiter aufgebrochen. Alle trugen sie Äxte, Messer oder zu Spießen geschliffene Eisenstangen, ein paar hatten Revolver im Hosenbund stecken. Sie liefen hinüber zur benachbarten Siedlung. Dort wohnen hauptsächlich Anhänger des *African National Congress.* So jedenfalls sahen das die *impis*, die Zulukrieger.

Kurz vor Tagesanbruch gingen sie zum Angriff über, warfen Steine, schleuderten Molotowcocktails durch die eingeschlagenen Fenster und die in Sekundenschnelle aufgebrochenen Türen. Flammen züngelten, mehrere kleine Häuser brannten sofort lichterloh. Eine Stichflamme schoß aus dem geöffneten Tankstutzen eines umgeworfenen Autos, das mit einem dumpfen Schlag explodierte. Die Bewohner der umliegenden Häuser stürzten in Panik auf die Straße, andere aus der Siedlung formierten sich und gingen zum Gegenangriff über, ebenfalls mit Spießen, Eisenstangen und *Pangas*, den rund 50 cm langen Buschmessern, bewaffnet.

Die Schlacht wogte über Stunden hin und her. Bis zum Abend waren 12 Menschen erstochen, erschlagen oder erschossen. Dann verlagerten sich die Auseinandersetzungen in ein weiter entfernt liegendes Gebiet. Die Polizei schlug mit außerordentlicher Brutalität dazwischen und setzte Schußwaffen ein. Wie viele Opfer auf ihr Konto gingen, war an diesem Abend nicht festzustellen.

Bei Nelson Mandela in Soweto trafen im Lauf des frühen Abends immer mehr Menschen ein. Sein Haus war und ist für sie ein Fluchtpunkt. Sie bestürmten ihn um bewaffneten Schutz vor der Polizei und den Zulus. Und sie beharrten darauf, daß die Polizei gezielt scharf geschossen habe. Außerdem: sie gehe fast ausschließlich gegen Anhänger des African National Congress vor, nicht aber gegen Inkatha-Leute. Kurz vor 21 Uhr griff Mandela schließlich zum Telephon und rief den südafrikanischen Polizeiminister an: Obwohl es schon seit Wochen immer wieder zu solchem Blutvergießen in den schwarzen Gettos um Johannesburg gekommen war, schien dieser Abend doch eine bedrohliche Zuspitzung zu bringen. Die beiden verabredeten sich für eine Stunde später in der Polizei-Station.

Sofort nach seiner Ankunft zieht er sich mit Mandela für eine dreiviertel Stunde zurück. Danach verbreiten sie beide vor der Presse Optimismus. Doch das hilft nicht: Auch in den Tagen und Wochen danach gehen die blutigen Kämpfe in Soweto und in anderen schwarzen Gettos der Umgebung weiter. Die Polizei mischt ebenfalls heftig weiter mit.

Die Ereignisse treiben unaufhaltsam einem Höhepunkt entgegen, der alles Bisherige in den Schatten stellt: An einem Nachmittag werden in einem von Johannesburg nach Soweto fahrenden, vollbesetzten Zug von Unbekannten wahllos 25 Menschen mit Messern und Äxten abgeschlachtet, über hundert verletzt. Aus dem Zug geworfene Leichen liegen, zum Teil mit gebrochenen Gliedern, neben den Geleisen. Die drei Waggons, in denen das Massaker stattgefunden hat, sind mit Blut verschmiert. Erst Stunden später werden die letzten Leichen, drei Frauen, fortgeschafft. Eine der erstochenen Frauen hält eine Bibel umklammert.

Die Täter haben nichts geraubt. Es gelang ihnen, beim ersten Halt in einem Vorortbahnhof in dem entstandenen Chaos zu fliehen, unerkannt.

Sieht so Südafrikas Zukunft aus?

Dritter Stock eines modernen Bürogebäudes im Zentrum von Johannesburg. Es gehört einer deutschen Firma, einer Tochtergesellschaft der «Münchner Rückversicherung». Sie hat zwei komplette Etagen an den African National Congress vermietet. Wie immer mit makelloser Eleganz gekleidet, sitzt Nelson Mandela in einem der weich gepolsterten Bürosessel. Neben ihm steht eine schwarz-grün-goldene *ANC*-Fahne in einem Holzständer. Mandela lächelt sein charmantes Lächeln.

«Nein, Haß habe ich während der ganzen 27 Jahre im Gefängnis nie gegen die Weißen empfunden. Bestimmt nicht. Zornig war ich öfter mal auf den einen oder anderen Polizisten oder Gefängniswärter. Manchmal auch auf Politiker draußen. Aber der Zorn verflog rasch wieder. Und, es mag vielleicht komisch klingen, zu manchen Gefängniswärtern entwickelt man über all die Jahre fast schon so etwas wie ein freundschaftliches Verhältnis. Die Mithäftlinge zählten sowieso zu meinen Freunden. Zumal die ‹Politischen› von Anfang an auf ‹der Insel› (der Gefängnisinsel *Robben Island* in der Bucht von Kapstadt, T. R.) zusammengelegt waren.»

Mandela spricht ruhig, fast getragen und in ausgezeichnetem Englisch.

«Außerdem, es gab da einen Traum, der einen nie verlassen hat. Das war der Traum, eines Tages das Gefängnis hinter sich zu lassen und am Ende doch für all das Erlittene belohnt zu werden. Dieser Traum war immer da. Und der Traum von der Gleichberechtigung zwischen Schwarz und Weiß. Denn dafür saßen wir ja auf der ‹Insel›.»

Kaum hat Mandela seinen Satz mit «es gab da einen Traum...» begonnen, fällt mir die berühmte Rede Martin Luther Kings ein, jenes schwarzen Bürgerrechtskämpfers im rassistischen Süden der USA in den frühen 60er Jahren: *«Once I had a dream...»*, so hatte er seine Rede eröffnet, die zu den großen Reden dieses Jahrhunderts zählt: «Once I had a dream... Ich hatte einen Traum, in dem ich uns alle als Gleiche gesehen habe, Schwarze wie Weiße.» Martin Luther Kings Traum. Mandelas Traum. King wurde von einem weißen Rassisten umgebracht. Hat Mandela Angst davor?

«*I hardly ever think about that*... Darüber denke ich so gut wie nie nach. Warum auch? Ich habe so viel zu tun, seit ich aus dem Gefängnis raus bin. Andere vom ANC, die mehr davon verstehen als ich, kümmern sich um meine Sicherheit. Im übrigen ist es immer besser, ein Optimist zu sein als ein Pessimist. Nein, ich denke darüber gar nicht erst nach.»

Hat er die Hoffnung, daß sich in Südafrika nun doch noch alles zum Guten wendet? Daß die letzte Chance genutzt und eine für Schwarze wie für Weiße akzeptable Lösung gefunden wird, ohne weiteres Blutvergießen – und bald?

«Ja, diese Hoffnung habe ich. Wenn es, das ist die Voraussetzung, Staatspräsident de Klerk schafft, einen großen Teil der Weißen mitzuziehen auf dem Weg zu Reformen. Dann ja. Daß er selbst es ehrlich meint, davon bin ich immer noch überzeugt – obwohl er und seine Regierung Fehler gemacht haben. Gravierende Fehler.»

Fehler der Regierung von Staatspräsident de Klerk, sicher auch Fehler des ANC Nelson Mandelas – aber die gewiß letzte, sich überraschend bietende Chance wird genutzt. Von beiden Seiten. Heraus kommt eine friedliche Lösung der südafrikanischen Frage –

nach all den Jahren gesetzlich garantierten Rassismus' und blutiger Unterdrückung der Schwarzen. Mandelas Traum geht in Erfüllung: Sieht so Südafrikas Zukunft aus...?

Frühjahr 1991. Staatspräsident de Klerk landet bei der – wie immer etwas pompös gehaltenen – Eröffnung der neuen Sitzungsperiode des Parlaments in Kapstadt einen Überraschungscoup. Er kündigt die Abschaffung der letzten Apartheidsgesetze – mit einer Ausnahme – noch für dieses Jahr an. Daß er das jetzt schon will – noch vor den eigentlichen Verhandlungen mit allen wichtigen politischen Organisationen Südafrikas über eine neue Verfassung – überrascht viele, auch mich. Nicht so Mandela. Denn er kannte die wesentlichen Inhalte der Rede schon vorher, dafür hat de Klerk gesorgt.

Die beiden verstehen sich (auch persönlich) sehr gut. Natürlich kritisiert Mandela den südafrikanischen Präsidenten öffentlich nach dessen Auftritt im Parlament, aus dem die Schwarzen ja ausgeschlossen sind: «Zu wenig zu spät!» sagt er. Aber das gehört zum taktischen Spiel. Und beide wissen das. Denn auch Mandela braucht etwas, um den radikalen Flügel des ANC bei der Stange zu halten.

Ein weiteres großes Problem dieses Frühjahrs ist das Drama, das sich wochenlang in und um einen Gerichtssaal im Zentrum Johannesburgs abspielt. Mandelas Frau Winnie ist wegen Entführung und schwerer Körperverletzung, begangen an 4 Jugendlichen, angeklagt. Die Vorgänge um diesen Prozeß gestalten sich von Anfang an höchst abenteuerlich. Vier Mitangeklagte, gegen Kaution auf freiem Fuß, verschwinden vor Prozeßbeginn spurlos. Einer der drei Hauptbelastungszeugen gegen Frau Mandela verschwindet ebenfalls spurlos, und das genau einen Tag vor Beginn des Prozesses. Er ist zuletzt in Soweto in Begleitung von drei ANC-Mitgliedern gesehen worden. Sein Anwalt behauptet, er sei «gekidnappt» worden. Der südafrikanische Staat und die wenig zimperliche Polizei versagen auf rätselhafte Weise: Sie haben sich um den Schutz des Zeugen überhaupt nicht gekümmert. Das versetzt die beiden verbleibenden Belastungszeugen in Furcht und Schrecken. Sie weigern sich auszusagen, aus Angst um ihr Leben.

Offenbar wird hinter den Kulissen mit Maffiamethoden versucht, eine Belastung Frau Mandelas zu verhindern, denn nur ihr nutzt all das, jedenfalls kurzfristig. Und Nelson Mandela? Er scheint diesen höchst fragwürdigen Vorgängen gegenüber blind zu sein. Wenn seine Frau ihre Auftritte, besonders die vor dem Gerichtsgebäude, mit bisher kaum gesehener Arroganz im Kreise fanatischer Anhänger zelebriert, steht er lächelnd daneben. Er nimmt die Ereignisse nur wie durch einen Filter zur Kenntnis. Genauso wie die interne Kritik von Teilen des ANC daran, daß Winnie Mandela erst kurz zuvor – ohne weitere Abstimmung mit den Untergliederungen der Organisation – vom höchsten Führungsgremium des ANC, dem «Nationalen Exekutivkomitee», zur Vorsitzenden des *Departments of Social Welfare* ernannt wurde, einer Abteilung des ANC, die unter anderem auch mit sozialen Hilfsprogrammen für Jugendliche beschäftigt ist. Ausgerechnet! Als ich Mandela während einer internationalen Pressekonferenz fragte, ob es denn angesichts dieser massiven Kritik und des laufenden Prozesses – samt seinen Begleitumständen – nicht angebracht wäre, daß Winnie Mandela das wichtige Amt wenigstens bis zur Urteilsverkündung niederlege, antwortet er mit einem ungewohnten emotionalen Ausbruch:

«Das würde nichts anderes als ein Schuldeingeständnis von Frau Mandela bedeuten. Eine Vorverurteilung, die ich nicht hinnehmen kann. Und wenn Sie wüßten, wieviel Unterstützung Frau Mandela im ANC hat, würden Sie sich schämen, diese Frage überhaupt gestellt zu haben!»

Das ist starker Tobak. Nelson Mandela hat zwar schon gelegentlich eine Spur von Hochmut gezeigt, seine moralische Integrität aber ist bis jetzt, völlig zu Recht, von niemandem bezweifelt worden, auch nicht von mir, der ich Gelegenheit hatte, für die ARD seit seiner Freilassung zwei Dokumentarfilme über ihn zu drehen. Wir waren dabei über Wochen mit ihm zusammen und konnten als erstes Fernsehteam der Welt auch Szenen aus dem Privatleben dieser während vieler Jahre vom südafrikanischen Staat gnadenlos verfolgten Familie filmen – es war eine Zeit der faszinierenden Begegnungen mit einem außergewöhnlichen Mann.

Jetzt scheint eine Prüfung auf ihn zuzukommen, die ihn in seinen

Grundfesten erschüttern könnte. Es geht nicht um den einen oder anderen taktischen Fehler. Es geht im wesentlichen auch nicht um den – in den letzten Jahren in mehrerlei Hinsicht schon angeschlagenen – Ruf seiner Frau. Nein, jetzt geht es um seinen Ruf als integrer Führer des ANC. Mandela kann nicht zulassen, daß machthungrige Mitglieder seiner Familie wegen des Namens «Mandela» Sonderrechte genießen. Es geht um den Ruf des ANC als demokratische Organisation. Und es geht darum, daß Frau Mandela, eine gewiß eher emotional als intellektuell gesteuerte Politikerin, vor dem Gesetz nicht gleicher sein darf als andere. Auch wenn die südafrikanische Justiz am allerwenigsten «Gerechtigkeit» in einem ungerechten und moralisch verwerflichen System gezeigt hat, schon gar nicht gegenüber Mitgliedern der Familie Mandela.

Doch dies ist, auch wenn manche es nicht wahrhaben wollen, ein anderer Prozeß als alle vorangegangenen. Nicht nur die Justiz, sondern auch der ANC und die Mandelas haben peinlich genau darauf zu achten, daß innerhalb und außerhalb des Gerichtssaals alles mit rechten Dingen zugeht. Andernfalls verwandelt sich Mandelas Traum von einem demokratischen Südafrika ohne Rassismus schon jetzt in den Alptraum eines Südafrika, in dem die brutale weiße Unterdrückung durch die einer bestimmten Clique der Schwarzen ersetzt wird.

Sieht Südafrikas Zukunft nicht ohnehin so aus?

Während der drei Jahre, die ich in Südafrika verbracht habe, fand ich immer wieder unterschiedlich akzentuierte Antworten auf die Frage: Wird die «letzte Chance», ein großes Blutbad zu vermeiden, genutzt, und wie sind dann die Aussichten für Südafrikas Zukunft? Meine Antworten fielen immer wieder anders aus, weil Südafrika sich in diesen drei Jahren so stark veränderte wie nie zuvor in seiner jüngeren Geschichte. Jetzt erst lichten sich die Nebel ein wenig, und ein klarerer Blick in die Zukunft wird möglich. Ist es ein optimistischer Blick? Gewiß kein enthusiastischer, das sei vorneweg gesagt. Auch die vorsichtigen Hoffnungen setzen voraus, daß nicht irgendein Mordkommando weißer Neonazis – es gibt nach wie vor mehr als genug – eine Führungspersönlichkeit des African National

Congress oder gar Nelson Mandela selbst umbringt. Das wäre das Ende einer friedlichen Zukunft Südafrikas, noch bevor sie begonnen hat. Ob das eintreten wird? Niemand weiß es. Was ich aber weiß, ist, daß es nicht so gehen wird, wie der südafrikanische Staatspräsident de Klerk immer wieder beschwörend sagt: «*Let bygones be bygones*... Laßt die Vergangenheit sein, wie sie ist, und laßt uns nicht darüber grübeln...!»

Wer nie richtig begriffen und – sofern das für Weiße überhaupt möglich ist – erfahren hat, was die Apartheid für die rund 30 Millionen Schwarzen hier im Alltag bedeutet hat und in ihren Nachwirkungen noch bedeuten wird, der kann weder die Vergangenheit beurteilen noch ein Konzept für die Zukunft entwerfen. Über 90% der Weißen hier haben von dieser Vergangenheit – die, während dieses Buch geschrieben wird, ja noch weitgehend Gegenwart ist – keine Ahnung, genauso wenig wie wir – meine Frau Monika, unsere 17jährige Tochter Natascha und ich – bei unserer Ankunft im Frühjahr 1988. Wir hatten viel über Südafrika gelesen. Wir dachten, wir wüßten, worum es geht, als wir nach 11 Flugstunden zum ersten Mal auf dem Johannesburger Flughafen landeten. Doch wir mußten feststellen, daß wir eigentlich fast nichts wußten: Wir standen am Beginn einer atemberaubenden Reise in einen brutalen Polizeistaat und in die Apartheid. Die Apartheid selbst zeigte sich als schlimmer, demütigender und in ihren Auswirkungen auf ein künftiges Südafrika zerstörerischer, als ich es mir je hätte vorstellen können.

Johannesburg *Thomas Roth*

Ankunft am Kap –
Wo bitte geht's nach Afrika?

«Kennen Sie den?»

Der braungebrannte Mitfünfziger – graue Haare, leichte Stirnglatze – grinst schon in Vorfreude auf die Pointe und fährt etwas zu laut fort:

«Also, der geht so: Ein weißer Busfahrer hat einen Unfall gebaut, und alle seine 28 schwarzen Fahrgäste (nicht Schwarzfahrer, ha, ha!) sind dabei ums Leben gekommen. Der Fahrer sitzt neben seinem schwer beschädigten Bus und heult, als die Polizei kommt. Fragt der Polizist:

‹Sagen Sie, warum heulen Sie denn, Sie sind doch mit dem Leben davongekommen, obwohl's alle 28 Fahrgäste erwischt hat!›

‹Das ist es ja gerade›, sagt der Busfahrer schluchzend, ‹28 waren drin, aber 35 hätten in den Bus reingepaßt!›»

Während sich der braungebrannte Mitfünfziger vor Lachen ausschüttet, brauche ich ein paar Sekunden, bis ich den «Witz» überhaupt begreife. Für einen Moment überlege ich, ob ich aufstehen und den Tisch verlassen soll. Ich bleibe.

«Finden Sie wohl nicht komisch, was?» Der trotz seines Alters noch einigermaßen sportlich aussehende Herr hat meine Verärgerung bemerkt.

«Nein, nicht gerade. Der hört sich an wie die Judenwitze, über die ich auch nicht lachen kann.»

«Na, na, jetzt werden wir doch nicht gleich so ernst und verbissen an einem so schönen Tag wie heute. Wie lange sind Sie denn eigentlich schon in Südafrika?»

«Sechs Stunden.»

Wir sitzen in dem wunderschönen, parkartigen Garten des Hotels «Balalaika». Es liegt auf einem Hügel in Sandton, einem der wohlhabenden Vororte im Norden Johannesburgs. Wenige Meter von unserem Tisch entfernt läuft plätschernd Wasser in den tiefblauen Swimming Pool ein. Ein schwarzer Hotelangestellter in dunkelroter Uniform fischt mit einem Netz Laub aus dem Pool. Südafrika! – Vor sechs Stunden sind wir auf dem Johannesburger Jan-Smuts-Flughafen gelandet, haben noch nichts gesehen und noch nichts begriffen und sind schon in eine solche Begegnung hineingeraten. Es kommt mir vor wie eines jener unsäglichen Klischees über Weiße in Südafrika: Zu stupide, um wahr zu sein!

Natürlich entwickelt sich zwischen ihm und mir eine Diskussion, die sich in den kommenden Jahren mit wechselnden (weißen) Gesprächspartnern noch oft wiederholen sollte. Jedenfalls solange, bis ich es leid bin und solche Diskussionen einfach verweigere: die Diskussionen um Apartheid und Menschenrechte. Denn es sind immer dieselben, gebetsmühlenartig sich wiederholenden Argumente:

Daß «das Land kaputtgeht», wenn auch «die Schwarzen normales Wahlrecht bekommen»; daß die internationale Presse in ihrer Berichterstattung über Südafrika nur Lügen verbreitet... Und natürlich die Diskussion um die Berechtigung wirtschaftlicher Sanktionen, solange die Apartheid besteht und die schwarze Mehrheit keine demokratischen Rechte bekommt...

Was Sanktionen angeht, da hat mein Mitfünfziger – er stellt sich als Unternehmer aus dem süddeutschen Städtchen Kehl vor – eine zunächst überraschende Meinung:

«Sanktionen? Die finde ich ganz prima. Nur weiter so!»

Erstaunt frage ich, wie er denn zu dieser Ansicht komme. Augenzwinkernd erweist er sich als äußerst pragmatischer Geschäftsmann:

«Ich will Ihnen eines sagen, mir ist das ganze Apartheidsgefasel sowieso Wurscht. Ich handle mit jedem, der ordentlich zahlt. Und je weniger Unternehmen mit Südafrika Geschäfte machen, desto weniger Konkurrenz hab' ich. Ist doch ganz prima! Ich hab' denen grade zwei große Werkzeugmaschinen verkauft, die kriegen auch noch eine dritte, wenn sie dafür zahlen!»

Stolz betont er seinen Pragmatismus, dem ich in Südafrika,

besonders bei deutschen Geschäftsleuten, noch oft begegnen sollte. Meist ist er allerdings nicht ganz so einfach gestrickt; er gibt sich eleganter und ist mit sozialen Überlegungen verbrämt. Etwa, daß solche Geschäfte ja letztlich auch «den Schwarzen» nützlich seien: Es würden für sie neue Arbeitsplätze geschaffen. (Ein Argument übrigens, das mir einleuchtete, allerdings nur so lange, bis ich den Alltag der schwarzen Bevölkerung unter der Apartheid und dem, zum Zeitpunkt unserer Ankunft in Südafrika schon rund zwei Jahre andauernden, politischen «Ausnahmezustand» mit all seinen Gesetzen zur Knebelung der schwarzen Opposition kennenlernte. Das sollte vieles ändern.)

Doch zunächst haben wir – meine Frau, die schon viel in Nord- und Westafrika gereist ist, und ich – mit einem Klischee, oder besser: einer Vorstellung, zu kämpfen: der Vorstellung, wir seien in Afrika. Wir sind es nicht. Das heißt, wir sind es natürlich doch. Aber Südafrika – und das bedeutet für uns am ersten Tag die Fahrt vom Flughafen nach Johannesburg – dieses Südafrika gibt sich alle Mühe, so europäisch wie möglich auszusehen.

Firmennamen wie Bayer, Hoechst oder BMW grüßen vom Rand der Autobahn. In der Morgensonne glitzert in der Ferne die Skyline von Johannesburg – es könnte die Silhouette Frankfurts sein. Sie wird überragt von dem schlanken Sendeturm der *South African Broadcasting Corporation SABC*, dem staatlich kontrollierten, südafrikanischen Fernsehen, der von einem europäischen Architekten entworfen wurde, der denselben Fernsehturm über der Stadt Stuttgart schon einmal gebaut hatte. Aus der Skyline stechen extravagante, in Europa würde man sagen: «postmoderne» Glasbauten von Versicherungen und von Südafrikas größtem Diamanten- und Bergbaukonzern hervor und das 40 Stockwerke hohe *Carlton Building*, in dessen Aufzug eine sonore männliche Stimme aus dem Lautsprecher schmeichelnd darauf hinweist, daß es sich um das höchste Stahlbetongebäude des afrikanischen Kontinents handle:

«*We hope you enjoy the view!* – Wir hoffen, Sie genießen die Aussicht!»

Afrika? Sind das die in orange Overalls gekleideten Trupps von

Schwarzen, die mit ihren benzinbetriebenen Rasenmähern das Gras am Rand der sechsspurigen Autobahn so säuberlich mähen, daß man meinen könnte, hier müßte eigentlich auch sonst alles in Ordnung sein?

Afrika? Sind das die fast ausschließlich schwarzen Bergleute, die 4000 Meter unter der «Goldstadt» Johannesburg bei 40 und mehr Grad Celsius arbeiten, und für einen Lohn einfahren, der in Deutschland kaum jemanden bewegen würde, auch nur den Weg zum Sozialamt einzuschlagen? Sie holen das Gold, einen der wichtigsten natürlichen Reichtümer und Exportartikel Südafrikas aus der Tiefe. Ihre armseligen Wohnungen, ihre Behausungen und Verschläge, sehen wir an diesem ersten Tag nicht, weil sie in sogenannten *hostels* leben. «Hostels» sind, äußerst wohlwollend ausgedrückt, «Wohnheime» hinter Stacheldraht, auf dem Gelände der Bergwerksfirmen; so hat im übrigen die Firma ihre Bergleute auch nach der Arbeit bestens unter Kontrolle, was besonders bei Tarifverhandlungen oder Streiks für sie «nützlich» sein kann. Oder die Bergleute leben draußen in einem der schwarzen Gettos wie Soweto oder Alexandra, die man kennen muß, um sie überhaupt zu finden. Verkehrs- und Ortsschilder, die den Weg dorthin weisen würden, gibt es so gut wie nicht. «Getto», das lerne ich bald, ist aber ein Wort, das viele weiße Südafrikaner, ganz besonders Regierungsbeamte, nicht gerne hören. Es klinge so häßlich. Man bevorzuge das Wort *township*, was im Deutschen in etwa gleichbedeutend mit «Siedlung» oder «Wohngebiet» ist. Regierungsbeamte signalisieren mir gleich zu Beginn meiner Arbeit als ARD-Korrespondent hier, daß man insbesondere das Wort «Zwangsgetto» als sehr polemisch empfinde und es infolgedessen in einer objektiven Berichterstattung nichts zu suchen habe. Mein Argument, daß die schwarze Bevölkerung per Gesetz, mittels des sogenannten *Group Areas Act*, in solche «Siedlungen» gezwungen würde und das Wort «Zwangsgetto» insofern doch den Sachverhalt völlig korrekt ausdrücke, können sie nicht akzeptieren. Ich benutze es trotzdem und lerne so bereits in den ersten Wochen eine der wichtigsten Taktiken der weißen Gesellschaft Südafrikas, vor allem vieler Politiker der regierenden «Nationalen Partei», kennen: Sie bemühen allerlei Techniken und Tricks, um der von ihnen selbst geschaffenen Realität der Apartheid auch sprachlich nicht begegnen zu müssen. Erst am 11. Februar 1990 wird es ein glaubwürdiges Zeichen dafür geben, daß sich doch etwas ändern könnte. Es ist der Tag, an dem Nelson Mandela, nach über 27 Jahren Haft, das *Victor-Verster-Gefängnis* bei dem idyllischen Weinstädtchen Paarl in der Nähe von Kapstadt verläßt. Doch bis dahin ist es bei unserer Ankunft 1988 noch ein weiter Weg.

Unser Gespräch am Pool des Balalaika-Hotels findet ein rasches Ende, denn wir müssen uns um eine längerfristige Bleibe kümmern. Wieder begegnen wir dabei nicht dem Afrika unserer Vorstellung, dafür aber um so mehr – Südafrika!

«Wir freuen uns sehr, daß gerade Sie unser Haus mieten wollen. Wissen Sie, die Deutschen haben bei uns einen sehr guten Ruf. Sie sind zuverlässig, ordentlich und sauber!» Ian Hamilton spricht sehr gutes, akzentfreies Englisch. Er und seine Frau sind auf dem Sprung nach Thailand, um dort für drei oder vier Jahre zu bleiben. Ian ist Geschäftsmann. Die beiden haben drei Kinder und haben schon einmal längere Zeit im Ausland gelebt, ebenfalls aus geschäftlichen Gründen. Wir unterhalten uns sehr gut miteinander. Ohne Frage gehören sie, gemessen an südafrikanischen Verhältnissen, zu den liberalen Familien. Sie orientieren sich mehr am englischen als am burisch-holländischen Erbe Südafrikas. Das kommt uns sehr entgegen. Denn wir wollen nur in ein Haus einziehen, dessen Vermieter Apartheid und Rassismus wenigstens halbwegs kritisch gegenüberstehen. Daß das letztlich ein vergeblicher und sehr europäischer Versuch ist, der südafrikanischen Realität wenigstens in den «eigenen» vier Wänden zu entkommen, müssen wir allerdings ziemlich schnell erfahren. Genaugenommen beginnt es schon beim Rundgang durch das Haus und den wunderschönen Garten. Denn draußen, hinter der Garage, befindet sich ein winziger Anbau, weniger als halb so groß wie die Garage selbst: das sogenannte *servant quarter*, die Kammer für die Hausangestellte.

«Das ist Rebeccas Zimmer. Sie ist wirklich außerordentlich zuvorkommend, pünktlich und zuverlässig. Wissen Sie, Rebecca wohnt hier schon über 7 Jahre, und wir waren immer sehr zufrieden mit ihr. Sie hat einen eigenen Schlüssel und kommt immer durch den Kücheneingang oder durch die Garage ins Haus zum Kochen und Saubermachen.»

Maureen Hamilton führt uns in den Hinterhof, am großen Mülleimer vorbei, und klopft an die grau gestrichene Blechtür. Sie öffnet sich. Zu unserer Überraschung ist Rebecca kein junges Mädchen und keine junge Frau, wie wir, verführt durch die selbstverständliche Nennung ihres Vornamens, geglaubt hatten. Rebecca ist eine Frau Mitte 40 und heißt auch nicht nur Rebecca, sondern Rebecca Rapetswa. Ihren Nachnamen und daß sie vier Kinder hat und ihr Mann vor 8 Jahren in Soweto von Gangstern erschossen wurde, erfahren wir erst später von ihr selbst. Und auch das erst, nachdem wir den ersten Kompromiß mit der südafrikanischen Realität gemacht haben, dem noch viele folgen sollten. Denn eigentlich hatten wir gemeint, wir drei bräuchten gar keine Hausangestellte.

«Wirklich, ist es Ihnen tatsächlich ernst damit?» Maureen Hamilton schaut uns ungläubig an. «Aber sie gehört doch zum Haus. Außerdem haben hier die meisten etwas besseren Familien schwarze Hausangestellte. Und was soll Rebecca denn sonst tun, wenn sie hier keine Arbeit mehr hat und kein Geld verdient? Sie hat doch nichts gelernt außer Haushaltsarbeit!»

Daran hatten wir im fernen Europa nicht gedacht. Vor unserer Abreise waren wir fest entschlossen gewesen, nicht zu den «typisch weißen Haushalten» gehören zu wollen, in denen Schwarze für die Bequemlichkeit der «Herrschaft» sorgen. Allein schon bei dem Gedanken daran war uns unwohl gewesen. Und jetzt? Tatsache ist, daß wir Rebecca Rapetswa entlassen müßten, wenn wir unsere Prinzipien befolgen wollten. Tatsache ist, daß dies ihre fünfköpfige Familie in enorme Schwierigkeiten gebracht hätte. Also: Wir vergessen natürlich unsere hehren Prinzipien – Rebecca Rapetswa bleibt. Allerdings bitten wir sie mit etwas verlegener Hilflosigkeit, doch wenigstens in das Haus selbst mit einzuziehen. Oder jedenfalls einen der größeren Räume mit dem dazugehörenden Badezimmer als ihren Bereich zu betrachten, statt in dem kleinen Anbau hinter der Garage zu hausen. Natürlich könne sie ihren «alten» Raum nach wie vor nutzen, wie sie wolle. Zu unserer großen Erleichterung ist sie einverstanden. Trotz dieser «Reformmaßnahme» aber kommt es doch so, daß uns gelegentlicher Besuch aus Europa als genau das wahrnimmt, was wir von Anfang an nicht sein wollten: ein typisch weißer Haushalt. Und in vieler Hinsicht sind wir es natürlich auch. So leicht, wie wir es uns gedacht hatten, ist der südafrikanischen Realität nicht zu entkommen.

Die ersten Wochen und Monate sind wir hauptsächlich damit beschäftigt, die südafrikanische Gesellschaft, und damit vor allem die Apartheid, kennenzulernen. Es beginnt wiederum in unserer unmittelbaren Umgebung – bei uns im Haus. Rebecca Rapetswas Kindern Esther (13), Cynthia (14), Thomas (19) und Cleophas (22) ist es aufgrund der Apartheidsgesetze nicht erlaubt, in einem «weißen» Wohnviertel, und das heißt ganz praktisch, bei ihrer Mutter, zu wohnen. Selbst wenn unsere liberalen Vermieter das erlaubt oder gewünscht hätten – es wäre ein gesetzlich verfolgtes Verbrechen gewesen. Rebecca Rapetswa war, nach der Ermordung ihres Mannes, aus finanziellen Gründen gezwungen gewesen, eine Stelle in einem weißen Haushalt anzunehmen. Denn sie hatte keine Schul- oder Berufsausbildung, und die Stadtverwaltung von Soweto warf sie sofort nach dem Tod ihres Mannes aus dem kleinen, sogenannten «Matchbox-Häuschen» hinaus, da sie ja die Miete doch nicht mehr bezahlen könne, wenn ihr Mann tot sei. Staatliche Fürsorge gibt es in solchen Fällen in Südafrika nicht, schon gar nicht für Schwarze. Rebecca bekam die Anstellung bei den Hamiltons und mußte in den weißen Vorort Sandton ziehen. Denn das ist die einzige Ausnahme, die die Apartheidsgesetze machen: Dienstboten ist es erlaubt, in den sogenannten weißen Gebieten zu wohnen. Natürlich ohne ihre Familien.

Rebeccas Kinder mußten in ein knapp 100 Kilometer von Johannesburg entferntes, schwarzes Getto «umziehen». Zynischerweise haben ihm die weißen Bürokraten den Namen «Siyathemba» gegeben. Das ist ein Wort aus der Zulusprache und heißt: «Wir haben Hoffnung.» Wer in diesem elenden Getto, dieser Ansammlung von Bretterhütten, Wellblechverschlägen und ein paar aus Backsteinen errichteten Häusern, mehrere Kilometer von der nächsten (weißen) Stadt entfernt, noch Hoffnung haben soll, weiß ich nicht. Durch den erzwungenen Umzug sind Rebeccas Kinder jedenfalls dabei, den letzten Rest davon zu verlieren, sofern sie je welche gehabt haben.

Und so lernen wir also, daß der Alltag der Apartheid die schwarzen Familien per Gesetz gnadenlos auseinanderreißt. Es ist Alltag, daß eine Mutter wie Rebecca oft über lange Zeit nicht weiß, wie es ihren Kindern geht. Das öffentliche Verkehrssystem ist schlecht und teuer. Von rund 30 Millionen Schwarzen besitzen schätzungsweise ganze 500 000 ein Auto. Wie also die langen Entfernungen überwinden? In vielen der schwarzen Gettos kommt es aus den unterschiedlichsten Gründen immer wieder zu Unruhen und Polizeiaktionen. Nicht zu reden von der «normalen» Gettokriminalität. Was würde geschehen, wenn die Mehrheit der weißen Familien von den Schwarzen gezwungen würde, unter solchen Umständen zu leben? Führte das nicht zu einem weltweiten Aufschrei über die Unmenschlichkeit und Barbarei der Schwarzen?

«Guten Abend, ich bin Violet, und Sie sind Thomas, stimmt's?» sagt eine überaus lebendige und selbstbewußte Frau um die Vierzig, die eines Abends bei uns überraschend in der Tür zum Wohnzimmer steht. Rebecca stellt sie vor.

«Violet ist unsere Präsidentin», lacht sie, als sie mein überraschtes Gesicht sieht.

«Nein, das ist kein Witz, sie ist wirklich unsere Präsidentin!»

Rebecca lacht noch immer. Violet ist sehr schick gekleidet. Sie trägt eine mit afrikanischen Mustern bedruckte Bluse, um die Hüften von einem breiten Ledergürtel zusammengefaßt, einen dazu passenden Rock und am Handgelenk ein schmales Armband in den schwarz-grün-gelben Farben des verbotenen African National Congress. Zu meiner Erleichterung entschließt sie sich, die Verwirrung aufzulösen.

«Ich bin die Präsidentin der SADWU. Das ist die Gewerkschaft der Hausangestellten und heißt eigentlich *South African Domestic Workers Union.*»

Ich hatte von dieser Gewerkschaft schon gelesen, war aber noch keinem ihrer Aktivisten begegnet.

«Wir versuchen die Hausangestellten zu organisieren, was natürlich ungeheuer schwierig und nur heimlich möglich ist. Viele weiße Familien entlassen nämlich ihre Hausangestellten sofort oder drohen damit, wenn sie erfahren, daß die Verbindung zu uns haben. Und weil es in den weißen Haushalten meistens nur ein oder zwei Angestellte gibt, sind sie ihren Arbeitgebern natürlich völlig ausgeliefert.»

Violet erzählt im Lauf des Abends eine Menge aus ihrer täglichen Arbeit als Gewerkschaftlerin. Sie ist meist nachts unterwegs, denn tagsüber kann sie sich als «fremde» Schwarze auf den Grundstücken der weißen Familien nicht sehen lassen. Das würde sofort Verdacht erregen. Nachts ist das anders. Viele Hausangestellte wohnen in servant quarters in den Hinterhöfen der Häuser. Das stellt, zumindest für die Gewerkschaft, sogar einen Vorteil dar: Es läßt sich von der weißen Familie nicht lückenlos kontrollieren, wer dort nachts zu Besuch kommt. Wir erfahren, was viele weiße Familien nicht wissen. Es gibt unter den organisierten Hausangestellten eines Wohnviertels ein gut funktionierendes System der Verständigung. Sie wissen genau über die Umstände Bescheid, unter denen jeder einzelne von ihnen arbeitet. Und sie wissen noch mehr. Violet erzählt von Fällen, bei denen die *Maids* vom Hausherrn oder dem männlichen weißen Nachwuchs immer wieder sexuell belästigt werden, sich aber nicht trauen, das bei der Polizei anzuzeigen. Denn natürlich würden sie sofort ihren Job verlieren. Eine andere Anstellung in einem weißen Haushalt finden sie in aller Regel nur dann, wenn sie ein Empfehlungsschreiben ihres früheren Arbeitgebers vorweisen können. Das dürfte in einem solchen Fall, gelinde gesagt, nur sehr schwer zu bekommen sein. Also werden sie arbeitslos. Eine staatliche Unterstützung, also Arbeitslosengeld, gibt es in Südafrika für Hausangestellte nicht. Den Arbeitgeberanteil für eine Rentenversicherung oder etwas Vergleichbares bezahlt so gut wie keiner der weißen Haushalte für seine schwarzen Angestellten, ebensowenig für eine Krankenversicherung, denn eine gesetzliche Verpflichtung dazu gibt es nicht. Bei ihrer Entlassung würde jede Maid von einem

Tag auf den andern ins ökonomische Nichts fallen, sie hätte noch nicht einmal mehr einen Platz zum Wohnen und würde Teil des nach Millionen zählenden Heeres der schwarzen Arbeitslosen in den Gettos.

«Und was, wenn sie, wie Rebecca, mit ihrem Lohn eine ganze Familie durchbringen müssen? Verstehen Sie jetzt, warum viele Hausangestellte so gut wie alles hinnehmen, bloß um ihre Stelle zu behalten?» Violet lehnt sich im Sessel zurück und sieht mich an. Ja, ich verstehe.

Als sie uns an diesem Abend verläßt, wissen wir mehr über den Alltag, der auch um uns herum gültig ist. Wir wissen mehr über jene Frauen, die man so oft in den weißen Vororten Südafrikas sieht: Sie stehen vor den häufig mit hohen Mauern umgebenen Häusern, in rosa oder hellblaue Arbeitsschürzen gekleidet. Manche tragen noch ein adrettes Häubchen der gleichen Farbe, wenn der entsprechende Haushaltsvorstand es so will. Nicht selten haben sie eines der kleinen, weißen Kinder «ihrer» Familie um sich herum oder schieben es im Kinderwagen auf dem Weg zum Einkaufen für die *Madam*.

Über ein Jahr nach Violets nächtlichem Besuch hören wir im *Markettheatre* von Johannesburg – einem progressiven Theater in einer ehemaligen Markthalle im Stadtzentrum – ein von einer schwarzen Jazzsängerin vorgetragenes Lied auf die südafrikanischen Maids. – Es hat den Titel *«Madam, please»* und erzählt die Geschichte einer Maid, die viele Jahre in einem weißen Haushalt gearbeitet und die Kinder mit großgezogen hat. Aus Altersgründen, aber ohne Rente oder irgendeine Art von Entschädigung entlassen, kehrt sie wieder in jenes Getto zurück, aus dem sie kam. Während einer politischen Kampagne gegen die Apartheid brechen dort Unruhen aus, in deren Verlauf die Armee einmarschiert: Auf einem der Panzerwagen sieht die Maid jenen weißen Jungen mit durchgeladenem Gewehr stehen, den sie 18 Jahre lang mit großgezogen hat.

«Madam, please! – Hab' ich dafür all meine Kraft gegeben, daß er jetzt auf uns schießt?» endet das Lied. Ein Klischee? Vielleicht. Aber sicher eines, das mehr als einmal Wirklichkeit war.

Alexandra – Afrika im Getto

«Südafrika», so stand es in einem der zahlreichen Tourismusprospekte, die wir noch vor unserer Abreise studierten, «Südafrika ist ein Land der Gegensätze.» Stimmt. Nur – der Prospekt meinte wohl andere Gegensätze als jene, die wir im südafrikanischen Alltag nach und nach kennenlernen. Es sind nicht die Gegensätze zwischen den warmen Wassern des Indischen Ozeans und der trockenen Hitze der Dornstrauchsavannen, zwischen Stadtlandschaft und Krüger-Nationalpark. Es ist vielmehr der Gegensatz zweier Gesellschaften, zweier Welten mitten in Südafrika. Die eine ist in aller Regel schwarz und arm, die andere im Vergleich dazu wohlhabend bis sehr reich – und weiß.

Nicht weit von unserem Haus, vielleicht eineinhalb Kilometer entfernt, liegt eines der elendesten schwarzen Gettos von Johannesburg: *Alexandra.* Auf knapp zwei Quadratkilometern sind rund 150 000 Menschen zusammengepfercht. Wie viele es genau sind, weiß niemand. In Schach gehalten werden sie von Soldaten aus einem Armeecamp, das nach den schweren Unruhen der Jahre 1984 und 1985 eigens für das «unruhige» Alexandra eingerichtet wurde. Erst knapp zwei Jahre nach unserer Ankunft, als sich in Südafrika einiges positiv zu verändern beginnt, baut die Armee das Camp ab und zieht die Soldaten zurück. Nicht viel später wird Staatspräsident de Klerk sagen, daß er und seine neue Regierung ein neues Kapitel in der Geschichte Südafrikas schreiben wollen: «*...on a clean page in the book of history*», auf ein neues, «leeres Blatt im Buch der Geschichte». Doch so leicht läßt sich die Vergangenheit nicht auslöschen. Besonders nicht, wenn es um die Menschen von Alexandra geht. Sie glauben ihm natürlich nicht. Denn in der Vergangenheit wurden ihnen von den Weißen einfach zu oft «grundsätzliche Reformen» versprochen. Und dann blieb alles, wie es war:

Die Apartheidsgesetze, das soziale Elend, die brutalen Polizeiaktionen, der Einmarsch der Armee in die schwarzen Gettos. Auch nach Alexandra.

An einem unserer ersten Sonntage in Südafrika beschließen wir, einen Spaziergang hinüber nach Alexandra zu unternehmen. Es ist ja nicht weit. Wir gehen die Straßen in Sandton entlang, die sonntags noch ausgestorbener sind als sonst. Zum Schutz der Grundstücke reiht sich eine hohe Mauer an die andere. Die meisten sind von Stacheldraht, einzementierten Glasscherben oder elektrisch geladenem Draht gekrönt. Von den dahinter verborgenen Häusern sind häufig nur die Dachgiebel zu sehen. An beinahe jedem Tor warnt ein Schild vor *24 hours armed response*, salopp übersetzt heißt das: «Achtung – rund um die Uhr wird zurückgeschossen!», sollte jemand versuchen, die Mauer zu erklettern. Jedes dieser Häuser ist über einen kleinen Sender mit der Computerzentrale irgendeiner der wie Pilze aus dem Boden geschossenen Sicherheitsfirmen verbunden, z. B. auf Knopfdruck löst der Sender Alarm aus und meldet automatisch Name und Adresse des Hausbesitzers. Bewaffnete Patrouillen der Sicherheitsfirmen werden über Funk von der Zentrale verständigt und fahren sofort los. Und dann? Dann kann es sein, daß Schüsse krachen. Wir selbst sind schon mitten in der Nacht aufgewacht, weil im Nachbarhaus plötzlich geschossen wurde. Als ich hinausging, um nachzusehen, stand drüben im Garten eine dieser Patrouillen und schoß mit dem Revolver «auf zwei dunkle Flecken im Gebüsch». Dort war niemand. Und wenn dort jemand gewesen wäre?

«Dann wäre es Notwehr gewesen», sagt der Mann und steckt den Revolver ins Halfter. «Es könnte ja sein, daß dort jemand sitzt und auf mich schießen will!» Natürlich macht es keinen Sinn, mit diesem Mann nachts um halb drei darüber zu diskutieren, was unter Notwehr zu verstehen ist und ob er denn das Recht habe, auf bloßen Verdacht hin den Todesschuß zu riskieren. Er versteht überhaupt nicht, was ich will.

Der Alarm wurde in diesem Fall übrigens nicht durch den Knopfdruck eines Bewohners ausgelöst, sondern durch einen der drei Infrarot-Sensoren, die im Innern des Hauses angebracht sind und die gelegentlich auch auf Nachtfalter oder auf den im Haus herumstreunenden Hund ansprechen.

Viele Häuser sind auch mit einer akustischen Alarmanlage versehen, die ein ins Trommelfell schneidendes, auf- und abschwellendes Geheul von sich gibt, das wir sehr schnell mit Südafrika verbinden, besonders während der fünf Monate dauernden Regenzeit. Denn oft wird die Sirene durch die schweren, nachmittäglichen Gewitter ausgelöst und heult dann unter Umständen bis zum Abend, so lange jedenfalls, bis einer der Bewohner nach Hause kommt, der weiß, wie das Ding wieder abzustellen ist. «Aus Sicherheitsgründen» weihen viele ihre Hausangestellten, die schwarzen Maids, in solch sensible Vorgänge nicht ein. – Sicher ist sicher!

Besonders in den besseren weißen Wohnvierteln geht inzwischen eine Art Sicherheitswahn um, so als lebte man in einem ständigen Belagerungszustand – zusätzlich zu der eh schon sehr ausgeprägten Tendenz, besonders der Bevölkerung holländisch-burischer Abstammung, sich gegenüber der Außenwelt abzuschließen. Jetzt mauern sie sich buchstäblich ein! Das Familienleben spielt sich hinter diesen von Hunden aller Größen und Sorten bewachten Mauern ab. Besonders beliebt sind «scharf gemachte» Bullterrier, sogenannte Kampfhunde, und deutsche Schäferhunde. Die Warnschilder an den Mauern und Toren sind oft mit dem Bild eines gräßlich aufgerissenen Hunderachen versehen. Darunter steht in großen roten Lettern in der Burensprache Afrikaans: «*Pasop vir die hond!* – Warnung vor dem Hund!»

Realer Hintergrund für die unterschiedlichsten Sicherheitsmaßnahmen ist, daß mit der immer schlechter werdenden Wirtschaftslage Südafrikas die Kriminalität und damit auch die Zahl der Einbrüche zunimmt. Die Einbrecher sind im übrigen nicht immer nur Schwarze. Immer wieder stößt die Polizei auf Banden, die von «Weißen» organisiert und angeführt werden, bei denen «Schwarze» aber die Dreckarbeit erledigen. Gelegentlich lassen sich sogar Polizisten fürs intensive Wegschauen oder für äußerst oberflächliches Recherchieren bezahlen. Doch das dringt bei weitem weniger ins Bewußtsein der weißen Bevölkerung als die Beteiligung von

«Schwarzen». «Schwarz» ist für sich genommen schon bedrohlich, «schwarz» bedeutet fast automatisch Verbrechen, und dagegen gilt es sich mit allen Mitteln zu schützen.

Ein Grund für diese Haltung ist gewiß, daß viele südafrikanische Zeitungen, bewußt oder unbewußt, bei Einbrüchen oder anderen Vergehen in aller Regel die Hautfarbe der unmittelbaren Täter mit angeben: «... drei Schwarze begingen einen Einbruch in...» oder «... zwei Mischlinge wurden gefaßt, als...» Selbst aufgeklärte und durchaus liberale Blätter haben die rassische Kennzeichnung in die tägliche Routine übernommen. Das verstärkt die sowieso schon vorhandene Angst vieler Weißer vor anderen Hautfarben und den «schwarzen Massen», statt sie abzubauen. Es sind so alltägliche Gewohnheiten wie diese und natürlich die viele Jahrzehnte lang verbreitete, regierungsoffizielle Propaganda von der «schwarzen Bedrohung», die bei vielen Weißen tiefe Spuren hinterlassen haben. Eben das aber wird eines der Hauptanhindernisse für Staatspräsident F. W. de Klerk werden, als er im Frühjahr 1990 versucht, die Weißen für echte Reformen in Südafrika zu gewinnen.

Bei unserem Spaziergang nach Alexandra lassen wir die ausgestorbenen Straßen Sandtons allmählich hinter uns und überqueren die M1, die Autobahn, die von Pretoria nach Johannesburg führt. Aber noch sind wir nicht am Ziel. Denn, wie häufig in Südafrika, liegt auch hier zwischen dem weißen Wohngebiet und dem eigentlichen schwarzen Getto ein breiter Gürtel von Industriebetrieben. Er dient als eine Art Pufferzone, um sich die Masse der schwarzen Bevölkerung vom Leibe und außer Sichtweite zu halten. Das ist im übrigen auch ein Grund, warum ausländische Touristen, selbst wenn sie sich wochenlang in Südafrika aufhalten und das ganze Land bereisen, unter Umständen nicht ein einziges der schwarzen Gettos zu Gesicht bekommen. Es sei denn, sie suchen ganz bewußt und hartnäckig danach.

Immer wieder erreichen mich im Laufe der kommenden Jahre im ARD-Büro Johannesburg wütende Beschwerden aus Deutschland: Man sei nun selbst in Südafrika gewesen und wisse genau, wie es dort aussehe: ganz anders als in der Berichterstattung im Fernsehen.

Das geht in einem Fall bis zu dem Vorwurf, wir seien wohl extra nach Lateinamerika geflogen, hätten dort gefilmt und diese Aufnahmen in unsere Südafrikaberichte hineingeschmuggelt. Ich verstehe diese Kritik sogar. Denn das System der Rassentrennung wurde über viele Jahre so perfektioniert, daß es sehr viel Mühe kostet, es auch nur im Ansatz zu durchschauen. Nicht jeder mag das, ausgerechnet im Urlaub, auf sich nehmen. Also wird die eigentliche Realität der übergroßen Mehrheit der Bevölkerung als Erfindung von Journalisten abgetan.

Als wir schließlich beim letzten, mit Stacheldraht umzäunten Industriebetrieb um die Ecke biegen, liegt sie endlich vor uns: die andere Welt Südafrikas, die schwarze Welt – «Alexandra»! Staunend, betroffen bleiben wir stehen. Eine Wolke von fremden Gerüchen schlägt uns entgegen. An der Eingangsstraße des Gettos sitzen zahllose Händler. Bei vielen brennen neben ihrem Stand in halbierten Blechtonnen oder ausgedienten Ölfässern kleine Holz- oder Kohlefeuer. Auf Rosten aus Zaundraht braten sie so gut wie alles: Maiskolben, Teile von Hühnern, irgendwelche nicht näher identifizierbaren Fleischbrocken, Brot, Äpfel oder mit deftigem Mett gefüllte *Boerewors*, Bauernwurst. Sie ist fast überall in Südafrika zu haben und wird von Schwarzen wie Weißen mit der gleichen Begeisterung gegessen, wenn sie auch bei den vielköpfigen schwarzen Familien nicht gerade häufig auf den Tisch kommt. Dafür ist sie zu teuer.

Neben einigen notdürftig aus Brettern und Wellblech zusammengenagelten Buden stehen kleine Anhänger, auf die Hühnerställe montiert sind, in denen mageres Geflügel herumgackert. Nach kurzem Feilschen kaufen vorbeikommende Frauen ein oder zwei Hühner, noch lebend, binden ihnen die Füße zusammen und nehmen sie mit – das Sonntagsmahl. Je weiter wir nach Alexandra hineingehen, desto mehr mischt sich in den Geruch der Holz- und Kohlefeuer auch der von brennendem Paraffin. Viele beheizen damit ihre Hütten oder winzigen Bretterverschläge, andere betreiben kleine Kocher. Wieder andere nähren die vor zahlreichen Hütten brennenden Feuer mit allem, was greifbar ist: Plastikverpackungen, Gummiteile, feuchte Kartons und Abfälle. Über ganz Alexandra hängt an diesem Winternachmittag eine dichte Glocke aus Qualm und Dunst. Dieses sonderbare Gemisch kriecht unangenehm kratzend die Lungen hinab und macht das Atmen immer beschwerlicher. Die Menschen hier, so geht es mir durch den Kopf, müßten eigentlich alle längst an Lungenkrebs gestorben sein. Selbst bei angestrengtem Auge reicht die Sicht nicht weiter als 20 oder 30 Meter. Es stimmt. Hier ist die andere Welt, hier sind wir zum ersten Mal in Afrika. Doch was für ein Afrika! Ein Afrika der Slums und der bitteren Armut.

An den Rändern der Straßen aus gestampftem Lehm häuft sich stinkender Müll, der seit Wochen nicht mehr abtransportiert wurde. In größeren Abständen ragen Wasserhähne aus dem Boden, um die sich Kinder und unsäglich schmutzige Hunde drängeln. Die wenigsten auch der etwas besseren Häuschen besitzen Stromanschluß oder ein halbwegs funktionierendes Abwassersystem. In den aufgerissenen Gräben zwischen den Hütten staut sich eine übelriechende, undefinierbare Flüssigkeit und vermengt sich mit dem aufgeweichten Schlamm zu einer grünlichen Masse. Rauchschwaden ziehen zwischen den Hütten dahin. Unwillkürlich denke ich an die abgeriegelten Viertel mittelalterlicher Städte, in denen die Pest ausgebrochen war und in deren Gassen Reinigungsfeuer brannten, um die Keime der Krankheit zu vernichten. Doch das hier sind keine Reinigungsfeuer, und die Krankheit ist eine andere. Sie trägt einen holländisch-burischen Namen: Apartheid.

Während wir in diesem ersten Kreis der Hölle weitergehen, verstummen die in Gruppen zusammenstehenden Männer und die zerlumpten, zwischen dem stinkenden Müll spielenden Kinder. Sie sehen uns erstaunt an. Weiße? Hier? Am Sonntag? Plötzlich erfaßt mich ein Gefühl der Scham. Scham darüber, daß wir auf unserem nachmittäglichen Spaziergang hier durchgehen und uns diese andere Welt fast wie im Zoo einfach nur so ansehen. Und Scham darüber, daß wir zwei Stunden später wieder in unserem schönen Haus mit großem Garten sein werden, das uns als «normal» suggeriert, was in Alexandra unvorstellbaren Luxus darstellt. Und dazwischen eine Entfernung von wenig mehr als einem Kilometer!

Es ist ein Widerspruch, der in Südafrika schärfer zutage tritt als anderswo. Nicht wegen dem krassen Gegensatz zwischen absoluter Armut und manchmal geradezu märchenhaftem Reichtum. Das gibt es auch sonst in der Dritten Welt. Und zwar in demselben, wenn nicht gar in noch größerem Ausmaß. Nein, es ist die absurde Tatsache, daß mit der Hautfarbe allein selbst vor dem Gesetz so gut wie alles entschieden ist. «Schwarz» bedeutet: politisch rechtlos sein, eine schlechte, wenn überhaupt irgendeine Ausbildung bekommen; im Getto in Armut leben. Und es ist auch für uns schwer, besonders zu Beginn, uns der Absurdität dieses Systems zu entziehen. Denn wir haben nicht irgendeine neutrale, sondern die weiße Hautfarbe. Schon das allein versetzt mich in einen Spannungszustand, der auch den kleinen, den alltäglichen Rassismus beinahe unerträglich macht: Das Bevorzugt-bedient-werden in einem der großen Einkaufszentren oder an einer Tankstelle, obwohl Kunden mit der anderen Hautfarbe vor mir da waren und schon länger warten als ich. Das schulterklopfende Miteinbezogen-werden, wenn unter Weißen wieder einmal von der angeblichen Torheit der Schwarzen, mit Vorliebe der ach so dummen Hausangestellten, die Rede ist. Oder wenn davon gesprochen wird – und da könne man sagen, was man wolle –, daß «die Schwarzen einfach anders riechen», der etwas gemäßigtere Ausdruck dafür, daß «sie stinken».

Die weitaus meisten Weißen hier sind nie in einem der schwarzen Gettos gewesen. Aber sie gefallen sich darin, das von der Apartheid mit produzierte soziale Elend noch einmal zu bespötteln. Mehr als einmal habe ich auch Weiße getroffen, die ernsthaft meinen, das Gehirn eines Schwarzen sei dem eines Affen ähnlicher als dem eines Menschen. Das sehe man einfach an ihrem ganzen Verhalten. Und daran, unter welchen Umständen sie zu leben in der Lage seien.

Von all meinen vielen Besuchen in Alexandra war es der erste an diesem Sonntagnachmittag, der mich am meisten geprägt hat. Nicht so sehr, weil er der erste war, sondern weil ich bei diesem «privaten» Gang durch das Elend dieses schwarzen Gettos noch nicht den Schutz aller Fernsehjournalisten vor solch direkter Betroffenheit dabei hatte: die Kamera, das Aufnahmeteam und einen Auftrag für einen Film. Am besten ist man geschützt, wenn der Film unter extremem Zeitdruck gemacht werden muß. Die eigene Verlegenheit, vielleicht sogar Scham, läßt sich hinter Beruf und Auftrag verstecken, die ein entlastendes Gefühl schaffen, das im übrigen durchaus eine positive Funktion hat. Ich werde im Laufe der Jahre, auch außerhalb Südafrikas, noch oft für diese Entlastungen, für diesen «Schutz» dankbar sein. Ob während des erneut ausbrechenden Krieges in Namibia oder in den entsetzlichen Hungergebieten des vom Bürgerkrieg schwer gezeichneten Moçambique.

Mit der Fernsehkamera im Südafrika des Ausnahmezustands unterwegs zu sein, veränderte im übrigen die Sicht auf die Dinge noch aus einem anderen Grund. Man wurde in den Augen der beinah allmächtigen Polizei sehr rasch vom Journalisten zum «Störenfried», ja zum eigentlichen Anstifter der Unruhen und damit, wie es Staatspräsident Botha einmal ausdrückte, zum «Feind Südafrikas». Welches dieser unsinnigen Etiketten man aufgeklebt bekommt, hängt ein wenig von den Umständen ab. Und von dem Polizeibeamten, der gerade in der Nähe ist. Die uns gegenüber am häufigsten angewandte Maßnahme war die aus Gründen der «Staatssicherheit» vorgenommene Konfiszierung des Film- bzw. Videomaterials. Es verschwand danach in aller Regel auf Nimmerwiedersehen in den Kanälen der Überwachungsbürokratie.

Gelegentlich gelang es allerdings doch, Armee oder Polizei ein Schnippchen zu schlagen, wie z. B. einige Monate später an einem Vormittag in Alexandra. Die staatliche Zensurbehörde hatte sich nach tagelanger Prüfung dazu durchgerungen, Richard Attenboroughs Film «Cry Freedom» für die südafrikanischen Kinos freizugeben. Das war eine Sensation. Denn der Film handelt unter anderem von Steve Biko, einem 1978 von der Polizei während der Haft gefolterten und schließlich umgebrachten schwarzen Studentenführer.

Natürlich hatte die Polizei den Vorwurf des Mordes bestritten, und in einem Prozeß gegen den verantwortlichen Polizeibeamten kam man, wie erwartet, zu dem Ergebnis, daß das alles nicht so recht aufzuklären sei. Steve Biko aber, soviel ist sicher, starb an schweren inneren Verletzungen, die er vor seiner Verhaftung noch nicht gehabt hatte. Die Polizei warf ihn nach zahlreichen Verhören, während denen Biko merkwürdigerweise seinen Kopf mehrmals außerordentlich heftig gegen eine Wand geschlagen haben soll, schließlich nackt in einen Landrover und fuhr mit ihm rund 600 Kilometer weit von Port Elizabeth nach Pretoria. Als sie dort ankamen, war er tot. Der verantwortliche Polizeibeamte Piet «Biko» Goosen wurde ein paar Jahre später befördert und ist noch immer im Dienst. Für viele Jugendliche in den schwarzen Gettos ist Biko noch heute ein Märtyrer ihres Kampfes gegen die Apartheid. In Europa bekam der Film keine besonders freundlichen Kritiken, doch das war, bei diesem Sujet, für Südafrika unerheblich. In Südafrika bestand sein Wert darin, die Wahrheit über eine Gesellschaft zu zeigen, die seit vielen Jahren genau diese Wahrheit zu umgehen oder mit Gewalt zu unterdrücken versucht hatte.

So weit die Vorgeschichte. Ich entschließe mich, das Anlaufen des Films im Kino von Alexandra zu verfolgen und über die Reaktion des Publikums einen Film zu drehen. Doch schon am frühen Morgen kommt es in mehreren Städten Südafrikas, in denen «Cry Freedom» auch gezeigt werden soll, zu Bombendrohungen rechtsradikaler Terrorgruppen. Sie «versprechen», die Vorführung um jeden Preis zu verhindern. Gegen elf Uhr vormittags treffe ich mit dem Kamerateam am Kino von Alexandra ein, um die erste Vorstellung um 12 Uhr mitzubekommen. Das Kino ist in einem alten, schon überall bröckelnden Gebäude untergebracht, die Sitze sind zerschlissen. Hier laufen sonst Filme wie «Rambo» oder ähnliche Qualitätsprodukte, gegen die selbstverständlich niemand etwas einzuwenden hat.

Vor dem Kino wartet bereits eine empörte Menschenmenge. Kurz zuvor war an der Rückseite des Gebäudes eine Bombe explodiert und hatte ein kleines Loch in die Mauer hinter der Projektionsleinwand gerissen. Das Dach einer dicht daneben stehenden Hütte hatte Feuer gefangen, und es schwelt noch immer ein wenig, als wir dazukommen. Trümmer liegen herum, doch niemand ist verletzt. Kurz danach trifft die Nachricht ein, daß die Polizei, aufgrund ihrer absoluten Vollmacht unter dem Ausnahmezustand, die Vorführung des Films «aus Gründen der Staatssicherheit» verboten hat. Sie ist im ganzen Land unterwegs, um die bereits ausgelieferten Kopien einzuziehen.

Die für das Kino von Alexandra bestimmte Kopie hat die Polizei bereits unterwegs abgefangen. Die Menschenmenge wächst weiter; plötzlich fahren Armeelastwagen mit schwerbewaffneten Soldaten vor, die abspringen und sich die automatischen Schnellfeuergewehre umhängen. Ein martialischer Anblick! Aber auch ein grotesker Aufwand, um die Vorführung eines Films zu verhindern, den die Polizei schon längst konfisziert hat.

Wir drehen den Aufmarsch der Soldaten aus rund 80 Meter Entfernung, illegal, denn laut den Zensurgesetzen ist das Filmen jedweder Polizei- und Militäraktion strikt untersagt. Es dauert nur ein oder zwei Minuten, bis uns einer der Soldaten entdeckt, seinen Vorgesetzten verständigt und beide auf mich und das Kamerateam zulaufen. Ich nehme rasch das Videoband aus dem Recorder, stecke es unter meinen Pullover und renne einfach einen schmalen Pfad entlang, der in das Labyrinth der Hütten und Bretterverschläge von Alexandra hineinführt. Schon nach 30 oder 40 Metern verliere ich die Orientierung und bleibe hilflos in einem kleinen Hof stehen, in dem ein paar Männer herumsitzen und braunes, selbstgebrautes Bier trinken. Sie sehen mich völlig überrascht an. Was tun?

Kurz entschlossen ziehe ich das Videoband hervor und rufe: «*The army, the army!* Die Armee kommt!» Das verstehen sie sofort. Einer von ihnen springt blitzschnell auf, nimmt meine Hand und zerrt mich in das Gewirr der *shacks*, der Bretterverschläge, hinein. Wir hasten an Wäsche waschenden oder vor provisorischen Feuerstellen hantierenden Frauen vorbei. Vorbei an illegalen *Shebeens*, Kneipen, in denen ohne Lizenz Alkohol ausgeschenkt wird. Gackernd stieben Hühner zur Seite, die in kleinen Müllbergen herumstochern. Und dazwischen immer wieder Gruppen von kleinen Kindern, die erschrocken weglaufen. Schließlich erreichen wir die Teerstraße am Rand von Alexandra, wo unser Auto geparkt ist. Das Videoband ist so gut wie in Sicherheit! Als ich mich bei meinem unbekannten Führer bedanken will, winkt er mir nur kurz zu und verschwindet wortlos wieder im Gewirr der Hütten.

Unser Rechtsanwaltsbüro, das sich auf die komplizierten Zensurgesetze spezialisiert hat, findet übrigens am Nachmittag ein ziemlich spitzfindiges Argument, warum wir trotz allem berechtigt seien, das

Videomaterial im deutschen Fernsehen zu zeigen, was wir dann auch tun. Ob wir allerdings einen Prozeß mit der Argumentation unseres Anwaltsbüros durchgehalten hätten, weiß ich nicht. Da es aber, aus welchen Gründen auch immer, zu keiner Anklage kommt, wird dieser «Fall» zum Glück nicht getestet.

Zur gleichen Zeit wie das Militär in Alexandra durchkämmt die Polizei alle Kinos in Johannesburg und bricht selbst bereits laufende Vorstellungen von «Cry Freedom» ab. Südafrika in den Jahren 1988 und 1989 – es ist ein Polizeistaat, der zwar versucht, sich international ein anderes Image zu geben, aber offenbar so wenig Vertrauen in seine eigene Stabilität hat, daß er die Vorführung eines Kinofilms nicht zulassen kann.

Um so grotesker, daß eben dieser Film zwei Jahre später, es herrscht noch immer der Ausnahmezustand, schließlich doch in Südafrika gezeigt wird. Und zwar, ohne daß die «schwarze Revolution» ausbricht und die Weißen hinwegfegt. Das wäre auch zwei Jahre zuvor nicht geschehen. Doch dem privaten Sicherheitswahn in den weißen Wohnvierteln entspricht zu diesem Zeitpunkt noch der ungeheure Einfluß der sogenannten *Securocrats* in der Regierung von Staatspräsident Botha. Der zivile und der militärische Geheimdienst, Polizei und Armee regieren in Wirklichkeit das Land. Selbst der südafrikanischen Regierung eher unkritisch gegenüberstehende Beobachter geben zu, daß der Einfluß der Securocrats weit größer ist als der des zivilen Kabinetts.

Die Securocrats haben das Land, parallel zu den zivilen Verwaltungsbehörden, mit einem Netzwerk aus Militär, Polizei und Geheimdienst überzogen, den sogenannten *Joint Management Comittees*, die längst jeder demokratischen Kontrolle entzogen sind. Und das ist noch nicht alles, wie sich später herausstellen wird. In Südafrika operieren im Auftrag der Armee und des Geheimdienstes gedungene Killer, die auf Anti-Apartheids-Aktivisten angesetzt sind und im Auftrag morden.

Sie alle sind Mitte des Jahres 1988 auf dem besten Weg, Südafrika tatsächlich endgültig ins politische und ökonomische Chaos zu führen. Die Wirtschaft befindet sich, auch wegen der international verhängten Sanktionen, auf einer rasanten Talfahrt, die Abschaffung der Apartheid scheint weiter entfernt denn je. Genauso wie die Freilassung jenes Mannes, der wohl als einziger in der Lage ist, die schwarze Mehrheit, trotz all ihrer Unterdrückung in der Vergangenheit, zu einem friedlichen Dialog mit der weißen Minderheit zu führen. Doch mit der Freilassung von Nelson Mandela rechnet zu diesem Zeitpunkt niemand.

Jagd nach einem Phantom

Es ist regnerisch in Kapstadt. Die Wolken quellen vom Tafelberg, dem Wahrzeichen der Stadt, wie Theaterwolken herab. Der Wind drückt die vom Kap der Guten Hoffnung tief dahertreibenden schmutzig-weißen Wolkenbäusche über die scharfe Kante des mächtigen Felsblocks hinunter in das weite Halbrund der Bucht von Kapstadt. Selbst bei solch trübem Wetter liegt noch ein melancholischer Charme über der Bucht und den langen, weißen Sandstränden. Unten am Hafen wirft der Atlantik ruhig heranrollende, meterhohe Wogen gegen die Mole. Die Wolken erreichen inzwischen den Fuß des Tafelbergs, kriechen die sanft ausschwingenden, grünen Hänge hinab und verhüllen für einige Augenblicke die sorgsam aufgeforsteten, inselartigen Pinienwäldchen. An den ersten Zeilen der weiß gekalkten Häuser lösen sie sich in der vom Meer hereinwehenden Brise auf. Den ersten, vor über 300 Jahren aus Europa eintreffenden holländischen Siedlern, den sogenannten Buren, muß diese Gegend am anderen Ende der Welt wie das Paradies vorgekommen sein. Es war auch diese Schönheit, ja dieser Zauber der Natur am südlichen Zipfel von Afrika, der sie glauben ließ, das «auserwählte Gottesvolk» zu sein. Ein Volk, dem Gott, wie sie es in ihrem einfachen Bibelglauben verstanden, den «Weg ins Land Kanaan» gewiesen hatte, um es sich untertan zu machen. Das haben sie dann, auf dem Weg vom Kap nach Norden, auch getan.

Nieselregen vertreibt auch die letzten Besucher vom samstäglichen Flohmarkt auf dem *Green Market Square*, dem kleinen, idyllischen Marktplatz im Zentrum von Kapstadt. Die Händler verhängen ihre Verkaufsstände mit großen, durchsichtigen Plastikfolien und harren noch eine Weile aus, für den Fall, daß sich doch noch einige Touristen aus den umliegenden Hotels hierher verirren sollten.

«Die sind die besten Kunden, denn die kaufen so ziemlich alles, Hauptsache, es sieht irgendwie nach Afrika aus!» Der junge Student der *University of the Western Cape*, einer der beiden Universitäten von Kapstadt, steht grinsend hinter einem Tapeziertisch, auf dem selbstgemachte, dunkel gegerbte Safarihüte aus Leder gestapelt sind. Er verdient sich einen Teil seines Lebensunterhalts damit. Bei den Touristen besonders beliebt sind die Exemplare mit einem schmalen Streifen aus imitiertem Leopardenfell als Hutband.

«Die brauchen irgendwie das Jagdgefühl in Europa, ‹wilder Busch› und ‹gefährliche Tiger› oder so ähnlich. Keine Ahnung. Aber mir ist das egal. Hauptsache, das Zeug wird gekauft, obwohl's heute nicht danach aussieht.»

Lachend packt er seine Utensilien wieder in die Kartons, denn der Regen hinterläßt Flecken auf den Hüten.

«Außerdem ist es besser, wir verschwinden allmählich von hier, wahrscheinlich gibt's bald Ärger!»

Um den Marktplatz herum, aber auch anderswo im Zentrum von Kapstadt, sind an diesem Samstag auffallend viele gelb lackierte Fahrzeuge unterwegs. Der kastenartige Aufbau hinter der Fahrerkabine und selbst die mit Draht vergitterten Fenster könnten die Touristen aus Übersee, wären sie trotz des Nieselregens jetzt unterwegs, noch in dem Glauben lassen, daß es sich um Fahrzeuge der Post oder von irgendwelchen städtischen Diensten handelt. Ein Blick ins Innere aber würde sie eines Besseren belehren: Die gelben Fahrzeuge sind voll schwerbewaffneter Polizisten. Sie haben Urlaubssperre, der südafrikanische Sicherheitsapparat ist für dieses Wochenende gerüstet und, nur mäßig verdeckt, fast überall präsent. Für den kommenden Montag, den 18. Juli, gilt höchste Alarmbereitschaft. Geübtere Augen erkennen die abseits des Verkehrsgewühls am Straßenrand geparkten Ford Sierras der Geheimpolizei, in denen auffällig unauffällig Zeitung gelesen wird.

Bereits am frühen Nachmittag kommt es auf einer Landstraße, ungefähr zehn Kilometer vor Kapstadt, zu den ersten Verhaftungen: Ausgerechnet auf vier Jogger kapriziert sich die Macht des Staatsapparats. Das ist für Südafrika ungewöhnlich, denn in der geradezu sportbesessenen weißen Gesellschaft ist Joggen der wichtigste

Volkssport. Erst danach kommen Rugby, Kricket und Tennis. Selbst am Abend sind auf den Straßen noch Läufer anzutreffen, meist mit einem Gürtel aus phosphoreszierendem Plastik um die Hüften. Der Gürtel reflektiert orangerot oder neongrün das Licht der Autoscheinwerfer. Trotzdem ist die Joggerei nach Einbruch der Dunkelheit für Läufer wie Autofahrer nicht ungefährlich. Aber kein südafrikanischer Polizist würde auf die Idee kommen, einen dieser Jogger wegen Gefährdung des Straßenverkehrs zu ermahnen oder gar zu verhaften. Was also stimmt mit den vier Sportstudenten nicht, die am hellen Nachmittag am Rand der zugegebenermaßen gut befahrenen Landstraße joggen? Es sind ihre T-Shirts, auf die ein Gefängnisgitter gedruckt ist, durch das eine schwarze Hand herausgreift. Hinter dem Gitter zeichnet sich, ebenfalls in Schwarz, die Silhouette eines Kopfes mit krausem Haar ab. Auf dem T-Shirt steht: «*NELSON MANDELA – FREEDOM AT SEVENTY!* NELSON MANDELA – FREIHEIT MIT 70!» Das ist Grund genug, die vier zu verhaften. Außerdem erklärt es, warum die Regierung einen großen Teil des Polizei- und Geheimpolizeiapparats an diesem Wochenende mobilisiert: Aktivitäten wie die der vier Sportstudenten sind Auftakt für zahlreiche Veranstaltungen und Demonstrationen zur Feier des 70. Geburtstags von Nelson Mandela, der, laut Regierungspropaganda, noch immer Südafrikas Staatsfeind Nummer eins ist. Und das, obwohl er bereits seit 1962 hinter Schloß und Riegel sitzt, inzwischen allerdings nicht mehr auf der fast ausschließlich für politische Häftlinge bestimmten Robben-Insel draußen in der Tafelbucht, sondern im Hochsicherheitstrakt des Gefängnisses von Pollsmoor, kaum eine halbe Autostunde vom Zentrum Kapstadts entfernt.

Die vier Sportstudenten verschwinden ebenso in dem kastenartigen Aufbau eines der gelben Polizeifahrzeuge wie zehn andere Mitglieder des, in Südafrika würde man sagen, «gemischtrassigen» Komitees «LASST MANDELA FREI!». Parallel zu diesen Verhaftungen laufen Durchsuchungsaktionen in mehreren Druckereien, die im Verdacht stehen, Plakate für geplante «Mandela-Geburtstagsveranstaltungen» zu drucken. Die südafrikanische Regierung und ihre Polizei reagieren so hysterisch wie schon lange nicht mehr. Alles, aber auch wirklich alles, was irgendwie auf Mandelas Geburtstag hinweisen könnte, ist verboten. Wer zuwiderhandelt, wird verhaftet.

Am Hang unterhalb des Tafelbergs liegt die vielleicht liberalste Universität Südafrikas, die *University of Capetown.* Aus einem der alten, mit Efeu bewachsenen Gebäude im englischen Kolonialstil fällt mein Blick auf den Atlantik. Sportanlagen gibt es hier, Tennisplätze, Bibliotheken und, zum Beispiel, ein hervorragend ausgestattetes Institut zum Studium der klassischen Musik und des Jazz – es gibt wohl auch international nicht übermäßig viele Universitäten, die mit all diesen Vorzügen, dieser idealen Lage und diesem – regelrecht mediterranen – Klima aufwarten könnten.

«Und doch», so erläutert mir ein der Subversivität unverdächtiger Professor für klassische Musik des 18. und 19. Jahrhunderts, «unter den Studenten gährt es schon lange. Viele, wenn nicht die meisten, wollen mit Rassismus und Apartheid nichts mehr zu tun haben. Die besonders kritischen Köpfe gehen, wenn sie es sich auch nur irgendwie leisten können, nach Europa und studieren dort. Manche kommen gar nicht erst wieder zurück. Ein großer Teil der weißen südafrikanischen Gesellschaft ist ja nicht gerade allzu freundlich zu kritischen Studenten oder Intellektuellen.»

Wie freundlich, das läßt sich an diesem späten Samstagnachmittag, zwei Tage vor Mandelas Geburtstag, feststellen. An der 4spurigen Hauptstraße, die dicht unterhalb der Universität vorbeiführt, hat die Polizei schwer gepanzerte Mannschaftswagen aufgefahren, die auch von der Armee benutzt werden. Die Beamten entsteigen den sogenannten *Casspirs* mit *riot gear*, der Ausrüstung für schwere Unruhen, zu der Gewehre zum Abschießen von Tränengasgranaten und Gummigeschossen, aber auch Schrotflinten gehören. Die Schlacht, die sie gewinnen sollen, werden sie den rund 800 Studenten liefern, die in der großen Festhalle der Universität einem Popkonzert zu Ehren Mandelas zuhören wollen.

Natürlich ist auch dieses Konzert auf Weisung der praktisch allmächtigen Polizei verboten. Der zuständige Polizeikommandant, der das Verbot, auf die Klage der Universität hin, vor Gericht zu erläutern hat, gibt eine äußerst simple Begründung zum besten. Er habe gehört, daß während oder nach der Veranstaltung schwarze Studenten geplant hätten, Steine zu werfen, wahrscheinlich auf Polizeiautos und Busse. Der Presse habe er entnommen, daß man mit rund 10 000 Konzertbesuchern rechne, und wenn so viele zusammenkämen, könne das ja immerhin gefährlich für die öffentliche Sicherheit sein. Also sei das Konzert verboten worden.

Die Dürftigkeit seiner Argumentation und die Tatsache, daß er noch nicht einmal einen Beweis für seine angeblichen Informationen mitbringt, überrascht kaum jemanden – das ist die Regel im Südafrika des Ausnahmezustands. Vertreter der Regierung oder das für Journalisten zuständige, staatliche *Bureau of Information* reagieren jedesmal zornig, wenn Journalisten Südafrika als Polizeistaat bezeichnen, in dem bei Bedarf auch die eigene Justiz systematisch ausmanövriert wird. Doch ist genau das der Fall, und genau das ist Kennzeichen eines Polizeistaates. In einer koordinierten Aktion zum 70. Geburtstag Mandelas unterdrückt die Polizei auch den geringsten Ansatz öffentlicher Kritik oder öffentlichen Protestes. Eine Welle von Verhaftungen geht über das Land hinweg. Die Behörden sind nicht verpflichtet, die Verhafteten einem Richter vorzuführen, sie können unbegrenzt lange im Gefängnis behalten werden, dazu braucht es keine Begründung, nur die Behauptung eines Polizeibeamten, daß es sich bei dem Verhafteten um einen Staatsfeind handle, der die «öffentliche Sicherheit» gefährde, was immer das bedeuten mag. Einen Anspruch auf die Vertretung durch einen Anwalt gibt es ebensowenig wie das Recht auf Besuche der Familie im Gefängnis. Die Häftlinge verschwinden einfach hinter Gittern, oft wissen ihre Angehörigen noch nicht einmal, in welches Gefängnis sie abtransportiert worden sind.

Den Anschein aber, daß alles nach «westlichen», «europäischen» Maßstäben von Recht und Ordnung zugehe, sucht die Regierung um jeden Preis zu wahren. An diesem Wochenende versucht es der Justizminister Kobie Coetsee, der sich kaum zwei Jahre später als engagierter «Reformer für ein neues Südafrika» präsentieren wird. Anlaß für seine Aktion ist das Verbot des Mandela-Konzerts an der Universität. Einige Zeitungen berichten völlig korrekt, der Justizminister habe das «sogenannte Konzert für Mandela» gemeinsam mit der Polizei untersagt. Umgehend gibt die Presseabteilung des Justizministeriums eine Stellungnahme heraus, die mit dem Satz beginnt:

«Wir haben davon Kenntnis erhalten, daß Sie in Ihrer Morgenausgabe berichteten, der Justizminister habe das ‹sogenannte Mandelakonzert› verboten ... Sie haben dabei die wirkliche Faktenlage falsch verstanden ...» Der drohende Unterton entgeht keinem Journalisten in diesem Staat, in dem der zuständige Minister nach zweimaliger Verwarnung eine Zeitung für mehrere Monate verbieten, dichtmachen kann. Für jede größere Zeitung bedeutet das mit hoher Wahrscheinlichkeit den ökonomischen Ruin. Während meiner ersten beiden Jahre in Südafrika wurde dieses Instrument zur Knebelung der Presse bei mehreren kleineren Zeitungen angewandt. Die Erklärung des Justizministeriums fährt fort:

«Es ist festzuhalten, daß, gemäß der am 31. März 1988 erlassenen Verordnung, mit Gültigkeit vom ersten April jede öffentliche Veranstaltung im Freien, mit Ausnahme von Sportveranstaltungen und Begräbnissen, verboten ist. Jedermann, der dennoch eine solche Veranstaltung durchführen will, ist verpflichtet, um Genehmigung nachzusuchen ... Im Fall des sogenannten Mandela-Konzerts wurde zwar um Genehmigung gebeten, die der Minister aber nicht erteilt hat.»

Im Klartext: Der Minister kann nicht etwas verboten haben, was sowieso schon verboten ist; sollte es aber noch nicht verboten gewesen sein, so wird es in diesem Fall verboten, weil der Minister die Genehmigung nicht erteilt und es damit sozusagen verboten hat. Südafrika – weit entfernt von Veränderung und Reform.

Während von zahlreichen Regierungen der östlichen wie der westlichen Welt – darunter die aller in der Europäischen Gemeinschaft zusammengeschlossenen Staaten – Glückwunschtelegramme oder von Botschaftern überbrachte Briefe im Hochsicherheitstrakt des Gefängnisses von Pollsmoor eintreffen, unternimmt das staatliche «Büro für Information» noch einmal einen mehr oder weniger hilflosen Versuch, die Dinge geradezurücken. Mandela sei, selbst wenn man die Kriterien der Gefangenenhilfsorganisation Amnesty International heranziehe, gar kein politischer Gefangener. Er sei nämlich nicht wegen seines Glaubens oder aus Gründen rassischer Diskriminierung im Gefängnis. Mandela habe vielmehr wegen Hochverrat und Terrorismus vor einem ordentlichen Gericht gestanden und sei völlig rechtmäßig zu lebenslänglicher Haft verurteilt worden. So würde das in vergleichbaren Fällen auch von westlichen demokratischen Staaten gehandhabt. Nichts anderes tue man in Südafrika!

Kein Wort von Apartheid als eigentlicher Ursache für Mandelas Haft. Kein Wort vom fast 50 Jahre langen, ausschließlich friedlichen Protest des African National Congress gegen politische Unterdrükkung und Rassendiskriminierung, die ja erst von der seit 1948 regierenden Nationalen Partei perfektioniert und auf die Spitze getrieben wurde. Schließlich kein Wort davon, daß Mandela und der ANC bis zu seiner Verhaftung 1961 bei ihren wenigen sogenannten Sabotageaktionen nie einen Menschen auch nur leicht verletzt haben.

Die südafrikanische Regierung unter Staatspräsident Botha verteidigt sich, im 27. Haftjahr Mandelas, ebenso unbeholfen wie ohne Aussicht auf Erfolg gegen die Forderungen der internationalen Öffentlichkeit, Mandela freizulassen. In einer großen liberalen Johannesburger Tageszeitung, dem *STAR*, erscheint eine Karikatur, die den Sachverhalt treffend umreißt: Nelson Mandela und P. W. Botha, aneinandergekettet in ein und derselben Gefängniszelle. Soll heißen: Staatspräsident Botha ist mindestens so sehr der Gefangene von Mandela wie umgekehrt. Und: Der Staatspräsident wird – wie sein Land Südafrika – das «Gefängnis» der internationalen Ächtung nur durch die Freilassung Mandelas verlassen können. Wie gut diese Karikatur die Verhältnisse trifft, zeigt sich 19 Monate später – nachdem ein Aufstand in der regierenden Nationalen Partei den gesundheitlich schwer angeschlagenen Botha hinweggefegt hat. Sein Nachfolger de Klerk wird versuchen, die Tür des Gefängnisses zu öffnen. Das Überraschende dabei ist: Beide werden sie feststellen, daß sie auch danach auf Gedeih und Verderb aneinandergekettet bleiben. Noch aber sind wir nicht soweit.

Durch seine störrische und inzwischen nur noch auf Unterdrükkung nach innen und Sturheit nach außen setzende Haltung hat

Staatspräsident Pieter Willem Botha das Land im Juli 1988 endgültig in eine Sackgasse manövriert. Und mehr noch: Die Regierung veranstaltet an diesem Wochenende eine geradezu groteske Jagd auf ein Phantom, das sie ja eigentlich im Hochsicherheitstrakt von Pollsmoor eingebunkert hat: das Phantom Nelson Mandela. Es ist ähnlich wie zu Beginn der 60er Jahre, nur, daß Mandela damals tatsächlich in Freiheit war, wenn auch im Untergrund. Er narrte die Polizei mit den unterschiedlichsten Verkleidungen über ein Jahr lang. Daß sie seiner schließlich doch habhaft werden konnte, verdanke sie, glaubt ein seriöser amerikanischer Journalist neuerdings belegen zu können, einem Hinweis des amerikanischen Geheimdienstes CIA. Jetzt aber, am 18. Juli 1988, scheint Mandela, seit 26 Jahren im Gefängnis, sich wieder in Kapstadt herumzutreiben, schon in den frühen Morgenstunden dieses Tages.

Es ist ein klarer, wolkenloser Montagmorgen. Nur draußen in der Tafelbucht noch ein wenig Nebel, über der Gefängnisinsel «Robben Island», den die Wärme der aufgehenden Sonne bald vertreiben wird.

Wir sind schon seit 6 Uhr unterwegs, um zu filmen, falls sich doch irgendwelche Überraschungen ergeben sollten. Auf der N 2, einer 4spurigen Autobahn ins Zentrum von Kapstadt, geschieht es. Von einer Brücke, unter der die Autos in der eben beginnenden *rush hour* hindurchfahren, hängt plötzlich ein riesiges Transparent in den schwarz-grün-gelben Farben des African National Congress herab. Es zeigt den Kopf Mandelas. Darunter steht in großen Buchstaben: *«HAPPY BIRTHDAY NELSON MANDELA!»* und: *«FREEDOM AT 70!»*

Wir biegen rasch nach links auf die Standspur, bauen die Kamera auf und filmen Brücke und Transparent. In diesem Augenblick fahren zwei gelbe Streifenwagen der Polizei auf die Brücke. Vier Beamte springen heraus, zerren an dem Spruchband, lösen es aus seiner Verankerung und ziehen es über das Brückengeländer hoch. Als sie gerade dabei sind, es zu verstauen, entdeckt ein Polizist uns und die Kamera. Er ruft seinen Kollegen etwas zu, deutet in unsere Richtung und rennt los zum Streifenwagen. Doch Michael Condé, seit 8 Jahren ARD-Kameramann in Südafrika, hat inzwischen reichlich Übung für solche Fälle.

Blitzartig ist die Kamera abgebaut und im Auto. Wir brausen los und nehmen die nächste, ein paar hundert Meter vor uns liegende Ausfahrt, die glücklicherweise so schnell nicht von der Polizei blockiert werden kann, und verschwinden im Gewirr der Straßen von Kapstadt. Am Abend überspielen wir diese Aufnahmen über Satellit zur *Tagesschau* nach Hamburg. Es sind die vielleicht aussagekräftigsten Bilder dieses Tages. Deshalb werden sie auch von den englischen und amerikanischen Kollegen übernommen und gehen um die Welt.

Ein paar Kilometer von jener Autobahnbrücke sind andere Polizeibeamte dabei, an einer Mauer in Guguletu, einem Getto für sogenannte «Mischlinge», ein Graffiti zu überpinseln. Irgend jemand hatte es während der Nacht angebracht, über 30 Meter hinweg: *«HAPPY BIRTHDAY NELSON MANDELA!»* In Langa, ebenfalls ein Getto für «Mischlinge» in der Nähe von Kapstadt, hält Allan Boesak, Präsident des Weltbundes der Lutherischen Kirchen, am späten Vormittag einen Gottesdienst für Nelson Mandela. Danach lassen Jugendliche vor der Kirche mit Gas gefüllte Luftballons in den Farben des ANC steigen. Auch die Luftballons tragen die Aufschrift: *«HAPPY BIRTHDAY...»*

In den Hinterhöfen von Langa, aber auch in anderen Gettos für die «farbige» und «schwarze» Bevölkerung, kommt es immer wieder zu Blitzdemonstrationen von ein-, zweihundert Menschen – es ist wie bei dem Rennen zwischen Hase und Igel. Wo immer die Polizei hinkommt, ist längst alles vorbei. Eine törichte und über die Maßen kurzsichtige Politik zwingt sie dazu, sich wie Tölpel zu verhalten. Manche machen das durch besonders große Brutalität während des Einsatzes wieder wett. Sie verhaften und prügeln drauf los, wann immer es geht. Der südafrikanische Teufelskreis funktioniert wie eh und je.

Und so bekomme auch ich, kaum vier Wochen Korrespondent für die ARD in Südafrika, an diesem Wochenende auf drastische Weise vorgeführt, wie die Polizei und die maßgeblichen Politiker der weißen Minderheit – nach all den schweren Rassenunruhen der

70er und der 80er Jahre – noch immer versuchen, mit purer Gewalt die Konflikte Südafrikas zu «lösen». Sie suggerieren sich selbst, aber auch der ganzen weißen Bevölkerung, daß ihre Probleme dadurch aus der Welt geschafft werden könnten. Die Chance zu einer friedlichen Zukunft haben sie aber nur, wenn sie sich zum politischen Dialog statt zum brutalen Diktat, zu Verhandlungen statt zu Verhaftungen entschließen. Es mag sein, daß manche, vielleicht sogar führende, Mitglieder der Nationalen Partei diese Erkenntnis im Juli 1988 bereits mit sich herumtragen. Zu merken ist davon aber nichts. Im Gegenteil.

Das bizarrste Vorkommnis an Mandelas 70. Geburtstag ereignet sich 1300 Kilometer nördlich von Kapstadt, in einem weißen Vorort von Johannesburg, in Honeydew. Miranda und Roger Harris, ein kritisches, südafrikanisches Journalistenehepaar, haben zu einer privaten Geburtstagsparty zu Ehren Mandelas eingeladen. Unter den Gästen befinden sich, neben zahlreichen Journalisten, auch ausländische Politiker und Diplomaten. Ehrengäste sollten Winnie Mandela und ihre Tochter Zindzi sein. Am Tag zuvor hatte Winnie Mandela öffentlich gesagt, daß sie – in Absprache mit ihrem Mann – das Angebot der Regierung nicht wahrnehmen werde, ihn erstmalig mit der gesamten Familie ganze sechs Stunden im Gefängnis von Pollsmoor zu besuchen. Zu dieser humanitären Geste hatte sich die Regierung, wohl auch aufgrund des internationalen Drucks, bereit erklärt. Aber die Familie würde Mandela erst in der darauffolgenden Woche besuchen und auch nur, wie bisher erlaubt, 45 Minuten lang. Die Begründung: Nelson Mandela nehme keine Vergünstigungen an, die nicht auch seinen mit ihm 1962 im sogenannten Rivonia-Prozeß zu lebenslanger Haft verurteilten Freunden gewährt würden. Das wiederum lehnte die Regierung ab. Also blieb die Familie zu Hause in Soweto und flog nicht nach Kapstadt. Ein taktisches, wohl auch auf die Wirkung in der Presse zielendes Spiel, bei dem die Regierung den kürzeren zog. Nicht zum ersten und – noch – nicht zum letzten Mal.

Gegen 15 Uhr sind bereits zahlreiche Gäste in Haus und Garten des Ehepaars Harris in Honeydew eingetroffen. Doch andere, gänzlich ungebetene Gäste sind ebenfalls recht zahlreich da – Polizisten. Einer der großen, schwer gepanzerten Mannschaftswagen hält die Feiernden in Schach. Beamte in Uniform und mit Ferngläsern beobachten die «Vorgänge» vom Turm des Panzerwagens herab, andere in Zivil notieren die Autonummern der Gäste und haben im übrigen dem Hausherrn schon vorab eine Mitteilung gemacht: Die Party sei verboten, denn sie gefährde die Staatssicherheit. Besonderen Anstoß nahm die Polizei an einem geplanten Fußballspiel im Garten des Anwesens, an dem mehrere Mannschaften teilnehmen sollten. Eine davon würde aus Jugendlichen aus Soweto bestehen. Doch es sollte weder zum Anpfiff des Spiels noch zur eigentlichen Party kommen, obwohl die Gastgeberin Miranda Harris seit dem frühen Vormittag versucht, bei dem regional zuständigen Gericht eine Rücknahme des Partyverbots zu erwirken. In ihrer bei Gericht eingereichten, eidesstattlichen Erklärung stellt sie fest, daß es sich «... um eine private Einladung handelt... hinter der nichts Hinterhältiges, Gefährliches oder gar Bedrohliches steckt... mit allem Respekt vor dem Gericht möchte ich feststellen, daß selbst eine große Anstrengung der Phantasie bei Betrachtung der Sachlage nicht dazu führen kann, diese Zusammenkunft als Gefährdung des öffentlichen Friedens und der öffentlichen Sicherheit anzusehen.»

Doch die Justiz funktioniert, wie sie soll: Sie vertagt die Verhandlung über die mißliche Angelegenheit um einen Monat, was bedeutet, daß die Party samt Fußballspiel bis dahin verboten bleibt. Die Polizei wiederum beobachtet die Gäste einschließlich der Diplomaten, Politiker und Journalisten: Daß ja keiner etwas anderes als Wasser zu sich nimmt! Der Genuß von Alkohol würde, laut der Verordnung, den Beginn der verbotenen Party bedeuten und wäre für die Polizei der Anlaß zur Räumung.

Wie sich die Berichte der Diplomaten an ihre Außenministerien und die Glossen der Journalisten über die «Wasserparty mit Hindernissen» lesen würden, müßte selbst für die südafrikanische Regierung vorstellbar sein. Das Ganze ist eine Groteske, die aber nicht erzählenswert wäre, wenn sie nicht eine Menge Typisches enthielte. Etwa zur innenpolitischen Situation Südafrikas im Jahre 1988: Eine

Regierung, die sich aus ideologischer Verbohrtheit (und wohl auch aus Unsicherheit) öffentlich lächerlich macht; eine Justiz, die dem Unrecht, aus Hörigkeit den «Sicherheitskräften» gegenüber, den honorigen Anschein gibt; eine Polizei schließlich, die mit wenig Feingefühl einschreitet. Das ist eine fatale, aber sehr südafrikanische Kombination, die bei mir zweierlei auslöst: Zum einen vermehrte Fragen: Was geschieht eigentlich dort, wo die Öffentlichkeit nicht so leicht oder gar nicht Zugang erhält? Was geschieht eigentlich mit Menschen, die weniger geschützt sind als die Diplomaten, wenn schon mit denen so rüde umgesprungen wird? Sind alle der über 60 bekannteren Apartheidsgegner, die in den letzten zehn Jahren ermordet wurden, tatsächlich irgendwelchen unauffindbaren Gangstern zum Opfer gefallen – oder stecken nicht doch «interessierte Kreise», zum Beispiel die Polizei, dahinter? (Ein Teil dieser Fragen sollte sich in den kommenden drei Jahren tatsächlich beantworten lassen, sehr zum Nachteil der sogenannten Sicherheitskräfte.) Die zweite Auswirkung der Ereignisse um Mandelas 70. Geburtstag auf mich ist die Verfestigung einer Erkenntnis: Nur naive Gemüter können glauben, daß die südafrikanische Regierung echte Reformen durchführen wird, auch wenn sie das verspricht. Um so erstaunlicher für mich ist deshalb der Beginn grundsätzlicher Veränderungen – kaum vier Wochen später! Allerdings zunächst an einem Ort, an dem ich es, wie die anderen Journalisten wohl auch, zu diesem Zeitpunkt nicht vermutet hätte: In Südwestafrika/Namibia, dem ehemaligen «Deutsch-Südwest». Es ist ein riesiges, an Bodenschätzen wie Kupfer- und Zinkerz und Diamanten reiches Land, das Südafrika seit der Vertreibung der deutschen Kolonialtruppen im Jahre 1915 besetzt hält und für sich beansprucht – trotz des immer massiveren internationalen Protests. Und noch weniger läßt sich im Juli und August 1988 ahnen, daß mit der Änderung der südafrikanischen Haltung gegenüber seiner «Kolonie» Namibia bereits das Vorspiel für tiefgreifende Veränderungen in Südafrika selbst beginnt. Es sollte spannend werden.

«Vergeßt Südwest!»

Genau in der Mitte des Kavangoflusses verläuft die Grenze zwischen Angola und «Südwestafrika/Namibia» (die Südafrikaner nennen es im August 1988 noch immer einfach «Südwest», so wie es die Deutschen während ihrer Zeit als Kolonialherren im südlichen Afrika kurz und stramm «Deutsch-Südwest» genannt hatten). Mit Angola fühlten sich die Südafrikaner lange eng verbunden, denn Angola war als portugiesische Kolonie über viele Jahre ebenfalls fest in weißer Hand.

Die Portugiesen verfolgten dort mit großer Brutalität die gleiche Politik wie die weißen Südafrikaner in «Südwest»: Sie unterdrückten die Forderungen der schwarzen Bevölkerung nach Gleichberechtigung und Unabhängigkeit. Doch das änderte sich schlagartig am 24. April 1974, dem Tag oder besser: der Nacht der «Revolution der Streitkräfte» in Portugal selbst. Sie begann in Lissabon um Punkt 24 Uhr mit dem Abspielen des Liedes «Grandola, vila morena» durch die von Elitesoldaten im Handstreich besetzte Radiostation Lissabons. Das Lied auf ein kleines Dorf im Süden Portugals gab das Signal zum Militärputsch, der dem diktatorischen Regime Marcello Gaetanos ein Ende machte.

Der Putsch sollte, nach einigen Wirren, Portugal die Demokratie bringen, aber er veränderte auch die Verhältnisse im südlichen Afrika grundlegend. Ein Ziel der jungen, progressiven Offiziere war es von Anfang an, die beiden Kolonien im südlichen Afrika, Angola und Moçambique, in die Unabhängigkeit zu entlassen. Der in ihren Augen sinnlose und ungerechte Kampf gegen die schwarzen Befreiungsbewegungen dort war sogar ein entscheidendes Motiv für den Putsch. Moçambique überließen sie der «Front für die Befreiung Moçambiques», FRELIMO, und Angola der «Volksbewegung zur

Befreiung Angolas», MPLA. Beides waren marxistische und eng an Moskau orientierte Befreiungsbewegungen. Die MPLA lag zwar im bewaffneten Streit mit zwei konkurrierenden schwarzen Organisationen, konnte sich aber aufgrund der massiven militärischen Unterstützung durch Moskau und Kuba durchsetzen.

Am 11. November 1974 riefen die MPLA und ihr Führer Agostino Neto die «Volksrepublik Angola» aus. Damit ging nicht nur die mehr als vier Jahrhunderte lange Kolonialherrschaft Portugals im südlichen Afrika zu Ende, sondern auch eine Illusion der Südafrikaner. Die Illusion nämlich, daß Südafrika die seit den 60er Jahren immer näher heranbrandende Welle schwarzafrikanischer Unabhängigkeit unangefochten überstehen und «Südwest» für immer als Kolonie behalten könnte. Doch zunächst reagierten die Südafrikaner auf die überraschende Lage wie so oft – mit Gewalt. Das «Regime der gottlosen Kommunisten» Angolas als Nachbar von «Südwest» bedrohte die letzte Pufferzone Südafrikas: Darauf konnte es für den heimlichen starken Mann im südafrikanischen Kabinett nur eine Antwort geben: den Marschbefehl für die Armee. «Operation Zulu» war der Name für das, was dann folgte.

Mit hoher Geschwindigkeit bewegte sich eine von «Südwest» aus nach Angola einfallende, schwerbewaffnete militärische Kolonne der Südafrikaner auf die Hauptstadt Luanda zu. Die südafrikanische Öffentlichkeit erfuhr davon nichts. Der starke Mann, er war zu diesem Zeitpunkt Verteidigungsminister, ließ sich sogar nach Angola einfliegen, um seine ohnehin überlegenen Truppen auch noch moralisch zu unterstützen. Doch das Geschehen nahm, trotz der für ihn glänzenden militärischen Lage, einen gänzlich unvermuteten Ausgang. Der Verteidigungsminister beging einen der wenigen gravierenden Fehler seiner politischen Karriere (die ihn – Pieter Willem Botha – einige Jahre später trotzdem noch in das Amt des südafrikanischen Regierungsoberhaupts führen würde).

Der Einfall der Südafrikaner in Angola entging der internationalen Öffentlichkeit natürlich nicht. Doch das kümmerte die Südafrikaner nicht sonderlich. P. W. Bothas Rechenfehler bestand in etwas, das viel schwerer wog: Die Südafrikaner hatten ihre Operation mit dem amerikanischen Geheimdienst CIA abgestimmt. Der wollte die marxistische MPLA ebenfalls nicht in Angola an der Macht sehen, sondern die «westlicher» orientierte Befreiungsbewegung FNLA. Laut Plan sollten die Südafrikaner von Süden aus auf Luanda marschieren, die FNLA von Norden aus. Doch während die Südafrikaner erfolgreich vorstießen, blieb die Offensive der FNLA in den Salven der von Moskau gelieferten «Stalinorgeln» stecken. Ein Problem, das nur durch massivere militärische Unterstützung für die FNLA zu lösen war, weshalb der CIA beim amerikanischen Kongreß mehr finanzielle Mittel anforderte. Doch der Kongreß hatte, wie die südafrikanische Öffentlichkeit, nicht die geringste Ahnung davon, daß der CIA am südlichen Zipfel von Afrika in so großem Ausmaß und in einem solch delikaten Manöver aktiv war. Derart hinters Licht geführt, schaltete der amerikanische Kongreß auf stur und genehmigte nicht einen zusätzlichen Cent. Das bedeutete zunächst das Ende dieser Aktion des CIA und auch das Ende des militärischen Vorstoßes der Südafrikaner. Es sei denn, diese wollten versuchen, ihre Operation allein auszuführen. Doch das ließ sich weder national noch international durchsetzen. Sie hatten fest damit gerechnet, daß der CIA politisch von höchster Stelle abgesichert sei, ja, sie wähnten sich nun endlich in der langersehnten Koalition für den Kampf der westlichen Welt gegen den «gottlosen Kommunismus». Dem war nicht so. Deshalb mußten sich die südafrikanischen Truppen wieder nach «Südwest» zurückziehen.

Nach dieser politischen Schlappe entwarf Botha mit seinen Generälen und einigen politischen *hardlinern* im Kabinett eine andere, in ihren Auswirkungen auf das südliche Afrika allerdings nicht weniger folgenreiche Politik: Die Politik der Destabilisierung, mal mit friedlichen, mal mit militärischen Mitteln. Sie fühlten sich vom Kommunismus umzingelt. Angola war gefallen, ebenso Moçambique. Rhodesien, das spätere Simbabwe, begann ebenfalls zu wackeln. Das bereits unabhängige Sambia verstand sich schon lange als sozialistischer Staat. Damit war Südafrika und «Südwest» von einem breiten Gürtel zwar wirtschaftlich und militärisch schwacher, aber marxistischer Staaten umgeben. Außerdem boten diese

Staaten Unterschlupf für Trainingscamps des African National Congress und der namibischen Befreiungsbewegung *South West African Peoples Organization*, kurz SWAPO. In den Augen Bothas war es nur eine Frage der Zeit, wann sie alle zusammen, offen oder versteckt, zum *total onslaught*, zum totalen Angriff, ausholten. Dagegen galt es eine *total strategy* zu entwickeln, die schließlich in den Versuch der frühzeitigen und gründlichen Destabilisierung dieser Staaten mündete. Die finanziellen Kosten dieser «totalen und alle Gesellschaftsbereiche umfassenden Strategie» waren enorm, ebenso die politischen Kosten, d. h. der Ansehensverlust in der internationalen Öffentlichkeit. Sie sollten noch größer werden. Denn die Südafrikaner wandten den gleichen Denkansatz, die gleiche «total strategy» brutal und unnachgiebig auch gegen die schwarze Opposition im eigenen Land an. Dort aber zogen die ersten Sturmwolken kommender Unruhen und wachsenden Widerstands der schwarzen Bevölkerung gegen das Apartheidsregime herauf. Am 16. Juni 1976, knapp ein Jahr nach der militärischen Gewaltaktion in Angola, begingen Polizei und Armee in dem schwarzen Getto Soweto ein Massaker an protestierenden Schülern. In wenigen Tagen erschossen sie über 600 Kinder und Jugendliche. Diesmal fand Botha politisch zunächst die richtige Antwort. Er nutzte bald darauf einen innenpolitischen Skandal, bei dem es um Korruption und äußerst dubiose Praktiken in der Informationspolitik der Regierung ging, und löste, durch ein ebenso robustes wie listiges Manöver, den halsstarrigen und sichtlich unter Realitätsverlust leidenden Premierminister Vorster ab. «Adapt or die! Paßt euch an oder geht zugrunde!» rief Botha der weißen Minderheit Südafrikas zu. Und die Anpassung schien zunächst auch zu funktionieren. Er setzte, auch auf massiven Druck der Industrie und der Geschäftswelt, eine Reihe von Reformen in Gang. Die Apartheid sollte stromlinienförmiger gemacht werden, da sie in ihrer rigidesten Form inzwischen auch das Wirtschaftsleben behinderte. Sie erschwerte ganz besonders den flexiblen Zugriff auf die schwarze Arbeitskraft, die von der expandierenden Industrie dringend gebraucht wurde. Botha dachte zu keiner Zeit daran, die Apartheid ganz abzuschaffen. Auch wenn das die ausgezeichnet funktionierenden Agenturen der Regierungspropaganda, die südafrikanischen Botschaften im Ausland, immer glauben machen wollten. Sein Denkansatz blieb immer der gleiche. Er strebte eine etwas abgemilderte Form von Apartheid an, in der die Schwarzen aber nach wie vor keine demokratischen Rechte bekommen sollten. Der Rahmen seiner Reformen blieb die «total strategy», nach innen wie nach außen. Das Ende, ja das Scheitern dieser Strategie spielt sich jetzt, am 30. August 1988, an den Ufern des Kavangoflusses ab, an der Grenze zwischen «Südwest» und Angola. Noch ist P. W. Botha Staatspräsident.

«Achtung, sie kommen!» ruft einer der am Ufer stehenden südafrikanischen Soldaten zu uns herüber. Über einer nahen Hügelkuppe auf der anderen Seite tanzt ein kleines rotes Fähnchen. Es ist an die Spitze einer langen, hin und her schwankenden Funkantenne gebunden. Dunkles Brummen, dann lautes Dröhnen: Langsam kriecht einer der schweren Panzerwagen der südafrikanischen Armee hinter dem Hügel hervor. Über der steil aufgereckten Kanone sitzt ein junger blonder Soldat im erdbraunen Kampfanzug auf der geöffneten Gefechtsluke des Turms und schaut starr geradeaus. Der Panzerwagen rollt die ausgefahrene Sandpiste am Ufer hinunter und fährt krachend auf eine stählerne Pontonbrücke, die kurz nach unten wegsackt und dann wellenartig auf- und abschwingt. Südafrikanische Pioniere haben hier eine provisorische Brücke über den Kavango geschlagen, denn die Flußbiegung bei dem namibischen Städtchen Rundu ist seit langem eine der militärischen Einfallrouten nach Südangola.

Die «Kommandoaktionen», wie die Südafrikaner ihre schnell vorgetragenen militärischen Überfälle in Angola nannten, haben immer zwei Ziele gehabt: Sie galten zum einen den im angolanischen Busch versteckten Guerillacamps des African National Congress und der namibischen Befreiungsbewegung SWAPO. Sie sollten zum anderen die im Südosten Angolas operierende Rebellenbewegung «Nationale Vereinigung zur völligen Unabhängigkeit Angolas», UNITA, unter Jonas Savimbi unterstützen, wenn die Truppen der angolanischen Regierung und deren kubanische und sowjetische Helfer die Oberhand zu bekommen schienen. Daneben wurde die UNITA von den Amerikanern, besonders unter Ronald Reagan, finanziell und materiell gestützt. Die FNLA, die der CIA und die Südafrikaner 1975 in Angola an die Macht hatten bringen wollen, hatte sich längst aufgelöst.

Bei all dem Durcheinander verschiedener Organisationen, Befreiungsbewegungen oder wie immer man sie sonst nennen mag, ist eines sicher: Die «Hilfe» von außen, gleichgültig, ob von den Russen, den Amerikanern oder den Südafrikanern, ist schuld daran, daß in Angola seit 1975 ein Krieg im Gange ist, den keine der unmittelbar beteiligten Parteien ohne fremde Unterstützung so lange hätte führen können. In 15 Jahren kostete er mindestens einer halben Million Menschen das Leben. Angola ist heute ausgeblutet, die Wirtschaft praktisch vollständig zusammengebrochen, die Zukunft düster. Es war Teil der «totalen Strategie» Südafrikas, diesen Krieg am Leben zu erhalten. Die letzte militärische Kommandoaktion zur Unterstützung der UNITA begannen die Südafrikaner im Frühjahr 1988. Wir sind jetzt, Ende August 1988, Zeugen ihres Rückzugs.

Über eine Stunde braucht die lange Kolonne von Panzerwagen und minensicheren Truppentransportern, um die Pontonbrücke über den Kavango zu überqueren. Die letzten 1000 von wahrscheinlich 3000 Mann der südafrikanischen Armee verlassen Angola. Manche der Fahrzeuge tragen mit weißer Farbe rasch hingepinselte Aufschriften: *Topgunners*, «Superschützen», in Anlehnung an den schieß- und bombenfreundlichen Kinohit «Topgun». Oder: «Unser ist der Sieg». Auf einem dritten ist ein großes Herz aufgemalt, darunter steht: «*Hi, Mom!* – Hallo Mutti!» Gewiß werden sich jene Mütter freuen, deren Söhne noch aus diesem ebenso mörderischen wie sinnlosen Krieg zurückkehren. Wenn sie zurückkehren.

Auf der stählernen, zentimeterdicken Frontplatte eines Truppentransporters ist der zynische Satz zu lesen: «*For the survival of our bushmen!* Für das Überleben unserer Buschmänner!» Zynisch deshalb, weil die südafrikanische Armee durch die Rekrutierung von Soldaten aus dem friedlichen Volk der Buschmänner vollends dessen Niedergang und Verelendung bewirkt hat. Niemand kennt sich in den Wüsten und der Wildnis des südlichen Afrika so gut aus wie die Buschmänner, die dort seit weit über tausend Jahren heimisch sind, in kleinen Gruppen umherwandernd. Niemand versteht das Alphabet der Natur so gut zu entziffern wie sie. Und niemand sonst beherrscht die Kunst der Fährtensuche so gut. Von Generation zu Generation gaben sie solche zum Überleben notwendigen Kenntnisse weiter. Das machte sich die Armee zunutze, indem sie die Buschmänner von der Suche nach Wild auf die nach Menschen umpolte. Von den Guerillas der in Südangola operierenden SWAPO waren sie gefürchtet. Mit ihrem untrüglichen Spürsinn fanden sie rasch jedes Versteck. Ihnen folgte dann auf leichten und äußerst beweglichen, mit Maschinengewehren bestückten Panzerwagen die schwerbewaffnete Infanterie und erledigte den Rest. Anthropologische und ethno-psychologische Studien glauben belegen zu können, daß die Buschmänner das «aggressionsfreieste» Volk des südlichen Afrika seien. Und jetzt sind die Buschmann-Soldaten im Dienst des Militärs zu menschlichen Spürhunden geworden!

Die durch den Busch ziehende militärische Vernichtungsmaschine hat aber auch die Lebensgrundlage jener wenigen Stammesgruppen zerstört, die noch draußen in der Wildnis lebten und sich von der Jagd ernährten. Denn der Krieg löste gewaltige Wanderungen der vor der Vernichtung fliehenden Tiere aus. «Für das Überleben unserer Buschmänner»?

In zahlreichen Fällen wurden die Buschmann-Soldaten, gerade weil sie im Dienst der südafrikanischen Armee standen, von ihrem Stamm verstoßen. Frauen und Kinder folgten den Ausgestoßenen zu den Militärcamps und ließen sich vor den Lagern nieder, z. B. bei dem südafrikanischen Militärcamp «Mangeti Dune» im Nordwesten Namibias. Außer dem Elend in den schwarzen Gettos Südafrikas ist mir kein bedrückenderes Beispiel des Niedergangs afrikanischer Kultur und Tradition begegnet als dieses: ein Volk, dessen weit über 1000 Jahre alte Höhlenzeichnungen heute als Sehenswürdigkeiten gepriesen werden – sein Untergang wurde vor 300 Jahren durch die weißen Siedler am Kap eingeleitet, die seine kümmerlich Überlebenden jetzt zum letzten Mal für ihre Zwecke nutzen – zum Töten.

Krachend fahren nun schwere, vierachsige Schlepper über die

Brücke. Sie ziehen auf Lafetten montierte Geschütze hinter sich her, die sogenannten G-5-Geschütze, der Stolz der südafrikanischen Armee. Ihre Reichweite liegt bei rund 40 Kilometern. In ganz Afrika gibt es außer den Südafrikanern niemanden, der solche Geschütze besitzt oder gar produziert. Die staatliche Waffenschmiede «ARMSCOR» hat sie selbst entwickelt, seit die gegen das Land verhängten Sanktionen die Einfuhr von Rüstungsmaterial aus Europa und den USA zumindest erschwert haben.

Die «im Buschkrieg erprobten G-5-Geschütze», so die Werbung, wurden zu einem erfolgreichen Exportartikel, den auch Kunden wie der irakische Diktator Saddam Hussein gleich dutzendweise einkauften. Im August 1990 sehen sich die wegen der Golfkrise in Saudiarabien gelandeten amerikanischen Marinesoldaten diesen Geschützen gegenüber. Die Südafrikaner verhalten sich mäuschenstill. Nur ihr Außenminister Pik Botha betont immer wieder, daß Südafrika nichts unternehmen werde, um der westlichen Welt im Kampf gegen Saddam Hussein in den Rücken zu fallen. Er weiß, warum er das sagt. «ARMSCOR» verhält sich ebenfalls mäuschenstill. Anfragen, ob gegenüber dem Irak noch Lieferverpflichtungen bestehen, was einige unabhängige Militärexperten vermuten, werden nicht beantwortet.

«*GUNNER'S JOY* – Die FREUDE DES KANONIERS» steht in Großbuchstaben auf dem Schleppfahrzeug, das die letzte der G-5-Lafetten die Uferböschung hochzieht. Auf seiner mit Panzerplatten geschützten Pritsche sitzen zwei junge Soldaten auf einem Stapel riesiger Reservereifen. Sie lachen und winken. Auch sie sind stolz auf ihr Geschütz. Und auch sie fahren, wie die Kolonne vor ihnen, unter einem großen, zwischen zwei Bäumen gespannten Transparent hindurch, auf dem in Englisch und Afrikaans geschrieben steht: «*WELKOM WENNERS – WELCOME WINNERS* – Willkommen den Siegern.» Doch ganz so einfach ist das nicht mit dem «Sieg», wie der kommandierende General der südafrikanischen Streitkräfte kurz danach während einer Pressekonferenz zugibt. Die offiziell 1000, vermutlich aber rund 3000 Soldaten waren in den letzten Monaten in eine Schlacht um das winzige Dörfchen Cuito Cuanavale im Südosten Angolas verwickelt.

Das Dörfchen hat an sich keinen strategischen Wert, besitzt allerdings einen provisorischen Militärflugplatz, und der wiederum ist wichtig. Denn von hier aus ist das zu dieser Zeit noch an der südöstlichen Spitze Angolas liegende, militärische Hauptquartier der rechtsgerichteten Rebellenbewegung UNITA und ihres Führers Jonas Savimbi schon beinahe in Reichweite der sowjetischen Mig-23-Bomber, mit denen die angolanischen Regierungstruppen ausgerüstet sind. Geflogen werden sie von kubanischen oder sowjetischen Piloten. Im Frühjahr 1988 drohte der von Savimbi und seinen Guerillatruppen gelegte Sperriegel bei Cuito Cuanavale unter der Offensive der angolanischen Regierungstruppen zusammenzubrechen. Daher der militärische Entlastungsangriff der Südafrikaner. Die aber gerieten aufgrund eines anderen Faktors, den sie unterschätzt hatten, plötzlich selbst unter Druck, durch den kubanischen Faktor – die Entschlossenheit Fidel Castros. Von Anfang an hatte Castro, gemeinsam mit der Sowjetunion, die marxistische «Volksrepublik Angola» militärisch unterstützt. Nicht zuletzt, weil er damit im eigenen Lande sein Image als Unterstützer «der gerechten Befreiungskämpfe der Völker» propagandistisch aufpolieren konnte – brannte doch das «Feuer der Revolution» wegen seines stalinistischen Regimes auf Kuba schon lange nicht mehr so recht!

Trotz der Hilfe von außen war die angolanische Regierung über 13 Jahre hinweg nicht in der Lage gewesen, sich gegen Savimbi, der besonders bei dem Stamm der Ovimbundus seine Anhänger hat, und dessen «Alliierte» durchzusetzen. Im Frühjahr 1988 machte die angolanische Regierung noch einmal den Versuch, ihn militärisch in die Knie zu zwingen. Ende März liefen wieder kubanische Schiffe in den vom Krieg und der Zerstörung der Wirtschaft schwer gezeichneten Hafen der angolanischen Hauptstadt Luanda ein. Dem Bauch der Schiffe entstiegen 15 000 kubanische Soldaten und setzten sich samt schwerem Gerät in Richtung Südost-Angola in Marsch.

Die Gesamtzahl der Kubaner in Angola betrug jetzt rund 50 000. Die Südafrikaner eilten Savimbi angesichts dieser Bedrohung zu Hilfe. Doch aufgrund der kubanischen Übermacht gerieten sie nun selbst unter Druck. Sie liefen Gefahr, bei Cuito Cuanavale umzingelt zu werden, und standen vor der Alternative, sich zurückzuziehen oder hohe Verluste zu riskieren. Sie entschieden sich für den Rückzug.

«Der Grund unseres heutigen Rückzugs ist kein militärisches Geheimnis», sagt der kommandierende General. Er steht vor einer überdimensional großen Landkarte und fährt mit dem Zeigestock an einer schnurgeraden Linie entlang, um die Rückzugsbewegung seiner Truppen zu erläutern. Sie beginnt bei Cuito Cuanavale und endet an der Biegung des Kavango bei Rundu in «Südwestafrika/Namibia». Über 300 Kilometer tief war die südafrikanische Armee nach Angola eingedrungen. Natürlich war das, wie all die Aktionen in den Jahren zuvor, ein Bruch des Völkerrechts. Südafrika hat Angola nie den Krieg erklärt, seine Truppen fielen dort ein, wann immer es die politische und militärische Führung für sinnvoll hielt. Kein südafrikanischer Politiker, schon gar nicht der aggressive P. W. Botha, hat davon je viel Aufhebens gemacht.

«Wir waren in Cuito Cuanavale nicht umzingelt, und wir haben dort auch keine Schlacht verloren!» Die Miene des Generals wirkt trotzig. «Alle diese Behauptungen sind nicht wahr. Über einen Punkt gibt es allerdings keinen Zweifel. Die rund 15 000 zusätzlichen kubanischen Truppen haben das militärische Gleichgewicht in dieser Region durcheinander gebracht. Man kann nun viel darüber diskutieren, wer wen zum Verhandeln gezwungen hat, aber das ist für mich unerheblich.»

Der schwergewichtige Mann zieht die Hose seines Kampfanzuges mit einem Ruck über den hängenden Bauchansatz und richtet sich zu seiner vollen Größe auf, als ob er so den Fragen der Journalisten besser begegnen könnte. Doch es kommen nicht mehr allzu viele Fragen, denn das entscheidende Motiv für den Rückzug hat er, militärdiplomatisch verklausuliert, gerade angedeutet: die neuen kubanischen Truppen.

Bisher hatten es die Südafrikaner verstanden, die eigenen Verluste relativ gering zu halten. Das wäre jetzt schwieriger geworden, auch weil die sowjetischen Mig-23-Kampfbomber den veralteten südafrikanischen Mirage überlegen waren. Auch hier eine Gefahr, die den Südafrikanern bisher unbekannt gewesen war. Viele Jahre lang hatten sie im südlichen Afrika unumstritten die Luftüberlegenheit gehabt. Das schien sich nun zu ändern. Ein Beispiel dafür war der völlig überraschende Bombenangriff der Kubaner auf einen von der südafrikanischen Armee bewachten Staudamm bei dem namibischen Grenzörtchen Ruacana. Elf junge Soldaten fielen dem Bombardement zum Opfer. Es war ohne Frage ein Schock, als das staatlich kontrollierte südafrikanische Fernsehen in der Hauptnachrichtensendung die Namen der Gefallenen verlas und ihre Paßbilder einblendete. Das war seit vielen Jahren nicht mehr geschehen.

Etwas anderes allerdings spürte ausnahmslos jede südafrikanische Familie schon seit längerer Zeit: Mit der Wirtschaft des Landes ging es seit den schweren Unruhen in den schwarzen Gettos Mitte der 80er Jahre und seit Beginn der, wenn auch nur begrenzt wirksamen, Sanktionen in einer rasanten Talfahrt bergab. Im Laufe der letzten vier Jahre war der Wert des südafrikanischen Rand um vier Fünftel geschrumpft, und er verfällt auch jetzt, im August 1988, ständig weiter. Dem Land fehlen Kredite und Investitionen aus dem Ausland. Vor allem amerikanische Firmen hatten – unter dem Druck der Antiapartheidsbewegung in den USA und dem Eindruck der täglichen Fernsehbilder über die blutigen Rassenunruhen – seit 1985 ihr wirtschaftliches Engagement in Südafrika sehr reduziert, im Gegensatz zu den großen deutschen Firmen, von Daimler Benz über BMW bis zu Volkswagen. Ihnen waren die Wirtschaftssanktionen im wesentlichen gleichgültig; Auswirkungen hatten sie trotzdem.

«Warum sollen wir jetzt Geld ins Land pumpen?» fragt der Vertreter der Deutschen Bank in seinem kleinen, aber äußerst stilvollen Büro in einem der glitzernden Hochhäuser der Johannesburger Innenstadt. «Es bewegt sich nichts, das deprimierende politische Klima liegt wie Blei über dem Land. Botha führt eine autoritäre Regierung, die jüngere, flexiblere Leute nicht ran läßt. Südafrika steckt in einer Sackgasse. Warum sollen wir hier im Augenblick investieren?»

Der Bankier weiß, was er sagt. Wenn auch ein Mann wie er, eben weil er Bankier ist, das selten so offen sagt. Es ist für ihn keine moralische Frage. In seinen Augen sind es einfach die konkreten Umstände, die zumindest jetzt gegen große Investitionen sprechen. Man will erst einmal abwarten und sich nicht über das bisherige

Maß hinaus engagieren. Da sich viele internationale Firmen und Banken so verhalten, steht die Regierung Botha zunehmend unter wirtschaftlichem Druck. Diesen Druck verstärken, neben den enormen Kosten des sogenannten Sicherheitsapparats, die «Aktivitäten» in Angola. Mindestens drei Milliarden Mark flossen pro Jahr allein in diesen Krieg, der mal offener, mal verdeckter geführt wurde. Und jetzt wird es wegen den Truppenverstärkungen der Kubaner nötig sein, sogar noch mehr Geld hineinzupumpen, ohne daß sich militärisch, oder wenigstens politisch, größere Erfolge erzielen lassen würden.

Das muß sogar dem launischen und ideologisch inzwischen völlig verbohrten P. W. Botha Kopfschmerzen bereitet haben. Es spricht alles dafür, daß genau hier sein gleichnamiger Kabinettskollege, der mit allen Wassern gewaschene und in der Vergangenheit nicht gerade von vielen Skrupeln geplagte Außenminister Roelof Botha, im Frühjahr 1988 ansetzt. Er hat in den letzten elf Jahren das Kunststück fertiggebracht, alle Auf- und Abwärtsbewegungen südafrikanischer Politik mitzumachen. Er hat seinen Chef und Namensvetter P. W. Botha auf dessen ziemlich deprimierenden und im ganzen erfolglosen Reisen nach Übersee wie ein treuer Vasall begleitet, sich aber auch ein – für südafrikanische Verhältnisse jedenfalls – liberales Image zugelegt – und ist trotzdem Außenminister geblieben. Wer die Innenseite der Macht in Südafrika auch nur ein klein wenig kennt, weiß: das ist eine respektable Leistung.

Der Mann hat zwar bei öffentlichen Auftritten einen gelegentlich verhängnisvollen Hang zur Bedeutungsschwere: «Wenn ich meine Aufgabe erledigt habe, werde ich in aller Stille in der Dunkelheit verschwinden...» Oder er verliert, so als Gastredner bei einem festlichen Dinner des internationalen Pressekorps in Johannesburg, die Kontrolle über sich und sein Temperament: «Wenn ich Ihr Mann wäre, würde ich Ihnen den Kaffee vergiften...!» brüllte er einer hartnäckigen Fragerin vom Rednerpult zu. Aber fraglos hat er als langjähriger Außenminister gelernt, daß der Apartheidsstaat auch unter den größten verbalen wie geistigen Verrenkungen international nicht mehr zu verteidigen war. Das ließ er auch in einem Interview durchblicken und bezog dafür postwendend politische Prügel:

«Ich kann mir für Südafrika durchaus auch einen schwarzen Staatspräsidenten vorstellen», hatte er gesagt, was in Südafrika einer mittleren politischen Bombe gleichkam. Daß er einen Ausweg aus der politischen Sackgasse suchte, in der sich sein Land befand, war also klar. Daß er auch die Krise, die das Interview auslöste, nur wenig gerupft überstand, sprach für sein persönliches wie politisches Stehvermögen. Jetzt, im Frühjahr 1988, ist seine Zeit gekommen. Denn die einzige Lösung des verzwickten Problems ist tatsächlich der komplette und endgültige Rückzug aus Angola und – aus Namibia.

Kaum hat der letzte Truppentransporter die Brücke überquert, da erscheinen drüben am andern Ufer zwei Jeeps. Ihr Tarnanstrich unterscheidet sich von dem der Südafrikaner, ebenso die Kampfanzüge der fremden Soldaten. Aus dem hinteren Wagen springt ein Soldat heraus und nimmt einen unförmigen schwarzen Gegenstand auf die Schulter. Er läuft halb um den vorderen Jeep herum, stellt sich mit dem Gesicht zur Motorhaube und geht dann langsam rückwärts über die Brücke. Jetzt erst steigen die übrigen Soldaten aus, stellen sich lässig nebeneinander und kommen ebenfalls auf uns zu. Die Szene erinnert ein wenig an einen Western kurz vor dem Showdown.

«Die Kubaner!»

Einer meiner journalistischen Kollegen hat das durch sein mitgebrachtes Fernglas entdeckt – und schon beginnt die Hatz. Ein ganzer Pulk von Kameramännern, Photographen und Journalisten rennt wie von der Tarantel gestochen auf die Brücke, um die beste Position zu ergattern. Sind es die Kubaner? Sie sind es! Und sie liefern damit die erste Gelegenheit für westliche Kamerateams überhaupt, kubanische Offiziere im südlichen Afrika zu filmen.

Die eisernen Planken der Pontonbrücke beginnen zu dröhnen, als der ungeordnete Pressehaufen auf die Kubaner zurennt. Der plötzliche Lärm muß dem rückwärts vor der «Westernformation» her laufenden Mann einen Schreck versetzt haben. Er gerät ins Wanken, stolpert und fällt um. Jetzt erst erkenne ich den Gegenstand, den er eben noch auf seiner Schulter trug: Eine uralte Arriflex-16mm-

Filmkamera, die jedem Filmmuseum Ehre machen würde. Doch gerade weil sie so alt und damit stabil gebaut ist, hat sie den Sturz heil überstanden.

Der Mann im kubanischen Tarnanzug reibt sich den schmerzenden Hintern, nimmt die «Arri» wieder auf die Schulter und drückt auf den Auslöser. Die Kamera läßt ein merkwürdig lautes, rasselndes Geräusch hören. Doch den Soldaten, der zweifellos zum offiziellen Presse- und Dokumentationsstab der kubanischen Armee gehört, scheint das nicht zu stören. Er nickt befriedigt und läuft nun mit der rasselnden Kamera seitlich neben der Offiziersreihe her. Rückwärts zu gehen, mag er nicht mehr riskieren.

Da beginnt der nächste Ärger. Natürlich versucht jeder der Journalisten eine sogenannte erste Stellungnahme, den verbalen Ausdruck eines Gefühls oder überhaupt irgendein Wort aus den mit verschlossenen Mienen voranschreitenden Kubanern herauszubekommen. Unter dem körperlichen Druck der internationalen Kamerateams, fast alles abgebrühte Profis, kommt der ganze Pulk schließlich zum Stehen.

Die Kubaner sind angesichts der vielen laufenden Kameras nun doch ein wenig verunsichert und geben «spontan» das erste «Interview». Frage: Wie fühlt man sich denn angesichts des Rückzugs der südafrikanischen Armee? Einer der Offiziere beginnt in gebrochenem Englisch auch zu antworten, als ihn der wütende Aufschrei eines Tonmanns unterbricht. Von irgendwoher kommt ein ziemlich lautes, rasselndes Geräusch, das die empfindlichen, elektronisch gesteuerten Mikrophone der westlichen Kamerateams zusätzlich zu der Stimme des Offiziers aufnehmen. Und richtig. Der kubanische Soldat mit der alten «Arri» hat sich im Pressepulk vorgearbeitet und steht nun neben dem antwortenden Offizier. Allerdings nicht lange. Denn einer der kräftigen Tonmänner hinter ihm zieht ihn nach einer kurzen und alles andere als salonfähigen Diskussion am Kragen des Tarnanzugs nach hinten. Dort bleibt er – trotz einigen Sträubens.

Zu solchen, sagen wir, geschäftsmäßigen Grobheiten kommt es gelegentlich. Besonders dann, wenn jeder weiß oder zumindest spürt, daß eine sensationelle Entwicklung im Gange ist. Und alle Anzeichen weisen in diese Richtung: Die Südafrikaner sind dabei, ihre Chance zu nutzen und sich neuen politischen Spielraum zu verschaffen. Denn die kubanischen Soldaten gehören zu einer nach langen, zum Teil geheimen Verhandlungen ins Leben gerufenen *Joint Military Monitoring Commission*, einer «Gemeinsamen militärischen Beobachterkommission». Weitere Mitglieder sind die Vertreter der angolanischen Streitkräfte und der südafrikanischen Armee. Das Ziel: Einen am 10. August 1988 unterzeichneten Waffenstillstand zwischen Angola, Kuba und Südafrika in die Tat umzusetzen und zu überwachen. Die südafrikanische Regierung verpflichtete sich in den Verhandlungen außerdem, ihre Soldaten nicht nur aus Angola, sondern auch aus ganz «Südwest» zurückzuziehen. Sie war bereit, den seit Jahren vorgebrachten Forderungen der Vereinten Nationen zu entsprechen und «Südwestafrika/Namibia» aufzugeben.

Am 1. November 1989 sollten freie, von Friedenstruppen der Vereinten Nationen überwachte demokratische Wahlen in dem Land stattfinden, das dann nur noch Namibia heißen wird: ein Name, den ihm die SWAPO nach der größten Wüste des Landes, der Namib-Wüste, gegeben hat. Auch die SWAPO soll an den Wahlen teilnehmen. Für jeden, der sich politisch in Namibia auch nur ein klein wenig auskennt, kann das nur bedeuten: Die erste frei gewählte Regierung in einem unabhängigen Namibia wird eine SWAPO-Regierung sein.

Daß die Südafrikaner das in Kauf nehmen, denn natürlich wissen auch sie, daß es so kommen wird, kennzeichnet eine Kehrtwendung ihrer Außenpolitik. Im Rahmen ihrer «total strategy» hatten sie viele Jahre lang vor allem zwei Organisationen als ihre schlimmsten «terroristischen Todfeinde» angesehen: die SWAPO und den ANC. Daß sie jetzt der «Terrororganisation SWAPO» freiwillig das Land überlassen wollen, ist eine politische Sensation. Wenn die Südafrikaner es ehrlich meinen, kann das nur eines bedeuten: Außenminister Roelof Botha ist es tatsächlich gelungen, seinen Chef Pieter Willem Botha von der Richtigkeit dieser Kehrtwendung zu überzeugen.

Daß die Probleme beinah unermeßlich groß geworden waren, mußte auch dem Staatspräsidenten Botha klar gewesen sein. Außenpolitisch war sein Land praktisch völlig isoliert, Südafrika der Paria der internationalen Gemeinschaft – moralisch in der Welt nicht sehr viel besser angesehen als der libysche Diktator Muammar al Gaddafi. Innenpolitisch: Auch nach mehreren Jahren Ausnahmezustand und über 20 000 politisch motivierten Verhaftungen war es nicht gelungen, die schwarze Opposition zum Schweigen zu bringen. Die Talfahrt der Wirtschaft ging weiter. Alles sprach für einen Befreiungsschlag, von dessen Notwendigkeit der eine Botha den anderen Botha vermutlich trotzdem nicht überzeugen hätte können, wenn nicht noch etwas dazugekommen wäre, was sich viele tausend Kilometer weiter nordöstlich abspielte und sich in zwei Wörtern zusammenfassen ließ: «Glasnost» und «Perestroika».

Im Moskau Michail Gorbatschows standen die Zeichen jetzt auch nach Meinung der notorisch mißtrauischen Südafrikaner auf Entspannung. Und das ermöglichte es, den Abzug der Südafrikaner aus Namibia mit dem gleichzeitigen Abzug der Kubaner aus Angola zu verbinden.

Hinter den Kulissen, soviel darf man spekulieren, muß das südafrikanische Außenministerium die Zusicherung erhalten haben, daß die Sowjetunion für den Rückzug der Kubaner geradestehe. Kuba war wirtschaftlich in hohem Maße von der Sowjetunion abhängig, die marxistische Regierung Angolas noch mehr, die sich ohne Nachschub an russischen Waffen und Munition kaum lange gegen die Rebellen Jonas Savimbis würde halten können. Beide, Kuba wie Angola, waren also abhängige, sprich: auf Druck gefügige Partner. Und man darf wohl davon ausgehen, daß die Russen deutlich signalisierten, diesen Druck auf Angola und Kuba auch ausüben zu wollen. So muß der «Deal» zustandegekommen sein.

Und wenn für den Sicherheitsfanatiker Pieter Willem Botha und den um ihn herum aufgebauten Stab der Allmächtigen des Militärs und des Geheimdienstes etwas zählte, dann waren es «Sicherheitsargumente». Die Herrn wußten natürlich genau, daß außer den Kubanern niemand die südafrikanische Armee in Bedrängnis bringen konnte. Sollte sich jetzt eine Lösung abzeichnen, bei der man die Kubaner aus der Region verabschieden könnte – warum diese Gelegenheit nicht ergreifen?

Südafrika würde außerdem neue politische Glaubwürdigkeit gewinnen und könnte sich wieder mehr auf seine innenpolitischen

Probleme konzentrieren. Vielleicht ließe sich ja sogar in dieser Hinsicht aus der «namibischen Kehrtwendung» politisches Kapital schlagen. So ungefähr muß Außenminister Roelof Bothas Argumentation seinem Chef gegenüber ausgesehen haben. Und so sahen auch die südafrikanischen Militärs die Lage. Andernfalls hätte Staatspräsident Botha dieser Lösung wohl kaum zugestimmt.

Interessant ist, daß er sich als Staatspräsident kein einziges Mal in der Öffentlichkeit kommentierend oder ankündigend zu Namibia geäußert hat, obwohl er allen Grund dazu gehabt hätte. Er hätte sich diesen politischen Durchbruch sehr wohl selbst zuschreiben können. Er tat es nicht, sondern überließ das Feld seinem Außenminister. Ganz offensichtlich wollte er damit, zumindest nach außen, möglichst wenig zu tun haben.

Das Potential seiner politischen Beweglichkeit, das stellt sich bald heraus, ist im übrigen mit seiner Zustimmung zu der überraschenden Wende in Sachen Namibia ausgeschöpft. Es sollte auch seine letzte bedeutendere politische Weichenstellung sein, an der er als südafrikanischer Staatspräsident beteiligt ist. (Danach unternimmt er nur noch einmal ein folgenreiches politisches Manöver, das allerdings gänzlich anders ausgeht, als er es sich vorstellt: Er gibt den Anlaß zu seinem eigenen Hinauswurf.)

«Vergessen Sie ‹Südwest›», sagt Außenminister Roelof Botha zu mir in einem längeren Interview, das ich ein paar Wochen nach dem Rückzug der südafrikanischen Truppen aus Angola mit ihm führe. Wir sitzen in seinem pompösen Ministerbüro im nicht weniger pompösen *Union Building*, dem in alter Kolonialpracht erstrahlenden Regierungsgebäude über Pretoria.

«Vergessen Sie ‹Südwest›! Es wäre besser gewesen, wir hätten es nie für uns beansprucht. Das hätte uns eine gewaltige Menge Ärger erspart. Im übrigen, nur damit Sie's wissen, es wird noch lange nicht das Ende südafrikanischer Reformen sein!»

Der letzte Satz ist gewiß eine jener Formeln, denke ich, die der Mann seit Jahren benutzt, um international gut Wetter zu machen. Darin hat Roelof Botha eine lange Amtserfahrung. Wie rasch sich aber seine Leerformel mit Inhalt füllen wird, wissen wir beide zu diesem Zeitpunkt nicht.

Tränengas für eine Leiche

Die Geschichte von Johannes Nakeli beginnt mit seinem Tod. Genauer: mit einer Notiz in der Zeitung. Die Notiz ist klein, man kann sie leicht übersehen; über die ganze Seite sind die üblichen Schreckensmeldungen verteilt:

Das Todesurteil für einen 18jährigen Schüler, angeklagt wegen Mordes an einem Polizisten, ist am Tag zuvor in 10 Jahre Gefängnis umgewandelt worden. Bis gestern saß er als einer der jüngsten Kandidaten für den Strang in einer Todeszelle des Zentralgefängnisses von Pretoria. Vom «Tod durch den Strang» zu «10 Jahren Gefängnis» – ein größerer Urteilsspielraum läßt sich kaum denken. Wie kommt diese ungeheure Differenz zwischen Gericht und Berufungsgericht zustande? Darüber ist nichts zu lesen.

Daneben steht die Schlagzeile: «Sozialarbeiterin unter den Gesetzen des Ausnahmezustands verhaftet.» Janet Cherry war erst vor knapp sechs Wochen aus dem Gefängnis entlassen worden. Sie hatte elf Monate gesessen. Ohne Begründung, ohne Prozeß, ohne Urteil. Die Gesetze des Ausnahmezustands erlauben das. Ihr Vater, Professor Robin Cherry, Physiker an der Universität von Kapstadt, reagiert auf die erneute, die dritte Verhaftung seiner Tochter so:

«Ich sehe, daß Werte wie Demokratie, rationale Diskussion oder gar Verhandlungen in einem Polizeistaat wie dem unseren das genaue Gegenteil dessen sind, was die Behörden für richtig halten. Ich bestehe trotzdem auf meinem Recht, gegen diese Maßnahme des Polizeistaats zu protestieren!»

Ohne Frage ein mutiger Mann. Aber sein Protest hat nicht den geringsten Einfluß auf das Verhalten der Sicherheitskräfte. Die Verhaftung seiner Tochter Janet, die dem liberalen «Institut für eine demokratische Alternative in Südafrika» angehört, ist ein fast schon banaler Fall. Janet war der Polizei irgendwie unbequem, also wurde sie für eine Weile aus dem Verkehr gezogen. Nicht mehr als eine Routinemeldung in der Zeitung.

Links davon ist eine etwas längere Notiz abgedruckt, an der ich mich festlese. Ich weiß nicht warum. Denn auch sie ist nicht anders als viele, die ich in diesen Septembertagen des Jahres 1988 täglich überfliege. «Vorsitzender des Jugendkongresses erschossen.» Jugendkongreß? Eine Organisation, die es jetzt in so gut wie allen schwarzen Gettos gibt. Aber vielleicht ist «Organisation» das falsche Wort. Es ist eher eine Art Sammelbecken für politisch aktive Jugendliche, bis jetzt nicht verboten. Es sind Jugendliche, die dem schon seit 28 Jahren verbotenen, aber immer noch im Untergrund aktiven African National Congress nahestehen oder jedenfalls gegen die Apartheid kämpfen und Freiheitslieder singen. So lange, bis die Polizei oder irgendein Spitzel sie hört. Danach rollt eine Verhaftungswelle durch das entsprechende Getto, und einige der Jugendlichen verschwinden von der Bildfläche. Entweder sie schaffen es, rechtzeitig zu fliehen, oder die Türen der Gefängniszellen schließen sich hinter ihnen. Was dann mit ihnen geschieht, ist in den seltensten Fällen herauszubekommen.

«Der 23 Jahre alte Vorsitzende des Tumahole-Jugendkongresses, Johannes Nakeli, der von der Polizei am letzten Freitag erschossen wurde, soll am kommenden Samstag auf dem Friedhof von Tumahole begraben werden... die Polizei warnte die Familie davor, daß das Begräbnis von Johannes Nakeli auf gar keinen Fall Grund für Unruhen in (dem schwarzen Getto, T. R.) Tumahole sein dürfe.»

Ich habe keine Ahnung, wo Tumahole liegt. Aber heute ist Mittwoch, noch Zeit genug, um es herauszubekommen. Ich will wissen, wer dieser Johannes Nakli war, wie und warum er erschossen wurde, wer seine Eltern sind und wie sein Begräbnis aussehen wird.

Die gläsernen Hochhauspaläste der Johannesburger Innenstadt blitzen in der aufgehenden Morgensonne. Auf hohen Betonstelzen führt der vierspurige Highway einen knappen Kilometer an dieser imposanten Kulisse entlang. Es ist, als ob man an einer riesigen

Kinoleinwand vorbeifahre, und jeden Augenblick könnte der Werbefilm für irgendeine «internationale» Zigarettenmarke beginnen, vor der Kulisse von *eGoli*, der «Goldstadt», wie die Schwarzen Johannesburg in ihrer Sprache nennen. Und reich ist sie, diese Stadt. Die Architekten und Städteplaner haben ihr die Atmosphäre von kaltem Glanz, von glitzernder Protzigkeit, erst während des letzten großen Wirtschaftsbooms in den 60er Jahren verliehen. Damals hat sich Johannesburg, jedenfalls optisch, endgültig in das verwandelt, was man hier unter «moderner Weltstadt» versteht. Knapp 90 Jahre nach den ersten Goldfunden, die das Land, oder besser: einen Teil seiner weißen Minderheit, reich gemacht haben.

Wir verlassen *eGoli* an diesem Freitagmorgen in südwestlicher Richtung. Unter einer Dunstglocke zeichnen sich in der Ferne die Umrisse der zahllosen kleinen Häuschen und Wellblechverschläge des *South Western Township* ab, des schwarzen Gettos Soweto. Doch Soweto mit seinen rund zwei Millionen Einwohnern gehört nicht mehr zu Johannesburg. Die Reißbrettstrategen der Apartheid haben dafür schon in den fünfziger Jahren gesorgt. Parallel zum Wachstum des Wohlstands von Johannesburg und im Rahmen der Politik der «getrennten Entwicklung» reinigten sie das Stadtbild auch in dieser Hinsicht.

Ein Teil der schwarzen Bevölkerung lebte damals in dem vibrierenden Johannesburger Stadtviertel Sophiatown, in dem sich die verschiedenen Hautfarben und unterschiedliche Kulturen mischten. Doch dann kam die Apartheid. Und mit ihr der wahnwitzige Plan der Technokraten und Rassehygieniker, die Schwarzen, die sogenannten Mischlinge und die Bevölkerung indischer Abstammung in den von der Polizei bewachten Gettos zusammenzufassen. Sophiatown wurde planiert, und die vielen tausend mit der schwarzen Hautfarbe fanden sich nach einer brutalen Zwangsumsiedlung auf dem freien Feld, hinter den Bergwerkstürmen, im Südwesten Johannesburgs wieder. Im «South Western Township», in Soweto. Auf dem planierten Gelände des früheren Sophiatown baute sich nun die weiße Unterschicht ihre Häuser und taufte das «neugewonnene» Stadtviertel auf jenes Gefühl, das sie in diesem Augenblick wohl empfanden: «*Triomf* – Triumph». Der Ort heißt noch heute so.

Hinter einer kleinen Hügelkette öffnet sich nach ein paar Kilometern eine weite Ebene. Wir werden sie eine gute halbe Autostunde lang durchqueren, bis wir in jene Gegend kommen, die bei den Weißen holländischer Abstammung nur *Platteland* heißt, das «flache Land», dort wo die beiden konservativsten Provinzen Südafrikas, das *Transvaal* und der *Oranje Freistaat,* ineinander übergehen. Von den Schwarzen ist diese Gegend wegen der Brutalität und des Rassismus' vieler weißer Farmer gefürchtet. Dort liegt Tumahole.

Im Auto vor uns fährt ein schwarzer Kontaktmann und Kollege, der seine Videokamera in einer Sporttasche versteckt hat: Eine Vorsichtsmaßnahme, die sich noch auszahlen sollte, genauso wie das Anmieten eines Autos mit einem ganz bestimmten Nummernschild. Der erste Buchstabe auf dem Schild ist ein «O», das bedeutet: *Oranje Frystaat.* Der schwarze Kollege könnte bei einer Straßensperre der Polizei, zunächst jedenfalls, immer sagen, er wohne in der Umgebung von Tumahole. Mit Straßensperren ist zu rechnen, denn Tumahole gilt als potentielle *unrest area*, als «Unruhegebiet».

Das ARD-Kamerateam und ich sitzen in unserem schweren Dienstmercedes. Er verschafft uns den Vorteil eines zumindest respektablen ersten Eindrucks, der uns ja vielleicht die eine oder andere Straßensperre passieren lassen würde. Die Sicherheitskräfte haben sich in «unrest areas» angewöhnt, ganze Gegenden weiträumig abzusperren, wenn die Möglichkeit besteht, daß es zu Demonstrationen kommt. Bei Beerdigungen von Polizei-Opfern kommt es in der Regel zu Protestaktionen der *comrades*, der Genossen. Gemeint sind damit Mitglieder der verbotenen Antiapartheidsorganisationen, vor allem des African National Congress.

Schon bald liegen die eisernen Fördertürme der Bergwerke hinter uns. Die goldbraunen Abraumhalden, deren steinige Erde und Felsbrocken aus über 3000 Meter Tiefe emporgeschafft wurde, wirken in der frühen Sonne wie auf halber Höhe abgeschnittene, scharfkantige Pyramiden. Es folgen große Getreide- und Maisfelder, aus denen in größerem Abstand Windräder aufragen, die sich in der Morgenbrise drehen und das Grundwasser in die runden Reservoire aus Beton pumpen. Zu den einzelnen Farmen gehört jeweils ein viele hundert Hektar großes Gebiet.

Hinter kleinen Wäldchen versteckt liegen die hohen, zum Teil in holländischem Stil erbauten Farmhäuser mit ihren geschwungenen, weiß gekalkten Frontgiebeln. Daneben stehen meist ein paar Landwirtschaftsgebäude, Ställe und Scheunen und, in gebührendem Abstand, die Bretterverschläge und Lehmhütten der schwarzen Arbeiter und ihrer Familien. Sie sind den Farmern hier draußen fast vollständig ausgeliefert.

Die Weißen kennen sich und halten zusammen: der Bürgermeister, die Farmer, die Polizisten. Sie sind die Nachfahren der *Buren*, jener weißen Siedler holländischer Abstammung, die einst vom Kap aufbrachen, um sich dieses Land untertan zu machen, einschließlich der schwarzen Bevölkerung. Noch heute wollen sich viele von ihnen nicht an den Gedanken gewöhnen, daß die schwarzen Landarbeiter mehr als nur schlecht oder gar nicht bezahlte und völlig von ihnen abhängige Arbeitstiere sind. Hier auf dem Platteland haben die neofaschistische *Afrikaanse Weerstandsbeweging*, die «Burische Widerstandsbewegung», und die offen rassistische, sogenannte «Konservative Partei» ihre überzeugtesten Anhänger.

Die Familien der schwarzen Landarbeiter sind in aller Regel arm. Zu arm, um diese Gegend zu verlassen und in die großen Gettos um Johannesburg zu ziehen, was inzwischen zumindest theoretisch erlaubt ist. Und selbst wenn sie es tun: auch dort ist Arbeit nur schwer zu finden, mit schlechter oder gar keiner Ausbildung sowieso.

«Guten Morgen, wo wollen Sie denn hin?» Der Polizist an unserer Straßensperre ist sehr freundlich. Drei Weiße in einem fast nagelneuen Mercedes, das verfehlt, zumindest hier draußen auf dem Land, doch nicht seine Wirkung. Ich nenne ihm den Namen einer größeren Stadt, die ungefähr 50 Kilometer weiter entfernt ist als unser eigentliches Ziel. Er winkt uns durch. Genauso wie er zuvor schon den schwarzen Kollegen mit der örtlichen Autonummer durchgewunken hat. Bis jetzt haben sich unsere Vorsichtsmaßnahmen bewährt. Andernfalls wäre unsere Reise vermutlich bereits hier zu Ende, denn der Ausnahmezustand erlaubt der Polizei, die Presse von «Unruhegebieten» fernzuhalten. Vor uns liegt das kleine Städtchen Parys und dahinter, von der Landstraße aus nicht sichtbar, das zu dem (weißen) Städtchen gehörende schwarze Getto Tumahole.

Rund 40 000 Menschen sind dort zusammengepfercht. Ein Teil von ihnen arbeitet für die umliegenden Farmer oder für die Weißen in Parys selbst. Unser schwarzer Kontaktmann war gestern schon einmal in Tumahole und machte die Familie Nakeli ausfindig. Sie erklärten sich damit einverstanden, daß wir sie in den nächsten zwei oder drei Tagen mit der Kamera begleiten – egal wohin, egal was geschieht. Und noch etwas fand er heraus. Die Polizei hat der Familie erlaubt, den Leichnam ihres Sohnes Johannes heute nachmittag von der Leichenhalle eines privaten Beerdigungsunternehmers abzuholen, um ihn in der Nacht von Freitag auf Samstag bei sich zu Hause zu haben. Es ist afrikanische Sitte, daß sich die nähere Verwandtschaft des Verstorbenen in der Nacht vor der Beerdigung bei dem Leichnam aufhält, um den Toten zu betrauern und ihm so die letzte Ehre im Familienkreis zu erweisen. Die übrige Verwandtschaft und die Freunde, die Bekannten und Nachbarn nehmen dann am nächsten Tag an der Beerdigung teil. Doch die polizeiliche Straßensperre vor Parys deutete schon darauf hin, daß es anders kommen würde.

Tumahole sieht aus wie alle anderen schwarzen Gettos in Südafrika. Ein paar Geschäfte, die in der Regel etwas teurer sind als die großen Supermärkte drüben in der weißen Stadt. Minibusse, die sich an bestimmten Punkten sammeln und den Gettobewohnern als billige Taxis in die Stadt dienen, denn das öffentliche Nahverkehrssystem ist für die vielen Menschen völlig unzureichend. Lehm- und Schotterstraßen, Müllberge, eine Anzahl von kleinen, etwas besseren Häusern und schließlich die sogenannte *Squattersiedlung*, jenes Meer aus Wellblech-, Holz- und Bretterverschlägen, in denen die Ärmsten der Armen hausen. Zu Tausenden. Dort wohnt die Familie Nakeli. Doch bevor wir sie erreichen, werden wir gestoppt. Eines der gelben Polizeifahrzeuge mit dem kastenartigen Aufbau blockiert uns den Weg auf einer Kreuzung mitten in Tumahole. Polizisten mit Schrotgewehren und vollen Patronengürteln steigen aus und fragen, was wir hier wollen. Aus dem Augenwinkel sehe ich, daß sie unseren schwarzen Kontaktmann im anderen Auto unbehelligt gelassen haben. Der fährt ruhig weiter, ohne anzuhalten, und verschwindet in der nächsten Seitenstraße. Für diesen Fall haben wir ausgemacht, daß er zur Familie Nakeli fährt, dort seine Kamera versteckt und die Eltern im Auto zur Leichenhalle bringt.

«Was wollen Sie hier, Sir?» fragt einer der Polizisten noch einmal auf englisch, mit starkem burischen Akzent. Dieser Augenblick ist entscheidend. Es gibt zwei Möglichkeiten. Entweder die überaus höfliche und sofortigen Gehorsam suggerierende Variante oder die arrogante, leicht herrische Tour. Wir sind hier weit weg von der Großstadt, also entscheide ich mich für die zweite Möglichkeit.

«Wir besuchen hier Bekannte, was ja meines Wissens wohl nicht verboten ist, und jetzt lassen Sie uns weiterfahren!»

«Das kann ich nicht», sagt der ob des schroffen Tones doch etwas überraschte Polizist. Die herrische Variante war richtig. «Ich muß erst wissen, wen Sie genau besuchen wollen.»

«Sie werden doch nicht glauben, daß Sie über unser Privatleben, das Sie nichts angeht, auch nur die geringste Auskunft bekommen. Ich fordere Sie noch einmal auf, uns sofort weiterfahren zu lassen!»

Jetzt ist er endgültig verunsichert. Er dreht sich um, geht zurück zum Polizeiauto und spricht in das Mikrophon des Funkgeräts. Seine beiden Kollegen bleiben, mit den Schrotflinten im Anschlag, vor unserer Kühlerhaube stehen. Wir warten mit gelangweilter Miene. Es dauert keine 5 Minuten, da biegt ein beiger Ford Sierra um die Ecke, parkt neben uns, und zwei Weiße in Zivil steigen aus. Die sogenannte *Security Police*, die südafrikanische «Stasi». Mit denen ist in aller Regel nicht gut Kirschen essen. Sie sind selbstbewußter, mit mehr Kompetenzen ausgestattet und im Handeln entschlossener als die übrige Polizei. Bei ihnen empfiehlt sich die höfliche Variante, wenn wir überhaupt eine Chance haben wollen. Ich steige aus und gehe auf die beiden Herrn zu, unter deren Pullover jeweils das Ende eines Pistolenhalfters hervorschaut.

«Guten Morgen, *Gentlemen*. Ich bin mir zwar nicht ganz darüber im klaren, was für Probleme Ihre Kollegen mit uns haben, aber ich bin doch sicher, daß wir das mit Ihnen gemeinsam rasch werden aufklären können...»

Die beiden Herren geben sich ebenfalls äußerst freundlich, fragen aber dennoch, warum wir hier seien: «Wissen Sie denn nicht, was hier vor sich geht?»

«Keine Ahnung, warum, ist hier irgendwas passiert? Wir haben gar nichts bemerkt.»

Die Antwort der beiden kommt etwas zu schnell: «Nein, nein, hier ist überhaupt nichts passiert. Es ist alles ruhig hier. Außer ein paar Unruhestiftern, nichts Ernstes. Aber es ist doch besser, wenn Sie Tumahole wieder verlassen. Im Interesse Ihrer eigenen Sicherheit.»

«Aber selbstverständlich», sage ich. «Es ging ja nur darum, daß man doch etwas überrascht ist, wenn man so plötzlich von der Polizei angehalten wird. Vielen Dank für Ihre Auskunft und auf Wiedersehn.»

Natürlich ist es ein Spielchen. Allerdings eines, das für uns letztlich immer harmlos bleiben wird. Was aber, wenn man hier draußen wohnt, mit der falschen Hautfarbe?

Mit dem Auftauchen der beiden (Staats-)Sicherheitspolizisten war sofort klar, daß wir hier zunächst nicht weiterkommen würden. Aber vielleicht hatten sie uns ja tatsächlich noch nicht als Presseleute ausgemacht und wir schafften es, die Familie wenigstens drüben, am Rand von Parys, beim Bestattungsinstitut zu treffen. Also verließen wir Tumahole fürs erste.

CHABANE FUNERAL UNDERTAKER steht auf einem Schild, das aus dem Vorgarten des kleinen Hauses auf die Straße hinausragt. Das Haus gehört dem Beerdigungsunternehmer. Es hat einen etwa 20 Meter langen, flachen Anbau, in dem die Leichenhalle und zwei Waschräume untergebracht sind. Unternehmen wie dieses gibt es zu Tausenden in Südafrika, allerdings nach Hautfarben getrennt. Die schwarzen Leichen gehen an den schwarzen, die weißen an den weißen Beerdigungsunternehmer. Und natürlich werden sie auch auf unterschiedlichen Friedhöfen bestattet. Eine weiße Trauergesellschaft kommt so nie in die Verlegenheit, auf dem Friedhof plötzlich den auf ihre Weise trauernden und singenden Schwarzen zu begegnen. Das erledigt jede «Hautfarbe» für sich, die jeweiligen Friedhöfe liegen viele Kilometer voneinander getrennt. Die Gesetze wollen das so. Erst knapp drei Jahre später, 1991, wird sich das ändern.

Auf dem Gehweg vor dem Haus wartet bereits unser Kontaktmann, der die Eltern des erschossenen Jungen im Auto mitgebracht hat. Sie wollen, wie mit der Polizei und dem Beerdigungsunternehmer vereinbart, die Leiche ihres Sohnes abholen. Joseph Nakeli, der Vater, ist ein hagerer Mann um die 70. Seine krausen Haare hat das Alter schneeweiß gefärbt, das Gesicht ist von vielen Falten durchzogen. Große, tief in den Höhlen liegende Augen. Er trägt gewiß seine besten Kleider, und doch ist der aus den unterschiedlichsten Stücken zusammengesetzte Anzug schäbig, die Enden der Ärmel sind aufgestoßen, der Hemdkragen ausgefranst. Eine als Gürtel benutzte Schnur hält die Hose auf den Hüften. Lydia Nakeli, eine kleine, untersetzte Frau, schneuzt sich immer wieder in einen Stofflappen. Ihre Augen sind rötlich unterlaufen, die Augenränder vom vielen Wischen mit dem schmutzigen Lappen entzündet. Eine Verwandte legt ihr den Arm um die Schultern und drückt sie immer wieder tröstend an sich. Unser Kontaktmann stellt mich und das Kamerateam vor.

Es ist mir peinlich, die Familie jetzt zu behelligen. Jetzt, wo sie dabei ist, ihren toten Sohn nach Hause zu holen. Ich versuche etwas hilflos, mein Mitgefühl auszudrücken, aber es bleibt ein unangenehmer Augenblick. Die Kamera, wie sensibel auch immer gehandhabt, bleibt ein Fremdkörper in einer solchen Situation – und wir ebenfalls. Vielleicht gibt es aber doch eine Entschuldigung für das Eindringen in die Intimsphäre dieser trauernden Familie: ihre Trauer als journalistische Verpflichtung zu verstehen. Und es gilt, sich selbst nicht herauszuhalten, sich nicht zu verschanzen hinter einer Objektivität, die es nicht gibt.

Die Trauer der Familie Nakeli ist absolut. Wenn überhaupt, gibt es nur eine Möglichkeit, sich dazu zu verhalten: nämlich, diese Trauer zu teilen. Und selbst dann bleibt ein «Rest» übrig, der sich nicht wegdiskutieren läßt, eine Frage, auf die es keine gültige, keine wirklich schlüssige Antwort gibt: Dürfen wir das?

Ich weiß es nicht. Nicht nach meinem Aufenthalt in Beirut, der Stadt des Todes, um über die Waisen dieses sinnlosesten aller Bürgerkriege zu berichten. Nicht nach meiner Reise in den damals, 1986, tobenden Wüstenkrieg zwischen dem libyschen Diktator Gaddafi und seinem Nachbarland Tschad um einen lächerlichen Streifen Sand und Gebirge. Die Leichen von jungen Soldaten, noch halbe Kinder, verrotteten in der Hitze. Es gab nichts zu gewinnen, nur Leben zu verlieren. Dürfen wir diese Toten und die Trauer ihrer Angehörigen so ohne weiteres zur besten Sendezeit im gemütlichen deutschen Wohnzimmer zeigen? Und wenn ja, wie? Auch nach zehn Jahren in diesem Beruf habe ich noch keine schlüssige Antwort gefunden.

Die Verwandte der Nakelis, vielleicht spürt sie das Problem ebenfalls, hilft über diese Schwierigkeiten hinweg, während wir vor dem Haus des Beerdigungsunternehmers in der schmalen Vorstadtstraße von Parys beieinander stehen.

«Wir wollen, daß das, was hier geschieht, berichtet wird. Daß ihr nichts verschweigt. Johannes darf nicht umsonst gestorben sein. Er wurde an unser aller Stelle umgebracht, und deshalb lebt er in uns weiter.»

Sie spricht einfach und klar. Das erübrigt jede weitere Diskussion. Ich gehe hinein ins Haus, um dort Bescheid zu sagen, daß wir die Eltern von Johannes in die Leichenhalle begleiten werden. In dem kleinen Empfangszimmer hinter dem Schreibtisch sitzt eine ältere Frau, die mich bittet, Platz zu nehmen, und dann zum Telephon greift. Sie spricht auf Afrikaans in den Hörer, ich verstehe nur bruchstückhaft. Mehrmals fällt das Wort *polisie* – das allerdings verstehe ich sehr gut. Sie ruft die Polizei. Noch während sie telephoniert, gehe ich hinaus auf die Straße, um der Familie und dem Kamerateam Bescheid zu sagen. Kaum haben wir die Geräte aus dem Kofferraum geholt und das Stativ aufgebaut, biegt am anderen Ende der Straße ein cremefarbiger VW Golf um die Ecke und stoppt ungefähr 40 Meter vor uns, ohne einzuparken. Niemand steigt aus. Der Wagen bleibt mit laufendem Motor mitten auf der Straße stehen. Mike Condé schaltet seine Kamera ein. Wenn es überhaupt ein Rezept für eine solche Situation gibt, dann das: direkt darauf zugehen. Gleichgültig, ob es sich um Polizei handelt oder nicht. Das hier ist offensichtlich keine. Denn die Polizei wäre bis zu uns herangefahren, hätte sich erklärt und irgendwelche «Maßnahmen» ergriffen. Doch das ist nicht der Fall. Also laufe ich rasch auf das Fahrzeug zu, um zu sehen was passiert. Es geschieht nichts. In dem Golf sitzen vier Männer in Khakikleidung, haben die Scheiben heruntergekurbelt und grinsen unverschämt. Der Beifahrer trägt am

Gürtel ein ledernes Halfter, in dem ein Revolver steckt. Er grinst noch etwas breiter als die andern. Obwohl sie nicht, wie sonst häufig, das einem Hakenkreuz sehr ähnliche Abzeichen der neofaschistischen Afrikaansen Weerstandsbeweging AWB am Ärmel ihrer Hemden aufgenäht haben, gehören sie gewiß zu dieser Organisation. Khakikleidung ist deren Uniform. Ich bitte sie, den Wagen zur Seite zu fahren, da sie uns bei Dreharbeiten stören würden. Keine Antwort, aber auch keine Anstalten, der Bitte zu folgen. Sie grinsen.

«Darf ich fragen, wer Sie sind?»

Zögern, dann die Antwort:

«Wir sind ordentliche Bürger dieser Stadt, und wir können uns aufhalten, wo wir wollen – im Gegensatz zu so manchen Fremden, die sich ungefragt hier herumtreiben und nichts als Ärger machen.»

Die Antwort kommt vom Fahrer, der seinen über den Hosenbund quellenden Bierbauch nur mit Mühe hinter das Lenkrad zwängt. Also doch. Sie gehören zur AWB und versuchen, uns ein wenig einzuschüchtern. Mehr wollte ich nicht wissen. Weitere Diskussionen mit diesen sauberen Herren haben sowieso keinen Sinn. Noch während ich zu den auf dem Gehweg wartenden Nakelis hinübergehe, wird klar, warum sich diese vier Männer ausgerechnet jetzt hier eingefunden haben. Denn am anderen Ende der Straße taucht plötzlich jener beige Ford Sierra auf, den wir schon kennen. Die Sicherheitspolizei. Für heute sind die Dreharbeiten damit wohl endgültig vorbei. Sie nehmen unsere Personalien und die Nummer der vom staatlichen «Büro für Information» ausgestellten Pressekarte auf. Mit keinem Wort erwähnen sie, daß wir uns schon von Tumahole her kennen.

«Sie haben die Stadt sofort zu verlassen. Der zuständige regionale Polizeikommandeur hat dieses Gebiet vor einer Stunde zum ‹Unruhegebiet› erklärt, der Presse ist es nicht erlaubt, sich hier aufzuhalten.»

Zu den Nakelis gewandt, sagt er:

«Sie können die Leiche Ihres Sohnes bis auf weiteres nicht abholen, Sie erhalten Nachricht, wann das geht. Das Begräbnis morgen ist im übrigen nur unter ganz bestimmten Auflagen möglich, die Ihnen noch mitgeteilt werden.»

Dann wartet er, bis wir eingepackt haben. Ein Widerspruch gegen die Anordnung des regionalen Polizeikommandeurs ist direkt vor Ort nach den Gesetzen des Ausnahmezustands nicht möglich. Es könnte allenfalls im zuständigen Gericht verhandelt werden, das sich aber weit von hier befindet. Aber selbst wenn an diesem Freitagnachmittag noch eine Verhandlung stattfände: die Aussichten auf Erfolg wären, aller Erfahrung nach, mehr als gering. Unsere Anwälte, die wir schon vor der Fahrt hierher kontaktiert hatten, hatten nur müde abgewinkt. Die Prozedur, wenn sie überhaupt in Gang käme, würde sich lange hinziehen und die Verhandlung dann vermutlich auf nächste Woche vertagt werden. Das Begräbnis von Johannes Nakeli aber ist morgen, am Samstag. Trotzdem haben wir ja noch einen Trumpf in der Hand. Denn auch diesmal hatte die Sicherheitspolizei unseren schwarzen Kollegen und Kontaktmann wie selbstverständlich nicht zu uns, sondern zu den Nakelis gerechnet. Sie dachten sich wohl, daß sie die Schwarzen aus der Gegend hier schon irgendwie im Griff hätten. Jetzt mußte erstmal die auswärtige Presse verschwinden! Während wir losfahren, sehe ich im Rückspiegel, daß sich nun auch der cremefarbene Golf mit den vier Herren von der AWB in Bewegung setzt, um den sich die Polizei natürlich nicht gekümmert hat. Warum auch? Sie kennen sich und haben sich gewiß gegenseitig informiert. Der Golf begleitet uns bis vor die Stadt und parkt dann am Rand der Ausfallstraße, um zu kontrollieren, ob wir umdrehen und wieder zurückkommen würden. Wir fahren nicht in die Stadt zurück, nicht an diesem Nachmittag. Sonst wären wir auf einer Polizeistation gelandet, mehrere Stunden Vernehmung und eine weitere Eskorte vor die Stadt wären das Ergebnis gewesen. Es ist die übliche Praxis im Polizeistaat Südafrika, der sich so sehr um ein demokratisches Mäntelchen und international so sehr um Verständnis bemüht. Im Land selbst aber sieht es ganz anders aus.

Ein sicheres Zeichen dafür, daß am «Fall Johannes Nakeli» einiges faul ist, war von Anfang an die allergische Reaktion der Polizei, die eine Berichterstattung darüber, besonders in den internationalen Medien, unbedingt verhindern will. Unsere Recherchen und die unseres schwarzen Kollegen ergeben folgendes: Johannes Nakeli war vor einer Woche mit seinem Freund Shadrack Mahumo Leepo in Tumahole unterwegs, um zu einer Totenwache im Haus einer befreundeten Familie in der Nähe zu gehen. Die beiden nahmen auf ihrem Weg eine Abkürzung durch den Hof einer Shebeen, einer jener verbotenen Kneipen, in denen ohne Lizenz Alkohol ausgeschenkt wird. Johannes' Freund ging kurz hinein, um die Toilette zu benutzen. Als er wieder hinaus in den Hof trat, sah er eine Gruppe von *Kitskonstabels* auf Johannes zugehen. Sie waren gerade dabei, ihn zu verhaften. Kitskonstables oder auch *instant constables* (eine schmeichelhafte Übersetzung wäre: sofort einsetzbare Beamte) sind eine typisch südafrikanische Einrichtung. Die «Sicherheitskräfte» rekrutieren schwarze Arbeitslose, schwarze Jugendliche, verpassen ihnen einen 6wöchigen Intensivkurs in sogenannter Polizeiarbeit, geben ihnen Waffen in die Hand und lassen sie dann auf die Bewohner der Gettos los. Ihrer grünen Uniformen wegen werden sie dort «grüne Bohnen» genannt. Für ein paar hundert südafrikanische Rand im Monat sind sie, bei der hohen Arbeitslosigkeit unter den Schwarzen, in der Regel bereit, alles zu tun, um ihren neuen Job nicht zu verlieren. Aus der Sicht der Sicherheitskräfte gibt es vor allem zwei Gründe für den Einsatz von «kitskonstables»: Zum einen erledigen sie die Dreckarbeit innerhalb der schwarzen Gettos und treiben einen Keil in die schwarze Bevölkerung. Sie sind Schwarze im Dienst ihrer eigenen Unterdrückung. Und je mehr Schwarze sich «integrieren» lassen, um das System der Apartheid aufrechtzuerhalten, desto besser. Das ist eine alte Taktik der südafrikanischen Regierung, die auch weitgehend funktioniert hat. Zum anderen lassen sie sich regelrecht als sogenannte konterrevolutionäre Miliz gegen die Anti-Apartheids-Organisationen einsetzen. Erst in einer zweiten Eskalationsstufe müssen dann weiße Polizisten selbst «an die Front». Die kennen sich nur schlecht in den Gettos aus und sprechen in aller Regel keine der afrikanischen Sprachen, anders die «kitskonstables», denn die leben nach Feierabend dort und sind dort aufgewachsen. Daß sie sich als «Kollaborateure» selbst zur Zielscheibe machen und sich von der übrigen schwarzen Bevölkerung isolieren, ist ihr eigenes Risiko, nicht das der weißen Polizei.

Mahumo ging sofort auf die «Kitskonstables» zu. Als er sie fragte, was denn los sei, holte einer von ihnen mit dem Gewehrkolben aus. Es gelang Mahumo, dem Hieb auszuweichen. Als der zweite seinen Revolver zog, rannte Mahumo davon. Kurz danach hörte er zwei Schüsse.

Ein weißer Polizeioffizier behauptet später, die *Konstables* hätten in Selbstverteidigung gehandelt, denn Johannes Nakeli habe ein Messer gezogen. Das widerspricht zumindest dem, was alle seine Bekannten, einschließlich seines Freundes Mahumo Leepo, über Johannes sagen. Er habe aus Prinzip nie eine Waffe, auch kein Messer, bei sich getragen. Das gleiche werden später seine Eltern und seine drei jüngeren Brüder immer wieder betonen. Was für die Polizei und den Staatsapparat trotzdem mehr wiegt, ist die gemeinsame, identische Aussage der «Kitskonstables». Keiner von ihnen wird je angeklagt oder gar bestraft. Auch das ist Alltag unter dem Ausnahmezustand. Mit hoher Wahrscheinlichkeit steht die Festnahme mit tödlichem Ausgang von Johannes Nakeli im Zusammenhang mit einer Welle von Verhaftungen im ganzen Land: In wenigen Tagen werden sogenannte Kommunalwahlen in den Gettos stattfinden, die von allen nennenswerten politischen Organisationen der Schwarzen als Unterstützung des Systems der Apartheid verurteilt werden. Sie rufen zum Boykott auf, worauf die Polizei versucht, sie mundtot zu machen. Bei den Kommunalwahlen vor vier Jahren sind über 87 Prozent der schwarzen Bevölkerung den Urnen fern geblieben. Staatspräsident Botha aber braucht, auch dem Ausland gegenüber, dringend wenigstens den Ansatz eines Beweises, daß in Südafrika alles gar nicht so schlimm steht und auch die Schwarzen ihn und sein System der stromlinienförmigeren Apartheid akzeptieren. Da er diesen Beweis nicht bekommt, verbergen er und seine Regierung ihre Hilflosigkeit hinter brutaler Gewalt und knebeln die Presse, natürlich in der Hoffnung, daß von der eigentlichen Lage möglichst wenig nach außen dringt. Mindestens in dieser Hinsicht ist die Regierung recht erfolgreich. Vom Alltag selbst, abgesehen von wenigen spektakulären Nachrichten, dringt kaum etwas nach draußen. Am wenigsten im Fernsehen, dessen unstillbarer Hunger nach spektakulären Bildern häufig genug Kriterium dafür ist, was ins

Programm kommt. Was aber, wenn das Drehen solcher Bilder von vornherein verhindert wird? Wenn es zwar die Ereignisse, aber keine Bilder davon gibt?

Samstagmorgen, gegen 9 Uhr, über Parys ziehen schwere graue Wolken hinweg. Leichter Nieselregen setzt ein, der die Straße nach Tumahole allmählich in eine lehmige Rutschbahn verwandelt. Die erste Straßensperre der Polizei kurz vor Parys konnten wir, wie gestern, überwinden. An der zweiten, unmittelbar vor Tumahole, bleiben wir hängen, gemeinsam mit Anders Möllander und seiner Frau. Anders Möllander ist Mitglied der in Pretoria ansässigen schwedischen Legation; eine volle Botschaft unterhalten die Schweden aus politischen Gründen in Südafrika nicht. Die schwedischen Diplomaten haben es sich, ähnlich wie die anderer Länder, zur Gewohnheit gemacht, zu bestimmten Ereignissen Abgesandte zu schicken, um mit ihrem Diplomatenstatus den Betroffenen wenigstens etwas Schutz zu geben. Gelegentlich hilft das, und die Polizei schlägt erst zu, wenn die Diplomaten wieder weg sind. Doch diesmal scheint Anders Möllander auch sein Diplomatenpaß nichts zu nützen. Er wartet bereits seit einer halben Stunde im Volvo der schwedischen Legation an der Straßensperre. Ein Beamter der südafrikanischen «Stasi» war mit Anders' Personalangaben zur einen Kilometer entfernten, in Tumahole aufgebauten Funkzentrale der Polizei gefahren und beratschlagte nun offenbar mit seinen Vorgesetzten, ob der Diplomatenpaß tatsächlich mehr Wert sei als ein Stück Papier. Uns teilt ein Polizeioffizier in der Zwischenzeit mit, daß das Begräbnis von Johannes Nakeli nur unter schweren Auflagen gestattet sei:

Während des Begräbnisses sind in ganz Tumahole keine Kameras erlaubt, auch nicht die von Zeitungsphotographen.

Das Begräbnis darf nur von maximal 200 Trauergästen besucht werden. Zu diesem Zweck teilt die Polizei 200 Eintrittskarten aus.

Keinem der Trauergäste ist es erlaubt, zu Fuß zum Friedhof zu gehen. Wer es trotzdem tut, wird verhaftet.

Politische Transparente sind verboten.

Am Grab selbst darf nur der Priester sprechen.

Die Dauer des Begräbnisses darf nicht mehr als zwei Stunden betragen. Andernfalls ist die Polizei gezwungen, die Trauerveranstaltung gewaltsam aufzulösen.

Ganz Tumahole gilt als «Unruhegebiet», aus dem jedermann zu jeder Zeit und ohne Angabe von Gründen von der Polizei entfernt werden kann.

All diese Auflagen sollen verhindern, daß das Begräbnis in eine Protestveranstaltung gegen die Apartheid und den Polizeistaat Südafrika umkippt. Die «Sicherheitskräfte» versuchen auf diese Weise, die bis dahin letzte Form von legalem Protest während sogenannter politischer Begräbnisse gewaltsam zu unterdrücken. In Tumahole haben sie damit schon am Abend zuvor begonnen, wie uns später unser Kontaktmann erzählt, der sich die Nacht über in der Bretterhütte der Familie Nakeli aufhielt.

Am Vorabend war den Nakelis gegen 18 Uhr mitgeteilt worden, daß sie die Leiche ihres Sohnes beim Beerdigungsunternehmer abholen könnten. Kaum war der Sarg in Tumahole, fuhren drei der olivgrünen, schweren Panzerwagen vor der Bretterhütte der Nakelis auf und parkten in etwa 5 Meter Entfernung davor. Für die riesigen Fahrzeuge, die Casspirs, wäre es überhaupt kein Problem gewesen, die Bretterhütte niederzuwalzen, wie anderswo auch. Natürlich wußten die Nakelis das. Sie verbrachten die Nacht bei der Leiche ihres Sohnes, in ständiger Angst vor den schwerbewaffneten Polizisten und den stählernen Kolossen. Auf die Vorderfront eines der Casspirs hatte ein besonders humorvoller Polizist mit Kreide die Worte «Küß mich!» geschrieben.

Gegen Morgen versammelten sich einige Nachbarn, um den Sarg auf dem Weg zur nahen Kirche zu begleiten, wo er zum Totengottesdienst aufgebahrt werden sollte. Die Polizisten in den Panzerwagen interpretierten das flugs als illegale Zusammenrottung – jetzt endlich durften sie losschlagen. Sie feuerten Tränengasgranaten auf die kleine Menschenansammlung und in die Bretterhütte, als Freunde der Familie gerade dabei waren, den Sarg hinauszutragen. Um ein Haar hätten sie ihn, überrascht von dem plötzlichen Angriff, zu Boden fallen lassen. Es gelang ihnen gerade noch, den Sarg abzustellen, bevor sie, wie die Nachbarn, versuchten, den Tränengasschwaden zu entkommen.

Was wohl in den Polizisten während dieser Aktion vorging? Warum setzten sie diese trauernde Familie auch noch der letzten Demütigung aus und gaben ihr das Gefühl vollkommener Machtlosigkeit? Ausgerechnet an dem Tag, an dem die Familie ihren Erstgeborenen begrub? In der afrikanischen Tradition kommt es ohnehin einer Katastrophe gleich, wenn der Erstgeborene vor dem Vater stirbt. Es gilt als schlechtes Omen für die Familie. Abgesehen davon, daß der nach dem Vater nächste Ernährer und Beschützer der Familie nicht mehr ist. Doch was wissen die Weißen von afrikanischer Tradition und den Nöten schwarzer Familien? Fast alle Weißen, die ich in drei Jahren Südafrika getroffen habe, wissen davon so gut wie nichts.

Das Begräbnis, zu dem der schwedische Diplomat Anders Möllander und seine Frau schließlich doch noch zugelassen werden, ist eine Totenfeier im Belagerungszustand. Wir haben Kamera und Auto an der Straßensperre zurückgelassen, um wenigstens mit eigenen Augen sehen zu können, was geschieht. In den Seitenstraßen auf dem Weg zum Friedhof stehen die schweren Panzerwagen der Polizei, um die Trauerprozession der Autos und Minibusse in Schach zu halten. In fast jedem der kleinen Höfe zwischen den Wellblech- und Bretterhütten haben sich Menschengruppen versammelt. Manche heben kurz die geballte Faust, als der Leichenwagen, ein alter amerikanischer Chevrolet, von dem an den Seiten der Lack abblättert, im Schrittempo an ihnen vorbeifährt. Einige rufen: *«Amandla!»* Aus den gegenüberliegenden Höfen kommt die Antwort: *«Ngawethu!»* Der alte Kampfruf des African National Congress, der im Lauf der Jahre zum Symbol für die gesamte Anti-Apartheids-Bewegung Südafrikas wurde: «Die Macht – dem Volk!» Der vor der Prozession herfahrende Panzerwagen wirbelt mit seinen riesigen Rädern rötlichen Staub und Dreck auf, der die Prozession in eine Wolke hüllt. Ein apokalyptischer Anblick.

Der Friedhof des schwarzen Gettos Tumahole ist nicht mehr als ein großes, ausgedörrtes Feld mit ein paar vereinzelten Grabsteinen und vielen kleinen Erdhügeln, auf die einfache Holz- oder Eisenkreuze gesteckt sind. Kaum jemand kann sich teuren Grabschmuck oder gar Fassungen aus geschliffenem Stein leisten. Im weiteren Umkreis des Friedhofs sind noch mehr Panzerwagen aufgefahren, Polizisten mit Ferngläsern stehen in den geöffneten Luken und beobachten den «Vorgang». Sie verhalten sich, als erwarteten sie einen militärischen Angriff. Herrscht hier Krieg?

Hat das alles mit Johannes Nakeli überhaupt noch etwas zu tun? Ist es nicht längst nur noch die Verselbständigung eines martialischen Prinzips, das um jeden Preis durchgesetzt werden muß? Anders ist dieser groteske militärische Aufwand nicht zu erklären. Den Menschen soll klargemacht werden, daß die Staatsmacht alles unterdrücken kann, wenn sie will. Daß sie dadurch langfristig doch nur das Gegenteil davon erreicht, ist einer solchen Maschinerie nicht verständlich zu machen. Jeder auch nur halbwegs informierte Beobachter weiß, daß die Zeit gegen Botha und sein autoritäres Regime arbeitet. Aber es gehört zum Charakter eines solchen Regimes, daß es genau das nicht begreift.

Die Leiche von Johannes Nakeli senkt sich vor den inzwischen doch weit mehr als 200 Trauergästen ins Grab hinab. Jede Äußerung, die irgendwie mit Politik zu tun haben könnte, ist durch die Anordnung des Polizeikommandeurs verboten. Aber plötzlich erklingt der Beginn jenes Liedes, das so gut wie jeder Schwarze in Südafrika kennt – das Lied auf die Guerillakämpfer von *Umkontho we Sizwe*, dem «Speer der Nation», dem bewaffneten Arm des ANC. Es ist ein Lied von einfacher und bezaubernder Schönheit, doch zugleich auch ein Lied mit einem entsetzlich blutigen Text:

«Lebe wohl, du Speer, du Speer der Nation. Wir, die Kämpfer vom Speer der Nation, sind bereit, die Buren zu töten.»

Die schwerbewaffneten weißen Polizisten auf den kreisförmig um den Friedhof herum postierten Panzerwagen halten dieses melancholisch klingende Lied gewiß für irgendein Begräbnislied der Schwarzen. Sie haben keine Ahnung, daß hier gerade ihr Ende besungen oder jedenfalls herbeigesehnt wird.

Auf dem Weg vom Friedhof zurück nach Tumahole kommt es

schließlich doch noch zum Einsatz von Tränengas, um die Menge von der Straße zu vertreiben.

«Am meisten habe ich seine Lieder gemocht, er kannte sämtliche Freiheitslieder, besser als wir alle.»

Der älteste der drei Brüder von Johannes hält den Kopf gesenkt, während er redet. Wir sitzen auf einer notdürftig aus ein paar Brettern zusammengenagelten Bank vor der Hütte der Familie. In der wegen einer Hautkrankheit von Pusteln und Entzündungen übersäten Hand hält er ein Foto seines toten Bruders: Neben einem Freund, dem er den Arm um die Schulter gelegt hat, lacht Johannes in die Kamera. Auf seinem orangefarbenen T-Shirt steht: «*Troops out of the Townships.* – Armee, raus aus den Townships!» Sein offenes, fein geschnittenes Gesicht ähnelt dem seines Vaters.

«Wenn er den Weg hierher entlang kam, hat er oft gesungen, und wir haben ihn schon von weitem gehört. Außerdem erzählte er uns immer, was in Tumahole grade so passiert. Ich kann nicht glauben, daß er jetzt nie mehr hier entlang kommt.»

Seine drei jüngeren Brüdern bewundern Johannes, den Erstgeborenen, noch immer. Offenbar war er ihre Verbindung zur Welt der Erwachsenen, die für sie mit ihren 12, 13 und 15 Jahren noch verschlossen ist.

«Unser Vater wollte immer, daß er Fußballspieler wird. Er spielte in der Mannschaft von Tumahole mit der Nummer 10. Und schnell war er, wahrscheinlich der schnellste.»

Das ist der Traum vieler schwarzer Jugendlicher und ihrer Eltern in Tumahole, in Soweto oder sonst irgendwo in den Gettos Südafrikas. Wenn es einen Sport gibt, der auch unter Schwarzen wirklich verbreitet ist, dann ist es Fußball. Wer es bis in die Profimannschaften der *Orlando Pirates* in Soweto oder der *Kaizer Chiefs* schafft, hat sein Glück gemacht. Jedenfalls glauben das viele. Noch im elendesten schwarzen Getto gibt es irgendwo einen – mehr schlecht als recht angelegten – Fußballplatz, zu dem man am Sonntagmittag hinausgeht. Ähnlich wie in Lateinamerika symbolisiert der Fußballsport auch hier, daß der Junge aus den Elendssiedlungen es zu etwas bringen kann, um so mehr, als die Weißen sich fast ausschließlich dem Kricket, Rugby, Tennis oder Golf widmen. Fußball, das war immer auch ein Stück Opposition gegen die Sportarten der Weißen. Natürlich ist längst nicht so viel Geld im Spiel wie in Europa, aber für die arme Bevölkerung ist die Elf von Orlando Pirates reich. Jeder aus der Mannschaft verdient, wenn er Glück hat, ein paar tausend Rand im Monat, für viele Schwarze eine sonst unerreichbare Summe. Schon gar für Johannes' Vater, den Landarbeiter. Es wird während unseres langen Gesprächs nicht ganz klar, ab wann sich Johannes mehr und mehr im *Tumahole Youth Congress* statt in der Fußballmannschaft engagiert hat. Die Eltern hielten ihn jedenfalls dazu nicht an.

«Eines stimmt. Er hat schon als Junge immer gefragt, warum alles den Weißen gehört. Und er wollte immer die Geschichte von Mandela hören. Ich weiß nicht warum», sagt Lydia Nakeli, «aber er war ein starker Mensch, und wir haben immer gehofft, daß er für unsere Familie ein besseres Leben erreicht. Und bei der Befreiung für alle Schwarzen mithilft, selbst wenn ich das nicht mehr erlebt hätte. Aber es wäre ein besseres und schöneres Leben gewesen, das weiß ich.»

«Ja, er hätte sicher viel erreicht für uns alle», bestätigt Joseph Nakeli. Dann schweigen sie. Alle in der Familie haben sich zum Zeichen der Trauer die Haare geschoren. Jeder von ihnen heftet sich einen schwarzen Stoffetzen ans Hemd oder an den Pullover. Ein Jahr lang werden sie diese Fetzen tragen. So will es der Brauch, denn Johannes, der Erstgeborene, ist tot.

Bevor wir nach Johannesburg zurückkehren, fahren wir noch einmal hinaus zum verdorrten Feld mit den Grabhügeln. Johannes Nakeli wurde von vielen, nicht nur von seiner Familie, gemocht. Und nicht nur seine Brüder haben ihn bewundert. Er verstand es, so erzählten Bekannte und Freunde aus Tumahole, den *Youth Congress* zu organisieren und zusammenzuhalten. Und er wollte das Ende der Apartheid. Vielleicht nachdrücklicher und ungeduldiger als andere, deshalb auch für die Polizei sichtbarer. Und doch war er wie viele andere Jugendliche in den schwarzen Gettos, wenn sie nicht in irgendwelche kriminelle Banden der Elendsviertel abrutschen. Sein Leitbild war Nelson Mandela, den er freilich nur von den Erzählungen kannte, die in den schwarzen Gettos kursieren. Denn Mandela wurde schon zwei Jahre vor Johannes' Geburt verhaftet und zu lebenslänglich verurteilt. Bücher über Mandela gab es zwar im Untergrund, aber ihr Besitz brachte in aller Regel längere Gefängnisstrafen ein, wenn die Polizei sie bei einer der zahlreichen Durchsuchungsaktionen entdeckte. Weil Mandela sein Vorbild war, geriet er selbst in das Räderwerk der *Securocrats*, das ihn schließlich zermalmte. Staatspräsident Botha wollte die letzte Chance für Südafrika nicht nutzen – gemeinsam mit der schwarzen Mehrheit eine Zukunft aufzubauen. Deshalb bekam auch Johannes keine Chance. Er wurde vernichtet.

Johannes ist kein Einzelfall. Ich habe mehrere Johannes Nakelis erlebt. Einen von ihnen, den 16jährigen Mbuyeselo Phiri, sah ich nicht nur auf einem Photo, sondern heimlich in der Leichenhalle. Er hatte zwar seine Verhaftung lebend überstanden, aber nicht das sich daran anschließende Verhör auf der Polizeistation. Laut Aussagen von drei mit ihm verhafteten Freunden wurde er unter anderem mit Elektroschocks gefoltert und geprügelt – daran ist er gestorben. Die Polizei behauptete, er sei in seiner Zelle unglücklich gestolpert, habe sich dabei eine schwere Kopfverletzung zugezogen, an deren Folgen er gestorben sei. Eine plumpe Lüge. Mbuyeselo Phiri liegt heute irgendwo auf dem Friedhof eines der schwarzen Gettos. Weitab von der nächsten weißen Stadt. Wie Johannes Nakeli, Grab Nummer 2014, Tumahole, Südafrika.

Broedertwis! – Hinauswurf eines Staatspräsidenten

Plötzlich krachen Schüsse. Hinter einem Planwagen springt etwas schwerfällig ein Mann hervor, schiebt zwei Patronen in sein doppelläufiges Gewehr, dreht sich um und schreit: «Alle Männer vor, die Zulus sind da!» Keuchend traben noch einmal 10 oder 15, ebenfalls mit Gewehren Bewaffnete heran. Sie hatten sich hinter den zu einem Kreis zusammengeschobenen Planwagen versteckt. Die meisten von ihnen tragen mächtige Bärte und breitkrempige Hüte. Überhaupt sehen sie aus, als ob sie dem letzten Jahrhundert entsprungen wären, besonders die vier in den frackartigen Gehröcken und den schweren Reitstiefeln. Einige schwitzen bereits trotz der frühen Morgenstunde und wischen sich mit den Halstüchern kurz übers Gesicht, bevor sie sich allesamt auf Kommando zu Boden werfen und wie wild mit Platzpatronen um sich schießen. Das Echo rollt durch die sanfte Hügellandschaft von Donkerhoek, knapp 30 Kilometer südöstlich von Pretoria. Von den Zulus, dem kriegerischsten Stamm der Schwarzen in Südafrika, ist weit und breit nichts zu sehen. Noch einmal knattern ein paar Salven über die feuchten, noch leicht nebelverhangenen Wiesen hinweg, dann geben die schweißtriefenden Männer auf. Offenbar haben sich die Zulus kampflos aus dem Staub gemacht. Beifall klatschend stürzen Frauen und Kinder hinter den Planwagen hervor, bringen Getränke und Bierdosen zu den von ihrem Ausfall aus der Wagenburg erschöpften Männern. Alle freuen sich, die Schlacht ist gewonnen – fragt sich nur, welche?

Der Schlüssel dazu ist ihr Datum. Denn heute ist *Dingaanstag* oder, wie dieser 16. Dezember unter den burischen Weißen Südafrikas ebenfalls heißt, «Der Tag des Schwures». Für den harten Kern der weißen Minderheit ein geradezu mystischer Tag. Denn heute vor 150 Jahren, am 16. Dezember 1838, hatte die «burische Nation», die «Nation der weißen Afrikaaner», ihr Erweckungserlebnis. Sie besiegten in der «Schlacht am Blutfluß» den mächtigen Zuluhäuptling Dingaan und seine Streitmacht von rund 10 000 Kriegern. Und das, nachdem sie am Tag zuvor, so jedenfalls will es die reichlich glorifizierte und verkitschte Überlieferung, einen «heiligen Schwur» getan hatten:

«Brüder und Landsleute, hier stehen wir vor dem großen Gott des Himmels und der Erde und schwören: Wenn er mit uns ist, uns beschützt und den Feind in unsere Hände liefert, werden wir ihm fortan diesen Tag zum Danke widmen und ihn jedes Jahr zur Ehre Gottes und zum Zeichen unserer Dankbarkeit feiern...»

Schwur hin, Schwur her – sie besiegten Dingaan und seine Zulus wohl vor allem dank der höchst irdischen Feuerkraft ihrer Gewehre. Dem konnten die Zulus nichts entgegensetzen. Die weißen Siedler interpretierten ihren Sieg aber anders: Gott selbst habe ihnen in der Schlacht beigestanden und dadurch gezeigt, daß sie tatsächlich das biblische, das «auserwählte Volk» inmitten der Heiden seien. Und daß sie im Namen der christlichen Zivilisation gegen die Barbarei kämpften. Ein Teil ihrer Nachfahren glaubt das noch heute und leitet aus diesem Glauben seinen Rassismus als Lebenshaltung, ja sogar als Staatsform ab. Dieses Denken brachte schließlich auch das System der Apartheid hervor.

Nach dem Sieg über die Zulus schworen die Siedler auch, am Ort der Schlacht eine Kirche zu errichten. Doch diesen Teil des Schwures vergaßen sie erst einmal für die folgenden 30 Jahre. Darüber freilich hat die offizielle Überlieferung behutsam den Mantel des Schweigens gebreitet. Im übrigen ist an dem Szenario der «Schlacht am Blutfluß», das die schwitzenden, weißen Fanatiker ihren Familien und Anhängern heute so mühevoll-herzhaft vorstellen, eine ganze Menge schief, selbst wenn man von dem so wirksam inszenierten Ausfall des 15 Mann starken Fähnleins absieht. Ein solcher Leichtsinn hätte den Buren vor 150 Jahren mit Sicherheit nicht den Sieg, sondern einen Speer im Bauch eingebracht. Damals zogen sie es aus gutem Grund vor, hinter dem Ring aus Planwagen verschanzt zu bleiben, der Feuer spie und vor dem sich die Leichen der nur mit Speeren bewaffneten Zulus häuften.

Die Absonderlichkeit der heutigen Feier beginnt schon mit der Wahl des Ortes. Die «historische Schlacht» fand nicht hier in Donkerhoek bei Pretoria, sondern gut 800 Kilometer davon entfernt in der Provinz Natal statt. Aber Donkerhoek ist auch nicht der Platz, an dem sich die vielen tausend Festgäste eigentlich hatten treffen wollen. Sie wollten ursprünglich zum sogenannten *Voortrekkerdenkmal*, dem heiligen Gral der burischen Nation. Es wurde zum Gedenken an jene Ahnen, die *«Voortrekker»*, erbaut, die sich vor etwas mehr als 150 Jahren mit ihren Ochsenwagen vom Kap aus nach Norden im «großen Treck» aufmachten, bis sie schließlich auf Dingaan und seine Zulus stießen. Wie ein trutziger, furchterregender Tempel aus Granit überragt das Voortrekkerdenkmal einen Hügel unweit der Hauptstadt Pretoria. An diesem Tempel wird heute ein Mann sprechen, mit dem die 20 000 bei Donkerhoek versammelten Menschen den höchsten Nationalfeiertag Südafrikas auf keinen Fall mehr gemeinsam begehen wollen. Sie betrachten ihn längst als Verräter an der weißen Sache: Staatspräsident Pieter Willem Botha. So kommt es an diesem 16. Dezember 1988, weniger als 30 Kilometer voneinander entfernt, zum ersten Mal in der neueren südafrikanischen Geschichte zu zwei miteinander konkurrierenden Veranstaltungen der gleichen burischen Nation. Beide haben, trotz ihrer Verschiedenheit, allerdings eines gemeinsam. Ihre jeweiligen Führer repräsentieren politische Wege, die unweigerlich zum gleichen Ziel führen – in den Abgrund.

«*WE WILL DIE DEFENDING OUR CAUSE!* WIR SIND BEREIT, FÜR UNSERE SACHE ZU STERBEN!»: Ein riesiges Transparent, an beiden Enden mit Symbolen «verziert», die Hakenkreuzen sehr ähnlich sind, ist quer über eine Wiese im Tal von Donkerhoek gespannt. Viele Kundgebungsteilnehmer tragen Khaki, rote Halstücher und, an Brust oder Ärmel, das schon auf dem Transparent abgebildete Symbol: ein kreisrundes Stück Stoff mit dickem rotem Rand, darin das schwarze, an ein Hakenkreuz erinnernde Zeichen auf weißem Grund.

Wenn man die Augen etwas zusammenkneift und die Szene wie hinter einem leichten Schleier betrachtet, fühlt man sich zurückversetzt in eine nationalsozialistische Kundgebung im Deutschland der

30er Jahre. Das ist nicht zu weit hergeholt, denn sie haben tatsächlich einiges mit den deutschen Nazis von damals gemeinsam. Den faschistischen Gruß mit ausgestrecktem Oberarm, die rassistische Philosophie, allerdings etwas mehr auf Südafrika, das heißt auf die Verachtung vor allem der schwarzen Hautfarbe zugeschnitten, und schließlich den gleichen Antisemitismus. Sie gehören der *AWB*, der *Afrikaaner Weerstandsbeweging* an, die seit Mitte der 80er Jahre wieder mehr Zulauf bekommt. Vor allem deshalb, weil sie sich prinzipiell gegen jede Art von Reform wehrt und nur eines im Sinn hat: die Vorherrschaft der weißen Rasse. Die Zahl ihrer Mitglieder wird auf 100 000 und mehr geschätzt.

Plötzlich kommt Bewegung in die Menge, Beifall ertönt. Hinter einem Planwagen reitet ihr Führer Eugene TerreBlanche hervor. Ein Mann Ende 40, Khakikleidung, umgeschnallter Revolver, schwarzes Barett, in der rechten Hand eine Reitpeitsche. Vor ein paar Jahren wurde er von einem Gericht, das mit einem etwas kritischeren Richter als üblich besetzt war, wegen «Terrorismus», dem Besitz von Waffen und Sprengsätzen zu Gefängnis verurteilt. Doch damit war die kritische Kraft des Richters bereits erschöpft. Er setzte das Urteil gleich wieder zur Bewährung aus. TerreBlanche blieb auf freiem Fuß. Überflüssig zu sagen, daß ein ähnliches Delikt einem Schwarzen mit Sicherheit mehrere Jahre Gefängnis eingebracht hätte. Ohne Bewährung. Es gibt Hunderte von Beispielen dafür.

Als TerreBlanche vom Pferd steigt, umringen ihn sofort die mit Pistolen und Schlagstöcken bewaffneten Männer seiner Leibwache. Sie gehören zum innersten Kreis des AWB, tragen als Abzeichen einen Adler mit ausgebreiteten Schwingen und nennen sich *Aquila*, die «Adler». Während er zum Rednerpult geht, drückt er die vielen, ihm entgegengestreckten Hände, küßt ein paar kleine blonde Kinder auf die Wange. Dann stellt er sich in Positur und wettert los:

«Heute zeigen wir der Welt und unserer eigenen Regierung, daß die burische Nation niemals sterben wird. Wir werden niemals aufgeben, gegen den internationalen Kommunismus zu kämpfen. Und wir werden niemals dulden, daß uns auch nur ein Quadratzentimeter Land weggenommen wird. Unsere Vorväter haben dieses

Land bestellt, die Schwarzen haben kein Recht darauf. Wir halten uns zum Kampf bereit, genauso wie damals unsere Ahnen am Blutfluß.»

Seine Rede geht im donnernden Beifall der 20 000 unter.

Drüben am Voortrekkerdenkmal ist inzwischen Staatspräsident Botha mit seiner ziemlich rundlichen Frau Elize eingetroffen. Er blickt etwas mürrisch. Vermutlich hat er, wie die Journalisten, mehr Besucher erwartet. Doch in dem Amphitheater unterhalb des finsteren, steinernen Tempels haben sich höchstens 10 000 Besucher eingefunden. Eine enttäuschende Zahl, besonders im Vergleich zu den andern drüben in Donkerhoek. Die Versammlung hier ist weniger von blankem Fanatismus als von einer Art religiöser Stimmung geprägt. Die letzten anderthalb Stunden haben sie mit einem Gottesdienst der «Niederländisch-Reformierten Kirche» verbracht, der südafrikanischen Staatskirche, die während vieler Jahre die Apartheid als christliches und gottgewolltes System nicht nur verteidigt, sondern mit einer reichlich verqueren Collage aus diversen Bibelstellen auch theologisch gerechtfertigt hat. Nur so ist es zu erklären, daß sich Botha als «zutiefst gläubig» bezeichnen konnte, ohne je mit seiner Kirche wegen seiner Politik in Konflikt zu kommen.

Flankiert von Geistlichen und dem Oberbefehlshaber der südafrikanischen Armee, läßt sich der Staatspräsident auf dem mit einem Blumenwall geschmückten Podium nieder. Wie Schüler ihrem Lehrer sitzen ihm, unterhalb des Podiums in der ersten Reihe des Amphitheaters, die Mitglieder seines Kabinetts und deren Ehefrauen gegenüber. Nur eine der Damen trägt die Kluft der Voortrekkerfrauen von vor 150 Jahren. Ein dirndlartiges, bodenlanges Kleid aus Baumwolle mit vielen Rüschen, hochgeschlossen bis zum Hals. Auf ihre Dauerwelle hat sie eine mit Spitzen umrandete Gretchenhaube gesetzt, deren steifer, mit Stoff überzogener Schild nach vorne ragt und ihr Gesicht auch seitlich umschließt. Die Haube wird von einer Schleife unter dem Kinn gehalten. Die Dame heißt Marike de Klerk und ist die Frau des Kabinettsministers Frederik Willem de Klerk.

Niemand, ganz gewiß auch nicht Botha, ahnt, daß sich zwischen ihm, dem Staatspräsidenten, und seinem bisher überaus loyalen Minister bald ein regelrechter Showdown abspielen wird, an dessen Ende der Rücktritt Bothas stehen wird. Nur eines wissen in diesem Augenblick alle Anwesenden: F. W. de Klerk hat, auch außerhalb von Bothas Kabinett, politisches Gewicht, denn er ist regionaler Vorsitzender der «Nationalen Partei» in der für die politische Entwicklung sicher wichtigsten (aber auch konservativsten) Provinz Südafrikas, dem Transvaal. Doch Botha wiegt sich in der Überzeugung, daß er Kabinett und Partei – zu deren Vorsitzendem er seit 10 Jahren regelmäßig und ohne Gegenkandidaten gewählt wird – mit seinem autoritären und kompromißlosen Stil immer noch im Griff habe. Er täuscht sich gründlich.

Vor dem unwirsch dreinschauenden Staatspräsidenten rollt nun ein Schauspiel ab, bei dem unbefangenere oder zumindest aus dem Ausland kommende Beobachter wie ich gelegentlich nicht ganz sicher sind, ob es sich um die Wirklichkeit oder um deren Satire handelt. Einen ersten Höhepunkt bildet eine Planwagenparade. Die Wagen werden, wie vor 150 Jahren, von je sechs Ochsen gezogen, auf dem Kutschbock sitzen winkende Paare, in den historischen Kostümen der «Voortrekker». Die Menge klatscht, während die Ochsenwagen vorbeiziehen. Jedes Gespann wird von einem neben den Ochsen herlaufenden Schwarzen geführt.

Die schwarzen Fuhrknechte sind die einzigen Dunkelhäutigen, die während der Festivitäten zu sehen sind. Niemand scheint sich daran zu stören, trotz der so häufigen Rede von Reformen der Apartheidsgesellschaft! Vielleicht unbewußt schaffen sich die Weißen an einem solchen Tag noch einmal die Illusion, im Grunde sei alles wie früher! Die Schwarzen führen das Gespann, die Weißen sitzen obenauf.

Wie brüchig diese Illusion ist, hätten sie sich schon auf dem Anmarsch zu ihrer bizarren Festveranstaltung klarmachen können: Um das gesamte Areal des Voortrekkerdenkmals ist, aus Furcht vor einem Anschlag der Guerillas des ANC, schon am frühen Morgen Polizei aufgezogen und durchsucht das riesige Gelände. Die Zufahrtsstraßen werden abgeriegelt und mit Straßensperren und patrouillierenden Hundestaffeln versehen. Wer auf das Areal will, muß einzeln und zu Fuß durch die Straßensperren und sich intensiv durchsuchen lassen; dann geht es im Gänsemarsch zwischen den auf freiem Feld aufgestellten Metalldetektoren hindurch, wie sie auf Flughäfen zu finden sind. Dann kann nach Herzenslust feiern, wem noch danach ist. Und es ist ihnen danach!

An zahlreichen Ständen wird gegrillte «Boerewors» verkauft. Manche Familien haben ihren eigenen kleinen Grill, Holzkohle und eine Kühltasche voller Getränke mitgebracht. Sie lassen sich in den Wiesen um das Voortrekkerdenkmal herum nieder und begehen ihren Nationalfeiertag. Auch an diesem Tag habe ich den Eindruck, daß die meisten Weißen an den Belagerungszustand im eigenen Land, in den sie sich durch die Apartheid begeben haben, längst gewöhnt sind. Er dient dem Schutz ihrer Privilegien, also leben sie damit. Sie bemerken ihn wohl gar nicht mehr.

«Wir dürfen niemals vergessen», beginnt der Staatspräsident seine Rede, «daß das Ereignis damals am Blutfluß eine Stunde des Sieges war, ein Sieg des Glaubens in die Kraft und die Macht Gottes über Unglauben und Gewalt.»

Auch Botha ist ein Gefangener der Legenden der Weißen Afrikas. Ein von Bigotterie geprägtes Geschichtsverständnis bestimmt sein Denken ausgerechnet in dem Augenblick, in dem eine neue Offenheit nötig wäre, um die fast völlige Isolation Südafrikas aufzubrechen.

«Das Denkmal, unter dem wir heute stehen, ist ein Symbol der Freiheit und der christlichen Gerechtigkeit», fährt er mit erhobenem, immer wieder in die Luft stoßenden Zeigefinger fort. Daß es für die Mehrheit der südafrikanischen Bevölkerung, für die Schwarzen, das Symbol des Gegenteils ist, weiß er, doch natürlich sagt er es nicht. Seine Rede zielt sowieso in eine andere Richtung: nicht auf Einigkeit mit den Schwarzen, sondern auf Einigkeit unter den Weißen. Sie ist eigentlich an die adressiert, die sich drüben in Donkerhoek versammelt haben.

«Wir müssen nach nationaler Einheit streben, denn diese Einheit ist die wichtigste Grundlage unseres Willens, zu überleben. Ohne diese Einheit und Einigkeit werden wir angesichts des Ansturms unserer wohlorganisierten Feinde zugrunde gehen!»

Botha spricht, als ob er – in der Wagenburg verschanzt – vor der gesamten weißen Nation, dem *Volk*, stünde. Er fällt auch rhetorisch wieder zurück in jenes alte Muster, das, wegen der angeblich vor der Wagenburg versammelten Feinde, die Einigkeit im *laager* selbst erzwingen will. Daß sie sich diese Feinde innerhalb und außerhalb Südafrikas selbst geschaffen haben, findet weder in seiner Rede noch in seinem Denken wirklich Platz. Auch wenn er schließlich das Zugeständnis macht, daß schon vor 150 Jahren in der Wagenburg «schwarze und farbige Gefährten» dabei gewesen seien, was man nicht vergessen dürfe. Das stimmt sogar. Die weißen Voortrekker hatten sich tatsächlich schwarze Pferdeknechte und *servants*, also Diener, zugelegt. Doch schon damals, zu Zeiten der Voortrekker, waren die Herrschaftsverhältnisse klar. Die Schwarzen begleiteten den «großen Treck» bestenfalls als rechtlose Diener, ja, als Sklaven, während im fernen Europa die Sklaverei abgeschafft und als «unmenschlich» angesehen wurde, wenigstens auf dem Papier. Die Weißen am südlichen Zipfel von Afrika haben sich noch lange Zeit geweigert, das gesetzliche Ende der Sklaverei zur Kenntnis zu nehmen.

Für seine Rede bekommt der Staatspräsident warmen Beifall, der sich allerdings nicht an dem frenetischen Jubel messen lassen kann, den Eugene TerreBlanche drüben in Donkerhoek erntet. Doch Botha will und kann nicht begreifen, daß er die dort drüben sowieso nicht mehr zurückholen kann. Sie haben längst eine zweite Wagenburg aufgemacht und sich darin verschanzt. Jede noch so kleine «Öffnung» in Südafrika veranlaßt sie nur, sich noch stärker von der Außenwelt abzuschließen. Es ist letztlich nur die Frage, wie dieser Konflikt am Ende ausgetragen werden wird – bewaffnet oder nicht.

Über die zehntausend im Amphitheater ziehen zur Feier des Tages Düsenjets der südafrikanischen Armee hinweg. Sie zeichnen drei dicke orange-weiß-blaue Rauchstreifen in den Himmel, die südafrikanischen Nationalfarben. Ihnen folgen kurz danach Armeehubschrauber, mit riesigen Flaggen in den gleichen Farben im Schlepptau. Auch sie werden mit Applaus bedacht, während die Zeiger der Uhr auf die 12 zugehen und damit das eigentliche «religiöse» Ereignis in dem finsteren, dunkelbraunen Voortrekkerdenkmal näherrückt.

Um Schlag 12 Uhr nämlich wird das Sonnenlicht durch ein winziges Loch in der Kuppel des Tempels auf einen in seinem Fundament eingelassenen Marmorsarkophag fallen. «*ONS VIR JOU SUIDAFRIKA* – WIR FÜR DICH, SÜDAFRIKA» ist auf dem Deckel des Sarkophags eingemeißelt. An jedem 16. Dezember um 12 Uhr genau wird dieser Schriftzug von dem einfallenden Licht erhellt. Obwohl dem eine simple physikalische Berechnung und profane handwerkliche Arbeit zugrunde liegt, schafft der Lichtstrahl die Illusion, der Allmächtige selbst halte nach wie vor seine schützende Hand über Südafrika, und das bedeutet: über die Weißen.

Entsprechend weihevoll ist die Stimmung im Innern des mit Marmor ausgekleideten Granitdoms. Schweigend, allenfalls flüsternd, drängelt sich die Menge auf der ersten Galerie, die den Blick hinunter auf den – übrigens leeren – Sarkophag erlaubt. Photographieren ist verboten, damit die Feierlichkeit des Augenblicks nicht gestört werde.

Punkt 12 Uhr schmettert eine Trompete die Botschaft auch zu den draußen Versammelten hinaus – die Physik hat wieder geklappt bzw. «Gott ist mit uns und mit Südafrika». Vom obersten Mauerkranz rauschen draußen – an den vier Ecken des Tempels – unter dem Beifall der Menge plötzlich riesige Fahnen in den südafrikanischen Farben herab. Die Vorsehung in der Geschichte der Weißen Südafrikas hat sich ein weiteres Mal erfüllt.

Welche Geschichte das ist, zeigen 27 Relieftafeln aus italienischem Carrara-Marmor, die an den Wänden im Innern der Tempelhalle angebracht sind. Bezeichnenderweise beginnt diese Geschichte auf der ersten Tafel mit dem Aufbruch der weißen Siedler aus der Kapregion in Richtung Norden. Wie aber sind sie überhaupt ans andere Ende der Welt, an das Kap von Afrika gekommen?

«Gegen fünf Glasen der Nachmittagswache sahen wir, Gott sei gelobt, das Land des Kaps der Guten Hoffnung, nämlich den Tafelberg. Der Obermaat sah es zuerst, und er bekam die ausgesetzte Belohnung von vier spanischen Reales.»

Mit dieser Eintragung des Holländers Jan van Riebeck in das Logbuch seines Schiffes *Dromedaris* am 5. April 1652 nahm die

Geschichte der gründlichen und gewaltsamen Veränderung der Südspitze Afrikas ihren Anfang. Zwar hatten die Portugiesen Vasco da Gama und Bartolomeu Diaz diese Gegend auf der Suche nach einem direkten Seeweg nach Indien schon rund 150 Jahre früher entdeckt, aber erst mit der Ankunft Jan van Riebecks begann die eigentliche Siedlungsgeschichte der Weißen am Kap.

Und schon diese Zeit findet sich in der heutigen, offiziellen Geschichtsschreibung Südafrikas nur höchst verzerrt dargestellt wieder. Die Kap-Region sei, so wird es jedem Schulkind beigebracht, bei der Ankunft Jan van Riebeeks menschenleer gewesen. Wie es zu dieser höchst wundersamen «Entleerung» kommen konnte, wird freilich nicht erklärt. Es ist auch nicht zu erklären, denn es stimmt nicht, es sei denn, Jan van Riebeek selbst wäre von einem dunklen Wahn befallen gewesen, als er in seinen Tagebüchern die Eingeborenen beschrieb – die «Khoekhoi» und die «San», später von den Weißen in «Hottentotten» und «Buschmänner» umgetauft –, die er dort antraf. Von einem Wahn van Riebeeks ist allerdings auch in der offiziellen Geschichtsschreibung Südafrikas nichts bekannt. Insofern ist von der Richtigkeit der Eintragungen in seinen Tagebüchern auszugehen.

Ich sage das aus gutem Grund so pointiert. Schon kurz nach unserer Ankunft in Südafrika (fast auf den Tag genau 336 Jahre nach van Riebeek) verwickelten mich weiße Südafrikaner immer wieder in diese Diskussion: Weil damals keine Schwarzen am Kap gewesen seien, gehöre dieses Land völlig «rechtmäßig dem weißen Mann». Daraus leiteten sie die Rechtfertigung dafür ab, daß auch im heutigen Südafrika 87 % des gesamten Landes den viereinhalb Millionen Weißen gehören, während sich die 30 Millionen Schwarzen mit dem Rest von 13 % zufriedenzugeben haben.

Es ist eine stumpfsinnige Diskussion, die sich nicht lohnt. Denn erstens war das Land am Kap schon 1652 nicht «leer». Und zweitens: Die krasse Landenteignung der folgenden Jahrhunderte durch die Weißen ließe sich selbst dann nicht rechtfertigen, wenn die Weißen nicht gleich, sondern erst etwas später auf die schwarzen Stämme gestoßen wären. Eine Rechtfertigung all dessen ist nur dann möglich, wenn man auch das Faustrecht der Apartheid gegenüber der schwarzen Bevölkerung Südafrikas akzeptiert. Das allerdings habe ich nie getan. Weder persönlich noch in meiner dreijährigen Berichterstattung für das Erste Deutsche Fernsehen.

Jan van Riebeck und seine beiden Begleitschiffe hatten ein Kontingent Soldaten und holländische Siedler an Bord. Sein Auftrag bestand zunächst nur darin, für die holländische Ost-Indien-Handelsgesellschaft am Kap einen kleinen Versorgungsstützpunkt für ihre Schiffe auf dem Weg nach Indien zu errichten. Doch im Laufe der Jahre kamen mehr und mehr Siedler, holländische Bauern oder, in der Landessprache: *Buren*, dazu, die zunächst nur die Gegend unmittelbar um das heutige Kapstadt in Anspruch nahmen. Nach und nach aber *trekte* ein Teil von ihnen an der Ostküste entlang, gründete (auch für damalige Verhältnisse) riesige Farmen oder wanderte als einfache *Trekburen* wie Nomaden mit seinem Vieh Richtung Norden.

Schon bald zeichneten sich die Buren durch ein hohes Maß an Skrupellosigkeit und Brutalität den Schwarzen gegenüber aus. Die Dezimierung der Buschmänner, die heute fast vollständig ausgerottet sind, begann um diese Zeit. Am «Großen Fischfluß» brachen die Buren den ersten großen «Kaffernkrieg» gegen die in dieser Gegend siedelnden Xhosas, die Vorfahren Nelson Mandelas, vom Zaun und konnten selbst von der holländischen Kolonieverwaltung in Kapstadt, trotz mehrerer Versuche, nicht mehr diszipliniert werden.

Mit Gewehren bewaffnet und ideologisch mit einer sehr engen, calvinistischen Auslegung der Bibel gewappnet, bahnten sie sich ihren Weg. Nach ihrer Lesart des Alten Testaments hatten sie nicht nur das Recht, sondern sogar die Pflicht, sich das Land und seine Menschen untertan zu machen, die schwarzen «Heiden» zu knechten und regelrecht als Sklaven zu behandeln. Der so erworbene, relative Wohlstand war nach ihrem Verständnis gottgefällig und ein sichtbarer Gradmesser ihrer Christlichkeit.

Am 18. Januar des Jahres 1806 wurde ihnen allerdings ein geradezu traumatisches Erlebnis zuteil, das ebenfalls bis weit ins 20. Jahrhundert hinein Auswirkungen haben sollte: die Unterzeichnung des Kapitulationsvertrages zwischen dem holländischen General Janssens und General Baird, dem Oberbefehlshaber der britischen Kolonialtruppen, die, nach einem kurzen Intermezzo 10 Jahre zuvor, nun endgültig hier gelandet waren, um die Kapkolonie unter die Herrschaft der britischen Krone zu stellen.

Ein größerer Gegensatz als der zwischen der «aufgeklärten» Kolonialmacht des britischen Empire und den von allen Entwicklungen in Europa völlig abgeschnittenen Siedlern läßt sich kaum vorstellen. Bereits ein Jahr nach ihrer Landung führten die Briten auch in Südafrika das Verbot des Sklavenhandels ein, und dazu einige, wenn auch milde, Gesetze zum Schutz der Eingeborenen. Von jetzt an sollten sich die Beziehungen zwischen der neuen Kolonialmacht und den «Trekburen», den weißen Südafrikanern holländischer Abstammung, nie wieder wirklich harmonisch gestalten.

Die Buren reagierten auf die «liberalen» Maßnahmen der Briten mit Zorn. Sie vermochten nicht einzusehen, daß es andere Maßstäbe für die Behandlung der Eingeborenen geben sollte als jene, die sie selbst für richtig hielten. Als die Briten schließlich 1833 nicht nur den Sklavenhandel, sondern auch die Sklavenhaltung im ganzen *Empire* verboten, war nur noch ein kleiner Tropfen nötig, um das Faß zum Überlaufen zu bringen!

Der Anlaß für den Ausbruch des Konflikts war eine Grenzkorrektur. Die Buren hatten sich in einem weiteren blutigen «Kaffernkrieg» an der Ostgrenze des Kaps ein riesiges Stück Land der Xhosas einverleibt. Doch es wurde auf direkte Weisung aus London wieder den Xhosas zugesprochen. Nun hatten die Buren endgültig genug: Die ersten brachen auf zum *Groot Trek*, dem «Großen Treck». Es war nichts anderes als eine riesige Völkerwanderung, die eine gewaltige Landnahme der Weißen im südlichen Afrika zur Folge hatte.

Nach mehreren Scharmützeln mit verschiedenen schwarzen Stämmen stießen die Trekburen 1838 schließlich auf den Zuluhäuptling Dingaan und seine Krieger. Obwohl er sich nach außen zunächst anders gab, war Dingaan durchaus nicht gewillt, den neuen Ankömmlingen sein Land freiwillig und kampflos zu überlassen, zumal sein Vorgänger Shaka es eben erst in einem beispiellosen Eroberungszug anderen schwarzen Stämmen abgenommen hatte. Dingaan wiederum hatte sich durch die Ermordung seines Bruders

Shaka selbst zur Macht verholfen. Was nun folgte, ist auf den Marmorreliefs im Voortrekkerdenkmal bei Pretoria als die Geschichte eines schnöden Verrats dargestellt. Wahrscheinlicher aber ist, daß der Führer der Voortrekker, Piet Retief, und die 70 Männer seines Vorauskommandos schlicht und einfach einer Kriegslist Dingaans zum Opfer fielen.

Nach längeren Vorverhandlungen lud Dingaan Retief und dessen Schutztruppe in seinen Kraal ein und unterzeichnete einen Vertrag, der den Weißen einen Teil des Landes, einschließlich der Stadt Port Natal, dem heutigen Durban, zusprach. Für den nächsten Tag bat er sie zur Feier des Vertrags noch einmal in seinen Kraal, ließ sie dort allerdings festnehmen und bis auf den letzten Mann umbringen.

Piet Retief hatte einen entscheidenden Fehler begangen: Er glaubte, Dingaan übers Ohr hauen und mit nichts als einem unterschriebenen Stück Papier zur freiwilligen Abgabe eines beträchtlichen Teils seines Landes bewegen zu können. Ein tollkühner Gedanke! Daß Retief ausgerechnet beim kriegerischsten Stamm im ganzen südlichen Afrika auf solche Bauernschläue baute, müßte eigentlich seine späten Nachfahren zu einer etwas nüchterneren Sichtweise der Dinge bewegen. Doch das ist nicht der Fall:

Pathetisch erzählen die Marmortafeln im burischen Gedächtnistempel vom Tod der aufrechten Männer um Piet Retief und den niederträchtigen Feldzügen Dingaans auch gegen andere Lager der Voortrekker, die er zum Teil vernichten konnte, dies auch, weil die Voortrekker durchaus keinen einheitlichen Verband bildeten, sondern in viele Gruppen und «laager» gespalten waren, die jeweils anderen Führern gehorchten. Die wenigsten von ihnen kamen miteinander zurecht, aufgrund ihrer ausgeprägten Individualität oder, wie einige Historiker sagen: Dickköpfigkeit. Doch auch das deckt die regierungsoffizielle Propaganda im Innern des Denkmals gnädig zu.

Die Führer der einzelnen Voortrekkerkolonnen fühlten sich der Bibel, sich selbst und sonst niemandem verantwortlich. Genau deshalb versuchten sie ja auch der relativ geordneten Verwaltung und dem «Liberalismus» der Briten in Kapstadt zu entkommen. Eine solche, um es halbwegs neutral zu sagen, religiös-individualistische

Grundhaltung der Burenführer aber barg in sich schon den Keim des Schismas, der Spaltung in gegensätzliche Anschauungen und, daraus folgend, in einander heftig befehdende Gruppen.

Immer wieder kam es zum *Broedertwis*, zum Bruderzwist innerhalb des «laagers». Teile der Wagenburg lösten sich ab und schlossen sich anderen Kommandoführern an, die neue Marschrouten bis hinauf in das heutige Simbabwe, Moçambique und Namibia wählten. Nicht wenige davon führten geradewegs in den Tod. Der jüngste Reflex sind die zwei Feiern des gleichen Ereignisses: des 150. Jahrestages der «Schlacht vom Blutfluß». Was Staatspräsident Botha als Einheit des burischen Volkes beschwört, hat in der Geschichte – wenn überhaupt – nur für kurze Zeiträume bestanden. Doch zurück ins Jahr 1838 und zum Fortgang der Ereignisse um Dingaan und Retief.

Nach dem Tod Retiefs baten die überlebenden Voortrekker Andries Pretorius um Hilfe, einen Buren- und Kommandoführer, der sich schon in blutigen Kämpfen gegen andere schwarze Stämme hervorgetan hatte. Mit knapp 500 Mann und 75 Ochsenwagen, die mit Pulver und Munition gefüllt waren, zog Pretorius auf Dingaans Kraal, und am Vortag der Schlacht ward der «heilige Schwur» getan und so Dingaans Ende besiegelt, dessen mit Speeren bewaffnetes Zuluheer gegen die Gewehre und Kanonen der Buren nicht den Hauch einer Chance hatte. Am Mittag des 16. Dezember 1838 verstummte das Getöse der Schlacht; von den rund 10 000 angreifenden Zulus lagen, der Überlieferung nach, 3000 tot vor der Wagenburg, der Rest floh.

Dingaan wurde später vom Stamm der Swasis weiter im Norden umgebracht. Damit neigte sich die Macht der Zulus im südlichen Afrika ihrem Ende zu. Geboren wurde zugleich der bis zum heutigen Tage aufrechterhaltene Mythos von der Unbesiegbarkeit der Buren, der Mythos vom «Sieg der Freiheit und des Glaubens in die Macht Gottes». Vor dem Hintergrund der Ereignisse heute kann es kaum einen zynischeren Gedanken geben als diesen.

Pieter Willem Botha duldet keinen Widerspruch, keine Kritik. Der deutsche Bundesarbeitsminister Norbert Blüm sollte das bei seinem

Südafrikabesuch im Sommer 1988 so drastisch erfahren, daß er nach einem Besuch bei Botha dessen Residenz völlig sprachlos verließ.

Blüm hatte den «Fehler» gemacht, seine Reise zumindest unterschwellig als Menschenrechtskampagne anzukündigen. Botha reagierte geradezu klassisch. Er fertigte Blüm mit ein paar kurzen Sätzen des Inhalts ab, daß er nur darauf gewartet habe, daß ihm ausgerechnet ein Politiker aus Deutschland, wo man schließlich die Konzentrations- und Vernichtungslager gebaut habe, beibringen wolle, wie schlecht es in Südafrika um die Menschenrechte der Schwarzen bestellt sei. Blüm, dem ja, schon allein aufgrund seines Alters, nicht die geringste Beteiligung an den Naziverbrechen vorgeworfen werden kann, verschlug es die Sprache. Mit hochrotem Gesicht trat er kurz danach vor die Journalisten, machte ein paar hilflose Bemerkungen und verließ Pretoria. Ganz offensichtlich war er auf eine so rüde Begegnung nicht im geringsten vorbereitet gewesen. Er hätte es aber sein können. Jedenfalls dann, wenn er sich eingehender mit der burischen Geschichte und der in ihr verwurzelten Person Bothas befaßt hätte.

Das Gegenstück zum Mythos des «heiligen Sieges» am Blutfluß nämlich ist das Trauma der fürchterlichen Niederlage, die den Buren von der britischen Kolonialmacht im sogenannten «Burenkrieg» um die Jahrhundertwende beigebracht wurde. Die Engländer erfanden dabei eine Einrichtung, die Botha Norbert Blüm gegenüber prompt erwähnte: die Konzentrationslager.

Es würde zu weit führen, die Auseinandersetzungen der Afrikaaner mit der britischen Kolonialmacht im Lauf des 19. Jahrhunderts im einzelnen zu schildern. Sie endeten jedenfalls damit, daß die Briten, nach zeitweiliger Anerkennung mehrerer, von den Buren gegründeter Republiken, die Weißen holländischer Abstammung endgültig zur Raison bringen wollten. Das hatte mit den geradezu klassisch imperialistischen Plänen der Briten zu tun, die vor allem von Cecil Rhodes geschmiedet worden waren und darauf abzielten, das ganze südliche Afrika, und sogar noch mehr, zu kolonialisieren und sich den völlig überraschend entdeckten Reichtum Südafrikas anzueignen: die Gold- und Diamantenfelder bei den Städten Kimberley und Johannesburg.

Daß den Buren im Zuge dieser letzten großen Auseinandersetzung mit den Briten historisches Unrecht geschah, ist keine Frage. Sie wehrten sich gegen ihre Unterwerfung im ersten Guerillakrieg der Neuzeit. Die Briten konnten ihrer nicht anders Herr werden als durch eine Politik der verbrannten Erde. In der Endphase des Krieges ließ Lord Horatio Kitchener, der von London gesandte Gouverneur und Oberbefehlshaber der Armee des Empire, gnadenlos Farmen zerstören und quer durch das Land kilometerlange Zäune aus Stacheldraht errichten, um die burischen Kommandos an der freien Bewegung zu hindern. Als grausamste Waffe erfand Lord Kitchener schließlich die *concentration camps*, Konzentrationslager. Die Familien der weißen Farmer wurden zu Tausenden zusammengetrieben und in höchst mangelhaft ausgestatteten Lagern interniert. Aufgrund der schlechten Ernährung und der unhygienischen Zustände brachen dort bald Krankheiten und Seuchen aus. Tausende Frauen und Kinder starben. Die Nachricht vom Elend der burischen Familien in den Konzentrationslagern drang schließlich auch nach Europa, und die Empörung darüber trug dazu bei, daß der Krieg am 31. Mai 1902 im «Frieden von Vereeniging» beendet wurde. Südafrika erhielt den Status weitgehender Autonomie und machte sich schließlich 1961 als *Republic of South Africa* völlig von der britischen Krone und dem *Commonwealth* unabhängig.
Beim Friedensschluß 1902 hatten die Buren durchaus den Respekt der siegreichen Kolonialmacht genossen. Immerhin hatten sie drei Jahre lang einer modernen Armee von über 200 000 Mann widerstanden. Eines der letzten hinhaltenden Gefechte fand bei einem kleinen Ort rund 30 Kilometer südöstlich von Pretoria statt – bei eben jenem Donkerhoek. Deshalb versammelten sich dort am 16. Dezember 1988 die Rechtsaußen burischer Politik, denn das Voortrekkerdenkmal war ja von Staatspräsident Botha und seinen Anhängern «besetzt». Donkerhoek läßt sich aber – anders als die weißen Rechtsradikalen es an diesem Tag sehen wollen – nur in einer Weise deuten: Es ist der Ort «des letzten Gefechts».

Staatspräsident Botha, obwohl erst 1916 geboren, ist dennoch vom «Burenkrieg» und dem Trauma der Konzentrationslager geprägt. Ihm als Sohn einer alten Burenfamilie aus der zutiefst konservativen Provinz «Oranje-Freistaat» ist die Erinnerung an die Niederlage und die Brutalität der Engländer präsent wie keine andere. Sein Vater hatte gegen die Briten gekämpft, die Mutter war im Konzentrationslager interniert. Für die Sache der Buren kompromißlos zu kämpfen, dazu wurde der kleine Pieter Willem erzogen. Diesem Auftrag widmete er sein politisches Leben. Er brach sein Universitätsstudium ab und machte in der durch und durch antibritischen, zutiefst burisch geprägten «Nationalen Partei» Karriere. Doch das Trauma der «Einmischung von außen», das in den Erfahrungen mit der britischen Kolonialmacht wurzelt, sollte er, wie viele Afrikaaner seiner Generation, nie mehr los werden. Das ist einer der tieferen, wenn man so will, historisch-psychologischen Hintergründe für die zornige Abfertigung Norbert Blüms durch Botha, ein Fall von vielen.

Die isolierte geographische Lage des «gelobten Landes» Südafrika, von den Voortrekkern einst als Vorteil, ja als «Gnade der Vorsehung» gepriesen, hat sich in vielerlei Hinsicht längst als Nachteil herausgestellt. Sie hat die Buren und ihre Nachfahren dazu verführt, sich eine isolationistische Haltung und einen monströsen, per Gesetz verankerten Rassismus zu leisten. Beides wäre ihnen, wenn ihr Land näher bei Europa läge, durch die immer engeren wirtschaftlichen, aber auch kommunikativen Verbindungen und Abhängigkeiten längst ausgetrieben worden. Genau das vollzieht sich während Bothas 1978 beginnender und über 10 Jahre währender Amtszeit als südafrikanisches Staatsoberhaupt. Als «moderner Bure» ist er zwar in der Lage, diesen Prozeß im Ansatz zu begreifen, nicht aber zur Gänze. Und das führt schließlich zu seinem Fall.

«Wenn die Nationen Europas das Recht haben, getrennt voneinander in ihren einzelnen Ländern zu leben, was kann dann daran falsch sein, daß die Nation der weißen Südafrikaner getrennt von anderen Hautfarben leben will?»

Andries Treurnicht, Vorsitzender der weit rechtsaußen angesiedelten Konservativen Partei, stößt das Kinn nach vorn und drückt die Brust heraus – es geschieht, was er erwartet: Beifall rauscht über die Wiesen von Donkerhoek. Einmal in Fahrt, schweift er, wie es seine Art als ehemaliger Pastor der Niederländisch-Reformierten Kirche ist, von den weltlichen Dingen zu den Göttlichen und wieder zurück.

«Wir sind bereit, die Herausforderung der Zukunft anzunehmen. Wir mögen eine kleine Nation sein, aber wir sagen einander, wir brauchen uns nicht zu fürchten, da Gott mit uns ist. Gott hat die Menschen geschaffen, aber es war auch Gott, der die Grenzen zwischen den einzelnen Nationen und Rassen gezogen hat.»

In diese Anschauung, die als himmlische Begründung für den höchst irdischen Rassismus in Südafrika herhalten muß, lassen sich Andries Treurnicht und seine Anhänger nicht hineinreden. Und die Zahl seiner Anhänger ist, wie die der Afrikaaner Weerstandsbeweging, in den vergangenen Jahren erheblich größer geworden. Bei den letzten weißen Wahlen im Frühjahr 1987 errang die Konservative Partei fast ein Drittel aller Stimmen und rückte damit zur offiziellen Opposition im weißen Parlament von Kapstadt auf.

«Wir werden bald gestärkt zum Voortrekkerdenkmal zurückkehren, in wachsender Einheit und mit der Idee und dem Prinzip, daß wir eine freie Nation sind!»

Seine Anhänger jubeln und umgeben das Rednerpult in Donkerhoek mit einem wogenden Meer von gelb-weißen Fähnchen mit den blauen «KP»-Buchstaben darauf. Die Neofaschisten von der Afrikaaner Weerstandsbeweging, mit denen sie den Dingaanstag in Donkerhoek gemeinsam begehen, geraten im Verlauf von Treurnichts Rede etwas in den Hintergrund. Obwohl die Konservative Partei, abgesehen vom heutigen Nationalfeiertag, zumindest in der Öffentlichkeit auf eine Art Anstandsabstand zwischen sich und den rüden Faschisten achtet, brauchen beide einander. Die Grenzen zwischen den Organisationen sind fließend. Während sich die KP explizit als politische Partei versteht, definiert sich die AWB als «kulturpolitische Volksbewegung». Doch viele KPler sind zugleich Mitglieder oder zumindest Sympathisanten der AWB, und umgekehrt. In seinem Eifer, die Emotionen der Kundgebungsteilnehmer zu befeuern, versteigt sich Andries Treurnicht nun zu Formulierungen, die angesichts der wirklichen Lage grotesker nicht sein könnten:

«Das Volk der Afrikaaner ist dabei, seine Wunden zu heilen und die Differenzen in seinen Reihen beizulegen. Diese Kundgebung heute ist eine Demonstration der Einheit und der gemeinsamen Vision!»

Treurnicht gelingt das Kunststück, so zu tun, als ob es die andere Feier drüben am Voortrekkerdenkmal gar nicht gäbe. Und es gelingt ihm, seine eigene politische Vergangenheit zu vergessen oder zumindest zu verdrängen. Es ist die Geschichte eines weiteren *Broedertwis* im *laager* der Afrikaaner. Zur Zeit der Soweto-Unruhen 1976 noch stellvertretender Minister für «schwarze Erziehungsangelegenheiten» (der sogenannten *Bantu Education*) und insofern für das Massaker der Polizei an den Schülern von Soweto zumindest indirekt mitverantwortlich, warf ihn der Regierungschef und Vorsitzende der Nationalen Partei, Pieter Willem Botha, 1982 zusammen mit 16 anderen aus der Partei hinaus. Sie hatten sich selbst gegen die milden Reformen und den Versuch, die Apartheid stromlinienförmiger zu gestalten, mit Zähnen und Klauen gewehrt. Treurnicht gründete nach seinem Hinauswurf die Konservative Partei und begann eine Sammlungsbewegung, die sich im Laufe der Jahre langsam vom rechten Rand des Burentums aus vorarbeitete. Aus dem *Broedertwis* war wieder einmal eine Spaltung des *laagers* geworden. Die deutlichste Demonstration dessen ist der heutige 16. Dezember 1988. Noch nie zuvor sind die beiden «laager» so machtvoll, so direkt und so unversöhnlich gegeneinander angetreten. Das Schisma ist an diesem Tag auch nach außen perfekt. Doch keine zwei Monate nach diesem heißen Sommertag im Transvaal, dem burischen Herzen Südafrikas, steht bereits der nächste Broedertwis an, der in seinen Auswirkungen noch um einiges dramatischer sein wird. Er beginnt mit dem gesundheitlichen Zusammenbruch Pieter Willem Bothas.

Am 18. Januar 1989 erhält *THE ARGUS*, eine große Tageszeitung in Kapstadt, gegen 14.15 Uhr einen anonymen Anruf. Der Anrufer läßt sich von der Telephonzentrale mit dem Hinweis, er habe eine sensationelle Neuigkeit, zum Chefredakteur durchverbinden. Was er in ein paar knappen Sätzen sagt, ist zumindest so sensationell, daß der Chefredakteur sofort die Druckmaschinen für die Nachmittagsausgabe anhalten läßt und seine Redakteure an die Telephone und vor die Residenz des Staatspräsidenten hetzt.

«Alles Unsinn», heißt es dort. Pieter Willem Botha sei putzmunter und befinde sich in diesem Augenblick im Büro seiner Residenz. Das ist gelogen. In Wirklichkeit war er knapp acht Stunden vorher in das «Militärkrankenhaus Nr. 2» in der Nähe von Kapstadt eingeliefert worden. Diagnose: Schlaganfall.

Nun beginnt ein Versteckspiel und, darauf folgend, ein Machtkampf, der Südafrika in die schwerste Regierungskrise seit langem stürzt. Botha, der schon zwei Wochen später, wenn auch wackelig, wieder auf den Beinen ist, rutscht immer mehr in ein Verhaltensmuster hinein, das tief in den Charakter der Afrikaaner eingebrannt ist. Er benimmt sich wie einer der alten Voortrekkerführer, der sein Gefolge lieber starrsinnig in den Untergang führt, als sich den Gegebenheiten anzupassen oder seine patriarchalische Autorität in Frage stellen zu lassen.

Zunächst aber weiß überhaupt niemand, was wirklich vor sich geht. Außer den Militärs und Geheimdienstlern, mit denen sich Botha während der letzten Jahre umgeben hat und die, unter seiner Regie, in Wirklichkeit das Land regieren. Im «Militärkrankenhaus Nr. 2» gibt der zuständige Colonel gegen 15 Uhr schließlich doch zu, daß der Staatspräsident wegen eines «leichten Schlaganfalls» stationär aufgenommen worden sei. Mehr ist an diesem Tag nicht zu erfahren. Doch es reicht aus, um sofort wieder alte Gerüchte aufleben zu lassen. Sie besagen, daß Botha schon einmal einen Schlaganfall erlitten habe und sich außerdem in einem frühen Stadium der Parkinsonschen Krankheit befinde. Solche Gerüchte werden nun zum ersten Mal auch innerhalb Südafrikas publiziert, was vorher keine der großen Zeitungen gewagt bzw. die zuständigen Herrn in Bothas Umgebung zu verhindern gewußt haben.

In den folgenden Tagen veröffentlicht das Militär mehr oder weniger kryptische, ärztliche Bulletins, deren gemeinsame Botschaft aber doch immerhin ist: Der Schlaganfall sei nur leicht gewesen, der Patient befinde sich auf dem Wege der überaus raschen Besserung. Ob das tatsächlich stimmt, kann niemand wirklich beurteilen, auch seine engsten Kabinettsmitglieder wissen nicht Bescheid.

Damit wird das ganze Dilemma offenbar, in das der 73 Jahre alte Autokrat das Land geführt hat. Weder innerhalb seiner im weißen Parlament mit absoluter Mehrheit vertretenen Nationalen Partei noch draußen in der Öffentlichkeit ist auch nur im Ansatz ein potentieller Nachfolger für das Amt des Staatspräsidenten aufgebaut. Botha hat, ganz Voortrekkerführer, stets sorgsam darauf geachtet, daß niemand in seiner Umgebung zu stark wurde und ihm ernsthaft Konkurrenz machen konnte. Wer dennoch aufmuckte, fand sich umgehend in der politischen Wüste wieder.

Zwei Tage nach seiner Einlieferung ins Krankenhaus wird zwar der älteste Minister zum sogenannten *Acting Statepresident*, zum offiziellen Vertreter des Staatspräsidenten, ernannt, doch diesen Minister nimmt im übrigen Kabinett sowieso kaum jemand wirklich ernst. Durch gelegentliche Tolpatschigkeiten hatte er in seiner politischen Karriere bereits zu viele Blessuren davongetragen, als daß er noch eine politische Zukunft gehabt hätte. Und genau deshalb hatte Botha ihn als Stellvertreter bereitgehalten. Der konnte ihm selbst während längerer Abwesenheit nicht gefährlich werden.

In der Nationalen Partei und besonders unter ihren Parlamentsabgeordneten jagt während Bothas Krankenhausaufenthalt ein Gerücht das andere, von seiner angeblich unmittelbar bevorstehenden Abdankung bis hin zu seiner baldigen, kraftvollen Wiederkehr. Doch keine Parteigröße und kein Kabinettsmitglied wagt sich allzu weit aus der Deckung hervor – man kann ja nie wissen. Wer Botha auch nur ein klein wenig kennt, der weiß, daß das *Groot Krokodil*, das «große Krokodil», seinen Spitznamen nicht zu Unrecht trägt. Sollte er tatsächlich in alter Frische wiederkommen, wird sein bestrafender «Biß» gleichbedeutend sein mit dem Ende der politischen Karriere des Betreffenden. Also hält man sich bedeckt.

Der zutiefst autoritäre Charakter des von ihm geformten Polizeistaats Südafrika hat längst auch auf die Mentalität der weißen Machthaber selbst abgefärbt, die überdies geprägt ist durch die Jahrhunderte alte burische Tradition der *Baaskap*, der rigiden Herrschaft des *Baas*, des Patriarchen. Nicht Überzeugung, sondern

Unterwerfung und Unterordnung war das Prinzip der Voortrekkerfamilien, nach innen und nach außen.

Niemand verkörpert dieses Prinzip prägnanter als Pieter Willem Botha. Er macht nur einen, dafür aber einen entscheidenden Fehler: Er treibt jetzt, in angeschlagenem Zustand, seine «imperiale Präsidentschaft» und, damit verbunden, die Demütigung auch seiner politischen Freunde so weit, daß der sich regende Widerstand ihn schließlich doch hinwegfegen wird.

Die Bombe platzt am 2. Februar. Im Fraktionssaal der weißen Kammer des Parlaments von Kapstadt versammeln sich am Vormittag die Abgeordneten und die Mitglieder der regionalen Führungsgremien der «Nationalen Partei», um die verwirrende Lage zu besprechen und sich für die feierliche Eröffnung der neuen Sitzungsperiode des Parlaments am nächsten Tag vorzubereiten. Da übergibt ein Bote einen Brief an den Fraktionsvorsitzenden. Er kommt von Staatspräsident Botha. Der Vorsitzende traut seinen Augen nicht, als er den Brief liest:

«Liebe Freunde», steht da auf Afrikaans. «In Anbetracht meines Gesundheitszustands habe ich einen Entschluß gefaßt und bitte, diesen Brief den Abgeordneten und Parteiführern zu verlesen.

Meiner Meinung nach muß das Amt des Staatspräsidenten vom Amt des Parteivorsitzenden getrennt werden. Deshalb lege ich hiermit das Amt des Parteivorsitzenden mit sofortiger Wirkung nieder... Das Amt des Staatspräsidenten kann dadurch (von der Parteiarbeit entlastet T. R.) in besonderem Maße verbindend und die Nation vereinigend wirken... Ich bedanke mich für das Vertrauen...

gez. P. W. Botha
Staatspräsident»

Den Abgeordneten und dem Führungsgremium der Partei verschlägt es die Sprache. Der Brief bedeutet nichts anderes, als daß Botha die Partei einen Tag vor der wichtigsten Parlamentssitzung im Jahr praktisch enthauptet und, noch wichtiger, in der Öffentlichkeit demütigt. Das «Groot Krokodil» hat, vom Krankenbett aus, an einer Stelle zugebissen, an der es keiner von ihnen vermutet hätte. Was für einen Sinn kann das haben – außer dem gesundheitlich angeschlagenen Staatspräsidenten Arbeit abzunehmen?

Nach dem Willen des sich immer mehr isolierenden Machtpolitikers Botha vor allem den einen: Zwietracht zu säen. Denn die Partei ist nach ihrer Satzung, ähnlich wie im politischen System Großbritanniens, durch seinen überraschenden Schritt gezwungen, noch in der gleichen Sitzung einen neuen Parteivorsitzenden zu wählen. Das bedeutet aber, daß die unterschiedlichen Gruppierungen der Nationalen Partei nicht lange miteinander verhandeln können, um sich auf einen einzigen Kandidaten zu einigen. Durch Abklärungen im Vorfeld der eigentlichen Wahl könnten Demütigungen für weniger aussichtsreiche Anwärter auf den Parteivorsitz vermieden werden. So aber bleibt für die nötige Vermittlungsarbeit keine Zeit. Die einzelnen Kandidaten, es sind im ganzen vier, werden aufeinander gehetzt. Mindestens drei davon werden aus den Wahlen mit dem Makel der Niederlage hervorgehen. Schon allein dadurch wird der neue Parteivorsitzende mindestens drei weniger gute politische Freunde besitzen. Das schwächt ihn vor allem dann, wenn er es irgendwann wagen sollte, nach dem Amt des Staatspräsidenten selbst zu greifen. Soweit Bothas Kalkül.

Seine Überlegung, sich gewissermaßen als über allen Wassern und Fronten schwebender, unparteiischer Staatspräsident zu installieren, wird übrigens von den gegebenen südafrikanischen Verhältnissen nahegelegt. Botha treibt sie lediglich zur letzten Konsequenz. Denn der Staatspräsident hat hier, besonders unter dem Ausnahmezustand, bereits Machtbefugnisse eines Diktators. Er kann das Parlament einberufen oder es auflösen. Er kann Gerichtsbeschlüsse und Todesurteile aufheben und den Krieg erklären. Er kann jedermann zu jeder Zeit verhaften und für unbestimmte Zeit ins Gefängnis werfen lassen, ohne einen Richter behelligen oder sich vor dem Gesetz oder dem Parlament rechtfertigen zu müssen. Und vor allem: Er kann nur aufgrund des Nachweises aus dem Amt entfernt werden, daß er längerfristig nicht mehr in der Lage ist, seine Pflichten auszuüben. Selbst das ist freilich nur durch das Gremium des sogenannten *Electorate College* zu bewerkstelligen, das aber Teil des Parlaments ist, das wiederum nur durch den Staatspräsidenten einberufen werden kann. Doch der wird sich hüten, sofern er noch halbwegs bei geistiger Gesundheit ist, seine eigene Amtsenthebung einzuleiten. Damit schließt sich der Kreis.

Die Nationale Partei ist also plötzlich in Gefahr, selbst ein Opfer jener neuen Verfassung zu werden, die sie, unter der Regie von Botha, 1984 eingeführt und als großen Reformschritt gepriesen hat. Das Thema der öffentlichen Diskussion war damals allerdings hauptsächlich, daß einige besonders «unzeitgemäße» und inzwischen sogar für die Wirtschaft hinderliche Apartheidsgesetze abgeschafft und eine Parlamentskammer für «Farbige» sowie eine für die Bevölkerung indischer Abstammung eingeführt wurde, die beide freilich von Anfang an mittels bestimmter Verfassungsmechanismen von der weißen Kammer und vom Staatspräsidenten selbst ausmanövriert werden konnten. Die Schwarzen blieben nach wie vor draußen, was die blutigsten Unruhen der neueren südafrikanischen Geschichte auslöste. Botha schlug mit all der Macht, die er durch die neue Verfassung bekommen hatte, gegen die schwarze Protestbewegung zurück.

Der Endpunkt dieser Entwicklung ist jetzt zu sehen. Das Instrument droht sich gegen jene zu kehren, die es, um sich gegen andere zu verteidigen, selbst geschaffen haben. Botha, auch in seinem Starrsinn zutiefst ein Bure, gebärdet sich nun wie eine Art imperialer Voortrekkerführer, der sich nicht mehr an Parteien, sondern nur noch an das Volk selbst wenden will. Er hätte nicht nur aus der deutschen, sondern auch aus der burischen Geschichte lernen können, daß diese Haltung in aller Regel politisch zum Scheitern verurteilt ist. Solch erratische Entscheidungen haben auch bei den Afrikaanern schon oft genug zur Spaltung geführt, dann zur Isolation und schließlich zum Ende des Voortrekkerführers. Er treibt seine eigene Partei in die Enge, und die antwortet schließlich so, wie er selbst oft reagiert hat: mit der Eliminierung des Gegners.

Aus den von Botha erzwungenen Wahlen zum Parteivorsitz am Morgen des 2. Februar geht Frederik Willem de Klerk, Minister für Nationale Erziehung, als knapper Sieger hervor, ein Mann, der als Mitglied der Fraktion der *Verkrampten*, der Konservativen, angesehen wird.

Die Fraktion der *Verligten*, der Aufgeklärten innerhalb der Nationalen Partei, hat sich mit drei Kandidaten, darunter Außenminister Pik Botha, zunächst selbst zerfleischt, wirft dann alle Stimmen in einem weiteren Wahlgang hinter den nach südafrikanischen Maßstäben noch zu jungen und unerfahrenen Finanzminister, der schließlich gegen den in der Partei doch besser verankerten de Klerk verliert. Die Vermutung der meisten, daß der handfestere de Klerk gegenüber Botha in dem mit Sicherheit kommenden Duell mehr politisches und persönliches *standing* entwickeln würde, sollte sich in der Tat als richtig erweisen.

Der knappe Ausgang der Wahl zeigt aber noch etwas anderes, was Botha entweder nicht einkalkuliert oder gar nicht zur Kenntnis genommen hat. Durch seine autoritäre Herrschaft hatte sich in seiner eigenen Partei unter der Oberfläche ein immer stärker werdender Druck in Richtung Reformen entwickelt, wie undefiniert sie auch sein mochten. Die Fraktion der «Verligten» verbreiterte sich, denn das Bewußtsein wuchs, daß es in Südafrika so nicht weiter gehen konnte. Botha verstand es zwar, die sich aus reformwilligen Abgeordneten seiner eigenen Partei bildenden, informellen Gesprächskreise einzuschüchtern. Doch damit drückte er eine Entwicklung lediglich unter die Oberfläche, stoppen konnte er sie nicht.

10 Jahre uneingeschränkte Herrschaft hatten ihm wohl auch die Sinne zu sehr vernebelt, als daß er solche Strömungen noch ernsthaft in seine eigenen politischen Vorstellungen hätte einbeziehen können. Wer sollte ihn im übrigen herausfordern oder gar um das Amt bringen? Ein potentieller Nachfolger war weit und breit nicht in Sicht, dafür hatte Botha ja gesorgt. Ein anderer Politiker, obwohl in der konservativen Ecke der Partei angesiedelt, hat die jüngste Entwicklung, den wachsenden Wunsch nach Reformen allerdings genau registriert, ohne das freilich nach außen zu erkennen zu geben – Frederik Willem de Klerk.

Doch zunächst schleppen sich die Ereignisse hin. Nach weiteren zwei Wochen verläßt ein noch sichtlich von seinem «leichten Schlaganfall» gezeichneter P. W. Botha das Krankenhaus. De Klerk versteht es seinerseits, durch kluges Taktieren die Zeit zu nutzen und die gesamte Partei hinter sich zu versammeln. Es scheint immer fraglicher, ob Bothas Rechnung wirklich aufgeht. Die Partei ihrerseits hat gar keine andere Alternative, als Einheit zu demonstrieren. Um so mehr, als für jedermann sichtbar ist, daß das Groot Krokodil, auch wenn es so tut als ob, nicht wieder zu seinen früheren Kräften kommen wird. Das überzeugt auch Bothas glühendste Anhänger. Wer mag schon auf einen Politiker setzen, der sichtlich am Ende seiner Karriere anlangt? Aber noch sind zwei Probleme zu lösen. Wie kann Botha am elegantesten zum Rücktritt, sprich: zu seinem eigenen Hinauswurf und, davor, zur Festlegung des Wahltermins für das neue (weiße) Parlament bewegt werden? Denn auch das Festsetzen des Wahltermins fällt in die Kompetenz des Staatspräsidenten: Er kann während seiner maximal fünfjährigen Amtszeit wann immer er will zu den Urnen rufen lassen.

Als Botha schließlich in einem Interview des staatlich kontrollierten Fernsehens verkündet, daß er nicht im geringsten an Rücktritt denke und mit Wahlen nicht vor Ablauf der nächsten 12 Monate zu rechnen sei, ist die Stunde des Duells gekommen. Denn Botha weiter gewähren zu lassen hätte bedeutet, noch mindestens ein Jahr seinen Kapriolen ausgeliefert zu bleiben.

Wozu er in seinem Eigensinn fähig war, hatten sie zum Beispiel schon am 15. August 1985 erfahren, am Tag der berühmten «Rubikon-Rede», die sich dadurch auszeichnete, daß er den Rubikon der Reform eben doch nicht zu überschreiten bereit war – obwohl sein Außenminister zuvor extra die europäischen Hauptstädte bereist hatte, um den angeblich bevorstehenden, sensationellen Durchbruch anzukündigen. Die Welt wartete damals gespannt auf die Botschaft – doch es kam keine!

Bothas Reformfähigkeit war längst erschöpft, er war an die Grenzen seines politischen Horizonts gestoßen. Vielleicht hatte sein als liberal geltender Außenminister die Angelegenheit im vorhinein auch etwas zu gut verkauft, um seinerseits Druck auf den nie ganz zu berechnenden Staatspräsidenten auszuüben. Wie auch immer, es ging prompt schief. Botha verkündete keinen Durchbruch, sondern ließ statt dessen hören, daß man sich keinesfalls von außen hineinregieren lassen wolle.

Die Antwort auf seine trotzige Rede ließ nicht lange auf sich warten. Die Länder der Europäischen Gemeinschaft und die USA verhängten Wirtschaftssanktionen, die Südafrika empfindlich trafen, obwohl die Regierung das natürlich nie eingestand. Die schwarzen Gettos, endgültig der Hoffnung auf echte demokratische Veränderungen beraubt, begannen erneut zu brennen. Ein politischer Alptraum entfaltete sich.

Jetzt, drei Jahre später, ist wieder so ein Augenblick, in dem niemand weiß, was von diesem Mann noch alles zu erwarten ist. Diesmal läßt sich das Dilemma allerdings nicht mehr auf die ach so verständnislose internationale Gemeinschaft, die Vereinten Nationen, oder auf die unvernünftigen Schwarzen schieben. Im Gegenteil. Plötzlich steht der *Broedertwis*, der Bruderzwist, im *laager* der seit 40 Jahren alleinregierenden Nationalen Partei im internationalen Rampenlicht. Zudem ist die Auseinandersetzung keine ernsthafte politische Diskussion mehr, sondern längst eine derbe burische Farce. Dem muß ein Ende bereitet werden.

Wie sie es schafften, noch einmal, zum letzten Mal, einen Kompromiß mit dem von *Volk* und Partei im Stich gelassenen Voortrekkerführer zu erreichen, sind selbst sonst ergiebige Quellen nicht bereit, durchsickern zu lassen. Während hinter dem schmiedeeisernen Zaun des weißgekalkten, im englischen Kolonialstil erbauten *Tuynhuys*, der Residenz Bothas im Zentrum von Kapstadt, die Präsidentengarde die Gewehre mit den blitzenden Bajonetten präsentiert, bearbeitet ihn in der Residenz, soviel ist immerhin sicher, sein gesamtes Kabinett. Sie machen ihm mit allen nur denkbaren politischen (Druck-)Mitteln klar, daß er keine Zukunft mehr haben kann. Jedenfalls keine im Amt des Staatspräsidenten. Wenn er nicht auch nach außen zu einem puren Diktator verkommen will, wird er wohl gehen müssen.

Am frühen Nachmittag scheint der Fall klar: Botha darf bis zu den Wahlen im Amt bleiben, vorausgesetzt die Wahlen werden am 6. September 1988, also noch in diesem Jahr, angesetzt. Danach hat er abzutreten – und zwar für immer.

P. W. Botha ist mit diesem Kompromiß einverstanden, so wird es der Presse schließlich verkauft. Irgendwie wird er die Aussichtslosigkeit seines Tuns vielleicht sogar eingesehen haben. Oder sie haben ihn, was wahrscheinlicher ist, zur Einsicht gezwungen. Erleichterung geht durch die Partei und die Schar ihrer Sympathisanten. Der Fall scheint endgültig ausgestanden, de Klerk hat sich im Duell durchgesetzt.

Doch der tatsächlich letzte Akt der Farce steht immer noch bevor. Abgesehen von kleineren innenpolitischen Explosionen, wie etwa dem völlig überraschenden und mit niemandem abgestimmten Besuch eines Häftlings in Bothas Residenz. Der Häftling aus dem Hochsicherheitstrakt des Gefängnisses von Pollsmoore ist gerade dabei, das zweite südafrikanische Staatsoberhaupt politisch zu überleben und sich auf das dritte einzustellen – Nelson Mandela.

Der Tag der Entscheidung ist der 15. August, drei Wochen vor der Parlamentswahl. Botha verkündet völlig überraschend, wieder im staatlichen Fernsehen, daß er von einer geplanten Reise seines Ministers de Klerk nach Sambia, und das sei immerhin das Land, in dem die Terrororganisation African National Congress ihr Hauptquartier habe, nicht informiert worden sei. Ein solches Vorgehen verbitte er sich energisch. Er wendet sich schon gar nicht mehr erst an sein Kabinett oder an seine Partei, sondern über das staatliche Fernsehen direkt ans Volk, um klarzumachen, daß immer noch er Staatspräsident ist – und sonst niemand.

Nun probt sein Kabinett, allen voran Außenminister Roelof Botha und Erziehungsminister F. W. de Klerk, endgültig den Aufstand. Das Groot Krokodil wird im Tuynhuys vor die Alternative gestellt: entweder Rücktritt des gesamten Kabinetts oder Rücktritt P. W. Bothas als Staatspräsident, und zwar sofort. Er hat keine Wahl mehr.

So endet zumindest Bothas politisches Leben, wie es sich für einen burischen Patriarchen und alten Voortrekker gebührt – isoliert in der *Wilderness*, der Wildnis. Wilderness, so heißt im übrigen auch die Gegend an der Küste des Indischen Ozeans, in die er sich schmollend und zornig zugleich zurückzieht. Seit jenem 15. August 1988 ist von diesem Mann, der Südafrika immerhin beinahe 11 Jahre lang mit eiserner Hand regiert hat, nichts mehr zu hören. Hätte er noch mehr Kraft und deshalb dann auch mehr Anhänger gehabt, es wäre zu einem weiteren Schisma in der Wagenburg gekommen. So aber zieht er sich mit seiner ihm treu ergebenen Familie in seine eigene Mini-Wagenburg zurück. Zu einem Ausfall dürfte seine Kraft nicht mehr reichen.

Atemberaubend an dieser ganzen Entwicklung, die sich fast über ein halbes Jahr hinzieht, ist, daß sie stattfindet, während sich in Namibia eine dramatische Krise entwickelt. Eine Krise, die droht, das gesamte südliche Afrika in eine Katastrophe zu stürzen.

Zunächst war alles nach Plan verlaufen. Südafrika hatte sich militärisch nicht nur aus Angola, sondern auch fast vollständig aus Namibia zurückgezogen. So war es in den von Südafrika, Angola und Kuba Ende 1988 unterzeichneten Verträgen auch vorgesehen. Sowohl die Russen als auch die Amerikaner hatten den Beteiligten dabei mächtig auf die Sprünge geholfen. Ab 1. April 1989 sollten rund 5000 Soldaten der Friedenstruppen der Vereinten Nationen die letzte Phase von Namibias Weg in die Unabhängigkeit überwachen. Und dann würden im November, ebenfalls von der UNO überwacht, freie und demokratische Wahlen stattfinden. Sie würden ohne Frage von der Befreiungsbewegung SWAPO gewonnen werden. Daran hat selbst unter den Hardlinern in Südafrika niemand den geringsten Zweifel.

Doch während sich Botha mit seiner Partei und seinem Kabinett in den Haaren liegt, kommt es in Namibia zur Explosion.

Namibia – der Krieg kehrt zurück

Ein evangelischer Pastor alarmiert uns am frühen Morgen des vierten April in Oshakati, einem Städtchen im Norden Namibias, knapp 50 Kilometer von der Grenze zu Angola entfernt. Im Laufe der vergangenen eineinhalb Jahre waren wir immer wieder zu Dreharbeiten hierher gekommen und hatten dabei Kontakte geknüpft. Einer dieser «Kontakte» ist Pastor Pauly. Ursprünglich als Missionar der evangelisch-lutherischen Kirche nach Namibia gekommen, lebt er nun schon viele Jahre hier. Nicht nur die weiße, auch die schwarze Bevölkerung sah in ihm schon bald etwas Besonderes. Das lag gewiß auch an seiner Frau, denn der deutsche Pastor heiratete eine Frau vom Stamm der Ovambos. Das war für die weiße, von Rassendiskriminierung und Apartheid geprägte Gesellschaft Namibias eine Sensation – allerdings eine negative. Bei der schwarzen Bevölkerung war es genau umgekehrt. Für sie war und ist er das bewundernswerte Vorbild für das Zusammenleben unterschiedlicher Hautfarben, die gelebte Aufhebung des Rassismus. Das machte den Pastor rasch zu einem der Ihren. Wie kein anderer Weißer im Norden Namibias, im «Ovamboland», genießt er ihr Vertrauen. Und wie keinem anderen Weißen in dieser Gegend sagte ihm die schwarze Bevölkerung, was sie wirklich dachte.

Während all der Jahre der brutalen Herrschaft der südafrikanischen Armee (besonders) im Ovamboland war er einer der wenigen, die wußten, was hier vor sich ging. Es war das Gegenteil von dem, was die Südafrikaner die internationale Öffentlichkeit glauben machen wollten, sofern die sich für diesen, so weit von Europa entfernten Flecken Erde im Süden Afrikas überhaupt interessierte. Und weil er wußte, was tatsächlich geschah, baute er neben der Pfarrkirche und seinem einfachen Wohnhaus, mit Unterstützung des

Namibischen Kirchenrates und einigen Rechtsanwälten, ein «Zentrum für Menschenrechte». Natürlich erhielt er umgehend Bombendrohungen, denn die südafrikanische Armee sah in dieser Einrichtung eine potentielle Anstalt zur Unterstützung von «Terroristen». Und doch war es nichts weiter als ein Haus mit ein paar Räumen, in denen jemand mit den Leuten sprach, die sich über die Aktivitäten der Armee beklagten und Hilfe suchten.

Der Pastor ist ein kleiner, hagerer Mann, der mit seinen über 60 Lebensjahren schon lange nicht mehr so leicht einzuschüchtern ist. Aus seinem zerfurchten, von der afrikanischen Sonne und dem wüstenartigen Klima Namibias gegerbten Gesicht sprechen besonders zwei Eigenschaften, die ihm bei der schwarzen Bevölkerung im Lauf der Zeit zusätzlich hohe Achtung eingebracht hatten: Zähigkeit und Güte. Auch deshalb kamen viele zu ihm, wenn sie Rat brauchten oder ihn einfach nur davon unterrichten wollten, was die Armee draußen im Busch unternahm, sobald sie glaubte, keine Zeugen zu haben. Doch trotz aller «Vorsichtsmaßnahmen» konnte selbst die südafrikanische Armee die «Nachrichten» aus dem Busch nie ganz unterdrücken. Es gab fast immer irgendwo einen Hirtenjungen, der seine Ziegen durch den Busch trieb und sah oder hörte, was dort draußen geschah, ohne daß sie ihn dabei entdeckten. Und der trug es weiter, entweder zu den geheimen Zellen der in der Bevölkerung des Ovambolands fest verankerten SWAPO – oder zu einem Mann wie Pastor Pauly. Oft zu beiden.

«Mit den Weißen von Oshakati habe ich leider nicht allzuviel zu tun. Das liegt aber mindestens so sehr an denen wie an mir. Viele halten mich für einen Spinner oder, wegen meiner schwarzen Ehefrau, gleich für einen verkappten Terroristen», sagt er, als wir bei unserem ersten Besuch vor seinem Haus stehen. Daß ihn das Verhalten der Weißen kaum erschüttert, unterstreicht sein humorvolles, fast spitzbübisches Grinsen, während wir über sie sprechen. Neben der Haustür hat er einen alten und vergammelten VW-Bus abgestellt, dessen Motor irgendwann seinen Geist aufgegeben hat. Daneben liegen ein paar alte Reifen und nicht näher identifizierbare Autoteile. Überhaupt wirkt alles irgendwie provisorisch.

Er scheint keine Zeit und wohl auch keine Lust zu haben, aus seinem Haus ein respektierliches, deutsch geprägtes Pfarrhaus samt gepflegtem Vorgarten machen zu wollen, wie ich das in Windhuk oder in dem beinahe furchterregend «deutschen» Städtchen Swakopmund an der namibischen Atlantikküste gesehen hatte. Die kaum mehr als 30 Jahre Kolonialherrschaft der kaiserlichen Schutztruppe in «Deutsch-Südwest» – von 1885 bis zur Mitte des Ersten Weltkrieges – haben dieses Städtchen bis heute geprägt. Ein Teil der Einwohner stammt von den Schutztrupplern ab. Ihr deutsches Erbe pflegen sie geradezu fanatisch. Deutsche Straßennamen, deutsche Restaurants, eine für Afrika beängstigende Sauberkeit in den Straßen, die, wann immer ich Swakopmund besuchte, wie frisch gekehrt und gereinigt wirkten. In der Oberschicht wird nur eine Sprache gesprochen – Deutsch. Selbst eine Reihe von Alt-Nazis und Adolf-Hitler-Fans ist dort zu finden.

Gemessen an solchen Verhältnissen, ist der deutsche Pastor im Ovamboland erst recht eine Sensation. Innerlich gestehe ich mir ein, daß er meine tiefe Sympathie hat. Er macht kirchliche Arbeit und steht trotzdem mit beiden Beinen im Leben. Er gibt nicht nur Auslegungen der Bibel an seine Schäfchen weiter, sondern teilt ihre Sorgen, engagiert sich für sie ganz praktisch und ohne Vorbehalt. Eine Einstellung, die in dieser Umgebung eine Menge Mut erfordert.

Daß er dem Städtchen Oshakati und seinen weißen Bewohnern nicht viel abzugewinnen vermag, verstehe ich von Anfang an. Oshakati umfaßt kaum mehr als eine schwer bewachte südafrikanische Militärbasis. Daneben ein von dichtem Stacheldraht umgebenes, barackenartiges Wohnviertel für das weiße Verwaltungspersonal, ebenfalls von der Armee bewacht. Und schließlich gibt es noch einen kleinen, provisorischen Flughafen. Genauer gesagt: einen geteerten Landestreifen, gesäumt von Zelten und Panzerwagen der Armee. An jedes Haus des weißen Wohnviertels ist ein kleiner Bunker aus braunen Sandsäcken gebaut, der die Bewohner gegen nächtliche Granatwerferüberfälle der SWAPO-Guerillas schützen soll. Doch das kam im Verlauf des gesamten Krieges überhaupt nur ein einziges Mal vor. Und seitdem sind nun auch schon gute 8 Jahre vergangen.

Oshakati dient aus der Sicht der Kolonialmacht Südafrika als Frontstadt gegen den «Terrorismus». Hier ist einer der Punkte im Norden Namibias, an dem die südafrikanische Armee ihre Kräfte konzentriert, auch um in Angola einzufallen, was sie seit 1975 immer wieder getan hat. Die schwarze Bevölkerung Oshakatis lebt in einem riesigen Slumviertel aus Hütten und Bretterverschlägen ohne die geringsten hygienischen Einrichtungen. Ein paar von der Armee verlegte Leitungen und Wasserhähne, das ist alles.

Viele von ihnen sind vor dem Krieg draußen im Busch nach Oshakati geflohen. Armut und Apartheid zwangen sie in das Slumviertel, das im Lauf der Jahre immer wieder anschwoll. Und so geschah das Schlimmste, was ihnen im südlichen Afrika passieren konnte: Der Krieg hatte ihre Existenz als Bauern, die Flucht aus den Buschdörfern ihre so wichtige Bindung an die Großfamilie zerstört. Oshakati selbst aber konnte ihnen, außer ein bißchen persönliche Sicherheit, nichts bieten. Am allerwenigsten Arbeit. Denn mit Ausnahme des Militärs gab es so gut wie niemanden, der sie hätte beschäftigen können. Ein paar ließen sich für umgerechnet dreihundert Mark im Monat von der Armee rekrutieren. Dort erledigten sie dann, nach kurzer militärischer Ausbildung, als Teil der gefürchteten Antiguerilla-Einheit *KOEVOET*, das ist das afrikaanse Wort für «Brechstange», die Dreckarbeit der Jagd auf SWAPO-Guerillas. Und eben das isolierte sie noch weiter von der übrigen Bevölkerung.

«Ich hätte nie geglaubt», sagt Pastor Pauly, «daß einer der stolzesten Stämme im südlichen Afrika, die Ovambos, soweit herunterkommen könnte. Die leben hier seit dem Krieg wie die Sklaven der Armee, in Schmutz und Dreck. Billiger Fusel raubt ihnen die letzte Würde, sie schlachten das Vieh, das sie eigentlich als Lebensgrundlage bräuchten. Und das bei einem Stamm, der mal einer der stolzesten in dieser Region war.»

Pastor Pauly hat zwar recht, doch der Niedergang der Ovambos begann eigentlich noch früher, nämlich mit dem Vordringen der Kolonialmächte England, Portugal und schließlich auch der Deutschen ins südliche Afrika. Sie machten die völlig künstliche Grenzziehung zwischen Angola, «Südwestafrika» und der englischen Kolonie Betschuanaland, dem heutigen Botswana, unter sich aus.

Natürlich ohne sich um die Bedürfnisse der Eingeborenen zu kümmern. Und so schnitt das Lineal der Kolonial-Bürokraten das traditionelle Stammesgebiet der Ovambos mitten durch und spaltete den Stamm in zwei Hälften. Die eine Hälfte lebte plötzlich im heutigen Angola, die andere in «Südwestafrika» zunächst unter deutscher, dann unter südafrikanischer Herrschaft. Die viele Jahrhunderte alte Lebensweise des Wanderns und Viehtreibens stieß nun auf gewaltsam gezogene Grenzen, die mit den Ovambos nicht das geringste zu tun hatten. Der Niedergang des Stammes begann.

Von den Südafrikanern, die den äußerst brutal herrschenden Deutschen das Land im Auftrag der Alliierten während des Ersten Weltkrieges wegnahmen, wurde dieser Prozeß durch die Einführung der Apartheid auch in «Südwest» schließlich auf die Spitze getrieben. Sie machte den sowieso schon verarmten Ovambos zusätzlich per Gesetz klar, daß sie minderwertige menschliche Wesen seien – wenn überhaupt.

Schließlich folgte ein letzter Schritt: Nach dem Ausbruch des Guerillakriegs der SWAPO 1966 gegen die Südafrikaner riegelte die südafrikanische Armee den Norden Namibias vom übrigen Land ab und erklärte ihn zur sogenannten *operational area*, zum militärischen Operationsgebiet. Mißliebigen, vor allem ausländischen Journalisten war der Zutritt zu diesem Gebiet verboten. Nun konnte die Armee praktisch unkontrolliert schalten und walten, wie sie wollte. Pikanterweise grenzte eines der schönsten Naturschutz- und Jagdgebiete für reiche Touristen aus aller Welt, die sogenannte Etosha-Pfanne, unmittelbar an die «Operational Area». Durch den Sperr-Riegel der Armee bekamen die Touristen allerdings nichts von dem mit, was in ihrer Nachbarschaft vor sich ging. Und sollte sich, was selten genug geschah, einer der Guerillas doch in die riesigen Sandflächen der Etosha-Pfanne verirren, wurde er von den *gunships* der Südafrikaner, also von schwerbewaffneten und äußerst beweglichen Hubschraubern, buchstäblich zu Tode gejagt.

Doch zurück zu den Ereignissen im April. Von unserem kirchlichen Kontaktmann erhalten wir in Oshakati den Hinweis, daß es bei dem rund eine Fahrstunde entfernten Dörfchen Ondeshijfilwe, nahe der Grenze zu Angola, vor ein oder zwei Tagen eine bewaffnete Auseinandersetzung zwischen SWAPO-Guerillas und der unter südafrikanischem Kommando stehenden Einheit KOEVOET gegeben habe.

Laut internationalen Verträgen über den Weg Namibias in die Unabhängigkeit muß KOEVOET erst in ein paar Monaten aufgelöst oder, gemeinsam mit den letzten südafrikanischen Einheiten, nach Südafrika zurückgezogen werden. Die Nachricht von dem angeblichen Gefecht bestätigt seit zwei Tagen umlaufende Gerüchte, die wissen wollen, daß es auch anderswo draußen im Busch zu Schießereien gekommen sei. Wenn das zutrifft, ist der mühsam ausgehandelte Weg Namibias in die Unabhängigkeit massiv gefährdet. Die Folgen wären kaum auszudenken.

Wer aber könnte ein Interesse an einem solchen Desaster haben: Die Südafrikaner? Sie würden damit das immer noch bestehende Mißtrauen gegen ihren angeblichen Friedenswillen bestätigen und sich gewiß den Zorn der internationalen Öffentlichkeit zuziehen. Danach würde ihnen niemand mehr auch nur ein einziges Wort glauben. Kann das wirklich in ihrem Interesse liegen? Die logische Antwort ist: Nein. Und die SWAPO? Warum sollte sie ausgerechnet jetzt noch einmal den Guerillakrieg beginnen? Jetzt, wo die Unabhängigkeit Namibias und damit ihr Sieg in den kommenden Wahlen so gut wie sicher ist? Nach 23 Kriegsjahren würden sie das Land friedlich wie auf dem Tablett serviert bekommen. Warum sollten sie ausgerechnet jetzt, so kurz vor dem Ziel, das alles aufs Spiel setzen? Nein, auch das macht keinen Sinn.

Hastig packen wir unsere Filmausrüstung in den VW-Bus und brechen sofort auf. Es wird eine Fahrt in den erneut ausgebrochenen Krieg, einen Krieg, der in den letzten 23 Jahren zwanzigtausend Menschen das Leben gekostet hat und dessen Spuren noch überall zu sehen sind. Denn neben seiner fürchterlichen Auswirkung auf die Menschen funktionierte er auch als riesige Verschrottungsmaschine. Immer wieder stoßen wir auf herumliegende Munition, Autowracks oder, am Rand von Oshakati, auf ausgebrannte Panzerwagen der südafrikanischen Armee. Wie Symbole sinnloser Vernichtung liegen sie herum. Manche von ihnen rauchgeschwärzt und auf bizarre Weise verbogen.

Die breite Sandpiste geht schon kurz hinter Oshakati in zwei tief ausgefahrene Furchen über. Wer sie verläßt und vom Weg abkommt, wird sich in der immergleichen Buschlandschaft hoffnungslos verirren. Um so größer ist im übrigen auch die Wahrscheinlichkeit, dort draußen auf eine Patrouille der Einheit KOEVOET zu stoßen, die sich auf der Suche nach Guerillas befindet und so gut wie immer, jenseits jeder Sandpiste, quer durch den Busch fährt. Doch letztlich sind wir dagegen auch auf der kümmerlichen Piste nicht gefeit. Wenn sie wollen, können sie uns in jedem Fall eine Menge Ärger bereiten. Etwa die Videobänder für die Kamera auf Nimmerwiedersehen konfiszieren. Oder uns mit verbundenen Augen in eines der Buschcamps «führen» und dort erst einmal ein paar Stunden lang festhalten, wie das vor ein paar Monaten schon einmal geschehen ist.

Hinter einer Baumgruppe taucht eine kleine Häuseransammlung auf, die sich um ein größeres Gebäude aus Beton gruppiert. Daneben ist in einer Wellblechbaracke ein Laden mit Lebensmitteln untergebracht. Wir halten an und steigen aus, um unsere Wasserflaschen aufzufüllen, denn die Hitze und der in den VW-Bus eingedrungene feine Sand hat unsere Kehlen in Reibeisen verwandelt.

Das Betongebäude, erzählt uns die in bunte afrikanische, kunstvoll geschlungene Tücher gekleidete Verkäuferin, hatte eine Zeit als Verwaltungszentrale dieser Region gedient. Dann besetzte es die südafrikanische Armee. Als die Soldaten das Gebäude wegen des international vereinbarten Rückzugs aus Namibia wieder aufgaben, schossen sie zum Abschied mit schweren Maschinengewehren darauf und warfen Handgranaten hinein. Daher die Löcher im Fußboden und in den Wänden. Die beiden großen Eingangstüren aus Eisenblech hängen schräg und nach vorne aufgebogen in den halb aus der Türfassung gerissenen Angeln.

Während eines kurzen Rundgangs entdecke ich drinnen in der ehemaligen Toilette einen mit Filzstift an die Wand geschriebenen Satz: «Laßt uns abhauen und das Land der SWAPO geben, es gehört denen sowieso. Ein südafrikanischer Wehrpflichtiger.» Draußen sagen sie, bis Ondeshijfilwe seien es noch rund 10 Minuten. Ja, dort sei gestern geschossen worden.

Die Piste führt an einem kleinen Wäldchen vorbei, hinter dem sich eine riesige, kilometerlange Sandfläche öffnet. Luftspiegelungen lassen in der brütenden Hitze die Illusion eines großen Sees entstehen, wie ich es zum letzten Mal in der Nubischen Wüste Ägyptens, an der Grenze zum Sudan, gesehen habe. Der «See» scheint Zufluß aus einem Seitenarm zu bekommen. Doch auch das ist nur eine Fata Morgana. Am Rand des «Seitenarms» stehen einige, von einem palisadenartigen Zaun umgebene Rundhütten. Davor laufen Menschen hin und her – wir sind in Ondeshijfilwe.

Was uns beim Aussteigen beinahe den Atem nimmt, ist ein alles durchdringender Geruch. Er frißt sich langsam in den Kleidern fest, vermischt sich wie eine chemische Substanz mit dem Schweiß und legt sich als zweite Haut um den Körper. Einige der Dorfbewohner haben sich feuchte Tücher vor Mund und Nase gebunden, doch auch das hält den entsetzlichen Geruch nicht ab: den Geruch von gärendem menschlichem Fleisch. Er weht von einem rund 50 Meter entfernten Baum herüber. Am Fuß des Stammes befindet sich ein dunkles Gebilde, das erst bei näherem Hinsehen genauer zu erkennen ist. Ein Berg von Leichen. Daneben verstreut Uniformteile: dunkelgrün und beige gefleckte Tarnanzüge, mit denen die Armee der marxistischen Regierung Angolas ausgerüstet ist, aber auch die Guerillas der SWAPO.

Manche der Toten tragen nur noch Unterhosen und schwere Schnürstiefel. Die Hitze hat die im heißen Sand liegenden Körper bereits aufgedunsen. Bei einigen ist durch Salven aus schweren Maschinengewehren der Unterleib fast vollständig durchgetrennt, Fliegenschwärme beschäftigen sich mit den offen daliegenden Gedärmen. Bei anderen sind lediglich ein oder zwei in den Oberkörper gefräste, faustgroße Löcher zu sehen. Die Geschosse müssen den Körper «glatt» durchdrungen haben. Verkrustetes Blut bildet dunkle Platten auf der schwarzen Haut: ein Bild des Schreckens. Fast alle Toten sind jung. Siebzehn, achtzehn, vielleicht 20 Jahre alt.

Während uns ein Dorfbewohner ihre Geschichte erzählt, sind andere mit Schaufeln und Spaten dabei, ein großes Loch auszuheben, ein Massengrab als letzte Ruhestätte für die 21 erschossenen jungen Männer, hier draußen im gottverlassenen Busch. Rund 25 Kilometer hinein in ihre Heimat Namibia hatten sie es geschafft. Dann wurden sie von Maschinengewehrsalven niedergemäht. Und wieder die Frage, auf die ich einfach keine Antwort finde: Welchen Sinn kann das alles haben?

«Vor fünf Tagen», sagt einer der Dorfbewohner, «kamen sie bei Nacht über die Grenze und ließen sich ein paar hundert Meter vom Dorf entfernt nieder. Von Anfang an versuchten sie gar nicht erst, ihre Anwesenheit zu verheimlichen oder sich zu verstecken. Nein, schon am nächsten Morgen kam eine Abordnung zu uns herüber ins Dorf, und ihr Anführer sagte, sie seien eine Einheit der SWAPO-Guerilla-Armee *Peoples Liberation Army.*»

Daß die Guerillas, wie fast überall im Norden Namibias, mit der Sympathie der schwarzen Bevölkerung rechnen konnten, wußten sie gewiß. Denn trotz der Propaganda, die von der südafrikanischen Armee viele Jahre bis ins hinterste Buschdorf getragen wurde, sah die schwarze Bevölkerung auch in dem kleinen Grenzdörfchen Ondeshijfilwe in der SWAPO und ihren Kämpfern alles andere als «Mörder und Terroristen». Im Gegenteil. Für sie waren die Guerillas, seit der Gründung der Peoples Liberation Army of Namibia Mitte der 60er Jahre Freiheitskämpfer, Kämpfer gegen die südafrikanische Armee, gegen die Kolonialmacht. Dies um so mehr, als der Norden Namibias in den letzten 20 Jahren sowieso vor allem eines war: Kriegsgebiet! Im Alltag der schwarzen Bevölkerung entfaltete dieses Wort seine ganze, seine schreckliche Bedeutung. Die Südafrikanische Katholische Bischofskonferenz hat das nach langen Recherchen ihrer Geistlichen vor Ort einmal so zusammengefaßt:

«Berichte über die Erkenntnisse im Kriegsgebiet zeigen, daß es als allgemein anerkannt gilt, daß die (südafrikanischen T. R.) Sicherheitskräfte bei ihrer Suche nach SWAPO-Guerillas vor nichts zurückschrecken, um aus den Menschen Informationen herauszubringen. Sie dringen in Häuser ein, schlagen Bewohner, erschießen Menschen, stehlen und töten Vieh, und oftmals plündern sie Geschäfte und Teestuben. Entdecken die Sicherheitskräfte Spuren von SWAPO-Guerillas, ist die örtliche Bevölkerung in Gefahr, denn dann werden die grausamen Maßnahmen noch verstärkt. Man verbindet ihnen die Augen, schleppt sie aus ihren Häusern und läßt sie verprügelt oder gar tot am Straßenrand liegen. Frauen werden vielfach vergewaltigt. Dringt ein Kommando in ein Haus ein, kommt es nicht selten vor, daß sich die weißen Soldaten, während ihre schwarzen Kollegen die Familie in Schach halten, die hübschesten Mädchen heraussuchen und in den Busch zerren, um sie dort zu vergewaltigen. Wiedergutmachungen kann man nicht verlangen, denn Berichterstattung an die Kommandeure über Verstöße und Greueltaten werden als gefährliche und zwecklose Bemühungen angesehen.»

Natürlich wurde dieser Bericht, als ihn die Katholische Bischofskonferenz Anfang der 80er Jahre veröffentlichte, in Südafrika sofort verboten. Die Regierung behauptete, es sei ein einseitiges Machwerk und die Kirche habe sich im übrigen aus der Politik herauszuhalten. Doch wie so oft wurde der Vorwurf der südafrikanischen Regierung, das sei eine einseitige Schilderung der Verhältnisse, Lügen gestraft. Nicht nur durch zahllose Aussagen der Bevölkerung, sondern auch durch manche Akteure, die an den Gewalttaten gegenüber der namibischen Zivilbevölkerung selbst beteiligt waren. Zum Beispiel Mervin Malan.

Mervin Malan ist ein sympathisch wirkender junger Mann. Er trägt halblanges braunes Haar, ein eher zierlicher Typ in Jeans und Turnschuhen. Auf den ersten Blick würde man ihn für einen unkonventionellen, nachdenklichen Studenten halten. Jedenfalls nicht für einen trainierten Killer. Und doch – zumindest ist er das gewesen.

Nach seiner Schulausbildung trat er mit knapp 19 Jahren in die südafrikanische Armee ein. Wie viele Jugendliche in Südafrika genoß er davor schon eine sehr militärisch orientierte Erziehung, insbesondere in der Schule, wo er, neben dem Unterricht, seinen sogenannten Kadettendienst absolvierte, eine Art paramilitärische Ausbildung einschließlich Fahnenappell, Drill und täglichem Marsch über den Schulhof – Pflicht für die weißen Jugendlichen an höheren Schulen.

Er las Bücher über die heldenhafte Rolle der südafrikanischen

Armee im Kampf gegen den «Terrorismus» innerhalb wie außerhalb Südafrikas. «Terroristen» waren der African National Congress und dessen bewaffneter Arm *Umkhonto we Sizwe*, aber auch die SWAPO und ihre *Peoples Liberation Army of Namibia*, und natürlich die Sowjetunion und der gesamte «kommunistische Ostblock». Was auch sonst draußen in der Welt geschah, sie alle waren in den Augen der Regierung in Pretoria nur mit einem beschäftigt: Südafrika sowohl auf dem See-, als auch auf dem Landweg zu bedrohen und schließlich durch den ANC und die SWAPO militärisch erobern zu lassen.

Natürlich war das Unsinn. Aber mit all dem gefüttert, glaubte Mervin Malan nicht nur fest an die Pflicht der südafrikanischen Armee, diesem *total onslaught* bewaffnet zu widerstehen. Er glaubte auch an die tiefe moralische Berechtigung des «Eliminierens aller Terroristen», die sich gegen sein Land wendeten. Und er glaubte schließlich daran, daß in diesem Kampf jedes Mittel erlaubt war, einschließlich sogenannter Aufklärungsoperationen in fremden Ländern, wie etwa in Angola und Namibia. Wobei Namibia für ihn sowieso kein Ausland, sondern ein Teil Südafrikas war.

Daran hatte er nicht den geringsten Zweifel. Warum auch? Seine Regierung und seine Lehrer hatten ihm nie etwas anderes gesagt. Ansichten, die sich davon unterschieden, kannte er nicht, wie die meisten weißen Jugendlichen im Südafrika der 60er und 70er Jahre.

Mervin ließ sich nach der Grundausbildung zum «Special Reconnaisance Commando» versetzen, einer berüchtigten «Aufklärungseinheit», in die, wie man ihm sagte, nur «die härtesten Männer und die besten Kämpfer» aufgenommen wurden. Dort wollte er hin. Einsatzgebiete: Südangola und der Norden Namibias. Jahre später wird er vor seiner eigenen Armee ins Ausland fliehen, weil er mit einem ganz bestimmten Ereignis nicht mehr fertig wird. Ein Ereignis an der Grenze von Angola und Namibia:

«Da gab es ein Ereignis, es war Ende des Jahres 1984 ... wir hatten einem Lastwagen einen Hinterhalt gelegt, denn wir nahmen an, daß der Fahrer zur SWAPO gehörte. Wir schossen ein paar Phosphorgranaten auf das Führerhaus, der Lastwagen geriet ins Schleudern und kam von der Straße ab. Dann schossen wir mehrere

Granaten auf die Seitenwände der Ladefläche, die plötzlich aufplatzten ... wir sahen, daß da bloß Frauen und Kinder drauf waren, so um die vierzig oder fünfzig. Nur Frauen und Kinder. Sie fielen herunter, sie brannten, viele waren noch am Leben, und sie schrien entsetzlich ... Ich konnte später nicht aufhören, daran zu denken, ich sah das immer wieder.»

Doch Mervin, der heute unter einer geheimen Adresse in Amsterdam lebt, weil er nach wie vor Angst vor der südafrikanischen Armee und ihren auch im Ausland operierenden Agenten hat, sah und tat noch mehr.

«Ich war auch an Verhören beteiligt ... ich war dabei, als sie ein SWAPO-Mitglied mit dem Kopf so lange unter Wasser hielten, bis er schließlich seine Informationen preisgab. Danach ertränkten sie ihn ganz. Die Leiche wurde gleich dort im Sand vergraben. Es war auch ein Arzt dabei. Er hatte ihn so lange wiederbelebt, bis sie alle Informationen aus ihm herausgequält hatten. Dr. Wasenaar hieß er, ich erinnere mich noch an ihn.»

In Namibia arbeitete Mervins Gruppe mit zwei anderen militärischen Einheiten zusammen, deren bloße Namen in der Bevölkerung schon Furcht und Schrecken auslösten: dem «Bataillon Büffel», so genannt, weil es Büffelhörner als Kennzeichen hatte, und der Antiguerilla-Einheit KOEVOET:

«In Namibia haben wir mit diesen beiden zusammengearbeitet. Wir haben verdeckte Operationen und Täuschungsmanöver durchgeführt. Zum Beispiel zogen wir uns draußen im Busch Uniformen von SWAPO-Guerillas an, meine Kampfgruppe tat das. Sie bestand aus 9 schwarzen Soldaten und mir. Während solcher Aktionen hielt ich mich etwas weiter von ihnen entfernt und hatte mir Gesicht und Hände schwarz angemalt. Meine Leute gingen in einen Kraal und versuchten, als Guerillas getarnt, herauszubekommen, wer von den Bewohnern Informationen an die SWAPO weitergab. Wenn sich einer der Bewohner als Informant der SWAPO zu erkennen gab, wurde er im Verlauf der Aktion umgebracht.»

Der südafrikanische Verteidigungsminister Magnus Malan reagierte übrigens auf die Schilderungen dieses jungen Südafrikaners, die Mervin auch in einer liberalen Johannesburger Wochenzeitung veröffentlichen ließ, so stereotyp wie immer: Ein Mervin Malan sei bei der Armee nicht bekannt, und die angeblichen Erlebnisse seien aus der Luft gegriffen. Erst später war er, «nach intensiver Prüfung», wenigstens bereit zuzugestehen, daß «ein Mervin Malan» tatsächlich bei der südafrikanischen Armee gewesen sei. Dabei blieb es. Die Schilderungen Mervin Malans lassen sich durch die vieler anderer ergänzen, so auch durch die des südafrikanischen Gefreiten Trevor Edwards. Auch er war als Soldat an Kommandoaktionen der südafrikanischen Armee gegen die SWAPO und alles, was man dafür hielt, beteiligt. In einem Interview der Kollegen von der englischen Fernsehgesellschaft BBC gab er zu:

«... unsere Aufgabe war, ein Gebiet einzunehmen und dort dann aufzuräumen (‹*to clear it*›, T. R.). Wir brachten alles um, was sich bewegte. Wir töteten Rinder, wir töteten Ziegen, wir töteten Menschen.»

Und das ist der Grund, warum auch die Bewohner des namibischen Grenzdörfchens Ondeshijfilwe die südafrikanische Armee seit vielen Jahren als Feind, die SWAPO-Guerillas aber als Freunde ansehen.

Petrus Katjivi schiebt den Hut ins Genick und wischt sich in der brütenden Mittagshitze den Schweiß von der Stirn. Er ist einer der Bauern von Ondeshijfilwe. Bereitwillig antwortet er auf die Fragen nach den 21 toten Guerillas und erzählt, wie sich das alles zugetragen hat.

«Die dachten, der Krieg sei vorbei, und fragten uns, wo die nächsten Truppen der Vereinten Nationen stünden. Denen würden sie ihre Waffen übergeben und dann in ein Lager gehen, das von den Friedenstruppen überwacht wird.» Seine Frau bestätigt, was er sagt.

Die Katjivis leben mit ihren sechs Kindern und einer Ziegenherde in mehreren von einem palisadenartigen Zaun umgebenen Rundhütten. Hinter dem Kraal liegt ein kleines Mahangofeld, das sie bestellen. Den größeren Teil der Früchte verkaufen sie auf dem Markt in der Nähe. Die Arbeit ist mühsam, der Ertrag wegen des sandigen Bodens gering. Eigentlich müßten sie das Feld alle paar Jahre brach liegen lassen, damit sich der ausgelaugte Boden erholen kann. Doch dazu fehlt ihnen Land, auf das sie während dieser Zeit ausweichen könnten. Durch die Dürreperiode der letzten Jahre ist das Überleben noch schwieriger geworden.

Von weißen Farmern in Namibia habe ich immer wieder gehört, man brauche, um eine größere Familie ernähren zu können, in diesem «semi-ariden», also «halbtrockenen», wüstenähnlichen Klima mehrere tausend Hektar Land. Doch um so viel Land zu kaufen, braucht man eine Menge Geld, das die Katjivis nicht haben. Und selbst wenn sie es gehabt hätten – im größten und fruchtbarsten Teil Namibias war es den Schwarzen bis vor kurzem gar nicht erlaubt, Land zu kaufen, das blieb den weißen Farmern vorbehalten. Die Schwarzen hatten allenfalls die Möglichkeit, für diese Farmer zu arbeiten, oft um einen Hungerlohn. Das ist ein Grund mehr, weshalb auch die Sympathien von Petrus und seiner Frau schon lange bei der SWAPO liegen.

Die Katjivis sind zwar nicht Mitglieder, doch sie haben die SWAPO unterstützt, sofern und soweit das hier draußen überhaupt möglich war. Ihren Kindern brachten sie Freiheitslieder bei, die entweder von den Guerillas erzählen, die aus Angola herüberkommen, um für die Unabhängigkeit zu kämpfen, oder vom stolzen Vaterland Namibia, das bald frei sein würde.

«Nein», erklärt Petrus Katjivi immer wieder, «die waren fest davon überzeugt, daß sie hier lediglich auf die Truppen der Vereinten Nationen zu warten brauchten. Denen würden sie ihre Waffen abgeben. Das haben sie immer wieder gesagt. Deshalb haben sie sich auch nicht getarnt oder sonstwie versteckt.»

Allmählich zeichnet sich ein etwas deutlicheres Bild des rätselhaften Geschehens ab. Ganz offenbar wußten weder die Dorfbewohner noch die Guerillas, was international wirklich vereinbart worden war. Es war ihnen nicht bewußt, daß schon allein die Anwesenheit der bewaffneten Kämpfer ein Verstoß gegen die «Resolution Nummer 435» der Vereinten Nationen darstellte. Gemäß den offiziellen und in dieser Resolution festgehaltenen Vereinbarungen hätten alle Guerillas der SWAPO seit dem ersten April nördlich des 16. Breitengrades, also tief in Angola sein müssen, statt in Namibia. Darüber hatte es während der ganzen Verhandlungen um die

Unabhängigkeit nie irgendwelche Streitigkeiten gegeben. Auch die SWAPO-Führung, einschließlich deren Präsident Sam Nujoma, hatte nie einen Einwand gegen diesen oder irgendeinen anderen Teil der Regelungen erhoben, die nirgendwo davon sprachen, daß bewaffnete und uniformierte Guerillas sich innerhalb Namibias den Friedenstruppen stellen konnten. Ganz abgesehen davon wußten offenbar weder die Guerillas noch die Bauern, daß zu diesem Zeitpunkt, aufgrund von sträflichen Verzögerungen, erst ein paar hundert UNO-Soldaten in Namibia gelandet waren und die meisten von ihnen sich noch in der 700 Kilometer entfernten Hauptstadt Windhuk aufhielten, um sich erst einmal zu orientieren. So nahm das Unheil seinen Lauf.

Es geschah am späten Sonntagmorgen, fast alle Dorfbewohner waren zum Gottesdienst in die nahe Kirche gegangen. Seit Sonnenaufgang saßen die 21 jungen Männer unter den Bäumen. Während der Nacht hatten sie ein kleines Feuer unterhalten, das jetzt wieder höher flackerte; in einem mitgebrachten Kessel kochte Wasser. Ihre Marschverpflegung bestand hauptsächlich aus Dosen mit Corned Beef; der Vorrat war nicht gerade groß, aber ausreichend für ein paar Tage. Im übrigen wurden sie ja von den Dorfbewohnern mit dem Nötigsten versorgt. Als die Sonne höher stieg, zogen einige von ihnen die gefleckten Jacken der Kampfanzüge aus, andere ihre Stiefel und Hosen.

Petrus Katjivis Frau wollte erst später zur Kirche nachkommen. Vorher ging sie noch einmal mit dem Plastikkanister zur Wasserstelle, um auf dem Rückweg kurz bei den Ziegen vorbeizuschauen, die sich irgendwo im Gebüsch hinter dem Kraal herumtrieben. Die Sonne rückte allmählich in den Zenit und begann zu stechen, die Tiere würden um diese Zeit Schatten suchen. Katjivis Frau schickte sich gerade an, den mit Wasser gefüllten Kanister abzusetzen, als sie das nur allzubekannte Motorengeräusch hörte. Sie warf sich sofort zu Boden und rührte sich nicht mehr.

Das Feuer aus den schweren Maschinengewehren hielt nicht lange an, denn die Guerillas waren von dem plötzlichen Angriff vollständig überrascht. Zeit zur Verteidigung fanden sie nicht mehr.

Und selbst wenn, gegen die vier schwerbewaffneten Panzerwagen der KOEVOET hätten sie in dieser Lage nicht den Hauch einer Chance gehabt!

In den letzten Kriegsjahren war es die Taktik der Guerillas gewesen, sich im Busch zu verstecken und den Südafrikanern allenfalls einen Hinterhalt zu legen, oder auf Buschpisten, die hauptsächlich von der Armee befahren wurden, Minen zu vergraben, die auf großes Gewicht reagierten. Mit gutem Grund aber hatten sie stets versucht, die offene Auseinandersetzung zu vermeiden. Daß diese Männer sich so ganz anders verhielten, konnte nicht allein daran liegen, daß sie vielleicht besonders schlecht ausgebildet waren. Nein, sie müssen der festen Überzeugung gewesen sein, daß sie nichts mehr zu befürchten hätten, daß der Krieg endgültig vorbei und es ihnen erlaubt sei, bewaffnet nach Namibia zu kommen. Genau das hatten sie ja auch den Bauern von Ondeshijfilwe kurz nach ihrer Ankunft gesagt.

Wenn dem aber so war, blieb nur eine Möglichkeit: Die SWAPO-Führung selbst hatte ihre Kämpfer – in einem äußerst riskanten taktischen Schachzug – bewaffnet über die Grenze geschickt – hoffend, daß deren Anwesenheit in Namibia von der abziehenden südafrikanischen Armee toleriert würde und sie, die SWAPO, dadurch einen Propagandaerfolg erränge. Nach 23 Jahren wenig erfolgreichen Kampfes hätte die SWAPO sich allerdings leicht ausrechnen können, daß sie die jungen Guerillas in den sicheren Tod schickte – hatte sie ihre Kämpfer doch nicht einmal über das Risiko aufgeklärt, das sie mit einer Aktion wie dieser eingingen! Nach dem Verhalten der Guerillas zu schließen, waren sie darüber nicht ins Bild gesetzt worden. Sonst hätten sie wenigstens ein paar einfache Vorsichtsmaßnahmen getroffen, für den Fall, daß etwas schief ging. Doch genau das hatten sie in ihrem Gefühl absoluter Sicherheit nicht getan.

Eine halbe Stunde nachdem die Maschinengewehrsalven und die Motorengeräusche verklungen waren, kam Petrus Katjivis Frau aus ihrem Versteck hervor und ging hinüber zu dem kleinen Kraal der Familie bzw. zu dem, was davon noch übrig war. Der Zaun war niedergewalzt, die Rundhütten zerstört. Einer der schweren Panzerwagen mußte quer durchgefahren sein. Die Blechtür an einer der Hütten war von Kugeln durchsiebt, Gestell und Drahtrost des elterlichen Bettes hingen verbogen zwischen Gestrüpp und Kleidern. Drüben, nicht weit vom Kraal entfernt, lagen die Guerillas – tot.

Die Soldaten trugen die Leichen zwar noch zusammen, ließen sie dann aber doch einfach unter dem Baum liegen. Waffen und andere Ausrüstungsgegenstände nahmen sie mit.

Die Armee mußte irgendwie von der Anwesenheit der SWAPO-Kämpfer erfahren haben. Und nichts ließ darauf schließen, daß sie mit den Guerillas verhandelten, bevor sie schossen. Denn dafür war die Zeitspanne zwischen dem Motorengeräusch, das Katjivis Frau gehört hatte, und dem Beginn der Schießerei zu kurz gewesen. Im übrigen entsprach das dem Verhalten, das die Armee und besonders KOEVOET den ganzen Krieg hindurch gezeigt hatte: Trotz offiziell anderslautender Erklärungen wurden nie viele Gefangene gemacht. Einen Unterschied gab es schon: Sonst banden sie die Leichen getöteter Guerillas auf die am Heck ihrer Panzerwagen angebrachten, riesigen Reserveräder; mit diesen «Trophäen» geschmückt, fuhren sie dann in die Militärbasis zurück. Diesmal waren es für eine solch triumphale Fahrt wohl zu viele, und deshalb blieben die Leichen liegen.

So finden wir sie vor. Nach zwei Tagen hat sie noch immer niemand begraben. Die Bauern haben zunächst geglaubt, die Armee käme vielleicht doch noch einmal zurück, um die Leichen zu holen. Doch sie sind nicht zurückgekommen. Und so beginnen schließlich einige der Dorfbewohner, jetzt um die Mittagszeit, ein Massengrab auszuheben. Ein großes Stück Wellblech, an das sie zwei Stricke binden, dient ihnen dann als Schlitten, auf den sie eine Leiche legen und durch den Sand zum Grab schleifen. Merkwürdig staksig fallen die steifen Körper einer nach dem anderen in das frisch ausgehobene Loch hinunter. Manche strecken die angewinkelten, starr gewordenen Arme oder Beine bizarr nach oben und verschwinden erst allmählich unter dem von den Dorfbewohnern hineingeschippten Sand.

Sie sind Opfer eines neu ausgebrochenen Krieges, Opfer, die sinnloser nicht sein könnten: jetzt, da alle Beteiligten ein Waffenstillstands-Abkommen unterschrieben haben; jetzt, da die Unabhängigkeit Namibias nahezu sicher war. Doch vom Norden Namibias werden jetzt von überall her erneut aufgeflammte bewaffnete Auseinandersetzungen zwischen SWAPO-Guerillas und KOEVOET gemeldet, die fast alle so verlaufen wie in Ondeshijfilwe. Nur so ist die hohe Zahl der Opfer unter den Guerillas, beinahe zweihundert in den ersten Apriltagen, zu erklären. Die in jeder Hinsicht überlegenen Einheiten der südafrikanischen Armee veranstalten ein regelrechtes Schlachtfest. Vor ihren als Fährtensucher eingesetzten «Buschmännern» bleibt kein Guerillatrupp verborgen. Viele weiße Farmer bewaffnen sich – ein Rassenkrieg, blutiger als je zuvor, scheint unvermeidlich.

Knapp zwei Flugstunden weiter südlich, in der Hauptstadt Windhuk, versucht zur gleichen Zeit der Sonderbeauftragte der Vereinten Nationen, der Finne Marti Ahtisaari, verzweifelt, die Ursachen des erneuten Tötens herauszufinden. Da er bis jetzt noch nicht im Ovamboland war, fehlen ihm die Informationen, die wir bereits haben. Im übrigen aber hat die plötzliche Wendung der Ereignisse auch die informiertesten Beobachter und Diplomaten, ja, sogar prominente, in Namibia lebende Mitglieder der SWAPO überrascht. Was steckt dahinter? Und wie ist Namibia wieder auf den Weg in die Unabhängigkeit zu bringen?

Das erste verräterische Signal kommt aus Harare, der Hauptstadt des Nachbarlandes Simbabwe. Sam Nujoma, Präsident der SWAPO und seit Anfang der 60er Jahre im Exil, gibt dort eine Pressekonferenz. Er ist ein Mann, der nicht sonderlich gewandt auftritt; er wirkt hölzern und versucht die anwesenden Journalisten auf eine locker humorvolle Art für sich einzunehmen, aber der Versuch mißlingt. Seine Erklärungen für die Geschehnisse in Namibia sind alles andere als überzeugend. Er verliert sich in der alten Rhetorik der schwarzafrikanischen Befreiungsbewegung «gegen das Apartheidsregime in Südafrika» und würde die Antwort auf die drängendste Frage am liebsten ganz vermeiden: Hat er selbst die Guerillas in den Tod geschickt? Wie ist es zu erklären, daß inzwischen über 1000 Kämpfer von Angola über die Grenze nach Namibia gekommen sind? Er findet genau die Antwort, die ihm keiner glaubt, ich schon gar nicht: Die Guerillas seien samt ihrer Ausrüstung schon lange im Land gewesen und jetzt aus dem Untergrund aufgetaucht, um ihre Waffen abzugeben. Diese Behauptung ist Unsinn. Bei weiteren Fragen verheddert er sich in weitere Widersprüche. Nur eines stimmt bei dem, was er sagt: Die südafrikanische Armee veranstaltet noch einmal ein Schlachtfest, bei dem ihr ganzer Haß auf die sogenannten Terroristen der SWAPO durchbricht. Aber jemand hat ihnen die Gelegenheit dazu gegeben: Sam Nujoma – auch wenn er es jetzt ableugnet. Für den Marsch aus den Lagern in Südangola über die Grenze nach Namibia waren logistische Vorbereitungen nötig und dafür eine entsprechende Anordnung, ein Befehl, es sei denn, es handelte sich um eine Rebellion gegen die politische Führung der SWAPO, wofür es nicht das geringste Anzeichen gibt. Auch die Schilderungen der Dorfbewohner von Ondeshijfilwe erlauben es nicht, ausgerechnet darauf zu schließen. Im übrigen: Was hätten die rebellierenden Guerillas gewinnen können – außer sich von ihrer politischen Führung zu isolieren, deren Kurs sich aber gerade als erfolgreich herausgestellt hat? Nein, es gibt nur eine Antwort auf jene Frage, die Nujoma weder während der Pressekonferenz noch in zahlreichen späteren Interviews wirklich beantwortet hat. Er, und damit die Führung der SWAPO, hat den für die Guerillas mörderischen Schritt beschlossen und angeordnet. Warum? Der Schlüssel dafür liegt in der Persönlichkeit Sam Nujomas selbst und in seiner Biographie. Über 30 Jahre hat er für die Befreiung von der südafrikanischen Kolonialherrschaft gekämpft. Als einfacher Bahnarbeiter erlebte er in den 40er und 50er Jahren die ganze Bandbreite der Demütigung durch den Rassismus. Nach der Gründung der SWAPO, der Verfolgung durch die südafrikanische Polizei, der Flucht ins Exil – ist jetzt endlich der Zeitpunkt gekommen, wo er all das abschütteln und Genugtuung erhalten kann. Die Herrschaft der Weißen in Afrika hat nicht nur viel Blut gekostet. Sie hat auch die Lebensläufe ganzer schwarzer Generationen gewaltsam verbogen und ihre Wünsche und Träume geschunden. Auch die seinen.

Nujoma wirkt mit seinem weißen Bart und dem inzwischen graumelierten Kraushaar beinahe großväterlich. Doch das täuscht. Mit eiserner Hand hat er die SWAPO im Exil regiert. Da der Westen nicht half, wandte er sich an den Osten. So verwandelte sich die zu Beginn sehr viel eher nationalistisch als sozialistisch orientierte Befreiungsbewegung in eine marxistisch-leninistische Kaderorganisation. Deren autoritäre Struktur entsprach Nujomas eigenem, eher schematischem Denken.

Nujoma orientierte sich am Erfolg des schwarzafrikanischen Kampfes um die Unabhängigkeit, der in den 60er und 70er Jahren viele weiße Regimes des Kontinents hinweggefegt oder sie einfach zum Rückzug vor dem entstehenden Chaos bewogen hatte, wie z. B. in Namibias Nachbarland Rhodesien, dem heutigen Simbabwe: Dort herrschte seit dem 19. Jahrhundert eine weiße Minderheit, die ein rassistisches Regime aufgezogen hatte, allerdings nicht mit einem so ausgefeilten gesetzlichen System der Diskriminierung wie Südafrikas Apartheid. Rhodesien löste sich von der britischen Krone, erklärte sich unabhängig, kam aber gegen die prompt verhängten Wirtschaftssanktionen und, noch wichtiger, gegen die Guerillabewegung des (heutigen Präsidenten) Robert Mugabe und seines Rivalen Joshua Nkomo auch militärisch nicht an. Am Ende des Bürgerkrieges zogen damals, 1979, die siegreichen Guerillas in einem gewaltigen Triumphmarsch zu Tausenden aus dem Busch in die von den Weißen dominierten Städte, um den sich abzeichnenden Untergang der Herrschaft der weißen Minderheit zu feiern.

So etwas muß Nujoma vorgeschwebt haben, denn das Nachbarland Simbabwe und Robert Mugabe hatten immer zu seinen Vorbildern gehört. Die Rückkehr der SWAPO-Guerilla im Kampfanzug und unter Waffen wäre der sinnliche Ausdruck des Sieges gewesen, der dem historischen Ereignis aus Nujomas Sicht entsprochen hätte. Vielleicht sind die *Söhne Ma' Afrikas*, die Söhne von Mutter Afrika, mindestens ebensosehr auf die Sichtbarkeit eines politischen Sieges angewiesen wie einst die europäischen Völker. Nujoma jedenfalls, das ist meine Überzeugung, ist es.

Wer wie er über 25 Jahre eine Organisation wie die SWAPO unangefochten im Griff hat, ist zudem Machtpolitiker und zynisch genug, um das mit dem versuchten Einmarsch der Guerillas in Namibia verbundene Risiko in Kauf zu nehmen. Doch der SWAPO-Präsident hatte, wie sich schnell herausstellte, die Rechnung ohne die Südafrikaner gemacht – und ohne das neue internationale Klima. Beide, die Amerikaner wie die Russen, sind, anders als in den Jahrzehnten zuvor, daran interessiert, solche «regionalen Konflikte» nicht weiter anzuheizen, sondern eher, sie beizulegen. Beide haben in die Konfliktherde des afrikanischen Kontinents jahrelang vor allem Waffen geschickt, ohne dabei etwas wirklich Entscheidendes zu gewinnen – außer, daß viele dieser Länder und Völker im Chaos der Stellvertreterkriege versanken: Afrika als ein weiterer Schauplatz des Kalten Krieges, der Kontinent ganz nach der Interessenlage der Großmächte von einem Raster Freund/Feind, *good guys/bad guys*, überzogen. Die Amerikaner ließen im Namen «westlicher Freiheit» schießen, die Sowjetunion für «Befreiung und Sozialismus». Beides sind Konzepte, die mit der traditionellen Kultur der afrikanischen Völker nichts zu tun haben. Sie waren vielmehr die letzte, die modernste Form von Kolonialismus.

Wer einmal so zutiefst ruinierte Länder wie Angola oder Moçambique gesehen hat, wird leichter verstehen, was ich meine: «Westliche» Rebellenbewegungen kämpfen hier gegen «östliche marxistische» Regierungen. Keine der beteiligten Parteien könnte sich den entsetzlichen Krieg leisten, wenn nicht andere dahinterstünden. Die Waffen, mit denen sie kämpfen, werden nicht in Afrika hergestellt, sondern in Europa, den USA oder der Sowjetunion.

Doch, und das ist wahrlich ein Lichtblick, jetzt macht sich Michail Gorbatschows Einfluß auf die internationale Politik auch im südlichen Afrika in einem Ausmaß bemerkbar, wie das noch vor kurzem nicht vorstellbar war. Auch beim erneuten Ausbruch des Krieges in Namibia. Beide Großmächte reagieren schnell: Auf Moskauer und Washingtoner Initiative wird in Namibia selbst, gemeinsam mit Vertretern der Vereinten Nationen, eine Krisensitzung anberaumt, an der Angola, Südafrika und Kuba, aber auch eine amerikanische Delegation und der stellvertretende russische Außenminister Anatoli Adamishin höchstpersönlich teilnehmen. Das Ziel ist klar. Niemand will eine Explosion riskieren. Sam Nujoma soll an die

Kandare der internationalen Entspannung genommen werden, die überhaupt erst das Aushandeln einer Lösung des Namibia-Problems ermöglicht hat. Dem zynischen Führer einer schwarzafrikanischen Befreiungsbewegung darf es nicht erlaubt sein, ein Projekt zu Fall zu bringen, an dem die Vereinten Nationen beinahe 10 Jahre lang gearbeitet haben.

Brian ist ein ausgezeichneter Pilot. Und so sieht er auch aus: Weißes Hemd mit blauen Schulterstücken, an denen jeweils vier dicke goldene Streifen prangen; dunkelblaue Hosen, Tennisschuhe, Ray-ban-Sonnenbrille, Schnurrbart und braungebranntes Gesicht – ja, daß er einer der besten ist, wie ihn seine Charterfirma angepriesen hat, glaube ich sofort. Warum auch nicht.

«Hello boys, how are you doing?!» So burschikos kam er auf uns zu, strahlte über sein etwas zu rundliches Gesicht und sagte so ganz nebenbei, als ob er lässig eben mal den Kaugummi ausspucke: *«I'm Brian, I'm the pilot.»* Das also war Brian, der Pilot. Na gut, was konnte mit so einem Typen schon schief gehen?!

Nicht Brian, sondern die Charterfirma, die ein- und zweimotorige Flugzeuge samt Piloten vermietet, profitiert vom Wiederausbruch des Krieges. Die Nachrichten überschlagen sich, rund tausend Journalisten müssen so rasch wie möglich an den Ort des Geschehens gelangen. Da macht die Charterfirma auf dem Flughafen von Windhuk auch noch den letzten klapprigen Vogel mobil. Der Rubel rollt jetzt und nicht, wenn die Friedensverträge unterzeichnet sind. Im Gegenteil. Dann setzt sich die Journalistenhorde wieder an nachrichtenträchtigere Orte ab.

Während wir in der Cessna sitzen und aus 2000 Meter Höhe auf das ausgetrocknete Farmland hinunterschauen, erzählt *Brian the pilot*, daß er um seinen Beruf mit allen Mitteln gekämpft habe: Die Eltern waren dagegen, die Verwandten rieten ab – doch er hat es trotzdem geschafft. Darauf ist er stolz. Dann zündet er sich eine Zigarette an, zieht den Rauch tief in die Lungen hinunter und läuft im Gesicht dunkelrot an. Seine Schultern beginnen zu zucken, ein Krampf scheint seinen Körper durchzuschütteln, bis er schließlich in einem ungeheuren Hustenanfall explodiert. Ungläubig schaue ich

Brian the pilot an. In seinen Husten mischt sich nun ein merkwürdiges, ziehendes Geräusch. Er scheint Atemnot zu bekommen. Mit der einen Hand hält er das Steuer fest, die andere preßt er auf den Brustkorb, die Zigarette liegt irgendwo auf dem Boden und qualmt vor sich hin. Jetzt bin ich, wie meine Kollegen, doch leicht beunruhigt. Zumal Brian inzwischen eine Art Schluchzen hören läßt, das ganz und gar unnatürlich klingt. Seine Ray-ban-Sonnenbrille ist ihm auf den Schoß gefallen. Wir schauen einander hilflos an und hoffen, daß dieser merkwürdige Anfall möglichst rasch vorübergeht. Nach einer Weile lassen die sonderbaren, krampfartigen Zuckungen tatsächlich nach, unser Pilot richtet sich aus seiner gekrümmten Stellung auf und scheint auch wieder Luft zu bekommen. In seinem Gesicht setzt sich die gesunde Sonnenbräune gegen das Dunkelrot durch.

«Okay, okay, don't worry», Brian grinst und schiebt sich die heruntergefallene Ray-ban wieder auf die Nase.

«Be happy!» ergänze ich und atme tief durch. Immerhin hat er es geschafft, daß ich für ein paar Augenblicke den Krieg völlig vergessen habe. Er fordert uns auf, doch einen Drink aus der mitgebrachten Kühltasche zu nehmen. Dankbar nehme ich die Einladung an, obwohl ich sonst tagsüber Whisky vermeide. Aber die letzten Tage haben auch daran einiges geändert.

«Das ist das Zwerchfell», ruft Brian nach hinten.

«Das was?» frage ich zurück, weil ich glaube, mich verhört oder das englische Wort nicht recht verstanden zu haben.

«Ja, das Zwerchfell», sagt Brian und erklärt etwas, von dem ich nun tatsächlich nur die Hälfte verstehe. Aber es scheint so zu sein, daß er einen dünnen Riß im Zwerchfell hat und eigentlich gar nicht rauchen darf, weil das solche Anfälle auslösen kann. Gefährlich sei das nicht, er kenne das, habe es im Griff, und irgendwann, sobald er Zeit finde, lasse er das schon «reparieren». Im Augenblick sei es nur ein bißchen schlecht, weil in der Firma jeder Pilot gebraucht würde. Na gut, was kann uns schon geschehen, mit so einem Typen – *«I'm Brian, I'm the pilot»* –, wenn er sein Zwerchfell letztlich doch im Griff hat?! Und wenn sich so ein Anfall nicht gerade während eines Starts oder der mit Sicherheit kommenden Landung einstellt ... Die Motoren der Cessna brummen vor sich hin, und ich merke, daß der Whisky heute besonders gut schmeckt. Und, daß er beruhigt.

Wir nähern uns *Mount Etjo*, einer ehemaligen Farm, die der Eigentümer in ein Wildreservat umgewandelt hat. Normalerweise kommen reiche Touristen in Khaki und Tropenhelm hierher. Sie schießen zum Spaß Impalas oder Kudus und gönnen sich für ein paar lumpige Tausender das Gefühl, sie seien in Afrika. Sind sie ja auch. Irgendwie jedenfalls. Um das luxuriöse Farmhaus herum gruppieren sich am Ufer eines großangelegten Teiches eine Reihe von frisch errichteten Armeezelten. In weniger als einer Stunde findet hier die über die Unabhängigkeit Namibias entscheidende Krisensitzung statt. Entweder sie schaffen es, den Krieg zu beenden, oder Namibia steht vor einem Desaster. Der amerikanische Unterstaatssekretär für Afrika, Chester Crocker, und der stellvertretende russische Außenminister Anatoli Adamishin, soviel ist sicher, werden ihren ganzen Einfluß auf die am Konflikt beteiligten Parteien geltend machen. Ohne die Russen wäre die SWAPO rasch am Ende, und die Südafrikaner sind auf den *goodwill* der Amerikaner und der Vereinten Nationen angewiesen, ohne den sie sich nicht aus ihrer internationalen Isolation befreien können.

Die Staaten der Welt sind voller Mißtrauen und Zweifel, ob die Südafrikaner es mit Namibia wirklich ernst meinen. Und jetzt könnte der Vertragsbruch der SWAPO sie in Versuchung führen, sich von den Abmachungen über die Unabhängigkeit der letzten Kolonie Afrikas wieder zurückzuziehen. Sie hätten eine Menge Argumente auf ihrer Seite, auch wenn ein solcher Entschluß letztlich politisch äußerst kurzsichtig wäre.

Hinter einem Wäldchen bei dem großen weißgekalkten Farmhaus schiebt sich der Landestreifen hervor. Es sind nicht mehr als knapp tausend Meter festgestampfte, lehmige Erde. Doch von oben sieht er für einen Buschflugplatz ganz komfortabel aus. Er wird regelmäßig benutzt, um die Touristen vom 250 Kilometer entfernten internationalen Flughafen in Windhuk nach Mount Etjo zu bringen. Die Farm besitzt sogar einen winzigen Kontrollturm, der jetzt mit Brian Funkkontakt aufnimmt. Es kommt im Grunde genommen nur darauf an, daß Brian den merkwürdigen Riß in seinem Zwerchfell im Griff hat.

«Mount Etjo, we are coming in for landing, over!» Brian hängt sein Mikrophon wieder in die Halterung ein, als das *«Roger!»* aus dem Lautsprecher tönt, das Zeichen, daß der Kontrollturm mit der Landung einverstanden ist.

«Don't worry, everything's okay», grinst Brian noch einmal über die Schulter zu uns zurück. Na gut. Während wir über dem Wäldchen auf den Landestreifen einschweben, bemerken wir alle gleichzeitig, daß sich an dessen Rand ein Esel herumtreibt. Doch der bleibt starr stehen und fixiert das einschwebende Flugzeug. Kein Problem. Brian nimmt noch einmal rasch das Mikrophon und teilt dem Mann unten mit, daß irgend jemand den Esel wegtreiben solle. Es könne ja sein, daß er beim nächsten Flugzeug mitten auf der Landebahn stehen bleibe.

Der starke Rückenwind treibt uns an dem Esel vorbei, mit einem kräftigen Schlag setzt die Cessna auf – alles okay. Na gut.

Aus irgendeinem Grund vermindert unser Flugzeug seine Geschwindigkeit nicht sofort. Aber der Landestreifen ist ja lang. Plötzlich brüllt *Brian the pilot* unheimlich laut und mit aufgerissenen Augen irgend etwas nach hinten. Meine optische Wahrnehmung stellt sich auf Zeitlupe um. Mit der linken Hand hantiert er hastig an irgendeinem Hebel herum. Irgendwas ist gerade dabei, gründlich schief zu gehen. Das Ende des Landestreifens nähert sich nun doch unerwartet schnell. Vor allem die Bäume und Büsche, die ihn dort hinten begrenzen.

«The brakes, the brakes!!» Jetzt verstehe ich ihn. Es sind die Bremsen. Oder besser – es sind nicht die Bremsen. Denn sie bremsen einfach nicht.

«Ach, so ist das also», denkt mein Gehirn vor sich hin. «Jetzt wird es demnächst einen gewaltigen Schlag tun. Vielleicht solltest du die Knie anziehen. Einfach an den Körper nehmen und den Kopf dahinter verstecken. Ja, so. Merkwürdig, wie lang der Landestreifen doch noch ist. Hättest du nicht gedacht, was?»

Während mein Gehirn weiterdenkt, schaue ich zu meinem Kollegen und Kameramann Mike Condé, der neben mir sitzt und tiefer in seinen Sitz hineinrutscht.

«Siehst du», baut sich der nächste Gedanke auf und plustert sich ein wenig. «Der macht auch etwas dagegen. Nicht schlecht.»

Dann folgt ein ungeheurer Schlag... danach absolute Stille.

Mein Körper gibt keine Alarmmeldung. Ich sitze nur etwas anders als vorher. Schief und nach vorne hängend. Das ist alles. Die Arme machen von selbst Bewegungen, die Beine versuchen sich zu orientieren und strampeln ein wenig. Ich schaue aus dem Fenster: Dort drüben, das ist der rechte Flügel der Cessna. Richtig. Und an seinem Ende sitzt der Treibstofftank. Richtig. Und der hat ein Loch aus dem das Benzin läuft wie aus einem Wasserhahn. Richtig. – Richtig?!

«Feuer!» Das bin ich, der da schreit. Jetzt geht alles unheimlich schnell. Die Tür zum Aussteigen ist vorne rechts neben Brian. War der Gang vorher eigentlich auch so eng? Brian sagt immer noch nichts. Ich auch nicht. Als wir uns draußen, 30 Meter vom Flugzeug, wiederfinden, sehe ich vor allem zweierlei: Brians Rayban-Brille hat sich in sein Nasenbein eingegraben, das Blut läuft an den Nasenflügeln entlang in seinen Schnurrbart. Und: das Flugzeug brennt doch nicht. Unter dem aufgerissenen Tank bildet sich auf der festgestampften Erde eine Lache, von der kleine Rinnsale wegfließen. Mein Schrei: «Feuer!» muß einfach ein Gedanke gewesen sein, der sich ausgedrückt hat. Der Gedanke dachte: «Es brennt!» Oder es könnte gleich brennen. Das hat er dann auch gerufen. Gut so.

«You know», Brian findet zu seiner Stimme zurück. Und zu seinem Grinsen: *«That's just one of those things!* Na ja, da steckst du halt nie ganz drin», sein Grinsen ist unübersetzbar. Da das Flugzeug immer noch nicht brennt, rennen wir rasch nochmal zurück und ziehen den Videorecorder und die Tonausrüstung heraus. Die Kamera hat Mike vorhin schon mitgenommen. Die beiden sind irgendwie unzertrennlich. Ernsthaft verletzt ist niemand.

Was die Cessna betrifft: sie sieht ziemlich derangiert aus. Ihre Propeller haben sich in den Boden gerammt, die Maschine steht auf der Nase, ein Flügel hat sich nach hinten weggebogen, als er einem Baum nachgab. Das linke Rad ist abgebrochen. Unser Glück war wohl, daß der Aufprall durch das dichte Buschwerk etwas abgefedert wurde. Sonst wären wir wahrscheinlich nicht so glimpflich davon gekommen.

Doch es bleibt keine Zeit, über den Unfall nachzudenken. Denn drüben bei den Armeezelten beginnt bereits die entscheidende Krisensitzung, und die Tagesschau in Hamburg erwartet am Abend einen Bericht von uns, den wir über Satellit von Windhuk aus nach Hamburg überspielen sollen. Während *Brian the pilot* über Funk eine Ersatzmaschine anfordert, filmen wir die Sitzungsteilnehmer, die sich schwitzend für die internationale Presse aufstellen. Demonstrativ unterhält sich der stellvertretende russische Außenminister mit dem südafrikanischen Außenminister Roelof Botha. Auch das wäre noch vor einem halben Jahr nicht vorstellbar gewesen.

Zwei Stunden später ist das Ergebnis heraus: Die SWAPO zieht sämtliche Guerillas unter Überwachung durch die Friedenstruppen der Vereinten Nationen aus Namibia bis tief hinein nach Angola zurück. In Angola selbst werden sie in von der UNO kontrollierten Lagern zusammengefaßt. Die Südafrikaner sind ihrerseits bereit, sich weiterhin an die international vereinbarten Verträge zu halten. Damit ist die Katastrophe noch einmal abgewendet. So berichten wir es schließlich auch für die *Tagesschau* nach Deutschland.

Bis zur endgültigen Unabhängigkeit Namibias wird es ab jetzt keine schwerwiegenden Komplikationen mehr geben. Die SWAPO wird, wie erwartet, die Wahlen zur verfassungsgebenden Versammlung im November mit absoluter Mehrheit gewinnen und schließlich die erste, wirklich demokratisch gewählte Regierung Namibias stellen. Die Ära von Kolonialismus und Apartheid ist zu Ende.

In den nächsten 12 Monaten finden die Überraschungen weiter südlich statt – in Südafrika. Dort sind, noch vor denen in Namibia, ebenfalls Wahlen angesetzt, aber wie immer unter Ausschluß der schwarzen Bevölkerung. Frederik Willem de Klerk geht in diese Wahl als designierter Staatspräsident und versucht durch rastlose Aktivitäten, das innenpolitische Desaster um seinen Vorgänger Botha auszubügeln. Die Frage ist: Wird er zu jener grundsätzlichen Kursänderung fähig sein, vor der sein Vorgänger zurückscheute – oder wird er Südafrika einen weiteren Schritt in Richtung Abgrund führen?

Aber es gibt noch eine Möglichkeit, und sie wird im Umkreis de Klerks ernsthaft diskutiert – daß die «Nationale Partei» die weißen Wahlen in Südafrika verliert.

Weiße Wahlen – Die letzte Chance zur Umkehr

Das Motorengeräusch des Hubschraubers dröhnt ohrenbetäubend. Der Wind seiner Rotorblätter stäubt Wasserfahnen auf und treibt sie auf den Strand zu. Am Strand herrscht ein ziemliches Durcheinander. Schreie, Hundegebell, Peitschen schwingende Polizisten – bloß geschossen wird nicht. An der Außenseite des rund zehn Meter über dem Wasser schwebenden, blaugelb lackierten Polizeihubschraubers ist ein großer Lautsprecher montiert, der irgend etwas krächzt, das vom Motor und den pfeifenden Rotorblättern aber sofort wieder übertönt wird. Mißverständnisse gibt es trotzdem nicht, denn der Hubschrauber und die zweihundert, auf dem Sand herumrennenden, schwerbewaffneten Polizisten samt ihren bissigen deutschen Schäferhunden sind ganz unmißverständlich aufgeboten, den Strand zu verteidigen. Allerdings nicht gegen die plötzlich aufgetauchte Invasionsarmee irgendeines fremden Staates, sondern gegen die eigenen Bürger. Jedenfalls gegen die mit der schwarzen Hautfarbe. Denn für die Schwarzen ist der *Bloubergstrand* in der Nähe von Kapstadt nicht vorgesehen. Hier dürfen sich laut Gesetz nur *slegs blankes,* also «nur Weiße» in der Sonne und in den Wassern des Atlantiks aalen. So verkünden es auch die Schilder an der Strandpromenade.

Einer der Schäferhunde hat sich in den Turnschuh eines schwarzen Jugendlichen verbissen und arbeitet sich langsam in Richtung Knöchel vor. Der Junge liegt im Sand, strampelt panisch und schreit um Hilfe. Doch die bekommt nicht er, sondern der Hundeführer, obwohl der gar keine bräuchte. Einer seiner Polizeikollegen stürzt herbei und schlägt mit der schweren Nilpferdpeitsche, dem *Sjambok,* auf den Jungen ein, der ein leichtes T-Shirt anhat. So schutzlos dem Sjambok ausgesetzt zu sein, heißt: schwere Platzwunden, besonders auf der Kopfhaut. Schließlich hastet ein polizeilicher Greiftrupp heran, packt den Jungen und wirft ihn in einen der vielen bereitstehenden gelben Toyotas mit dem kastenartigen Aufbau und den vergitterten Fenstern. Wie ihm geht es noch vielen anderen, die gekommen sind, um sich der *Defiance Campaign*, der Kampagne zivilen Ungehorsams der außerparlamentarischen Opposition gegen die Apartheidsgesetze, anzuschließen. Die Polizei treibt Hunderte von schwarzen «Strandbesuchern» vor sich her. Wer sich nicht flink genug davonmacht, landet in einem der gelben Toyotas.

In 14 Tagen sind Parlamentswahlen, wie immer ohne die schwarze Bevölkerung. Für die Opposition und ihre verbotenen oder in ihren Aktivitäten schwer eingeschränkten politischen Organisationen sind diese Wahlen, wie in den Jahren zuvor, eine Farce. Um das innerhalb und außerhalb Südafrikas klarzumachen, rief sie vor zwei Wochen die Defiance Campaign ins Leben. Sie soll auf die nach wie vor in vielen Lebensbereichen geltenden Apartheidsgesetze aufmerksam machen, indem Schwarze diese Gesetze bewußt und massenhaft übertreten. Die Aktionen des zivilen Ungehorsams, an denen sich mit jedem Tag mehr Menschen beteiligen, treffen die weiße Regierung empfindlich. Sie versucht im Augenblick, das innenpolitische Desaster um den gerade so blamabel aus dem Amt geworfenen P. W. Botha zu überspielen. Eigentlich bräuchte sie ein ruhiges innenpolitisches Klima, um sich als souveräne Herrin der Lage präsentieren zu können. Darum hat sich Frederick Willem de Klerk bemüht. Er hat zunächst versucht, sich in den noch verbleibenden Wochen vor der Wahl als liberalere, als «weltoffenere und modernere» Alternative zu Bothas imperialem Regime darzustellen. Und jetzt das!

Es kommt bald noch zu weitaus groteskeren Szenen als der am Bloubergstrand, wo die Staatsmacht mit aller Gewalt jene Apartheid verteidigt, von der sie im Ausland schon lange behauptet, daß es sie gar nicht mehr gebe – eine Lüge, auf die auch durchaus kritische Zeitgenossen oft genug hereingefallen sind und immer noch hereinfallen. In Pretoria und Johannesburg sortieren paramilitärische Einheiten morgens an den Bushaltestellen all jene aus, die irgendwie sogenannten Mischlingen ähneln oder ganz offensichtlich «schwarz» sind und sich trotzdem aus Protest anschicken, in für Weiße vorgesehene Busse einzusteigen. Manche werden verhaftet, andere geprügelt und davongejagt. Erzbischof Desmond Tutu und einige seiner Mitgeistlichen finden sich plötzlich in dichtem Tränengasnebel wieder, nachdem sie in einer Kirche in dem Getto Gugulethu bei Kapstadt erfolgreich versucht hatten, rund tausend Schüler von einer verbotenen Demonstration abzuhalten, die mit Sicherheit im blutigen Schlagabtausch mit der Polizei geendet hätte. Zu den gewaltsamen Auseinandersetzungen kommt es dann doch – trotz Tutus Bemühungen. Denn die aufmarschierte Polizei wartet, bis der Friedensnobelpreisträger und Erzbischof von Kapstadt aus der Kirche kommt und feuert dann ohne jeden Grund Tränengasgranaten auf die Geistlichen. Gleichzeitig gehen Polizeieinheiten gegen die Presse vor, besonders gegen Photographen und Kameraleute, um zu verhindern, daß von ihrer hinterhältigen Aktion Bilder gemacht werden. Dutzende Journalisten werden verhaftet. Uns erwischt es nicht an diesem, dafür aber an einem der folgenden Tage in Johannesburg.

Es läuft immer gleich ab.

Stufe eins: Alles, was nicht mit «weißer» Politik zu tun hat, ist verboten.

Stufe zwei: Anti-Apartheids-Organisationen melden dagegen öffentlichen Protest und Demonstrationen an, die natürlich verboten werden, obwohl das gar nicht nötig wäre, denn sie sind ja bereits verboten. Dann marschiert Polizei und gelegentlich auch Militär dort auf, wo die Demonstrationen geplant waren.

Stufe drei: Irgendwie finden sich doch ein paar hundert Demonstranten ein, die trotz aller Absperrungen zum Beispiel auf das Gelände der *Witwatersrand*-Universität vordringen können, wo eine Kundgebung geplant war.

Stufe vier: Irgendwann fliegen Tränengasgranaten und Gummigeschosse, bei weiterer Eskalation dann Schrotkugeln. Es kommt zu ziemlich wahllosen (und sinnlosen) Verhaftungen, Journalisten und Fernsehteams finden sich auf der nächsten Polizeistation wieder, zum Beispiel auf der im Johannesburger Stadtteil Hillbrow, die für die Universität «zuständig» ist. Dort gibt's eine Gardinenpredigt von einem Polizeikommandeur namens Malherbe, der uns aber aus Prinzip erst eine Weile warten läßt. Mit leichtem Grinsen verkündet er dann umständlich und nicht ohne persönlichen Genuß, daß wir ja eigentlich noch einmal Glück gehabt hätten. Sollten wir aber heute nochmal gefaßt werden, und auch noch am gleichen Ort, nämlich dort, wo «die Unruhestifter» am Werk seien, dann warteten ganz gewiß eine Menge Schwierigkeiten auf uns, die er jetzt nicht näher ausführen wolle. Das ist eine ziemlich plumpe und törichte Drohung, die dem Mann aber sichtlich zu gehobenem Selbstwertgefühl verhilft. Dann werden wir «entlassen» – ohne unser Filmmaterial.

Letzte Stufe: Ich benachrichtige unsere Anwälte, die sich am nächsten Tag mit den Behörden in Verbindung setzen; kurzer Schriftwechsel, der nichts bringt: Ende der Vorstellung.

Ein paar Tage oder manchmal auch nur ein paar Stunden später beginnt das Ganze entweder am gleichen oder an einem anderen Ort von vorn. Je nachdem.

Im Augenblick aber deutet alles darauf hin, daß die Geschehnisse, je näher der 6. September und damit die Parlamentswahl kommt, auf einen blutigen Höhepunkt zutreiben. Vor allem zwei Faktoren tragen zu der selbst für südafrikanische Verhältnisse ungewöhnlichen Zuspitzung bei:

Zum einen löst Bothas erzwungener Abgang in der schwarzen Opposition das Gefühl aus, daß die inneren Widersprüche im weißen «laager» noch einen größeren politischen Erfolg, wenn nicht gar einen Sieg möglich machen könnten. Mit Botha fiel ja nicht nur ein weißer Staatspräsident, sondern auch ein Symbol der Unterdrükkung. Der Rassenstaat zeigt plötzlich Schwäche. Das versetzt die Opposition in Hochstimmung.

Und zum zweiten: De Klerk und sein Kabinett haben erkannt, daß ihnen die «Defiance Campaign» durchaus nicht nur lästig und hinderlich, sondern auch nützlich sein kann (sieht man einmal von den eher unangenehmen internationalen Auswirkungen während der knapp zwei Wochen bis zur Wahl ab). Die Regierung kann die Aktionen gegen die Apartheid paradoxerweise dazu nutzen, jene (weißen) Wähler zurückzuholen, die ihnen am rechten und rechtsextremen Rand des politischen Spektrums entweder bereits davongelaufen sind oder im Begriff sind, es zu tun. Sie muß nur – die «Campaign» demonstrativ und mit aller Gewalt unterdrücken. Das wird die Wahlreden von «Reformen» und einem «neuen Südafrika» etwas relativieren und den durch die Reformrhetorik beunruhigten Wählern vor allem draußen auf dem «Platteland» signalisieren, daß im Grunde alles beim alten bleibt.

Ob diese Rechnung am Ende aufgeht, ist offen. Umfragen bescheinigen der rassistischen Konservativen Partei große Stimmengewinne. Zum andern zeigt sich immer deutlicher, daß die gewaltsame Zerschlagung der «Defiance Campaign», wie schon die der großen Protestaktionen der Schwarzen in den 50er und 60er Jahren, nur um den Preis einer gefährlichen Eskalation der Auseinandersetzungen möglich ist. Im Pulverfaß Südafrika mit seiner schießfreudigen Polizei und Armee aber heißt das, daß die Gefahr eines Massakers und damit ernsthafter internationaler Konsequenzen wächst.

Auch die damaligen Protestaktionen hießen «Defiance Campaign». Die Eskalation durch die Polizei führte schließlich 1960 zum «Massaker von Sharpeville», bei dem die Polizei auf eine friedliche Massendemonstration schoß und 67 Menschen tötete. Viele davon waren Frauen und Jugendliche. Die meisten wurden von den Schüssen im Rücken getroffen, also während sie zu fliehen versuchten. Das Massaker löste die bis dahin schwerste innen- und außenpolitische Krise Südafrikas aus und führte zu einem Kurssturz an der Johannesburger Börse.

Sollte so etwas jetzt wieder geschehen, würde de Klerk in wenigen Augenblicken seinen gesamten politischen Kredit verspielt haben, den er selber während eines kurzen Besuchs in Europa von Politikern wie Maggie Thatcher und Helmut Kohl zugestanden bekommen hatte, zwei Politikern, auf die er angewiesen ist, da sie die einzigen Politiker von internationalem Gewicht sind, die Südafrika nach wie vor freundlich gesonnen sind. Sie zu vergrätzen, könnte ihn teuer zu stehen kommen!

Nüchtern betrachtet, hat de Klerk nur eine einzige Chance: Und die ist, echte und wirklich tiefgreifende Reformen anzustreben und die Apartheid ein für allemal abzuschaffen. Nutzt er seine Chance nicht, so kann die Herrschaft der weißen Minderheit zwar noch ein paar Jahre dauern, aber die völlige internationale Isolation und ein Blutbad im Lande sind dann unausweichlich.

Aber einmal ganz davon abgesehen: das rapide Wachstum der schwarzen Bevölkerung bei gleichzeitigem Stillstand des Bevölkerungswachstums bei den Weißen wird schon bald nach der Jahrtausendwende zu einem Verhältnis von 10:1 führen – statt, wie augenblicklich, 5:1. Solche Zahlen beantworten die Frage nach der künftigen politischen Macht in Südafrika von selbst.

Werden de Klerk und seine Berater das erkennen und, vor allem, auch danach handeln? Wissen sie, daß sie nur noch eine Chance haben? Es gilt auch für die südafrikanische Regierung und den designierten Staatspräsidenten de Klerk, daß, wer zu spät kommt, vom Leben bestraft wird.

Der Mann lacht charmant. Sein Einzug in die Turnhalle einer Schule von Houghton, eines der reichsten Stadtviertel von Johannesburg, ist zwar nicht gerade triumphal, aber das konnte er auch nicht erwarten. Denn Houghton ist so etwas wie die liberale Höhle des Löwen. Schon seit vielen Jahren wählen die Weißen hier im Wahlkreis in ihrer großen Mehrheit die *Progressive Federal Party*. Sie hat zwar vor kurzem ihren Namen in *Democratic Party* umgewandelt, aber die Partei ist im Grunde genommen die gleiche: Sie vertritt eine – auch an europäischen Verhältnissen gemessen – liberale, gegen die Apartheid ausgerichtete Politik. Ihre Klientel besteht zu einem sehr großen Teil aus Südafrikanern, die sich der englischen Tradition Südafrikas verpflichtet fühlen.

Im 19. Jahrhundert setzte die britische Kolonialmacht eine massive Einwanderungskampagne englischer Siedler in Gang, um den Einfluß der Buren zurückzudrängen. Das gelang nur sehr bedingt, da die erwartete große Zahl englischer Siedler ausblieb. Die Buren wichen im übrigen im «großen Treck» vom Kap nach Norden aus. Die Siedler aus England, das Personal der englischen Kolonialverwaltung und schließlich die englischen Geschäftsleute, sie alle und ihre Nachkommen fühlten bzw. fühlen sich ihren Wurzeln verpflichtet. Sie haben den aufflammenden «burischen Nationalismus» der Afrikaaner nie nachzuvollziehen vermocht, der schließlich 1948 mit einem überwältigenden Wahlsieg der «Nationalen Partei» die Macht im Staat übernahm.

Das war kein gewöhnlicher Wahlsieg; er bedeutete den Beginn einer regelrechten Mission zugunsten des burischen Volkes, das nun endlich ganz Südafrika auch politisch in die Hand bekam, ohne auf die liberalen *rooinecks*, die «rotnackigen» Engländer, so ihr Spitzname, weiter Rücksicht nehmen zu müssen. Jedenfalls glaubten sie das. Sie haben den Staat von Anfang an als Instrument zur Erhaltung und sozialen Absicherung des burischen Teils der weißen Bevölkerung verstanden. Noch heute setzen sich Bürokratie, Polizei und Armee fast ausschließlich aus burischen und nicht aus britischen Afrikaanern zusammen. Die Staatsdiener werden von der Nationalen Partei gehegt und gepflegt und regelmäßig mit Gehaltserhöhungen und zusätzlichen kleinen Privilegien bedacht, die sie bei der Stange halten sollen.

Nach der Machtübernahme der burischen Afrikaaner zog sich die englischstämmige Bevölkerung zum größeren Teil aus der Politik zurück und konzentrierte sich im wesentlichen auf wirtschaftliche Aktivitäten. Die großen Firmen und bedeutende Bergbaukonzerne wie *Anglo American* oder *De Beers* wurden lange fast ausschließlich von «englischem» Management geführt und geprägt.

Was die Politik angeht: Englisch blieb zwar die zweite offizielle Landessprache neben Afrikaans, aber ansonsten beschränkte sich der liberalere englische Einfluß in den letzten 20 Jahren im wesentlichen auf die kleine, oppositionelle «Progressive Federal Party», die nie mehr als eine Minderheit innerhalb der weißen Bevölkerung vertreten hat oder – aller Voraussicht nach – vertreten wird. Schon gar nicht in Zeiten wie diesen, wo alles in Richtung einer noch schärferen politischen Polarisierung zwischen der Nationalen Partei und der Konservativen Partei treibt.

Viele weiße Südafrikaner mögen ahnen, daß es irgendwann mit ihrer gewaltsam durchgesetzten Vorherrschaft über die Schwarzen zu Ende geht. Aber wählen werden sie vermutlich, aus Angst, nicht die Kräfte der Reform, sondern jene Parteien, die ihnen maximale

Sicherheit versprechen – auch wenn diese Versprechungen unrealistisch sind. Und da die Konservative Partei von Reformen schon gar nicht mehr redet, sondern nur noch an die Instinkte und die Zukunftsangst der Weißen appelliert, haben sich ihre Chancen auf ein gutes Wahlergebnis gerade in den letzten Wochen noch erheblich verbessert. Manche ihrer führenden Mitglieder träumen sogar von einer baldigen Regierungsübernahme.

Die Democratic Party rechnet sich trotzdem Chancen auf zusätzliche Stimmen aus. Sie baut darauf, daß immer mehr Menschen erkennen, daß es die Möglichkeit der freiwilligen Umkehr der Weißen und der Verhandlungen mit den Schwarzen über eine friedliche Zukunft nicht mehr lange geben wird.

In der Gemeindehalle von Houghton haben sich an diesem Abend viele Anhänger der Democratic Party versammelt, um Bothas Nachfolger klarzumachen, daß er nicht nur nach rechts Stimmen verliert, sondern sein Stimmenreservoir auch nach links abbröckelt. De Klerk wird sich für einen klareren Kurs als bisher entscheiden müssen – meinen sie.

«Was wir wollen, ist ein völlig neues Südafrika, und ich sehe dieses neue Südafrika bereits am Horizont. Es ist die Dämmerung einer neuen Ära. Wir sind dabei, einen neuen Anfang in der südafrikanischen Politik zu machen, und jeder, der guten Willens ist, soll uns dabei willkommen sein.»

De Klerk wirkt ruhig und glaubwürdig, auch bei der Verkündung solch vager und leicht missionarischer Sätze. Sein Stil ist anders als der des früheren Staatspräsidenten Botha. Der hätte solche Sätze, wenn überhaupt, so ausgesprochen, daß es den Zuhörern dabei angst und bange geworden wäre – trotz ihres ja eigentlich positiven Inhalts. Dabei hätte er drohend mit dem Zeigefinger in die Luft gestoßen, mit seinem durch die dicken Brillengläser noch stechender wirkenden Blick die Menge einschüchternd gemustert und das Kinn provokant nach vorne geschoben. Wenn schon Reform, dann hat sie ausgeführt zu werden wie ein Befehl, alles klar? Ganz anders de Klerk.

Er bewegt sich eher an der – nicht ganz unproblematischen – Grenze zwischen «einfühlsam» und «salbungsvoll». Er lächelt lieber einmal zuviel als einmal zu wenig, auch wenn ihm das eine oder andere Lächeln der Häufigkeit wegen dann doch ein wenig schief gerät. Aber immerhin, aufgeheiterte Mienen und sanftere Töne in der politischen Auseinandersetzung sind in dem aufgeheizten Klima unter den Weißen, wo gewöhnlich auf einen groben Klotz ein noch gröberer Keil gesetzt wird, durchaus neu. Auch wo der hauptsächlich Afrikaans sprechende Botha erbitterte Kämpfe mit der englischen Grammatik ausfocht, bewegt sich de Klerk eleganter. Selbst was er sagt, müßte dem in der Mehrheit eher liberalen und der Apartheid gewiß kritisch gegenüberstehenden weißen Publikum in der Turnhalle von Houghton eigentlich sympathisch sein.

Es fragt sich also, warum dem nicht so ist. Vor allem wohl deshalb, weil de Klerk nicht im luftleeren Raum redet, sondern in Südafrika, wo schon viel von Reform geredet worden, aber wenig Konkretes geschehen ist. Wenn es deshalb eine für Südafrika typische Einstellung gibt, übrigens in allen «laagern», den weißen wie den schwarzen, dann ist es die: Mißtrauen.

«Wir werden jene Hindernisse, die noch den Verhandlungen mit allen Südafrikanern, egal welcher Hautfarbe, im Wege stehen, aus dem Weg räumen. Wir werden langfristig eine neue Verfassung entwerfen, in der es keine Diskriminierung mehr gibt. Eines muß allerdings ganz klar gesagt werden, und da unterscheiden wir uns von der Demokratischen Partei: Es kann nicht um Kapitulation gehen. Das Prinzip ‹Ein Mensch, eine Stimme›, wie es auch vom ANC verlangt wird, ersetzt die bisherige Dominanz einer Minderheit in Südafrika durch die Diktatur der Mehrheit über die Minderheit. Wir, die Nationale Partei, werden darauf achten, daß so etwas nicht eintritt. Dagegen werden wir Vorsorge treffen!»

Einige im Publikum beginnen verärgert zu pfeifen. Denn da ist er plötzlich wieder, der *doubletalk*, die Sätze mit dem doppelten Boden, Sätze, in denen es immer irgendein Hintertürchen gibt, durch die der Redner wieder in die alten Verhältnisse entschlüpfen kann, wenn er will. Die Frage ist: Will er oder will er nicht? Wenn er nicht will, wozu dann das Hintertürchen? Wo endet die Wahltaktik und wo steht der Mann wirklich?

«Ich möchte eines von Ihnen wissen», ruft eine junge Frau erregt in Richtung Podium. De Klerk bemerkt sie, lächelt freundlich, unterbricht seine Rede und läßt ihre Frage spontan zu.

«Bitte, ich hoffe, daß ich Ihre Frage beantworten kann», sagt er höflich. Auch das wäre bei P. W. Botha nicht vorgekommen.

«Sie sind doch immer noch Minister für Nationale Erziehung, in Ihr Ressort fällt doch auch das Schulwesen in Südafrika. Wenn Sie so sehr gegen Diskriminierung sind, warum dürfen dann zum Beispiel immer noch Einwanderer aus Portugal, Spanien oder Deutschland ihre Kinder auf die sehr viel besseren staatlichen Schulen für Weiße schicken und Südafrikaner, die in diesem Land geboren sind, zum Beispiel als Zulus, warum dürfen die nicht auf solche staatlichen Schulen, obwohl sie nun wirklich südafrikanische Bürger sind und nicht Einwanderer wie die Portugiesen, Spanier oder die Deutschen. Jedes Land auf der ganzen Welt schützt und versorgt zuerst seine eigenen Bürger, bevor die Ausländer drankommen. Warum haben Sie das in Ihren bald 10 Jahren Mitgliedschaft im Kabinett nicht geändert, wenn Sie so sehr gegen Diskriminierung sind?»

Die Frage trifft den Kern, und der südafrikanische Politiker dürfte noch nicht geboren sein, der diese Frage ehrlich beantworten will und zugibt, daß die Ursache natürlich die Rassendiskriminierung ist. Ein Zulu ist zwar ein Südafrikaner, aber einer mit schwarzer Hautfarbe. Deshalb hat er in die für Schwarze vorgesehenen Schulen zu gehen und dort die ihm verordnete, sogenannte Bantu-Erziehung zu genießen. Sie ist der Schulausbildung für weiße Kinder in jeder Hinsicht, vom Lehrplan bis zum Unterrichtsmaterial, hoffnungslos unterlegen. Nicht zuletzt deshalb, weil vom Staat nach wie vor für ein weißes Kind über viermal soviel Geld ausgegeben wird wie für ein schwarzes.

Und genau das bezweckte ja auch die Einführung der Bantuerziehung nach dem Wahlsieg der Nationalen Partei 1948: Schwarze sollten gar nicht erst gleiche Bildungschancen bekommen. Sie waren in den Planungen der Apartheidsstrategen nur als billige Arbeitskräfte vorgesehen, für die ein absolutes Minimum an Ausbildung genügt. So blieb sichergestellt, daß sie für die Weißen nicht als Konkurrenz auf dem Arbeitsmarkt auftreten konnten. Deshalb schlossen die «Bildungspolitiker» der Nationalen Partei die kirchlichen und die Missionsschulen oder unterwarfen sie strikter staatlicher Kontrolle, um auch dieses Schlupfloch für eine nicht von der Apartheid geprägte Erziehung und Ausbildung zu verstopfen. Ein Schlupfloch, durch das zum Beispiel Nelson Mandela als Jugendlicher noch schlüpfen konnte. Auch vor 1948 hatte es zwar schon in vielen Bereichen eine gesetzlich fixierte Rassendiskriminierung gegeben. Doch zu einem perfekten, kalt kalkulierten, ideologischen System baute es erst die Nationale Partei aus.

Natürlich weiß de Klerk das alles. Denn er kommt schließlich aus einer Familie, die, wie die P. W. Bothas, ganz und gar in der Nationalen Partei aufging. 1978 noch von Bothas Vorgänger John Vorster als mit 42 Jahren jüngster Minister Südafrikas ins Kabinett geholt, die letzten Jahre als Minister für Nationale Erziehung auch für das Schulsystem verantwortlich, kennt de Klerk diese Hintergründe genau. Und weil er sie kennt, antwortet er der zornigen jungen Dame etwas weitschweifig.

«Ich möchte zunächst einmal ganz klar sagen, daß uns jeder willkommen ist, der aus anderen Teilen der Welt in dieses Land kommt, das zu den schönsten der Erde zählt, und sich hier niederlassen will. Was den von Ihnen erwähnten Zulu angeht, so wissen Sie so gut wie ich, daß Zulus stolz darauf sind, Zulus zu sein. Das ist auch gut und richtig so.»

Eben deshalb sei es für Zulus ohne Frage am besten, wenn sie in ihrer Muttersprache, nämlich in Zulu, unterrichtet würden. Damit bliebe ihnen ihre kulturelle Identität erhalten. Für alle anderen kulturellen Gruppen Südafrikas gelte dasselbe, und das sei auch gut so.

«Hören Sie doch auf, aus uns Rassisten zu machen. Wir sind keine Rassisten und werden es auch nicht!» Jetzt ruft de Klerk doch etwas lauter ins Mikrophon, während es in der kurz aufbrodelnden Halle Zwischenrufe hagelt. Wo steht dieser Mann eigentlich? Wohin will er Südafrika tatsächlich führen, sofern seine Partei die Wahlen gewinnt?

Es ist schwer auszumachen. Die Tonlage der politischen Auseinandersetzung hat sich mit ihm positiv verändert, das stimmt. Doch wer ihm auf den Wahlveranstaltungen zuhört, wird den Verdacht nicht los, daß de Klerk, zumindest bis jetzt, keine grundsätzlichen Veränderungen will. Seine Äußerungen sind bestenfalls widersprüchlich. Die größte Tageszeitung Südafrikas, der liberale Johannesburger «Star», faßt den Eindruck der reformorientierten Kräfte von Frederik Willem de Klerk drei Tage vor der Wahl in einem bissig-ironischen Leitartikel unter der Überschrift zusammen: «VOM GROSSEN KROKODIL ZUM SCHLÜPFRIGEN CHAMÄLEON» – De Klerk wolle anscheinend zur Versöhnung Hände schütteln, aber seine eigenen Hände dabei zu Fäusten geballt behalten... Er beklage sich, daß das ganze Land von Mißtrauen und Furcht geprägt sei und Verhandlungen über eine friedliche Zukunft nicht in Gang kämen. Er müsse es wissen, denn seine Partei habe den möglichen künftigen Verhandlungsprozeß diese Woche selbst torpediert... Menschen mit beißendem Tränengas in den Augen und einem Würgen in der Kehle hätten Schwierigkeiten mit Wörtern wie «verhandeln» und «versöhnen», vor allem dann, wenn das, was sie getan hätten, nur darin bestehe, an einen Strand zu gehen, den Herr de Klerk immer noch den Weißen vorbehalten wolle... vielleicht bringe ihm das ein oder zwei zusätzliche Stimmen (auf der Rechten, T.R.) ein, Verhandlungen bringe es uns jedenfalls nicht näher. Außerdem unterstreiche es seinen Mangel an Glaubwürdigkeit... Wie ein Chamäleon, das seine Körperfarbe der jeweiligen Umgebung anpaßt, präsentiere sich Herr de Klerk bei den einen als vernünftig und versöhnungsbereit, während er anderen das brutale Gesicht der Unterdrückung zeige...

Während sich auch in anderen, eher liberalen Zeitungen Südafrikas Kommentatoren darum bemühen, hinter den «wirklichen de Klerk» zu kommen, macht die außerparlamentarische Opposition, allen voran der verbotene African National Congress, dieses Rätselraten gar nicht erst mit. Ein führendes ANC-Mitglied, mit dem ich mich eines Nachts treffe, sagt kurz und bündig:

«Warum rätselt ihr Journalisten eigentlich alle herum, ob der eine wirkliche Veränderung bringt? De Klerk ist doch kein Unbekannter. 10 Jahre Kabinettsmitglied in diesem rassistischen Staat. Von ernsthaften Reformbestrebungen de Klerks hat während dieser ganzen

Zeit niemand etwas gehört – im Gegenteil. Was soll also von dem schon zu erwarten sein?»

Für diese Meinung spricht in der Tat eine ganze Menge. Vor allem, wenn man sich kurz mit de Klerks persönlicher und politischer Biographie beschäftigt: Er ist ein makelloser Afrikaaner mit einer – in den Augen der Buren – geradezu makellos konservativen Vergangenheit. In den Augen der schwarzen Opposition ist es eine durch und durch rassistische.

Seit mehreren Generationen gehören die de Klerks zu den wichtigeren politischen Familien Südafrikas. Der Urgroßvater war Senator, also Parlamentsmitglied, der Großvater focht zwei Wahlkämpfe für einen Parlamentssitz, der Vater – Lehrer und später Schuldirektor – war Generalsekretär der Vereinigten Nationalen Partei, die sich später in Nationale Partei umtaufte. Er zog für sie ins Parlament ein und wurde schließlich Minister. Über Generationen hinweg gab es für diese Familie kein anderes politisches Ziel, als sich rückhaltlos für die Sache der Afrikaaner einzusetzen – die Ausgrenzung der Schwarzen eingeschlossen.

Der 1936 geborene Frederik Willem de Klerk wird schon als Junge Mitglied des *Jeugbond*, der Jugendorganisation der Nationalen Partei. Mit 12 Jahren erlebt er den ebenso überraschenden wie triumphalen Wahlsieg der Partei seiner Eltern und Großeltern über die vom englischen Einfluß dominierte United Party. Die von da an steile politische Karriere seines Vaters prägt die seine, obwohl es zunächst anders aussieht.

F. W. de Klerk studiert Rechtswissenschaften und eröffnet 1961 ein Anwaltsbüro. Zur gleichen Zeit gibt übrigens ein anderer, kaum 50 Kilometer von de Klerks Kanzlei entfernt, seine Anwaltspraxis auf und geht, von der Polizei gesucht und verfolgt, in den Untergrund, weil er in dem bestehenden rechtlichen und politischen System nichts Verteidigungswürdiges mehr zu sehen vermag: Nelson Mandela. De Klerk bekommt schließlich eine Professur für Verwaltungsrecht an einer südafrikanischen Universität angeboten – und entschließt sich, einigermaßen überraschend, statt dessen doch hauptberuflich in die Politik, und das bedeutet, in das weiße

Parlament zu gehen. Hintergrund: Der Abgeordnete seines Wohnorts geht mitten in der Legislaturperiode als südafrikanischer Botschafter nach Rom, de Klerk bekommt den Wahlkreis angeboten und gewinnt prompt die Nachwahlen. Frühere Kollegen von ihm sagen, er sei ein ausgezeichneter Jurist, doch in seinem Element ist er ganz gewiß erst jetzt. Er wird es nie mehr verlassen.

Die folgenden Jahre de Klerks lassen sich vor allem mit dem Adjektiv «erfolgreich» beschreiben. Er stellt gleich zwei Rekorde auf: Er wird schneller als je ein anderer Abgeordneter zum Minister. Er wird der jüngste Minister, den Südafrika je hatte. Seine Ressorts wechseln im Laufe der Jahre, schwere Partei- und Regierungskrisen überdauert er, auffällig unauffällig umschifft er alle Klippen und bleibt im Kabinett, was zumindest sein diplomatisches Geschick beweist.

P. W. Botha entwirft seine Theorie und Praxis des *total onslaught*, konzentriert die Macht auf sich selbst, reduziert die Bedeutung des Kabinetts und bringt die Militärs immer mehr in entscheidende politische Funktionen – de Klerk bleibt. Es scheint kein Widerspruch zu seiner eigenen politischen Haltung zu sein. Er gehört allerdings auch nicht zum inneren Kreis der wenigen Minister und *Securocrats* um Staatspräsident Botha. Nach dem Scheitern seines Reformversuchs durch die Einführung der neuen Verfassung und des sogenannten Dreikammer-Parlaments verhängt Botha den Ausnahmezustand und zerschlägt mit Gewalt den schwarzen Widerstand. In den Jahren 1985 bis 1988 werden über 20 000 Menschen unter dem Ausnahmezustand verhaftet, darunter auch Kinder – von einem Widerspruch oder gar einer öffentlichen Kritik de Klerks ist nichts bekannt.

Überliefert sind andere Dinge. Zum Beispiel, daß er als Minister Weiße dazu aufrief, doch ein Auge darauf zu haben, daß sich in ihre Wohngebiete keine schwarzen Mitbewohner einschleichen. Daß er es ablehnte, Schwarzen das Recht zuzugestehen, Gewerkschaften zu bilden oder gar zu streiken – von einem demokratischen Wahlrecht ganz zu schweigen. Daß er als Minister für Nationale Erziehung den liberaleren Universitäten mit dem Entzug der Finanzmittel drohte, sofern sie nicht selbst für eine massive Disziplinierung der Anti-

Apartheid-Bewegung auf dem Campus sorgten. (In diesem Fall verlor er sogar einen Verwaltungsgerichtsprozeß gegen einige der Universitäten und mußte seine Drohung zurücknehmen; das war, in Anbetracht der nicht als staatskritisch bekannten Justiz Südafrikas, durchaus eine Blamage.)

Die Liste ließe sich noch um viele Beispiele verlängern. Daß er sich darauf jetzt, in der entscheidenden Phase des Wahlkampfs, nur ungern ansprechen läßt, ist verständlich. Vor eher liberalem Publikum sagt er deshalb bei sich bietender Gelegenheit gern, was er schon 1986 öffentlich ausgesprochen hat: Er habe in den Jahren seiner aktiven Politik das Konzept der Apartheid nie als ein gutes politisches Konzept verteidigt. Das mag, wenn man den Satz ganz wörtlich nimmt, sogar sein. Und doch ist es, angesichts der Praxis de Klerks «in den Jahren seiner aktiven Politik» ein merkwürdiger, um nicht zu sagen, ein heuchlerischer Satz. Denn er hat sich immer öffentlich mit den konkreten Maßnahmen des Apartheidsstaats identifiziert. Als langjähriges Regierungsmitglied hat er die Apartheid nach außen wie nach innen repräsentiert. Etwas anderes zu behaupten, wäre schlichter Unsinn.

Er war und ist Teil, ja führendes Mitglied der Apartheidsgesellschaft. Daß er die Apartheidsgesetze rigoros abschaffen wolle, hat man zumindest öffentlich von ihm nie gehört. Im Gegenteil. Innerhalb seiner Partei galt er zu keiner Zeit als potentieller oder gar exponierter Reformer, ebensowenig innerhalb des Kabinetts. (Wenn der rigorose und stets mißtrauische Botha ihn nicht mindestens zu den gemäßigt Konservativen gerechnet hätte, hätte de Klerk höchstwahrscheinlich keine zehn Jahre in seinem Kabinett überstanden!)

Eines allerdings ist auch richtig: Im Gegensatz zu manch anderem ist de Klerk in der Öffentlichkeit nie als flammender Ideologe der Apartheid aufgetreten. Aber das läßt sich weniger seiner politischen Auffassung gutschreiben als seiner Natur: Er ist sicher kein Demagoge; sein Charisma ist eher blaß; er gilt als zuverlässig und kompetent, für überschäumendes Temperament ist er nicht bekannt: Alles in allem eher ein Pragmatiker, allerdings mit zutiefst konservativen Auffassungen, was in der Geschichte und Gegenwart

«Den ersten Kaffer an meiner Schule schieß ich über den Haufen. Haltet unsere Schulen weiß!» Ein Jugendlicher bei einer Demonstration weißer Anhänger der Rassentrennung.

Frühsommer 1990. Nelson Mandela und de Klerk treffen sich zum ersten Mal öffentlich, um über Südafrikas Zukunft zu verhandeln.

Weiße Neonazis von der *Afrikaaner Weerstandsbeweging* machen seit Mandelas Freilassung mobil.

Alltag in den besseren weißen Wohnvierteln: Die schwarzen *Maids* ziehen die weißen Kinder groß, damit die *Madam* Zeit für anderes hat...

Auf Posten in dem schwarzen Getto Alexandra bei Johannesburg. Ob auch er als Baby von einer schwarzen *Maid* versorgt wurde?

Weißes Wohnviertel bei Johannesburg – fast jeder besitzt hier einen Swimming Pool.

Im schwarzen Getto. Keine zwei Kilometer von hier liegt eines der reichsten Stadtviertel Johannesburgs.

Nelson Mandela auf der ersten Kundgebung nach seiner Freilassung im Fußballstadion von Soweto.

Auch heute noch feiern viele Weiße so den historischen «großen Trek». Neger sind dabei allenfalls fürs Vieh zuständig.

Zuluführer Mangoshutu Buthelezi, der ebenso listig wie brutal und skrupellos um Einfluß kämpft.

Zulus hören einem Häuptling zu. Er ruft sie zur «bewaffneten Verteidigung» auf.

Krieger vom Stamm der Zulus und Mitglieder der konservativen Organisation *Inkatha* greifen ANC-Anhänger an.

Johannesburg wirkt aus der Ferne wie eine europäische Großstadt.

Johannesburgs Kehrseite: Hunderttausende Schwarzer leben in riesigen Elendsvierteln.

Im Stadtzentrum von Johannesburg.

Kinderalltag, während die Mutter auf dem Gehweg Früchte verkauft.

«Der ANC lebt!»

Südafrikas zwangsläufig, anders als in Europa, immer auch ein gehöriges Quantum an praktischem Rassismus enthält.

Und wer wie de Klerk, seit Bothas Hinauswurf, in seiner Funktion als *acting Statepresident*, als offizieller Statthalter des Staatspräsidenten bis zu den Wahlen, mit paramilitärischer Polizei und ihrer brutalen Gewalt Strände gegen schwarze Badegäste verteidigen läßt, muß sich den Vorwurf des Rassismus und der gewaltsamen Verteidigung des «Konzeptes» der Apartheid gefallen lassen. Auch wenn er, wie viele südafrikanische Politiker der Nationalen Partei, ein paar rhetorische Tricks bemüht, um diesem Vorwurf notdürftig zu begegnen. Das sind die Gründe, weshalb die schwarze Opposition, aber auch fast die gesamte liberale und apartheidskritische Öffentlichkeit in Südafrika, von einem eventuellen Wahlsieger Frederik Willem de Klerk mit Sicherheit eines nicht erwartet: tiefgreifende Veränderungen.

Die letzten Tage und besonders die Nacht vor der Wahl lassen auch sonst ziemlich stoische und emotional unbeteiligte Beobachter mit Entsetzen reagieren. Besonders dann, wenn sie wissen, was in den Gettos rund um Kapstadt vor sich geht: in *Mitchells' Plain, Mannenberg, Crossroads, Bellville, Athlone*, wo zusammengenommen Hunderttausende schwarzer und sogenannter farbiger Familien wohnen.

Es beginnt damit, daß die Polizei selbst zu einer surreal wirkenden Aktion im Stadtzentrum von Kapstadt schreitet. Die Anti-Apartheid-Organisationen hatten zu einem, natürlich verbotenen, «Marsch auf das Parlament» aufgerufen. Doch statt gleich Tränengasgranaten und Gummigeschosse einzusetzen, fährt die Polizei – erstmals – Wasserwerfer auf, deren Wasser neben einer Reizgassubstanz auch rosarote Farbe enthält. Der Sinn dieser Maßnahme: Die außerordentlich schwer zu entfernende Farbe soll es erlauben, Demonstranten auch nach der Demonstration zu identifizieren, auf daß sie verhaftet werden können ... So war es jedenfalls gedacht. Es kam aber ein klein wenig anders: Die unbeweglichen Wasserwerfer werden im engen Stadtzentrum Kapstadts von den Demonstranten angegriffen. Unter dem Jubel der Menge und mit der kräftigen Nachhilfe einiger besonders beherzter Jugendlicher, die blitzartig auf die gepanzerten Fahrzeuge steigen, versprühen sie ihr rosarot gefärbtes Wasser mindestens so sehr auf die weißen Wände der schönen Kolonialstilgebäude wie auf die Demonstranten. Eine ganze Häuserzeile gegenüber von Erzbischof Tutus Kathedrale zum Heiligen Georg beginnt sich pink einzufärben, was allseits schallendes Gelächter auslöst. Dann allerdings schlägt die Polizei mit erprobteren Mitteln zu und fegt die Straßen mittels Sjambok und Gummigeschossen leer. Es kommt zu zahlreichen Verhaftungen, darunter 51 Journalisten.

Draußen in den Gettos vor Kapstadt jedoch geht es sehr viel weniger glimpflich ab. Denn dort gibt es weit weniger «Öffentlichkeit» als in der von Touristen und zahlreichem Einkaufspublikum besuchten Stadtmitte Kapstadts. Gemeinsam mit einigen anderen Korrespondenten internationaler Fernsehgesellschaften haben wir acht Kamerateams auf die Gettos verteilt, die sich dort in den Häusern und Verschlägen verstecken, um nicht sofort von der Polizei aufgegriffen zu werden. Das von diesen versteckten Kameras gedrehte Videomaterial, das über Verbindungspersonen herausgebracht wird, ist empörend:

Es dokumentiert, wie die Polizei gnadenlos alles zerschlägt und auf alles schießt, was irgendwie nach Protest gegen die Wahlen aussieht. Sie fahren in ihren gelben Toyotas oder den schweren Panzerwagen durch die Siedlungen und veranstalten regelrechte Menschenjagden. Junge weiße Polizisten und Soldaten, kaum älter als 18 oder 19 Jahre, laufen die Straßen entlang und schießen mit schwerer Schrotmunition gezielt auf Menschen, egal ob die protestieren oder zu fliehen versuchen. Polizisten rennen Peitschen schwingend in die Hinterhöfe, brechen Türen auf und schlagen drauflos. Auf Frauen, auf Kinder. Die sogenannten Sicherheitskräfte streichen wie ausgehungerte Wölfe durch die Gettos um Kapstadt, in dem wohl richtigen Gefühl, daß sie, egal was sie tun, sowieso nicht belangt werden.

Südafrika ist dabei, seine letzte Chance zu verspielen. Zum erstenmal nach 16 Monaten in diesem Land bemerke ich, wie ich nicht nur betroffen, sondern wütend auf die gewaltige Verlogenheit dieser Gesellschaft reagiere. Während die weiße Bevölkerung in ihren sicheren weißen Wohnvierteln wählen geht, von Demokratie spricht und die Regierungspartei sich als reformfreudig – was immer das heißen mag – präsentiert, wird draußen, in den von der Öffentlichkeit und der Presse weitgehend abgeschotteten Gettos wild drauflos geschossen, gepeitscht und geschlagen. Drei Millionen schwarze Arbeitskräfte bleiben aus Protest gegen die Wahlen, von denen sie ausgeschlossen sind, zu Hause. In den weißen Wohnvierteln ist von alldem nichts zu spüren. Die meisten Weißen nehmen das alles hin, als ob es das Normalste der Welt wäre. Währenddessen kreisen Geheimpolizei und «Sicherheitskräfte» durch die schwarzen Gettos.

Am Morgen des 7. September gibt es eine doppelte Bilanz: das Wahlergebnis und die Zahl der Opfer, die die Wahlnacht gekostet hat. Die Zahl der Toten ist umstritten – aber das ist nicht neu in Südafrika. Erzbischof Tutu und sein Büro sprechen von 23 Toten, die Polizei von 12, ein bekanntes, mit der Anti-Apartheid-Bewegung eng verbundenes Anwaltsbüro spricht von 25. Es ist niemand da, der an diesem Morgen wirklich verläßliche Angaben machen kann. Der Polizei allerdings glaubt niemand, aus gutem Grund und reicher Erfahrung. Die Zahl wird sich später bei 21 einpendeln. Zu den Toten gehören ein 5jähriges Kind und mehrere Jugendliche zwischen 9 und 15 Jahren. Sie wurden aus kurzer Distanz erschossen.

Die Kosten dafür, daß sich die weiße Bevölkerung in Südafrika wieder einmal die Illusion einer Demokratie leisten wollte, sind hoch. Von einer Umkehr gegenüber den Schwarzen ist zwar auf so mancher Wahlveranstaltung geredet worden – praktisch war davon aber nichts zu spüren, am allerwenigsten in den Tagen und Nächten vor der Wahl. Bleibt die Frage, wie sich der Wahlsieger in Zukunft verhalten wird, das heißt: Wer ist überhaupt der Wahlsieger?

Eigentlich sind es alle drei Parteien. Denn zwei von ihnen, die Konservative und die Demokratische, haben erheblich an Stimmen gewonnen, und die Nationale hat immer noch so viele behalten, daß sie die Wahl für sich entscheiden hat können, ohne mit einer der beiden anderen Parteien eine Koalition eingehen zu müssen. Mit dem schlechtesten Wahlergebnis ihrer Geschichte bleibt also die

Nationale Partei Sieger, und de Klerk wird, das steht damit fest, der neue Staatspräsident Südafrikas.

Eine genaue Analyse der Wahl führt de Klerk vor Augen: Seine Partei hat nach zwei Seiten Stimmen verloren, besonders dramatisch an die rechtsextreme und rassistische Konservative Partei, die ihren Stimmenanteil gegenüber der letzten Wahl vor zwei Jahren von 27 % auf 31 % verbessern konnte. Damit zeigt sich fast ein Drittel aller weißen Wähler als Gegner jeder Art von Reform. Das ist viel, vor allem, da de Klerk keinesfalls mit einem klaren und eindeutigen Reformkurs in die Wahl gegangen ist. Auch der *5 year action plan*, das auf 5 Jahre hin ausgelegte Aktionsprogramm, das seine Partei im Wahlkampf propagiert hat, ist zu vage und viel zu allgemein gehalten, als daß daraus konkrete Reformen, der Weg der Umkehr, abzulesen gewesen wäre. Aber schon die relativ allgemeine Rede von Reform und Veränderung hat genügt, den Stimmenanteil der rassistischen Konservativen Partei weiter in die Höhe zu treiben! Es wird sich im Lauf der weiteren Entwicklung herausstellen, ob ihr Potential damit endgültig ausgeschöpft ist. Zweifel sind angebracht.

Die Nationalen haben aber auch überraschend deutlich nach links, also an die liberale Demokratische Partei, Stimmen verloren. Die konnte ihren Anteil von 16 % auf 20 % ausbauen. Wer mitgerechnet hat, wird bemerken, daß die Nationale Partei damit weniger als 50% der Stimmen (genau 48 %) bekommen hat. Aufgrund der sie begünstigenden Wahlkreiseinteilung und der Methode der Sitzberechnung hat sie dennoch mit 93 Sitzen gegenüber der Konservativen (39) und der Demokratischen Partei (33) einen sicheren Vorsprung.

Aber es gibt noch eine, eine besonders wichtige Erkenntnis: Die Nationale und die Demokratische Partei haben zusammen knapp 70% aller Stimmen bekommen. Das kann aber nur eines bedeuten: Wenn die Nationale Partei – vor allem de Klerk – mit den vagen und widersprüchlichen Reformankündigungen ernst machen will, und wenn de Klerk dabei mindestens soweit gehen will wie die Demokratische Partei – sie hat die Abschaffung der Apartheid und die Einführung des Wahlrechts auch für die schwarze Bevölkerung in einem künftig föderal strukturierten Südafrika auf ihre Fahnen geschrieben –, so könnte er es jetzt tun. Selbst bei einer größeren

Zahl von Dissidenten in seiner eigenen Partei ginge diese komfortable Mehrheit von 70% «für Reform» nicht so leicht verloren. Kein Staat in Europa wird mit einer so großen, im Prinzip jedenfalls koalitionsfähigen Mehrheit regiert (gehen wir für einen Augenblick davon aus, daß die Herrschaft der weißen Minderheit in Südafrika mit den demokratischen Herrschaftsverhältnissen europäischer Staaten überhaupt verglichen werden kann). So gesehen könnte de Klerk die historisch einmalige Möglichkeit nützen, mit Unterstützung der Mehrheit der Weißen (und gewiß eines großen Teils der Schwarzen) den Weg echter, weitreichender Reformen in Südafrika zu gehen. Er könnte, wenn er wollte. Will er?

Zunächst verläuft alles wie erwartet. De Klerk wird auf dem Hügel über Pretoria mit dem üblichen Pomp und Böllerschüssen auf der Terrasse des kitschig-bombastischen Regierungsgebäudes, dem *Union Building*, in sein Amt eingeführt. Er hält eine freundliche Rede, die Umkehr verspricht und grundsätzliche Veränderungen. Konkrete Schritte, um seine schönen Versprechungen zu untermauern, kündigt er nicht an. Die meisten Beobachter sind sich einig – der Mann besitzt doch nicht das Format und die politische Kraft, jene historische Entwicklung einzuleiten, von der er dauernd oberflächlich spricht. Ein weiteres Indiz dafür: De Klerk behält in seinem neuen Kabinett zwei Minister, die schon unter P. W. Botha einen großen Teil der Verantwortung für die blutige Unterdrückung der schwarzen Opposition trugen; es ist der «Minister für Recht und Ordnung», Adrian Vlok, und der Falke und führende *Securocrat* des Kabinetts Botha, der «Minister für Verteidigung», General Magnus Malan. Mit verräterisch opportunistischem Zungenschlag lassen ausgerechnet diese beiden Herrn plötzlich längere Sentenzen über die Notwendigkeit von Reformen hören. Aber natürlich glaubt niemand ernsthaft an die geheimnisvolle Wandlung dieser Herrn.

«Nichts Neues in Südafrika!» berichten nicht zuletzt auch deshalb die kritischeren Journalisten der internationalen Presse am Tag nach der offiziellen Amtseinführung de Klerks nach Europa und in die USA. Südafrika läßt seine letzte Chance zu einer friedlichen Wende offenbar ungenutzt vorübergehen. Die Weißen gehen also doch sehenden Auges ihrem Unglück entgegen!

Da ereignet sich, ein paar Wochen nach de Klerks offiziellem Amtsantritt, in dem schwarzen Getto Soweto bei Johannesburg eine politische Sensation. Sie versetzt viele Bewohner Sowetos am frühen Morgen des 15. Oktober 1989 in helle Aufregung.

Zwei VW-Busse biegen gegen 5.30 Uhr von der an Orlando-West, einem Ortsteil der Drei-Millionen Stadt Soweto, vorbeiführenden Hauptstraße ab. Die ersten, noch rötlich gefärbten Sonnenstrahlen arbeiten sich durch die über ganz Soweto liegende Dunstglocke. Normalerweise sind um diese Zeit schon viele tausend Menschen auf dem Weg hinüber zum Industriegürtel zwischen Soweto und Johannesburg oder zu den Bergwerken. Doch heute ist Sonntag, eigentlich müßte das Getto noch schlafen. Aber es sind schon Hunderte auf den Beinen. Und statt zu schlafen, schwirrt Soweto von Gerüchten.

Die beiden VW-Busse fahren einen Hügel hinauf. Er ist mit den typischen Dreizimmerhäuschen aus Backstein, den sogenannten Matchbox-Häuschen, bebaut, Häuschen wie Streichholzschachteln. Oben auf dem Hügel singt und tanzt eine Gruppe von schwarzen Jugendlichen vor einem Haus, vor dem sie schon die Nacht verbracht haben. Es ist das Haus von Walter Sisulu, des, neben Nelson Mandela, gewiß bekanntesten und angesehensten Mitglieds des African National Congress. Er ist 1964 gemeinsam mit Mandela wegen Unterstützung des seit 1960 verbotenen ANC, wegen angeblichen Hochverrats und der Planung von Sabotageakten zu lebenslänglich Zuchthaus verurteilt worden.

Jetzt sind die Jugendlichen auf die VW-Busse aufmerksam geworden, die sich langsam dem Haus nähern und – plötzlich ist die Hölle los. Im Nu ist die kleine Straße von vielen herbeirennenden, tanzenden und singenden Menschen verstopft. Kamerateams und Photographen stürzen aus ihren in Hofeinfahrten geparkten Autos, um den Augenblick einzufangen, wenn der 77 Jahre alte, weißhaarige Walter Sisulu nach einem Vierteljahrhundert Haft als freier Mann aus dem VW-Bus der Gefängnisbehörden klettert und von seiner Familie umarmt und begrüßt wird. Am Tag zuvor hatte die Regierung ihn vom Hochsicherheitstrakt des Gefängnisses von Pollsmoore in der Nähe von Kapstadt abholen und in das Gefängnis von Johannesburg verlegen lassen. Dort hat er die Nacht verbracht. Jetzt ist er endgültig frei.

Irgendwie schafft es der noch erstaunlich bewegliche und relativ gesund aussehende Mann, aus dem Bus zu klettern. Doch es gelingt ihm nicht, beide Beine auf den Boden zu setzen, denn sofort wird er von Jugendlichen ergriffen und auf die Schultern gehoben. Sie versuchen, mit ihm auf den Schultern – bedenklich schwankend und Halt suchend – zu tanzen. Seiner resoluten Frau Albertina Sisulu wird bei all der Begeisterung nun doch angst, daß ihr Mann zwar 25 Jahre Haft, aber nicht den Tag seiner Freilassung heil überstehe. Sie kämpft sich von der Haustür her durch die ausgelassene Menge und bringt die Jugendlichen mit ein paar kräftigen Ellbogenstößen und ihrer nicht zu überhörenden Stimme dazu, ihren Mann wieder abzusetzen. Der kann seine Freudentränen nicht mehr unterdrükken, streckt immer wieder die geballte Faust zum *Black-Power-Gruß* in die Höhe, der Augenblick reißt ihn mit. Triumphierend, lachend, weinend. Endlich in Freiheit!

Gleichzeitig mit Walter Sisulu werden sieben weitere, bei den Schwarzen Südafrikas höchst prominente politische Gefangene freigelassen. Sechs von ihnen sind 1964, gemeinsam mit Mandela und Sisulu, im sogenannten Rivonia-Prozeß wegen Hochverrat, Planung von Sabotageakten und Mitgliedschaft im verbotenen ANC zu «lebenslänglich» verurteilt worden. In der schwarzen Widerstandsbewegung gehören sie als *Rivonia Trialists* schon lange zu den legendären Gestalten des Kampfes gegen die Apartheid.

Rivonia heißt der Vorort Johannesburgs, in dem ein weißer Mittelsmann Anfang der 60er Jahre eine Farm namens *Lillisleaf* gekauft hatte, die dem African National Congress und seinem neu gegründeten Guerilla-Arm *Umkhonto we Sizwe* als geheimes Hauptquartier diente. Dort wurden sie, außer Nelson Mandela, der schon 11 Monate vorher in der südafrikanischen Provinz Natal verhaftet worden war, während eines Treffens von der Polizei überrascht. Die Polizei hatte wahrscheinlich durch Verrat Wind von der Existenz dieses Hauptquartiers bekommen.

Der Rivonia-Prozeß ist der bekannteste Prozeß in der Justizgeschichte Südafrikas. Wer heute die Prozeßakten studiert, erkennt in der hanebüchenen und arroganten, gegenüber der Situation und den Forderungen der Schwarzen völllig verständnislosen Argumentation des Richters und des Staatsanwalts wie unter dem Mikroskop das Drama Südafrikas. Ignoranz, Egoismus, Sturheit und eine zutiefst undemokratische Rechtsauffassung kennzeichnen dieses Verfahren.

Noch vor kurzem, 25 Jahre danach, hat niemand erwartet, daß die damals Verurteilten, wenn überhaupt, das Gefängnis gemeinsam verlassen könnten. De Klerk hat alle, auch die professionellen Beobachter, überrascht, auch mich. Und das bereits zum zweiten Mal. Zuerst mit der Unabhängigkeit Namibias, mit der ich nicht so rasch und unter solchen Umständen gerechnet habe, nach so vielen Jahren Stagnation. Und jetzt Südafrika selbst. Nun werden auch Skeptiker wie ich verunsichert, denn die Anzeichen mehren sich, daß weitere, ganz entscheidende Veränderungen unmittelbar bevorstehen. Nelson Mandela bestätigt Mitgliedern der Anti-Apartheids-Bewegung – die ihn, auch das ist neu, immer häufiger im Gefängnis besuchen dürfen –, daß die Regierung die Entlassung der acht prominenten politischen Gefangenen mit ihm abgesprochen hat. Der Justizminister hat ihn deshalb mehrfach im Gefängnis aufgesucht, gemeinsam mit dem «Minister für Verfassungsfragen», Professor Gerrit Viljoen. Die Anwesenheit Viljoens, der vielleicht der intelligenteste und intellektuellste Kopf im Kabinett de Klerk ist, läßt darauf schließen, daß noch weitaus mehr besprochen wurde. Zum Beispiel auch die Freilassung Mandelas, in welchem Rahmen sie vor sich gehen und was danach geschehen soll.

Jetzt ordnen sich auch einige andere, bis dahin isolierte Maßnahmen wie Steinchen zu einem Mosaik, dessen endgültige Gestalt aber noch niemand kennt. So hatte – in den ersten beiden Wochen nach der Wahl – die Regierung bis dahin nicht erlaubte Demonstrationen gegen die Brutalität der Polizei überraschend zugelassen. 35 000 Menschen marschierten durch Kapstadt, 25 000 durch Johannesburg, wo sie sich vor der berüchtigten Polizeistation und dem Verhörzentrum der politischen Polizei am *John Vorster Square* versammelte. Zum ersten Mal wurden die schwarz-grün-goldenen Fahnen des ANC durch die beiden größten Städte Südafrikas getragen, ohne daß es zu einer Gewaltaktion der Polizei kam.

Aber noch bleibt das Bild widersprüchlich. Manche Demonstrationen werden erlaubt, andere nicht; mal schlägt die Polizei nicht zu, dann wieder um so mehr.

Der Chef der sogenannten Sicherheits-, also der politischen Polizei ruft bei Walter Sisulu nach dessen Freilassung in Soweto an und beschwert sich mit drohendem Unterton wegen der über dem Dachfirst wehenden ANC-Fahne. Das sei illegal. Sisulu ist anderer Meinung. Diesmal hält die Polizei still. Die Aufmerksamkeit, mit der selbst manche Regierungsstellen und – natürlich – die internationale Presse sie beobachten, ist im Moment einfach zu groß.

Bei der offiziellen Willkommensveranstaltung für die freigelassenen *Rivonia Trialists* im größten Fußballstadion von Soweto, an der rund 120 000 Menschen teilnehmen, weht ein Meer von riesigen Fahnen des ANC. Große Transparente mit der Aufschrift: «ANC LIVES! DER ANC LEBT!» spannen sich quer über die Ränge des Stadions. Viele tragen T-Shirts mit der gleichen Aufschrift und dem Symbol des ANC auf der Brust, einem afrikanischen Schild und Speer. Auf der Rückseite der T-Shirts steht: «The struggle continues! Der Kampf geht weiter!»

Jedermann weiß, daß es sich hier de facto um die erste öffentliche Massenveranstaltung des ANC seit seinem Verbot vor 29 Jahren handelt. Die vielen ANC-Fahnen bei den Demonstrationen und im Stadion führen schließlich sogar zu einer Anfrage der Konservativen Partei im weißen Parlament von Kapstadt: Wieso denn das alles geduldet werde, das sei doch von vorn bis hinten illegal. Der sich wütend beklagende Abgeordnete hat durchaus recht. Zum Erstaunen aller tut sich der «Minister für Recht und Ordnung» mit der filigranen Antwort hervor, daß zwar der ANC verboten sei, das stimme natürlich, aber von einem Verbot der Fahne des ANC wisse er eigentlich nichts. Es ist just jener Minister, der seine Polizei jahrelang beim Auftauchen einer schwarz-grün-goldenen Fahne oder eines kleinen, entsprechend gefärbten Stoffetzen erbarmungslos dreinschlagen und verhaften ließ. Das Erscheinen solcher Fahnen war für die Polizei – ich habe es oft genug erlebt – gleichgültig, ob auf einer Beerdigung oder einer Kundgebung, das Startsignal zum «Aufräumen». Nicht selten gab es dabei Verletzte und Tote. Doch im Augenblick sieht es der Herr Minister offenbar anders.

In den nächsten Monaten entwickelt sich zweierlei: Zum einen die Erwartung der Anti-Apartheids-Organisationen, des ANC und des größten Teils der schwarzen Bevölkerung, daß der inzwischen bekannteste politische Gefangene der Welt, Nelson Mandela, in absehbarer Zeit freikommen werde. (Manche setzen seine Freilassung euphorisch mit dem Ende der Apartheid gleich: Mandela, einem Messias ähnlich, werde all diese Probleme lösen.) Zum anderen aber die Wut der rechtsextremen und zum Teil bereits schwer bewaffneten Organisationen der Weißen, die drohen, sich eine Freilassung Mandelas nicht gefallen zu lassen. Das sei für sie das Zeichen zum Losschlagen. Untermalt wird das ganze von einer in erstaunlicher Autonomie handelnden Polizei, bei der es Einheiten gibt, die sich, salopp gesagt, einen Dreck um irgendein «neues Südafrika» kümmern. Sie bevorzugen das alte. Und so handeln sie auch. Statt weniger scheinen es also noch ein paar mehr Lunten am «Pulverfaß Südafrika» geworden zu sein.

In diese Atmosphäre, in dieses Südafrika wird Nelson Mandela zurückkehren. Daß er freikommen wird, daran gibt es jetzt keinen Zweifel mehr. Es ist nur noch eine Frage der Zeit. Aber was der Anfang vom Ende der internationalen Isolation Südafrikas werden kann, könnte der Zündfunke sein, der das Pulverfaß vielleicht auch in die Luft fliegen läßt, und dies noch eher, als wir alle denken. Sieht Mandela diese Gefahr? Und de Klerk? Wie kommt es, daß sich alle ernstzunehmenden Beobachter in ihm getäuscht haben? Oder haben nicht sie sich getäuscht, sondern er sich in den letzten Wochen und Monaten unbemerkt verändert? Wenn ja – wie weit wird er mit seinen Reformen gehen? Das Jahr 1990 jedenfalls wird das interessanteste Jahr Südafrikas seit langem.

«Viva Baba!» – Mandela ist frei

«Es wird ein fürchterliches Blutbad über dieses Land kommen! Wir sind bereit! Wir werden uns mit allen Mitteln zur Wehr setzen!»

Die Stimme von Eugene Terreblanche überschlägt sich. In seiner Khakiuniform, den Reitstiefeln und dem hakenkreuzähnlichen Symbol an Ärmel und Hemdbrust wirkt er wie die Karikatur eines Gauleiters oder ein komischer Mini-Hitler, den es ans andere Ende der Welt verschlagen hat. Aber den Mann nicht ernst zu nehmen, wäre ein unverzeihlicher Fehler. Er ist Chef einer gefährlichen, skrupellosen und rassistischen Organisation. Und er findet in einem Land wie Südafrika, in dem Rassismus und Rechtsextremismus nicht nur geduldet, sondern über viele Jahre sorgfältig großgezogen worden sind, genug fruchtbaren Boden.

Um sich herum hat Terreblanche an diesem Nachmittag auf dem *Church Square*, dem «Kirchplatz» im Zentrum Pretorias, eine Menge faschistischer Fanatiker versammelt. Sie sind nicht nur in der Lage, sondern, zumindest ein Teil von ihnen, auch willens, aus den Drohungen, die ihr Führer ausstößt, blutigen Ernst zu machen.

«Wir haben diese Regierung davor gewarnt, daß wir uns den Ausverkauf der Weißen nicht länger gefallen lassen. Wir haben sie davor gewarnt, daß wir nicht tatenlos zusehen, wie sich die schwarzen Terroristen frei in unserem Land bewegen, um später unsere Frauen und Kinder zu schänden. Und was tut diese Regierung? Sie hebt das Verbot des ANC und der kommunistischen Partei auf! Das wird sie noch zutiefst bereuen!»

Ein empörter Aufschrei, vermischt mit dem dumpfen Gröhlen ein paar Angetrunkener, hallt über den «Kirchplatz». Die tausendköpfige Menge kocht vor Wut. Mehrere große Hakenkreuzfahnen werden wild hin- und hergeschwenkt. Hinten, in der Ecke des

Platzes, brennt plötzlich ein großer, aus Papier zusammengeklebter Davidstern. Jemand stößt immer wieder ein selbstgebasteltes, an einem Stock befestigtes Plakat in die Luft. Aufgemalt ist das Gesicht des schwarzen amerikanischen Politikers Jesse Jackson, der gerade Südafrika besucht. Unter seinem Gesicht steht, etwas unbeholfen hingepinselt: «KAFFER, VERSCHWINDE, SONST...» «Kaffer» ist das beleidigendste Schimpfwort für Schwarze.

Am bedrohlichsten aber sehen vier junge Männer aus, die auf dem Sockel eines Denkmals in der Mitte des Platzes stehen. Über ihnen ragt die gußeiserne Statue von Paul Krüger empor, im 19. Jahrhundert Präsident der Burenrepublik Transvaal. Einer der Männer schwenkt eine schwarze Fahne, auf die ein weißes Hakenkreuz genäht ist. Auf der Armbinde trägt er SS-Runen. Die beiden Männer neben ihm haben gerade ein mehrere Meter langes, weißes Transparent aufgespannt. Darauf steht in schwarzen Lettern: «HÄNGT MANDELA! BEFREIT STRYDOM!»

Den Namen Strydom bringt in Südafrika so gut wie jeder Schwarze mit einer ganz bestimmten Person in Verbindung: Barend Strydom, ein 23 Jahre alter, weißer Südafrikaner, der wegen Massenmordes zum Tode verurteilt, aber noch nicht hingerichtet worden ist. Er ging vor über einem Jahr nachmittags mit durchgeladener Pistole eine der Hauptgeschäftsstraßen Pretorias entlang und erschoß kaltblütig acht schwarze Passanten. Er ist ein von fanatischem Rassismus verblendeter Mann, Mitglied von Eugene Terreblanches *Afrikaaner Weerstandsbeweging*, AWB, und, laut eigener Aussage, Mitglied einer Organisation, die sich «Weiße Wölfe» nennt und von der bis zu Strydoms Aussage niemand etwas gehört hatte.

Die Kundgebung auf dem Church Square zeigt, daß die rechtsextremen Weißen nun aggressiver als je zuvor gegen die Regierung zu mobilisieren beginnen. Sie sind alarmiert, denn vor ein paar Tagen ist eingetreten, was wohl auch die ärgsten Pessimisten unter ihnen nicht vermutet hätten: In einer für Südafrika beispiellosen Rede hatte Staatspräsident de Klerk anläßlich der Eröffnung des Parlaments am 2. Februar 1990 in Kapstadt eine Reihe von konkreten Maßnahmen verkündet, die einen entscheidenden Durchbruch im politisch festgefahrenen Südafrika bedeuteten.

Seit diesem 2. Februar sind der African National Congress und alle anderen, bis dahin verbotenen Anti-Apartheids-Organisationen und Parteien – einschließlich der Kommunistischen Partei Südafrikas – legal. Für den ANC bedeutet es das Wiederauftauchen aus 30 Jahren Illegalität. Oder anders formuliert: Selbst 30 Jahre Verbot und Unterdrückung haben es nicht geschafft, der Organisation vollständig den Garaus zu machen, auch wenn praktisch alle ihre führenden Mitglieder entweder seit langem im Gefängnis sitzen oder ins Exil geflohen sind.

Als die 12-Uhr-Radionachrichten am 2. Februar über de Klerks Maßnahmen berichteten, sprangen plötzlich in vielen Städten Schwarze aus den Geschäften heraus auf die Straßen und begannen zu tanzen und zu singen. Autos stoppten und hupten minutenlang. Im Nu waren überall ANC-Fahnen zu sehen, die aus den Fenstern hingen oder aus vorbeifahrenden Autos wehten. Im Stadtzentrum von Johannesburg kam es zu einer spontanen Freudendemonstration vor dem Haus von COSATU, *Congress of South African Trade Unions*, des Dachverbandes der hauptsächlich schwarzen Gewerkschaften.

Aber viele konnten noch nicht glauben, daß das alles wahr sein sollte. Die am frühen Nachmittag in Massen gedruckten Sonderausgaben der großen Tageszeitungen wurden den Straßenverkäufern regelrecht aus den Händen gerissen. Darin stand, was de Klerk außerdem noch angekündigt hatte: Der Ausnahmezustand wird gelockert und soll bald ganz aufgehoben werden. Bereits verhängte Todesurteile sollen bis auf weiteres nicht mehr vollstreckt werden. Südafrika, einer der Staaten mit der größten Zahl an Todesurteilen, übertroffen nur noch vom Iran, Irak, China und einigen anderen Terrorstaaten, soll ein menschlicheres Gesicht auch in der Justiz bekommen. In einem neuen Südafrika werde es ein demokratisches Stimmrecht für alle geben. Und, so war da zu lesen, mit der Freilassung Nelson Mandelas sei «ohne weitere Verzögerungen» zu rechnen. Sobald das geschehen sei, sollten «erste ‹Verhandlungen über Verhandlungen› für eine friedliche und demokratische Zukunft Südafrikas ohne Diskriminierung» stattfinden, was immer das genau heißen mochte. Bei den einen löste die Nachricht eine Welle der

Euphorie aus. Für die rechtsextremen Weißen war es ein Schock. Deshalb mobilisierten sie.

Die Kundgebung auf dem Church Square in Pretoria einige Tage danach ist die erste organisierte Protestveranstaltung gegen de Klerks Maßnahmen. Die Demonstranten mit den Hakenkreuzfahnen sind nicht länger schockiert, sie sind in Wut, die sie, zum ersten Mal übrigens, sogar an uns, an der Presse auslassen. Einer der Fanatiker springt plötzlich mit einem langen Jagdmesser in der Hand auf das Kamerateam zu und zerhackt mit ein paar Hieben das Kabel, das den Videorecorder mit der elektronischen Kamera verbindet. Dann verschwindet er rasch in der Menge. Damit sind die Dreharbeiten zwangsläufig beendet. Gott sei Dank ist nicht mehr passiert! Ich bin sicher, keiner der Umstehenden hätte den Mann daran gehindert, wenn er auf einen von uns eingestochen hätte.

Wir packen zusammen und fahren auf der Autobahn die 50 Kilometer zurück ins ARD-Büro nach Johannesburg. Unterwegs erhalte ich über das Autotelephon eine Information, die die Nazis auf dem Church Square zweifellos noch mehr in Rage versetzen wird. Vor einer halben Stunde ist auf den heutigen Abend vom Büro des Staatspräsidenten in Kapstadt völlig überraschend eine internationale Pressekonferenz mit de Klerk angesetzt worden. Das kann, im Zusammenhang mit den Ereignissen der letzten Tage, nur eines bedeuten: Er wird verkünden, wann und wie Nelson Mandela freikommt.

Jetzt bin auch ich nervös. Wie, um alles in der Welt, kommen wir vier mit unserer Kameraausrüstung und der Schneideeinheit schnell genug in das 1500 Kilometer entfernte Kapstadt? In den nächsten Stunden werden über 1000 Journalisten versuchen, noch einen Platz in einer der Linienmaschinen zu ergattern ... Eines ist jedenfalls klar: Der *tagesschau* in Hamburg, und den deutschen Fernsehzuschauern, ist es piepegal, wie wir dorthin kommen. Hauptsache, wir sind rechtzeitig dort.

Die südafrikanische Polizei hat die gesamte Gegend seit vier Uhr morgens weiträumig abgesperrt. Aber bei Sonnenaufgang brechen alle Absperrungs-, Vorsichts- oder sonstigen Maßnahmen zusammen. Erst Hunderte, dann Tausende stapfen über die feuchten, noch vom Morgennebel verhangenen Felder und Wiesen in einem der schönsten Weinbaugebiete Südafrikas. Sie kommen aus den schwarzen Gettos der Umgebung, zur Arbeit geht heute niemand. Heute, das ist, wie sie sagen, der «Tag der Freiheit und der Befreiung». Symbolisch jedenfalls. Und die Polizei schaut zu. Auch das ein seltenes Bild in Südafrika. Doch sie hat wohl eingesehen, daß am heutigen Tag sowieso nichts mehr zu bremsen ist. Gewiß nicht hier draußen bei dem Weinstädtchen Paarl, eine knappe Autostunde von Kapstadt entfernt. In Kapstadt selbst wird sie allerdings am Nachmittag noch einmal in alter Manier zuschlagen.

Hier draußen aber könnte das Bild im Augenblick nicht friedlicher sein. Menschenmassen streben zwar unaufhaltsam, aber trotzdem beinahe gemütlich in Richtung Eingang des Provinzgefängnisses von Paarl. Nur einige Kameramänner und Photographen rennen wie von der Tarantel gestochen an der für Autos immer noch gesperrten Straße entlang, um sich einen Platz auf der provisorischen Pressetribüne vor dem Gefängniseingang zu sichern. Doch wer jetzt erst kommt, wird dort sowieso keinen Platz mehr finden. Andere waren schneller und campieren schon seit gestern abend im Schlafsack neben ihrem aufgestellten Kamerastativ. Ihre Bilder werden in weniger als 10 Stunden von den beim Gefängnis aufgebauten Sendestationen direkt auf die Satelliten gehen, die über dem Atlantischen und dem Indischen Ozean «hängen» und von da aus *live* um die ganze Welt, auf die Bildschirme von vielen Millionen Menschen: Nelson Mandela mit erhobener Faust auf dem Weg in die Freiheit.

Doch im Augenblick hält er sich noch in dem von Stacheldraht gesicherten, isolierten Bungalow auf dem Gelände des Gefängnisses von Paarl auf. In diesem Bungalow lebt er noch nicht lange. Im Dezember 1988 wurde er, nach einer Behandlung wegen Tuberkulose und Krebsverdacht, von der luxuriösen Constantiaberg-Klinik in Kapstadt nicht wieder in den Hochsicherheitstrakt von Pollsmoor zurück, sondern hierher verlegt. Seitdem lebt er, allein, in dem Bungalow; er hat zwar einen Garten mit Swimmingpool zur Verfügung, ist aber von seinen ehemaligen Mitgefangenen in Pollsmoor abgeschnitten.

In seinem Bungalow hat ihn immer wieder Justizminister Coetsee und schließlich zweimal Staatspräsident de Klerk besucht. Erst jetzt gelangt ein Brief an die Öffentlichkeit, den Nelson Mandela vor beinahe zwei Jahren an den damaligen Staatspräsidenten Botha schrieb. Dem Brief ist – ein Widerspruch zur offiziellen ANC-Strategie des «bewaffneten Kampfes» – zu entnehmen, was nach dessen Gründung 1912 über viele Jahre die Politik dieser Organisation bestimmte: die Bereitschaft zu Verhandlungen. Es ist übrigens die erste öffentliche politische Stellungnahme Mandelas seit seiner Verurteilung zu lebenslanger Haft. Er schrieb:

«Seit den frühen Tagen seiner Geschichte hat der ANC nach friedlichen Lösungen gesucht und geduldig mit allen südafrikanischen Regierungen geredet – eine Politik, die wir bis hin zur heutigen Regierung verfolgen. Die Regierung hat nicht nur unseren Wunsch nach einem Treffen ignoriert, sie hat auch unser Bekenntnis zum gewaltfreien Widerstand benutzt, um das Land mit einer beispiellos gewalttätigen Unterdrückung zu überziehen. Es gilt besonders noch einmal zu betonen, daß in den letzten vier Jahrzehnten, und ganz besonders in den letzten 26 Jahren, die Regierung nur mit Gewalt auf unsere Forderungen geantwortet und so gut wie nichts getan hat, um ein Klima des Dialogs herzustellen.

Das weiße Südafrika muß endlich die simple Tatsache akzeptieren, daß der ANC den bewaffneten Kampf so lange nicht suspendieren, geschweige denn beenden wird, wie die Regierung nicht ihre Bereitschaft signalisiert, ihr politisches Monopol aufzugeben, und direkt und glaubwürdig Verhandlungen mit anerkannten schwarzen Vertretern beginnt. Der Gewalt abzuschwören, auf seiten der Regierung wie des ANC, sollte Ergebnis von Verhandlungen und nicht Vorbedingung sein (wie es die Regierung immer gefordert hat, T. R.).»

Aber Botha ist zu unbeweglich, um das Angebot Mandelas anzunehmen. Er will letztlich nur mit einem Mandela verhandeln, dessen Identität gebrochen ist, der zu Kreuze kriecht und Bothas Bedingung – «Der Gewalt abschwören» – erfüllt, bevor sich der mit ihm an einem Tisch niederläßt, um zu verhandeln. Doch Mandela ist aus mindestens ebenso hartem Holz geschnitzt. Er läßt sich nicht zerbrechen. Also kommt erst wieder Bewegung in die Angelegenheit, nachdem Botha aus dem Amt gejagt und de Klerk Staatspräsident geworden ist. Und dieser de Klerk macht nun Riesenschritte. Der bisher letzte ist die auf der überraschend einberufenen Pressekonferenz gestern angekündigte Freilassung Mandelas: heute nachmittag, 15 Uhr. Es ist uns mit einigem Glück gelungen, einen *Learjet*, ein kleines, aber schnelles Düsenflugzeug, zu chartern, mit dem das gesamte Team, einschließlich der Cutterin, noch in der Nacht nach Kapstadt flog. Es war wirklich Glück, denn die drei großen amerikanischen *Networks* ABC, NBC und CBS hatten fast den gesamten Markt «leergechartert».

Gegen Mittag, rund drei Stunden vor der geplanten Freilassung, braut sich auf der *Grand Parade*, dem Platz vor der Stadthalle im Zentrum Kapstadts, Unheil zusammen. Zwischen 50 000 und 100 000 Menschen haben sich dort inzwischen versammelt, denn Mandela soll vom Balkon der Stadthalle aus sprechen, sobald er hier eingetroffen ist. Und noch strömen immer mehr Menschen auf den Platz. Sie kommen zu vielen Tausenden aus den Gettos: tanzend, singend, euphorisch, betrunken, bei rund 40 Grad einem Hitzschlag nahe – oder um ein «Schnäppchen zu organisieren», das heißt, um zu klauen. Eine der Banden schwarzer Jugendlicher hat blitzartig die Schaufenster eines Schuh- und eines Lebensmittelgeschäfts eingeschlagen und räumt, unter dem Schutz der Menge, die Läden mit kaum glaublicher Geschwindigkeit aus. Als sich aber auch andere aus der Menge beteiligen, bemerkt es eine in der Nähe bereitstehende Polizeieinheit: Sofort krachen Schüsse, wie immer. Die Polizisten jagen ihre Schrotpatronen aus den in der Hüfte gehaltenen Flinten in die Menge. Ein Mann, der einem der Polizisten panisch vor die Flinte rennt, wird aus nächster Nähe ins Gesicht getroffen. Das Blut spritzt zwischen seinen spontan vors Gesicht gerissenen Händen hervor, dann fällt er um und rührt sich nicht mehr. Jetzt fliegen Steine aus der vor Wut kochenden Menge heraus auf die Polizisten. Zwei von ihnen haben die Schrotflinten weggeworfen und die Revolver mit scharfer Munition gezogen.

«Die sind komplett verrückt geworden!» rast es mir durch den

Kopf. «Selbst wenn sie in der Lage sein sollten, ein paar zu erschießen – der Menge werden sie niemals entkommen. Die bringt sie um, an einem Tag wie heute erst recht!»

Etwas Ähnliches muß sich der Kommandeur der winzigen, ganze 6 Polizisten umfassenden Einheit auch gedacht haben. Er brüllt einen Befehl, plötzlich drehen sie sich um und rennen davon. Gewiß das beste, was sie tun konnten.

Unmittelbar vor dem Balkon der Stadthalle sind inzwischen, unter dem körperlichen Druck der Menge, alle Sicherheitsabsperrungen zusammengebrochen. Vor allem junge Leute und Kinder werden in den nach vorne wogenden Massen eingequetscht und sacken einfach nach unten weg. Manche Bewußtlose werden irgendwie wieder hochgezerrt, und ihre Leiber mit den kraftlos herabhängenden Gliedern werden wie Gummipuppen über die Köpfe hinweg nach vorne gereicht und über die Brüstung des Rathausbalkons nach oben gezogen. Über die ganze Szene hinweg schallen monoton die Kampf- und Freiheitsgesänge der Schwarzen. Es ist wie ein Fieber in der Sommerhitze. Zu allem Überfluß kreisen Polizeihubschrauber in geringer Höhe über dem Rathausplatz und heizen durch ihre Anwesenheit die Spannung noch weiter an. Sollte die Menge aus irgendeinem Grund den Verdacht bekommen, daß Mandela das Gefängnis nicht verlassen kann, wird die Spannung auf dem Platz vor der Stadthalle in einer Orgie der Zerstörung explodieren.

Gegen 16 Uhr nähert sich, vom Innern des Gefängnisgeländes herkommend, eine Wagenkolonne dem Ausgang. In den ersten Autos sitzen Mitglieder des «Nationalen Empfangskomitees», das die Freilassung Mandelas organisatorisch vorbereitet und die einzelnen Modalitäten mit Polizei und Regierung ausgehandelt hat. Mehrere Stunden lang hat das Komitee – übrigens gemeinsam mit der Regierung – verzweifelt einen Weg gesucht, das sich abzeichnende, totale Chaos doch noch abzuwenden. Vergeblich. So beschließen sie und der bereits etwas ungeduldige Mandela kurz vor 16 Uhr, die Flucht nach vorn anzutreten. Denn es warten nicht nur die vielen Tausende entlang der Fahrtroute von Paarl nach Kapstadt und die vor der Stadthalle in Kapstadt, es wartet auch die gesamte Weltöffentlichkeit gespannt darauf, daß dieser Mann endlich das Gefängnis verlassen kann.

Die Wagenkolonne stoppt ungefähr dreißig Meter vor dem Wachhäuschen der Gefängnispolizei und der geöffneten weiß-roten Schranke an der Ausfahrt. Dem dritten Fahrzeug entsteigt, mit einer fast lässigen Bewegung, ein schlanker, hochgewachsener Mann in einem vorzüglich sitzenden dunklen Anzug. Sein ergrautes Kraushaar ist kurz geschnitten, seine unbewegliche Miene wird einen Augenblick lang von dem Anflug eines Lächelns aufgebrochen, während er langsam, fast bedächtig um sich blickt. Dann reckt er beinah ruckartig die geballte Faust zum Black-Power-Gruß.

Aber erst als Winnie Mandela auf der anderen Seite des Wagens aussteigt, ebenfalls die geballte Faust hebt und sich kurz bei dem hochgewachsenen Mann unterhakt, glauben es die am Gefängnisausgang versammelten Massen: Das ist er, er muß es sein – Nelson Mandela! Vielleicht eine Sekunde lang herrscht beinahe Schweigen, stumme Ungläubigkeit, dann bricht die Hölle los.

«*«Viva Baba, viva Mandela, viva Baba, viva Mandela!!»* Die vielen Tausend begrüßen ihn in einem einzigen, ungeheuren Aufschrei als *Baba*, als «Vater der Nation». Viele brechen fassungslos in Tränen aus. Andere tanzen und singen. Manche bleiben stumm und sind wie gelähmt. Einige Familien haben auch ihre kleinsten Kinder mitgebracht und strecken sie Mandela entgegen oder halten sie einfach hoch über die Köpfe der anderen hinweg. Sie sollen ihn sehen und diesen Augenblick nie mehr vergessen, den Augenblick der beginnenden Freiheit der schwarzen Nation in Südafrika. Mandela, dieser 72 Jahre alte Mann, ist für sie alle das Symbol dafür, daß die Schwarzen letztlich doch den Sieg über die rassistische Unterdrückung davontragen werden. Seine Freilassung ist in ihren Augen der Beweis dafür. Je mehr das der vor dem Gefängnis versammelten Menge ins Bewußtsein dringt, desto mehr erfaßt es sie wie ein Rausch. Die Freiheit Mandelas wirkt wie eine gewaltige Droge, deren Auswirkung in den nächsten Tagen und Wochen wellenartig durch Südafrika laufen wird. Daß sich dahinter größeres Unheil abzuzeichnen beginnt, ist zunächst gewiß noch niemandem bewußt.

Nelson und Winnie Mandela halten sich an den Händen wie ein junges, frisch verlobtes Paar und passieren gemeinsam die letzte Schranke am Ausgang. Jetzt hat er das Gefängnis verlassen. Er ist frei. Doch er ringt nicht um Fassung, wie es viele erwartet haben. Im Gegenteil. Es wirkt äußerst selbstverständlich, wie er da mit seiner Frau Winnie auf der kleinen, asphaltierten Ausfahrtstraße das Gefängnis verläßt. So als ob er nicht 28 Jahre hinter Gitter gesessen hätte. Ein Photograph einer weltweit verbreiteten Presseagentur, ein ausgekochter und vielgereister Profi, wird mir später über diesen Augenblick in die Kamera sagen:

«Ich habe viel gesehen. Ich war in Rumänien, als das Regime zusammenbrach, und in China am ‹Platz des himmlischen Friedens› bei den Studenten, bevor sie von der Armee zusammengeschossen wurden. Ich war in Berlin, als die Mauer geöffnet wurde und die Menschen in Ostdeutschland sich vom kommunistischen Regime befreiten. Das habe ich alles gesehen und photographiert, es war zum Teil sehr bewegend. Aber der bewegendste Augenblick für mich war, als dieser Mann so würdevoll das Gefängnis verließ und auf uns zukam. Ich habe ihn sehr genau dabei beobachtet. Dieser Mann war und ist für mich eine ungeheure Inspiration.»

Clarence Keyter, der politische Kommentator des staatlichen südafrikanischen Fernsehens, das – vor ein paar Wochen noch undenkbar – *live* vom Gefängnistor aus sendet, versucht, sich gegen den Lärm der Menge durchzusetzen. Sein Mikrophon beinahe verschluckend, kommentiert er den Gang Mandelas aus dem Gefängnis mit den Worten:

«Hier ist der Mann, auf dessen Freilassung die Welt viele Jahre gewartet hat. Hier also ist er, der Mann, der die Freiheit und die Träume der Schwarzen verkörpert wie kein anderer!»

Ich traue meinen Augen und Ohren kaum, als ich mir später die Aufzeichnung dieser *live*-Übertragung anschaue. Hätte ich nicht bis dahin schon beinahe zwei Jahre in Südafrika gelebt, wäre mir Clarence Keyter und sein Kommentar vielleicht sogar ganz normal vorgekommen. Doch er, der jahrelang nichts anderes tat, als sorgfältig jede Kritik am Apartheidsregime, an den üblen Praktiken der Polizei und an Staatspräsident Botha zu vermeiden, ausgerechnet er kommentiert wie selbstverständlich mit spürbarer Zustimmung. Das macht freilich die ganze Absurdität der Situation noch deutlicher. Dieser elegante ältere Herr, dieser 72 Jahre alte Mann soll der Todfeind aller Weißen in Südafrika gewesen sein, gegen den es die letzten polizeilichen und militärischen Reserven zu mobilisieren galt? Absurd. Oder wird der heutige Tag dieses Urteil doch noch bestätigen? Wird Mandela die Schwarzen dazu aufrufen, die Weißen über kurz oder lang hinwegzufegen? Daß Millionen von ihnen es, auf seine Aufforderung hin, zumindest versuchen würden, bezweifelt in Südafrika niemand.

Auf der Grand Parade im Zentrum von Kapstadt heulen die Sirenen der Krankenwagen, die versuchen, wenigstens am Rand der inzwischen unübersehbaren Massen voranzukommen. Vor den aufgeschraubten Hydranten, die eigentlich für die Feuerwehr gedacht sind, versuchen sie, mit bloßen Händen aus der hochschießenden Fontäne einen Schluck Wasser aufzufangen oder sich gegenseitig zu bespritzen.

Gegen 18 Uhr gibt es schließlich eine Bewegung auf dem Rathausbalkon. Aus der dort oben versammelten Gruppe wird ein schlanker, älterer Herr beinahe unauffällig nach vorne geschoben. Doch dann gellt eine Stimme aus den Lautsprechern:

«*Let us greet him, let us greet our leader, here he is finally, here is comrade Nelson Mandela!!* Laßt uns unseren Führer begrüßen, hier ist er endlich, Genosse Nelson Mandela!!» Wie schon vor dem Gefängnis bricht auch hier ein Jubel aus, wie ihn das Zentrum von Kapstadt gewiß noch nie gehört hat. Minutenlanges Klatschen, Singen, Rufen. Mandela steht wie erstarrt mit erhobener Faust auf dem Rathausbalkon. Als der Lärm der Menge allmählich abschwillt, ruft er ins Mikrophon:

«*Mayibuye!!*»

«*¡Africa!!*» antwortet die Menge. Das ist, seit vielen Jahrzehnten, einer der zwischen Redner und Menge hin- und hergehenden Kampfrufe des ANC. Er bedeutet: «Laßt Afrika zurückkehren!»

«*Amandla!* Die Macht!»

«*Ngawethu!* Dem Volk!» Trotz beinahe 28 Jahren Isolation hat

Mandela das rhetorische Spiel noch nicht verlernt, das seit der Gründung des ANC im Jahre 1912 nahezu jede politische Versammlung des ANC und der Anti-Apartheids-Bewegung in Südafrika einleitet. Die Menge bemerkt es mit Begeisterung und gibt auf Mandelas «Amandla!» donnernd ihr «Ngawethu!» zurück.

«Viva the South African People, viva!»

«Viva!» antworten die vielen tausend Menschen und lassen, angestoßen durch Mandela, sich selbst, «das Volk von Südafrika», hochleben.

«Ich grüße euch alle im Namen von Frieden und Demokratie... Ich stehe nicht vor euch als ein Prophet, sondern als demütiger Diener von euch, dem Volk!» Stille tritt ein, während Mandelas Stimme über den Platz hallt und er seine mit großer Spannung erwartete, 20minütige Rede beginnt. Schon allein wie er sie beginnt, zeigt, daß er eines der großen Probleme erkannt hat: Bei vielen in den schwarzen Gettos gilt er als Messias, dessen bloße Rückkehr sie alle aus dem Jammertal des Elends und der Apartheid befreien wird. Mandela versucht deshalb schon jetzt, solche Erwartungen herunterzuschrauben und klarzumachen, daß es noch gewaltiger Anstrengungen bedarf, bis die Schwarzen Südafrikas in einer wirklich demokratischen und nicht-rassistischen Gesellschaft leben.

«Unser Kampf geht nun in die entscheidende Phase. Wir (die Führung des ANC, T.R.) appellieren daher an das Volk, diesen Augenblick nicht leichtfertig aufs Spiel zu setzen. Viel zu lange mußten wir auf unsere Freiheit warten. Wir können nicht länger warten. Jetzt ist der richtige Zeitpunkt, den Kampf an allen Fronten zu verstärken. Denn ausgerechnet jetzt darin nachzulassen, wäre ein Fehler, den uns die kommenden Generationen niemals verzeihen würden!»

Ohne nähere Einzelheiten zu nennen, betont er, daß der ANC zu Verhandlungen mit der Regierung bereit sei, sofern der Ausnahmezustand aufgehoben und alle noch im Gefängnis sitzenden politischen Gefangenen frei seien. Doch schon das dürfte ein Streitpunkt zwischen dem ANC und der weißen Regierung sein. Was genau ist eigentlich unter einem «politischen Gefangenen» zu verstehen? Bisher hat die Regierung alle Gefangenen, die sich zum ANC bekannten, als «Kriminelle» und «Terroristen» bezeichnet, gleichgültig, ob sie Bomben gelegt oder lediglich verbotene Schriften besessen oder an einer verbotenen Demonstration teilgenommen hatten. In den Augen der Regierung gibt es in Südafrika keine politischen Gefangenen. Mandela selbst hat ja nicht als solcher gegolten. Doch all das sind gewiß noch die kleineren der Probleme, die auf den ANC wie auf de Klerk und seine Regierung warten.

«Herr de Klerk ist weiter als jeder andere Präsident der Nationalisten gegangen und hat echte Schritte zur Normalisierung der Lage unternommen... Ich möchte hier ausdrücklich hinzufügen, daß Herr de Klerk ein integrer Mann ist. Aber als Organisation basiert unsere Politik und unsere Strategie auf der harten Realität, der wir ins Angesicht sehen müssen: durch die Herrschaft der Nationalen Partei.»

Mandela gibt vor der Weltöffentlichkeit nichts weniger als eine Ehrenerklärung für Staatspräsident de Klerk ab. Gewiß verspricht er sich dadurch eine Ermutigung de Klerks, noch weiter als bisher zu gehen. Insofern ein cleverer Schachzug. Es läßt sich aber jetzt schon absehen: eine Bemerkung wie diese wird ihm innerhalb des African National Congress nicht nur Freunde schaffen, erst recht nicht bei schwarzen Organisationen wie dem *Pan Africanist Congress* (PAC) oder der *Azanian Peoples Organization* (AZAPO), die den ANC schon lange für zu anpasserisch und für zu kompromißbereit halten. Wie groß deren Einfluß in den Gettos ist, weiß im Augenblick noch niemand.

Ist Mandela naiv, ahnt er die kommenden Schwierigkeiten nicht, oder ist er als Person autonom genug, daß er das bewußt in Kauf nimmt? Vieles spricht schon jetzt für das letztere. Wer in einem so wichtigen Augenblick vor einer solchen Öffentlichkeit so spricht, weiß, was er sagt und warum er es sagt. Darauf weist auch der bewegende Schluß seiner Rede hin, der seinen ungebrochenen Willen unmißverständlich signalisiert: Er zitiert die letzten Sätze jener Rede, die er, als Schlußwort des Angeklagten, 1964 vor der Urteilsverkündung hielt. Damals mußte er zumindest mit lebenslanger Gefängnisstrafe, eher noch mit der Todesstrafe rechnen. Denn auf «Sabotage und Hochverrat» stand (und steht noch heute) die Todesstrafe, wenn der Richter keine mildernden Umstände finden kann oder will.

«Ich habe gegen weiße Vorherrschaft gekämpft, und ich habe gegen schwarze Vorherrschaft gekämpft. Und ich halte am Ideal einer demokratischen und freien Gesellschaft fest, in der alle Menschen harmonisch und mit gleichen Rechten zusammenleben. Für dieses Ideal lebe ich, und wenn es notwendig sein sollte, bin ich bereit, für dieses Ideal zu sterben. Ich danke euch.»

Nach minutenlangem Jubel stimmen die 50 000 jenes bewegende Lied an, das seit dem Jahre 1925 die offizielle Hymne des African National Congress ist: *«Nkosi sikelela iAfrica...»* Es ist ein zutiefst christliches, strophenweise in verschiedenen afrikanischen Sprachen gesungenes, flehendes Gebet der schwarzen Völker im südlichen Afrika um ihre Rechte und ihren Stolz nach all den Jahren eines hoffnungslosen und demütigenden Kolonialismus:

Gott segne Afrika.
Laß es sein Horn erheben.
Erhöre unsere Gebete.
Gott segne uns, die Kinder Afrikas.
Komm, oh Geist,
Komm, oh heiliger Geist,
Segne uns, die Kinder Afrikas...
Gott segne unser Volk,
Verhüte Not und Krieg.
Gott segne unser Volk,
Verhüte Not und Krieg...
Gott segne Afrika,
laß seinen Ruhm überallhin
erschallen...
Segne unser Volk...

Während des Gesangs brechen viele Menschen in Tränen aus, als sie den während der Jahre seiner Haft ergrauten und alt gewordenen Mandela dort oben auf dem Rathausbalkon mit hoch erhobener Faust stehen sehen. Es ist ein feierlicher Augenblick, ein Augenblick, dessen Intensität lange vorhalten muß, denn Mandelas Ahnung ist richtig: Der Weg wird noch lang und schwer.

Am nächsten Vormittag gibt Nelson Mandela in *Bishopscourt*, der Kapstadter Residenz von Erzbischof Tutu, wo er die erste Nacht in Freiheit verbracht hat, eine Pressekonferenz, die rund zweihundert Diplomaten und Journalisten stark beeindruckt. Mit großer Lockerheit und intellektueller Brillanz beantwortet er eineinhalb Stunden lang im parkartigen Garten der bischöflichen Residenz auch die kniffligeren Fragen. Jene Journalisten, deren Stimme er aus dem Radio kennt oder deren Namen ihm aus einer der Zeitungen ein Begriff sind, die er im Gefängnis lesen konnte, spricht er mit einer kleinen persönlichen Bemerkung an. Er freue sich, ihn, den politischen Kolumnisten der Tageszeitung xy, nun doch noch persönlich kennenzulernen, und er hoffe auf den einen oder anderen Disput, da er die in der Kolumne vertretene Meinung bei weitem nicht immer teile. Zu einem Kollegen vom Radio bemerkt er überrascht:

«Ach, das ist ja interessant, so sehen Sie aus. Ich habe Sie mir immer klein und dick vorgestellt!» Die Pressekonferenz bricht in dröhnendes Gelächter aus. Mandela selbst lächelt, lehnt sich in seinem Stuhl zurück und wartet sichtbar amüsiert auf die Frage des Journalisten vom südafrikanischen Radio. Der ehemalige Häftling geht professionell und clever mit den Medien um, ein geborener Kommunikator, der sich dieser Fähigkeit bewußt ist und sie regelrecht genießt. Er hat auch aus nächster Nähe eine außerordentlich starke Ausstrahlung. Seine Persönlichkeit und sein Selbstbewußtsein, das steht schon nach so kurzer Zeit für alle Beobachter fest, haben, soweit von außen zu erkennen, durch die lange Haft keinen Schaden genommen. Er ist ungebrochen. Ob er denn nicht doch verbittert sei nach den beinahe 28 Jahren Haft, und was für Gefühle er heute den Weißen und der weißen Regierung Südafrikas gegenüber hege?

«Nein, ich bin nicht verbittert. Wissen Sie, ich war ja nicht allein im Gefängnis. Die meiste Zeit war ich mit meinen Genossen vom ANC zusammen. Wir haben uns alle, jeder jedem, immer wieder Mut und Hoffnung gemacht, daß unsere Zeit doch noch kommen wird. Im Gefängnis gab es viel Solidarität untereinander. Manchmal, zwischendrin, habe ich schon mal so etwas wie eine Wut bekommen, das stimmt, aber das legte sich dann wieder. Es hätte ja keinen

Sinn gehabt. Und gegenüber den Weißen allgemein hege ich keine bestimmten Gefühle, auch nicht Gefühle der Abneigung. Wir sind alle Südafrikaner, und ich habe immer für eine Demokratie gekämpft, in der die Rasse oder die Hautfarbe keine Rolle spielt. Was die Regierung angeht, so möchte ich noch einmal wiederholen, was ich gestern schon gesagt habe: Präsident de Klerk ist weiter gegangen als alle weißen Politiker der Nationalen Partei in Südafrika bisher. Er ist ein integrer Mann, aber die weiße Regierung muß noch sehr viel weiter gehen als bisher. Unser Ziel ist, mit ihr über die friedliche und nicht-rassistische Zukunft Südafrikas zu verhandeln. Das Ziel kann nur eine Demokratie mit gleichen Rechten für alle sein. Dahin müssen wir kommen.»

Immer wieder betont er, daß er weder Messias noch Prophet sei. Er sei ein loyales Mitglied seiner Organisation und fühle sich ganz und gar eingebunden in die Tradition des African National Congress und dessen lange Geschichte im Widerstand gegen den Rassismus und die Entrechtung der schwarzen Bevölkerung. Der ANC sei schließlich die älteste politische Organisation der Schwarzen in Südafrika und sicher auch jene, die am längsten mit ausschließlich friedlichen Mitteln gekämpft habe. Mandela hebt das zu Recht hervor. In der weitgehend friedlichen Geschichte des ANC haben im übrigen auch die Taktik und die Auffassungen eines Mannes eine wesentliche Rolle gespielt, der 23 Jahre in Südafrika gelebt hat und weltberühmt werden sollte, allerdings vor allem wegen seinen Aktivitäten in Indien. Obwohl er alles, wofür er berühmt wurde, in Südafrika entwickelt und mit Erfolg praktiziert hat:

Es war an einem Wochentag im Jahre 1893, als ein eher scheuer, ausgesprochen dünner, 22 Jahre alter Mann im Zug von Durban, der Hauptstadt der Provinz Natal, nach Pretoria fuhr. Nach rund eineinhalb Stunden Fahrzeit, sie erreichten gerade das kleine Städtchen Pietermaritzburg, begannen seine weißen Mitreisenden, sich beim Zugpersonal nun auch laut zu beklagen: Wie es denn käme, daß sich ein Mann mit dunkler, «nicht-europäischer» Hautfarbe, «ein Kuli», im Erste-Klasse-Abteil herumtreibe. Das verbitte man sich. Das weiße Zugpersonal und der Bahnhofsvorstand von Pietermaritzburg fordern den jungen Mann auf, sich gefälligst nach hinten in einen Wagen der dritten Klasse zu begeben. Der sei für ihn und «seine Rasse» vorgesehen. Doch der ansonsten sehr wohlerzogene und höfliche junge Mann mit englischer Universitätsausbildung vermag das nicht einzusehen. Er weigert sich, das Abteil zu verlassen, mit dem Ergebnis, daß er gewaltsam aus dem Zug hinausbefördert wird und auf dem Bahnhof von Pietermaritzburg hängenbleibt.

Später wird er über dieses Ereignis sagen, daß es sein Leben entscheidend geprägt und «politisiert» habe. Sein Name: Mohandas Gandhi, später «Mahatma» genannt, «die große Seele». Er ist der Sohn einer indischen Kaufmannsfamilie, hatte in London Rechtswissenschaften studiert und, zurück in Indien, in Bombay eine Kanzlei aufgemacht, die er aber ziemlich schnell wegen Mangel an Klienten wieder dichtmachen mußte. Von einer indischen Handelsfirma bekam er schließlich einen Auftrag, der ihn nach Südafrika führte. Daraus sollte ein Aufenthalt von insgesamt 23 Jahren werden.

Gandhi ist nicht der einzige Inder in Südafrika. In der Gegend von Natal z. B. arbeiten Tausende indischer Familien in den großen Zuckerrohrplantagen. Sie sind von Agenten der Plantageninhaber als billige Arbeitskräfte geholt worden, da sich die meisten vom stolzen Stamm der in Natal ansässigen Zulus weigerten, auf den Plantagen zu arbeiten. Es sind billige, verängstigte, analphabetische Arbeitskräfte aus den Slums von Madras und Kalkutta.

Am 16. November 1860 ankerte ein Schiff namens *Truro* in der Bucht von Natal mit über 100 «Kulis» aus Indien, die kaum einen besseren Status als Sklaven hatten. Doch um aus ihrer von Hungersnöten und Massenelend gequälten Heimat zu entkommen, war ihnen so gut wie alles recht. Viele wurden beim Anwerben darüber getäuscht, daß sie sich in nichts anderes als ein etwas besseres Sklavendasein begeben würden. Erst nach 10 Jahren Arbeit auf den Plantagen, gegen geringste Bezahlung, war es ihnen erlaubt, nach Indien zurückzukehren oder sich in Natal niederzulassen.

Mit der Ankunft der Inder wurde eine diskriminierende Gesetzgebung in Natal eingeführt, die ihnen in vieler Hinsicht den nahezu rechtlosen Status der schwarzen Bevölkerung gab. Erst 1984, also mehr als hundert Jahre später, verabschiedete das weiße Parlament in Kapstadt auf Initiative von Staatspräsident Botha ein Gesetz, das den «Indern» mehr Rechte einräumte, einschließlich dem einer eigenen Parlamentskammer. Sie haben nun mehr Rechte als die Schwarzen, sind aber bei weitem noch nicht mit den Weißen gleichgestellt.

Gandhi, empört über die eigene Diskriminierung und die seiner Landsleute, wird Mitbegründer des *Natal Indian Congress*, einer politischen Organisation, die sich ausschließlich für die Interessen der indischen Bevölkerung einsetzt. Dominiert wird sie zunächst von der schmalen Schicht der indischen Kaufleute, deren Eltern noch als «Kulis» nach Südafrika gekommen sind, die sich dann aber, nach den 10 Jahren Plackerei auf den Zuckerrohrplantagen, in Natal als Händler niedergelassen haben.

Erst später erweitert der zunächst nur am schmalen indischen Mittelstand orientierte Gandhi seinen Gesichtskreis auf die Masse der armen Plantagen- und Industriearbeiter indischer Abstammung. Die Schranken gegenüber der schwarzen Bevölkerung (und damit die Hindernisse für den gemeinsamen Widerstand aller Bevölkerungsgruppen) überwindet er nicht. Gandhi bleibt während seiner Zeit in Südafrika, bis zum 18. Juli 1914, im wesentlichen auf den Kampf um die Rechte der indischstämmigen Bevölkerung beschränkt. Erst seine politischen Nachfolger im Natal Indian Congress schlagen, Jahre später, die Brücke zu den Schwarzen. Gandhis Verdienst in Südafrika ist, daß er den politischen Widerstand gegen den immer mehr auch gesetzlich festgeschriebenen Rassismus begründet und Kampagnen des zivilen Ungehorsams organisiert. Er kann, für die indischstämmige Bevölkerung, sogar einige Teilerfolge erringen, die allerdings später wieder von der Regierung zunichte gemacht werden.

Satyagraha – die «aus Wahrheit und Liebe geborene Stärke», Synonym für gewaltlosen Widerstand –, dieser von Gandhi geprägte Begriff und die damit gemeinte politische Strategie wurden in Südafrika geboren. Die Kampagnen des zivilen Ungehorsams, die der African National Congress später anstrengen wird und an denen Nelson Mandela in den 50er Jahren maßgeblich beteiligt ist, sind noch von Gandhis Ideen inspiriert. Doch der Weg des ANC von der moderaten Form des vorsichtigen Widerspruchs gegen bestimmte «Entgleisungen» weißer Politik zu Zeiten seiner Gründung 1912 bis zu den organisierten Kampagnen des zivilen Ungehorsams ist lang. Er dauert rund 40 Jahre.

Als am 8. Januar 1912 mehr als 60 schwarze Häuptlinge und bei der schwarzen Bevölkerung angesehene Persönlichkeiten und mehrere hundert Gäste in einer umgebauten Scheune in dem Provinzstädtchen Bloemfontein zusammenkamen, war die Lage ernst. Das nach dem «Burenkrieg» in vier britische Kolonien aufgeteilte Südafrika (Natal, Transvaal, Oranje Freistaat und die Kapregion) hatte sich 1910, mit Genehmigung Englands, zur halbwegs autonomen «Südafrikanischen Union» zusammengeschlossen – auf Kosten der Schwarzen. Die hatten vergeblich gehofft, daß die «liberale» britische Kolonialmacht die Union nicht zulassen würde, ohne von den weißen Südafrikanern die Garantie wenigstens fundamentaler Rechte für die schwarze Bevölkerung zu verlangen. Aber die Engländer hatten ein größeres Interesse, sich nach dem erst kurz zurückliegenden, blutigen Krieg mit den burischen Weißen wenigstens halbwegs zu versöhnen, als die Belange der schwarzen Bevölkerung zu vertreten.

«Die Weißen haben in diesem Land das gegründet, was jetzt unter dem Namen ‹Union von Südafrika› bekannt ist. Wir haben in dieser Union weder das Recht, an der Gesetzgebung mitzuwirken, noch sonst im Gebilde dieses Staates eine Rolle zu spielen. Wir haben deshalb zu dieser Konferenz hier in Bloemfontein aufgerufen, damit wir gemeinsam Mittel und Wege finden, eine nationale Organisation zu gründen und um unsere Rechte, die Rechte der Schwarzen, zu kämpfen!»

Es ist ein selbstbewußter, junger, schwarzer Rechtsanwalt namens Pixley Seme, der mit diesen Worten eine Konferenz einleitet, die mit der Gründung des *South African Native National Congress* (SANNC) endet. Die Organisation ändert ein paar Jahre später ihren Namen in African National Congress, ANC. Doch ihre sehr gemäßigte Politik bleibt lange dieselbe und ebenso lange erfolglos. 1914 schickt der SANNC eine Delegation nach London, um die Verabschiedung des *Native Land Acts* durch das Parlament der Südafrikanischen Union zu verhindern, eines Gesetzes, das große Teile der schwarzen Bevölkerung praktisch enteignet, ihre teilweise Zwangsumsiedlung einleitet und sicherstellt, daß die Weißen in der Frage des Grundstücks- und Landerwerbs keine Konkurrenz von unliebsamen schwarzen Käufern bekommen können. Doch das britische Empire, als dessen Mitglied die Schwarzen sich empfinden und an dessen demokratische Tradition sie appellieren, unternimmt nichts zu ihrer Hilfe. In einer Petition an die Unionsregierung schreibt der damalige Vorsitzende des SANNC, John Dube:

«Wir müssen zusehen, wie unsere schwarzen Landsleute aus jenen Gegenden vertrieben werden, wo sie seit Generationen leben. Wir müssen zusehen, wie die Mieten hochgetrieben werden, bis die Mieter verzweifeln (und die Gegend verlassen müssen, T. R.). Wir müssen mitansehen, wie schwarzen Familien, die lange gespart haben, um sich ein Heim und ein Stück Land zu kaufen, das sie ihren Kindern hinterlassen können, damit auch die etwas zum Leben und Wohnen haben – wir müssen mit ansehen, wie diesen schwarzen Familien gesagt wird, daß all diese Hoffnungen vergeblich sind, denn keinem Weißen ist es mehr erlaubt, Land an Schwarze zu verpachten oder zu verkaufen.»

John Dube erhält auf seine Bitte an den damaligen Premierminister der Union, Louis Botha, das Gesetz wenigstens in einigen Punkten zu verändern oder aufzuschieben, nicht einmal eine Antwort. Und auch in den folgenden Jahren zieht die Regierung die Schrauben einer rassistischen Gesetzgebung immer weiter an; der ANC appelliert, bittet, schreibt Petitionen – ohne Erfolg. So wird allmählich der Grundstein für das gelegt, was die Nationale Partei nach ihrem Wahlsieg 1948 zu einem umfassenden System ausbaut, das eine vollkommene Trennung der weißen von allen anderen Bevölkerungsgruppen vorsieht, die ihrerseits voneinander getrennt gehalten werden sollen.

Das System heißt «Apartheid» – «getrennt voneinander sein» oder «Getrennte Entwicklung» sind die etwas schönfärberischen Übersetzungen dafür. Die Schwarzen werden von da an in Gettos oder sogenannte *Homelands* gepfercht, «Heimatländer», wie es zynisch heißt. Homelands sind Zwangsreservate für Schwarze, Reservoire billiger Arbeitskräfte, weder ökonomisch noch politisch lebensfähig. Lächerlicherweise erklärt die südafrikanische Regierung später einige von ihnen zu «unabhängigen Staaten», andere nennen sich «selbstverwaltete Heimatländer». Die Idee ist, langfristig den größten Teil der schwarzen Bevölkerung Südafrikas zu Ausländern zu machen. Dann kann man ihre «Einreise» nach Südafrika mit Fug und Recht steuern. Zur «Feinabstimmung» der Kontrolle und Unterdrückung wird den Schwarzen ein Paß aufgezwungen, den sie jederzeit bei sich zu tragen haben. In dem «Paß» ist notiert, in welchem Distrikt ihnen der Aufenthalt erlaubt ist und ob sie eine Arbeitsstelle haben. Werden sie außerhalb dieses Distrikts angetroffen oder können sie keine Arbeit nachweisen, werden sie umgehend in eines der entsprechenden «Heimatländer» deportiert. Besitzen sie überhaupt keinen «Paß», geschieht natürlich dasselbe.

Doch während die Weißen dabei sind, die Apartheid immer weiter auszubauen und mit Gewalt durchzusetzen, entwickelt sich auch der schwarze Widerstand dagegen. Das zeigt sich besonders deutlich innerhalb des ANC. Die Initiative zu einer grundsätzlichen politischen Kursänderung geht von einer Gruppe junger Männer aus, die mit dem moderaten und höflichen «Bittstellerkurs» der letzten 40 Jahre nichts mehr zu tun haben wollen. Einer dieser jungen Männer ist Nelson Mandela.

Mandela, der Sohn eines Häuptlings vom Stamm der Tembu, vom Land nach Johannesburg gekommen, erweist sich, wie seine in der Stadt gewonnenen Freunde Walter Sisulu und Oliver Tambo, bald als kluger Taktiker und unabhängiger Kopf. 1944 gründen sie die «Jugendliga» des ANC, die jede Zusammenarbeit mit dem von den Weißen eingerichteten «Eingeborenenrepräsentantenrat» und ähnlichen Gremien ablehnt.

Innerhalb weniger Jahre gewinnt die Jugendliga durch geschicktes Taktieren Einfluß auf die politische Linie und die Aktivitäten des ANC insgesamt. Sie organisiert die erste *Defiance Campaign*, bei der sie auf die von Gandhi entwickelten Methoden des gewaltlosen Widerstands zurückgreifen.

Freiheitsstrafen, Bannungen – eine südafrikanische Spezialität, die den Bewegungsfreiraum der Betroffenen drastisch einengt und in aller Regel die politische Betätigung ganz verbietet –, aber auch brutale Polizeiaktionen sind die Reaktionen des Staates. Eine davon ist das «Massaker von Sharpeville» am 21. März 1960 – ein Tag, der vieles verändert. Die unmittelbar auf das Massaker folgenden Streiks und Protestaktionen werden schließlich von Armee und Polizei gewaltsam unter Kontrolle gebracht.

Zum ersten Mal nach dem 2. Weltkrieg wendet die Regierung das Instrument an, das sie in den folgenden Jahren immer wieder braucht, den Ausnahmezustand – Friedhofsruhe statt Reformen! Der ANC und der Pan African Congress, PAC, inzwischen die beiden wichtigsten politischen Organisationen der Schwarzen, werden verboten.

Der Pan African Congress ist eine Abspaltung des ANC, den er wegen zu großer Kompromißbereitschaft und seiner Zusammenarbeit mit «progressiven» Weißen kritisiert: Die Schwarzen müßten zunächst einmal, nach all den Jahren des Kolonialismus und der Unterdrückung, zu ihrer eigenen Identität und zu eigenen, radikalen Formen des Kampfes finden. Eine Denkweise, die in den 70er Jahren als sogenannte *Black-Consciousness*-Bewegung besonders unter den schwarzen Jugendlichen noch einmal viel Anziehungskraft findet und, verbunden mit einer, um es neutral zu sagen, unorthodox bis anarchistisch orientierten politischen Praxis, auch Anfang der 90er Jahre noch Anhänger in den schwarzen Gettos hat.

1960 jedenfalls werden der ANC und der PAC durch Verbot in den Untergrund gezwungen. Und mit ihm die gesamte schwarze Führerschaft, deren größter Teil allerdings sowieso entweder längst verhaftet, gebannt oder ins Ausland geflohen ist. *Tabula rasa* in Südafrika. Die weiße Herrschaft ist total – beinahe jedenfalls. Für Mandela und seine engsten Freunde aus den Zeiten der Gründung der «Jugendliga» ist die Schlußfolgerung klar: Von 1912 bis 1960, fast ein halbes Jahrhundert lang, hat die Politik des ANC, ausschließlich mit friedlichen Mitteln zu protestieren, nichts eingebracht, außer einer noch rigideren Unterdrückung der schwarzen Bevölkerung.

Die Gruppe um Mandela entwirft ein, wie sie viele Jahre später selbst sagen wird, «naives» Konzept des bewaffneten Kampfes gegen die weiße Regierung. Sie gründet den Guerilla-Arm des ANC, *Umkhonto we Sizwe* («Speer der Nation»), und richtet unter der Leitung Mandelas ein Oberkommando ein, dessen regionale Gliederungen sich über ganz Südafrika erstrecken sollen. Mandela besteht darauf, daß bei keiner der bewaffneten Sabotageaktionen Menschenleben gefährdet werden dürfen. Am 16. Juni 1961 ist es soweit. In Durban, Kapstadt und Johannesburg explodieren die ersten, selbstgebastelten Bomben an Strommasten und ähnlichen Installationen. Auch wenn solche Guerilla-Aktionen des ANC zu keinem Zeitpunkt eine ernsthafte, gar militärische Bedrohung darstellen, ist damit in Südafrika dennoch ein neues Stadium der Auseinandersetzung erreicht. Zu dessen zunehmender Isolation kommt seine «Verbunkerung» nach innen, die mir bei unserer Ankunft in Südafrika 1988 so sehr auffällt.

Mandelas Leben in Freiheit neigt sich dem Ende zu. In den Untergrund abgetaucht, zieht er 1961 und im ersten Halbjahr 1962 den besonderen Zorn der weißen Regierung auf sich, da sie seiner nicht habhaft werden kann. In den schwarzen Gettos wird er zu einer geradezu mythischen Gestalt, der es gelingt, zu Unterstützungskampagnen für die Sache des ANC und der Schwarzen durch ganz Afrika und bis nach Europa zu reisen und sich dann plötzlich wieder aus dem südafrikanischen Untergrund zurückzumelden. Am 5. August 1962 ist auch das zu Ende, er wird verhaftet. Kurz danach ist praktisch die gesamte Führung von Umkhonto we Sizwe in der Hand des Staates, und sie wird gemeinsam im Rivonia-Prozeß zu lebenslänglich verurteilt. Hier spricht Mandela jenes Schlußplädoyer, aus dem er am Sonntag, dem 11. Februar 1990, dem Tag seiner Freilassung, auf dem Balkon der Stadthalle von Kapstadt zitiert:

«... wenn es notwendig sein sollte, bin ich bereit, für das Ideal einer demokratischen und freien Gesellschaft zu sterben.»

Der Kreis schließt sich am Tage der Rückkehr Mandelas nach Soweto. Schon als er das Gefängnis bei Kapstadt verläßt, strömen, auf ein bloßes Gerücht, viele tausend Menschen in eines der

Fußballstadien Sowetos. Sie verlassen es nur zögernd Stunden später, als klar wird, daß er noch nicht kommen wird. Die Schulen in Soweto haben längst dichtgemacht, kein Schüler wird sich mehr dorthin verirren, bevor «*Baba* Nelson Mandela nicht nach Hause zurückgekehrt» ist.

Vor seinem Haus, das er 1960, bevor er in den Untergrund ging, zum letzten Mal sah, ist inzwischen ein merkwürdiges Szenario, eine Mischung aus *High-Tech*-Erste-Welt und Getto-Dritte-Welt aufgebaut. Um das kleine *Matchbox*-Haus mit dem winzigen Garten und der etwa eineinhalb Meter hohen, grauen Steinmauer haben die großen internationalen Fernsehgesellschaften auf engstem Raum schüsselartige Satellitenantennen und unzählige Kameras aufgebaut. Stahlgerüste tragen Plattformen und Lichtmasten, Übertragungswagen stellen die schmale, am Haus vorbeiführende Straße zu. Überall sind schnell installierte Telephonleitungen und im Gras herumliegende Telephone zu sehen. In den gegenüberliegenden Häusern haben sich internationale Fernsehgesellschaften und Presseagenturen eingemietet. Sie boten den normalen Bewohnern so viel Geld, daß die blitzartig und mit Sack und Pack ihre kleinen Häuser verließen, bevor es sich die Anbieter wieder anders überlegten.

Sowetos Schüler, aber auch die Mitglieder der einen oder anderen kriminellen *streetgang* laufen staunend durch diese High-Tech-Kommunikationswelt, die weniger als einen Kilometer von einer der elenden Siedlungen aus Wellblechhütten und Bretterverschlägen entfernt ist. Die Gangmitglieder sondieren unverhohlen, ob es hier nicht doch in der Nacht irgend etwas Verwertbares zu holen gibt – außer den für einen unauffälligen Abtransport zu großen Antennenschüsseln. Private Sicherheitsfirmen beschützen das zwar alles, doch ganz unbeschädigt wird, das ist jetzt schon abzusehen, niemand davonkommen. Alle, einschließlich der kriminellen Szene Sowetos, sind bereit für das unvermeidbare Chaos bei Mandelas Ankunft – doch wo steckt er eigentlich?

Zunächst weiß niemand etwas Genaues. Nur soviel, daß die Organisatoren seiner Rückkehr, das «Nationale Empfangskomitee», aber auch er selbst, befürchteten, das Chaos bei seiner Ankunft in

Soweto würde, wie schon in Kapstadt, Menschenleben kosten. Schwerverletzte gibt es bereits, Kinder und Jugendliche, die beim Warten auf ihn in einem der überfüllten Stadien Sowetos schwere Quetschungen und Knochenbrüche erlitten. Ein junges Mädchen stirbt einen Tag später an ihren Verletzungen.

Mandela ist mit seiner Frau und Freunden am Abend seines zweiten Tages in Freiheit heimlich auf einem kleinen Flughafen in der Nähe Johannesburgs gelandet. Die Nacht verbringt er auf der Farm eines weißen Freundes am Stadtrand, und am Morgen des dritten Tages «steht» das Programm schließlich: Am späten Vormittag Kundgebung in *Soccer City*, dem größten Fußballstadion Sowetos, das rund 120 000 Menschen faßt; danach endgültige Heimkehr ins Matchbox-Haus. Das Unvermeidliche noch weiter hinauszuzögern, würde die Lage eher verschlimmern. Zur Überraschung aller geht das Ganze schließlich doch glimpflicher ab als vermutet.

In einem Triumphzug, der selbst den von Kapstadt übertrifft, fährt Mandela im Stadion ein, wo ihm die versammelten 120 000 einen Empfang bereiten, wie ihn gewiß noch nie jemand in Südafrika bekommen hat: Gesänge, Tänze, ein Meer von ANC-Fahnen und Fahnen der mit ihm verbündeten kommunistischen Partei Südafrikas. Vielleicht ist Südafrika das einzige Land, in dem die roten Fahnen mit Hammer und Sichel, zumindest bei der Masse der Bevölkerung, akzeptiert sind. Dies, weil die Kommunistische Partei sich seit den 30er Jahren mit dem Kampf der Schwarzen gegen den Rassismus solidarisch erklärt und ihn kompromißlos unterstützt hat. Über viele Sitzreihen hinweg erstreckt sich ein riesiges Transparent, auf dem steht: *«MANDELA – NEXT PRESIDENT!»* Er spricht zu ihnen, wie sie es von ihm erwarten: als Vater der Nation.

«Ich grüße euch, meine Brüder und Schwestern, ich grüße euch, meine Kinder», ruft er in die jubelnde Menge. Es ist eine Rede, die etwas mehr in die Details einer künftigen ANC-Politik geht als in Kapstadt – verhandeln, aber nur über eine echte Demokratie mit gleichem Wahlrecht für alle –, die sich aber auch kritisch mit den eigenen Anhängern auseinandersetzt. Er appelliert an Disziplin und Vernunft, verlangt Toleranz für andere politische Gesinnungen und fordert schließlich die Jugendlichen auf, trotz des Kampfes gegen die Apartheid in die Schulen zu gehen:

«*Education is a very important weapon in the struggle for a just and democratic South Africa!* Ausbildung ist eine wichtige Waffe im Kampf um ein gerechtes und demokratisches Südafrika!»

Er wird jetzt auch für eine solche Bemerkung mit Beifall überschüttet, das wird sich im Laufe der nächsten Monate aber ändern. Radikale Jugendliche innerhalb und außerhalb des ANC werden ihm sagen, daß ja auch das Erziehungssystem durch und durch von der Apartheid geprägt sei. Sie werden ihm sagen, daß er zu versöhnlerisch sei und längst keinen konsequenten Kampf gegen die Apartheid und die Herrschaft der Weißen mehr führe. Doch von all dem ist am heutigen Tag nichts zu spüren. Es scheint so, als ob sich die «natürliche» Autorität dieser starken Persönlichkeit gegen alle Unzulänglichkeiten und die Kritik auch aus den eigenen Reihen durchsetzen könnte.

Einen geradezu magischen Auftritt erlebe ich vor seinem Haus in Soweto, an dem er ein paar Stunden später vorfährt. Tausende singen und tanzen auf der Straße, aber irgendwie schafft es sein Auto, durchzukommen. Vor dem Haus hält er, akustisch verstärkt durch eine kleine Lautsprecheranlage, eine sehr kurze Begrüßungsrede, die mit der Aufforderung endet:

«Wir alle, die Führer des ANC, unsere Freunde und Genossen, haben großes Vertrauen in euch. Vertrauen in eure Fähigkeit zur Disziplin, die wir im Befreiungskampf brauchen. Deshalb erwarte ich von euch, daß ihr jetzt umgehend und in Ruhe nach Hause geht!»

Fünf Minuten später ist der Platz und die Straße vor dem kleinen Häuschen von Menschen fast leer – bis auf die Journalisten. Während meiner ganzen Zeit in Südafrika habe ich keine so schnelle «Räumung» mit friedlichen Mitteln gesehen.

Zum Abschluß dieser turbulenten ersten Tage gelingt es uns, über ein paar vertraute Kontakte, noch ein kurzes Fernsehinterview mit Mandela für die ARD zu organisieren. Auch aus nächster Nähe bestätigt sich mein bisheriger Eindruck von Mandelas Persönlichkeit. Ein Mann von tiefer, zu keinem Zeitpunkt aufgesetzt erscheinender Herzlichkeit und menschlicher Wärme. Er wirkt, trotz seiner 72 Jahre und der ungeheuren Anstrengungen der ersten drei Tage in Freiheit, frisch und gelöst, als ich ihm im winzigen Garten des kleinen Häuschens die Hand drücke. Er bestätigt noch einmal, daß er keinen Haß auf die Weißen Südafrikas verspüre noch verspürt habe:

«Haß nicht, nein, Zorn manchmal, ja, aber der verflog dann wieder. Vor allem auch, weil wir im Gefängnis immer versucht haben, aktiv zu bleiben und uns aufzumuntern. Wir haben regelrechte Seminare veranstaltet und uns gegenseitig geschult. Außerdem besaßen wir die innere Sicherheit, moralisch das Richtige getan zu haben. Wir haben damals, 1962, am Ende des Rivonia-Prozesses, den Gerichtssaal zwar als Verurteilte verlassen, aber unserem Gefühl nach waren wir die Sieger. Was wir getan haben, war richtig, ich habe es nie bereut.»

Es wäre menschlich nur zu verständlich, wenn Mandela etwas anderes über die beinah 28 Jahre im Gefängnis und seine Haltung zu den Weißen gesagt hätte. Er tut es nicht. Und ich habe nicht den Eindruck, daß er sich um der politischen Taktik willen versöhnlerisch gibt. Natürlich stelle ich ihm die Frage nach den gewiß unerfüllbaren Erwartungen, die ein großer Teil der schwarzen Bevölkerung an ihn hat.

«Natürlich bin ich kein Messias, und ich habe meine Fehler wie jeder andere Mensch auch. Außerdem kann ein Mann das, was uns und Südafrika bevorsteht, sowieso nicht allein bewältigen. Das geht nur durch eine Organisation, ein Team, eine Mannschaft, wie sie der ANC hat. Ich bin nichts anderes als ein loyales Mitglied des ANC und richte mich nach den Entscheidungen, die sein Nationales Exekutivkomitee trifft.»

Hier wird Mandela nun doch vorsichtig. Eine so kraftvolle und eigenständige Persönlichkeit wie er geht gewiß nicht in den Entscheidungen des 32köpfigen Führungsgremiums des ANC unter, und er wird sie, wenn er sie für falsch hält, auch nicht ohne weitere Diskussion hinnehmen. Doch der Nimbus, der ihn umgibt und den der ANC zum eigenen Nutzen ja mit geschaffen hat, muß über kurz oder lang entweder die Eifersucht anderer führender Genossen oder radikalerer Fraktionen innerhalb des ANC erregen. Deshalb versucht Mandela von Anfang an, zumindest rhetorisch, seine eigene Bedeutung innerhalb wie außerhalb des ANC herunterzuspielen. Außerdem mag ja auch dem einen oder anderen ANC-Mitglied die Ehrenerklärung nicht schmecken, die Mandela immer wieder für de Klerk abgibt: Nein, dieser Mann sei wirklich durch und durch integer, davon sei er, Mandela, fest überzeugt. Es müsse sich freilich noch zeigen, wie weit er tatsächlich zu gehen bereit sei und, vor allem, ob er die Nationale Partei auf diesem Kurs mitziehen könne. Das sei mindestens so wichtig wie der gute Wille de Klerks, den er aber nicht im geringsten anzweifle.

Während wir auf dem kleinen Rasenstückchen im Hinterhof sitzen, melden sich pausenlos Besucher für Mandela an. Sie stauen sich bereits auf dem Gartenweg: alte Kampfgefährten, ehemalige Mithäftlinge, Boten, die riesige Sträuße bringen. Das Telefon klingelt pausenlos, Jugendliche klettern auf die Gartenmauer, von der sie wieder vertrieben werden, kurz: eine Atmosphäre, die auch einen weitaus jüngeren Mann zumindest nervös machen könnte. Doch nicht ihn. Er sitzt betont aufrecht in seinem einfachen Gartenstuhl aus weiß lackiertem Drahtgestell, hört aufmerksam meinen Fragen zu, konzentriert sich auf die Antworten, saugt nebenbei diese ganze flirrende Atmosphäre in sich auf – und lächelt. Er genießt seine Freiheit, er genießt die vielen Menschen um sich herum, die Stimmen, die Gesänge. Nichts scheint ihn zu stören. Selbst die Frage nach der Bedrohung seines Lebens durch weiße Terrorgruppen, die bereits Anschläge angekündigt haben, bringt ihn nicht aus dem Konzept, aus der Fassung schon gar nicht.

«Ach, wissen Sie, an so etwas denke ich so gut wie überhaupt nicht. Das nimmt diese Leute viel zu wichtig. Ich lebe hier mitten in Soweto, das schützt mich genug. Außerdem, ich bin von Natur aus sehr viel eher ein Optimist als ein Pessimist.»

Wenn man nicht so genau hinsieht, scheint ihm das politische Klima fast überall in Südafrika recht zu geben. Die schwarze Bevölkerung ist euphorisch, die Regierung gibt zu erkennen, daß sie mit dem bisherigen Verlauf der Freilassung trotz des Chaos zufrieden ist; Mandelas eindeutige Stellungnahme zur Person de Klerks wird begrüßt; der Durchbruch in Südafrika ist wohl erzielt, sagen viele, und viele Zeitungen in Südafrika schreiben es.

Zumal ein Ereignis ansteht, das beiden, Mandela wie de Klerk, nur Positives bescheren wird: die Unabhängigkeitsfeier von Namibia. Über hundertfünfzig Staatsmänner haben sich in Windhuk angesagt, einschließlich der Außenminister der Vereinigten Staaten von Amerika, James Baker, und Eduard Schewardnadse aus der Sowjetunion. De Klerk kann die ersten Lorbeeren für die südafrikanische Kursänderung ernten. Eine Woge des Optimismus geht durch das südliche Afrika. Eine historische Etappe geht zu Ende, Namibia rüstet sich für eine faszinierende Geburtstagsfeier, die Geburtstagsfeier des jüngsten Staates in Afrika. Er hat die Kolonialzeit und, vor allem, die Apartheid für immer hinter sich. Wer weiß, vielleicht wird es ja in Südafrika bald ebenso! Wenn das kein Grund zum Feiern ist!

Utopie in Windhuk

«Genschmann hat Geburtstag» – der aus Deutschland angereiste Kollege grinst breit, während Genschmanns, pardon, Genschers Pressereferent nur mäßig glücklich dreinschaut. Das mag am Streß liegen. Denn eigentlich findet er den Comic des Satiremagazins *Titanic* zwar blöd, aber lustig: Eine listige Gestalt namens «Genschmann», mit riesigen Segelohren ausgestattet, jagt durch die Welt. Um nicht zu sagen: durch die Galaxis. Ganz wie der Außenminister. Oder jedenfalls beinahe. Denn der beschränkt sich bis jetzt auf den Erdball und macht im Augenblick in der Residenz des deutschen Botschafters in Windhuk, Namibia, Station.

Ein Botschaftsangestellter stößt auf der Terrasse der Residenz zu uns und legt den Finger auf seine etwas zu schmalen Lippen: «Nicht so laut! Der Minister ruht!» Na prima. Doch allzu lange wird seine Ruhe nicht mehr dauern, denn am Fuß der steilen Auffahrt zur Residenz sammelt sich eine Blaskapelle aus dem Saarland. Die wackeren Musikanten, in Namibia auf Reisen, haben von des Ministers Anwesenheit und seinem Geburtstag Wind bekommen. Am Ständchen der saarländischen Blechbläser kommt er nicht vorbei, das ist sicher. Zunächst aber müssen die sich die Auffahrt zur Residenz hocharbeiten, sich oben wieder sammeln, Aufstellung nehmen, die Lippen spitzen – das dauert. Ein anderer, im Troß des Ministers aus Deutschland mitgeflogener Journalist wickelt inzwischen einen geschnitzten pseudoafrikanischen Holzstock aus, an den oben ein Büschel schwarzer Kunststoffhaare geklebt ist. Er hat sich das Stück gestern nachmittag noch schnell in einem Touristenshop in Windhuk besorgt.

«Der Häuptlingsstab der Ovambos!» sagt er, grinst und hält es für witzig. «Den kriegt Genschmann!» Warum nicht? Der wird in seiner

Laufbahn als dienstältester Außenminister der Welt schon blödere Geschenke bekommen haben.

Die Kapelle hat auf der Terrasse Aufstellung genommen. Dann herrscht Durcheinander, denn plötzlich steht der Minister da. Etwas blaß schaut er aus: *«Guudn Morjn»*, ruft er laut, aber nicht zu laut in die Runde. Seine Ohren sind wirklich etwas groß. Sein Gesicht ist wirklich etwas breit. An Körper fehlt es ihm auch nicht, wie er so hemdsärmelig, ohne sich unter einem Jackett zu verstecken, dasteht. Dann wirbelt er mit einer überraschenden Bewegung fast pirouettenartig auf dem Absatz herum: «Schuhmacher, komm' Se mal her!» Doch sein Pressereferent stand sowieso schon hinter ihm. Sie konferieren.

Da dröhnt das Geburtstagsständchen über die Terrasse. Die Saarländer haben die Initiative ergriffen. Der Minister dreht sich diesmal etwas langsamer um, lächelt und hört zu. Hinter seiner freundlichen Fassade denkt es. Ich sehe ihn zum erstenmal so aus der Nähe. Er wirkt sympathisch. Wenn mich «Schuhmacher-komm-Se-mal» richtig informiert hat, ist der Zeitplan des Ministers bereits jetzt schon eng. Frühstück, kurze Anerkennung des Geburtstags (der wievielte ist das eigentlich?), Gratulation mit Händeschütteln, Sektglas mit Orangensaft anstoßen – auch das dauert. Und es dauert zu lang. Denn Punkt 8.30 Uhr wartet im besten Hotel Windhuks, dem *Kalahari Sands*, Sam Nujoma, der künftige Staatspräsident Namibias und noch Präsident der SWAPO, der *South West African Peoples Organization*. Fahrzeit von der Residenz des deutschen Botschafters vier bis sechs Minuten: Jetzt ist es 8 Uhr 20! Also los!

Genaugenommen könnte Genscher, wenn er wollte, natürlich die Unterredung versäumen. Denn Sam Nujoma ist auf Genscher angewiesen, nicht umgekehrt. Der Bundesaußenminister bringt immerhin eine Zusicherung für 100 Millionen Mark Starthilfe der Bundesrepublik für den jüngsten Staat Afrikas mit. Doch Genscher ist Profi, und als solcher haßt er Unpünktlichkeit.

Die kleine Fahrzeugkolonne, er im Fond des zweiten Wagens, jagt in Richtung Zentrum, an der restaurierten «Festung» der kaiserlich-deutschen Schutztruppe der Jahrhundertwende vorbei. Den Hügel hinunter auf die Champs-Élysees Windhuks: die mäßig charmante «Kaiserstraße». Ihr neuer, postkolonialer Name steht schon fest: *Independence Avenue*, «Straße der Unabhängigkeit».

Vor dem festlich geschmückten Kalahari-Sands-Hotel, das direkt an der Kaiserstraße liegt, stehen bereits die Wagen des Staatspräsidenten von Sambia, Kenneth Kaunda. Er ist ein, wenn nicht *der* international respektierte *elder statesman* Afrikas und ein wirklich beeindruckend aussehender Mann, der unter Journalisten vor allem wegen drei Eigenheiten bekannt ist: Er trägt in seiner Linken immer ein frisch gestärktes, blütenweißes Taschentuch, galant um den Mittelfinger gewickelt, das er nie benutzt. Zweite Eigenheit, die er auch mit vielen nichtafrikanischen Politikern teilt: Er ist in Interviews oft unsäglich weitschweifig. Und drittens: Er ist sprichwörtlich freundlich und geduldig.

Während wir aussteigen, läßt sich Kaunda gerade sehr unfreundlich und mit sehr finsterem Blick im Innern seines schwarzen Mercedes mit sambischem Stander nieder. Wenn er zornig ist, wirkt seine schwarze Hautfarbe noch dunkler als sonst. Das ist ungewöhnlich. Was er wohl hat? Hat er schlecht geschlafen?

Doch ich habe keine Zeit zu fragen, denn Genscher macht Tempo. Er wirft seinen massigen Körper regelrecht auf die Rolltreppe, die ihn in die Halle des Hotels im ersten Stock fährt. «Schuhmacher-komm-Se-mal-her», knapp 25 Jahre jünger, hat Mühe mitzuhalten. Wir auch. Oben angekommen: Stau! Wo geht's hin? Geradeaus? Links? Rechts? «Schuhmacher-komm-Se-mal-her» gerät ins Schwitzen. Schließlich: rein in den nahen Aufzug. Ein paar Stockwerke höher, so ist es vereinbart, soll Staatspräsident Nujoma im Empfangszimmer warten. Unser Aufzug ist schneller als der Genschers. Im Empfangszimmer ist kein Staatspräsident. Dort ist überhaupt niemand. Als der Bundesaußenminister, oben angekommen, das bemerkt, wird sein Gesicht noch um ein bis zwei Tönungen blasser. Er haßt Unpünktlichkeit. Noch dazu, wenn er es ist, der warten muß. Also: Kommando zurück, hinunter in die Halle. Nach ein paar hektischen Telephonanrufen von «Schuhmacher-komm-Semal-her» und einem Botschaftsangestellten ergibt sich: Der künftige Staatspräsident Nujoma ist noch zu Hause bei der Morgentoilette und bereitet sich körperlich und geistig auf die Feierlichkeiten im

Fußballstadion von Windhuk vor. Man sehe sich dort. Nun ist Genscher wirklich blaß. Vor dem Hotel steigt er zornigen Blicks in den schwarzen Mercedes mit dem bundesdeutschen Stander.

Jetzt fällt mir wieder Kenneth Kaunda ein. Hat Nujoma den etwa auch...? Er hat. Und dann, wie gerade erlebt, Genscher. Anschließend den amerikanischen Außenminister James Baker. Und Eduard Schewardnadse. Nujoma hat, gewissermaßen im Rundschlag, alle für ihn und sein Land wichtigen Politiker versetzt. Oder, salopp gesagt, gegen die Wand laufen lassen. Sicher nicht aus bösem Willen. So dumm ist er nicht. Nein, irgend etwas hat nicht geklappt. Schlechte Koordination vielleicht, Müdigkeit vom letzten Abend, der ja lang war und an dem schon ein wichtiger Teil der Feierlichkeiten bis weit nach Mitternacht stattfand. Wer weiß. Und Genscher? Ist er jetzt auf Nujoma sauer?

«Wie kommen Sie eigentlich auf eine solche Idee?» In seiner Stimme klingt ein Unterton von vorsichtiger Entrüstung mit. Nicht über Nujoma, sondern über meine Frage, während die Kamera läuft.

«Na, Staatspräsident Nujoma hat Sie doch versetzt heute morgen, was Ihnen ja sicher nicht allzu häufig passiert!»

«Ich weiß gar nicht, wie Sie darauf kommen, daß ich sauer sein sollte. Es lief bisher alles außerordentlich befriedigend, und ich freue mich, bei einem so entscheidenden historischen Augenblick wie dem Beginn der Unabhängigkeit der letzten Kolonie Afrikas dabei sein zu können.»

Bitte schön. Da haben Sie's. Wahrlich, Hans-Dietrich Genscher ist durch und durch Außenminister. Er lehnt sich im Sessel zurück, in seinen Augen blitzt es leicht: Sein «Du-kriegst-mich-noch-lange-nicht!»-Blick. Er hat recht. Und er hat begriffen, was vielen nie in den Kopf gehen wird:

«Was wollen Sie eigentlich?» fragt er nach dem offiziellen Interview, als die Kamera eingepackt ist. «Machen Sie doch nicht den Fehler, aus Afrika Europa machen zu wollen. In Afrika gehen die Uhren anders. Das muß man zulassen.»

Nun bin ich doch sprachlos. Diesen, mit leichter Ironie getränkten Satz hatte ich mir eigentlich selbst so schön für ihn zurecht gelegt. Für das «lockere» Gespräch nach dem Interview, von Reporter zu Minister. Doch Genscher war schneller. Und vielleicht meint er es ja wirklich so, wie er es sagt, jedenfalls solange er hier nicht wirklich täglich «Politik machen» muß. Daß «die Uhren hier anders gehen», ist ja nicht nur der Grund dafür, daß Afrika in mancher Hinsicht Frust auslöst, sondern auch dafür, daß es einen so bezaubernden Charme entwickelt. Und dieser Charme erreicht jetzt Namibia – genauso wie der Frust. *Ma' Afrika* hält Einzug in den Straßen von Windhuk oder, wie gestern abend schon, im Fußballstadion der Hauptstadt. Es war das erste Fest, das ich je gesehen habe, bei dem sich hohe und höchste Staatsmänner Beulen und blaue Flecken holten. Und das kam so:

Schon am Nachmittag ziehen viele tausend Menschen von der schwarzen Township Katutura, einem noch unter der südafrikanischen Apartheid geschaffenen Getto bei Windhuk, in Richtung Stadtzentrum. Sie erfüllen die Kaiserstraße mit Singen, Tanzen in einer Freudenprozession, wie sie Windhuk bisher nur einmal gesehen hat: am Tag des Wahlsieges der SWAPO vor vier Monaten. Es ist wie die Verschmelzung von Erster Welt und Dritter Welt, denn viele Gebäude in der Kaiserstraße machen einen europäischen, um nicht zu sagen, einen sehr deutschen Eindruck. Etwa den einer deutschen Kleinstadt am Rand des Bayerischen Waldes oder irgendwo in der süddeutschen Provinz.

Am oberen Ende der Kaiserstraße reihen sich hinter einer langen Steinfassade im Stil der 30er Jahre kleine Lädchen aneinander: Der «Juwelier», die «Louisen Apotheke», ein «Uhrmacher». Das «Restaurant Gathemann», auch das gehört einer deutschen Familie, die mit der deutschen Kolonialtruppe um die Jahrhundertwende nach Deutsch-Südwest kam, hat seinen Balkon heute international beflaggt, mit Fahnen von der Schweiz über Großbritannien bis zur Bundesrepublik Deutschland, dazwischen, etwas verschämt, die neue Nationalflagge von Namibia.

Von den rund 100 000 Weißen sind auch nach dem Wahlsieg der SWAPO so gut wie alle in Namibia geblieben, auch die 20 000 Deutschen. Es gab keinen «weißen Exodus» wie anderswo in Afrika. Die SWAPO schlug schon unmittelbar vor den Wahlen einen Kurs der Versöhnung ein, bis hin zu der auch Optimisten überraschenden Entscheidung, daß der künftige Finanzminister ein älterer deutscher Bankier sein wird. All das macht den heutigen Tag für fast alle zu einem fröhlichen Tag – auch in der Kaiserstraße. «Na gut, dann laßt es uns miteinander probieren!» ist die Stimmung bei vielen Weißen, die zum Mitfeiern in die Stadt gekommen sind. Von der über eine Million schwarzer Namibier ist heute bestimmt ein Zehntel in Windhuk. Für die anderen war der Weg zu weit in einem Land, das viermal so groß ist wie das vereinigte Deutschland.

Der erste Höhepunkt der Feier ist für Mitternacht vorgesehen. Als die Nacht hereinbricht, ist das Fußballstadion voll. Gymnastik- und Tanzgruppen, ein riesiger «gemischtrassiger» Chor, sie alle sind schon in Hochstimmung und warten auf ihren Auftritt. Genauso wie der Fackelläufer, der nervös von einem Bein auf das andere tritt. Er soll später die «Flamme der Unabhängigkeit» im Stadion entzünden. Eine Truppe Soldaten in Phantasieuniformen, mit langen Dolchen an den Gürteln und blitzenden Gewehrschlössern, steht unten auf dem Rasen stramm und wartet – und draußen vor dem Stadion herrscht ein unglaubliches Chaos.

Den ganzen Tag über sind auf dem großen Flughafen Staatsoberhäupter und Außenminister aus aller Welt eingetroffen, auch der Generalsekretär der Vereinten Nationen, Perez de Cuellar. Als ob sie sich verschworen hätten, die gesamte Zeremonie zu Fall zu bringen, haben sich alle Staatsmänner in ihren Staatskarossen und mit den Begleitflotten ihrer Leibwächter gleichzeitig auf den Weg gemacht und stapeln sich nun förmlich auf der Zufahrtstraße zum Stadion. Wer ein Polizeiauto als Begleitfahrzeug hat, läßt die Lichter blinken und die Sirene aufheulen – vergeblich. Denn die vielen tausend normalen Namibier, die auch zur Unabhängigkeitsfeier wollen, machen die Straße vollends dicht. Genschers Kolonne kommt immerhin bis ungefähr 500 Meter vors Stadion. Doch dann ist endgültig Schluß.

Aber Genscher ist ein flexibler Mann; er steigt aus – und bleibt sofort, wie viele andere auch, mit den Schuhen im Schlamm stecken. Denn zwischendurch hat es geregnet, und ein ausgebautes Abflußsystem für Regenwasser gibt es hier nicht, schon gar nicht für die ungeheuren Regengüsse des südlichen Afrika, die nie lange dauern, aber dafür um so heftiger sind. Trotzdem – Genscher schafft es zu Fuß, genauso wie Perez de Cuellar, Kenneth Kaunda, Eduard Schewardnadse, James Baker, F. W. de Klerk und viele, viele andere es noch irgendwie schaffen werden.

Aber noch stecken sie draußen im Schlamm oder befinden sich auf der Straße und haben die Schlammstrecke noch vor sich. Die Uhr bewegt sich erbarmungslos auf 23.30 Uhr zu – nun wird es ziemlich eng. Um Schlag null Uhr soll eigentlich, nach einer Ansprache von Perez de Cuellar und einer kurzen Rede de Klerks, die südafrikanische Flagge eingeholt und die Flagge Namibias hochgezogen werden. Davor hätten Sam Nujoma und eine Art Zeremonienmeister die auf der Tribüne nach und nach eintreffenden Staatsoberhäupter den vielen tausend im Stadion versammelten Namibiern über Lautsprecher vorstellen sollen. Doch dieser Teil der Zeremonie ist längst hinfällig, er hat gar nicht erst begonnen. Im Augenblick versucht Schewardnadse ziemlich vergeblich, sich durch den engen Einlaß an der Rückseite der Tribüne zu quetschen. Doch ihm ist PLO-Führer Yassir Arafat im Weg, ein nicht gerade großer, aber auch kein schmaler Mann. Das Ergebnis des gegenseitigen Quetschens: Schewardnadse wird zweiter. Aber bald bleiben sie wieder stecken, und in der Einlaßtür scheint die Glatze des südafrikanischen Staatspräsidenten auf. Ich bin gespannt, wie er an Arafat vorbeikommen will, ohne daß sich ihre Bäuche aneinander reiben oder sie sich wenigstens ansehen. Ohne Frage ein delikater Augenblick, denn ein größerer Unterschied in Politik und Weltanschauung als der zwischen de Klerk und dem (unrasierten) Arafat läßt sich kaum vorstellen. De Klerk sieht in Arafat des Teufels Terrorgeneral und Arafat in de Klerk das Symbol des rassistischen Unterdrückers per se. Sie nähern sich. Zu allem Überfluß trifft nun auch Sam Nujoma ein. Arafat entdeckt ihn. Nujoma strahlt. Arafat auch. Und de Klerk steckt dazwischen. Er strahlt nicht. Da von hinten immer noch mehr Prominente auf die Tribüne drängen und schieben, werden nun alle drei – wie wenn man auf das Ende einer Wurst drückt – nach vorne gepreßt. Nujoma schafft es zwar, reibungslos an de Klerk vorbeizukommen, aber nicht an Arafat. Doch das macht nichts, denn die beiden kennen sich schon lange. Sie fassen sich gegenseitig an den Schultern und lachen einander zu, dann dreht Arafat sich um. De Klerk kann jetzt nicht mehr ausweichen, Arafat auch nicht. Da schaffen beide eine Geste, die leider, wegen des Gedränges, nur von wenigen gesehen wird: Sie drücken sich die Hände. De Klerk lächelt etwas schief, und Arafat rückt sich sein schwarz-weiß gewürfeltes Palästinenserkopftuch wieder gerade. Auf den arabischen Bruderkuß – das wäre der absolute Höhepunkt gewesen – verzichtet er, leider! Anschließend grinst Arafat zwar nicht ganz so schief wie de Klerk, aber auch ziemlich entsetzlich sympathisch. Trotzdem – ein historischer Augenblick noch vor dem eigentlichen entscheidenden Moment. Fast schon eine Art komische Utopie in der Utopie. Wer hätte noch vor nicht viel mehr als einem Jahr gedacht, daß Südafrika Namibia freigeben würde? Es war eine Utopie, an deren Verwirklichung so gut wie niemand wirklich glaubte. Trotzdem hat sie vielen Namibiern die Kraft der Hoffnung gegeben. Und jetzt findet sie sogar statt, einschließlich komischer Dreingaben wie der Szene zwischen de Klerk und Arafat. Der Abend macht Spaß.

Kenneth Kaunda ist es leid geworden. Eingeklemmt zwischen zwei Potentaten aus Zentralafrika, die, wie er, je maximal 20 Quadratzentimeter Sitzfläche auf der Tribüne ergattert haben, ist er eingeschlafen. Das wird für eine Zeit so bleiben. Erst die Fanfaren und der Jubel beim Einholen der südafrikanischen Flagge und Hissen der namibischen werden ihn aus dem Nickerchen reißen. Kurz danach wird er sich aufmachen und versuchen, seinen Wagen zu erreichen, bevor das Chaos der Rückkehr nach Windhuk beginnt.

Kurz vor 24 Uhr, eine Stunde später als geplant, schafft es schließlich auch Perez de Cuellar, ins Stadion vorzudringen. Im Schlepptau hat er Nelson und Winnie Mandela. Als deren Anwesenheit im Stadion bemerkt wird, bricht Jubel aus, den der UNO-Generalsekretär aber regelrecht abstoppt, bevor er sich ausbreiten kann. Irgendwann, so wird er sich sagen, muß ja die Zeremonie hier mal losgehen, sonst sitzen wir morgen früh noch hier. Also beginnt er, und Nelson Mandela bekommt seinen Jubel dafür am Ende der Feierlichkeit. Er verschmerzt es gewiß: bei dem Jubelvorrat, den er in den wenigen Wochen seit seiner Freilassung angesammelt hat.

De Cuellar hebt in seiner Rede zu Recht die positive Rolle der Vereinten Nationen hervor, ohne die es heute kein unabhängiges Namibia gäbe. Und er lobt Südafrika für seine Kooperation. De Klerk, neben de Cuellar auf der Rednertribüne, streicht genüßlich die Komplimente ein. Es sind die ersten seit vielen, vielen Jahren, die seinem Land international und in aller Öffentlichkeit gemacht werden. In einer kurzen Rede bedankt er sich artig und spricht dann ein paar Sätze, die alle außer Kenneth Kaunda aufhorchen lassen, aber dem wird es hinterher gewiß jemand erzählen.

«Wir werden Südafrika von Grund auf verändern. Es wird ein Land ohne Diskriminierung werden, und jeder hat die gleichen Rechte, ohne Ansehen der Hautfarbe. Und noch etwas: Wir sind alle Söhne und Töchter des afrikanischen Kontinents. Ob Weiße oder Schwarze. Wir sind alle Afrikaner *(We are all Africans!)*, und wir werden es immer bleiben!»

Nur Höflichkeitsbeifall ertönt, der über die Tribüne der Prominenten plätschert – sonst bleibt das Stadion ruhig. Das wird de Klerk auch nicht anders erwartet haben. Er ist zu sehr das Symbol und der Repräsentant für viele Jahre Unterdrückung und Kolonialismus. Aber trotzdem: Solche Sätze vor dieser Öffentlichkeit – nicht nur bei irgendeiner Versammlung in Südafrika –, das wäre bis vor kurzem nicht denkbar gewesen. Wenn man sie optimistisch interpretiert, deuten sie auf eine Veränderung im Selbstverständnis zumindest einiger führender weißer Politiker hin. Südafrika nicht mehr als ein Ersatzeuropa am Zipfel von Afrika, sondern tatsächlich als afrikanischen Staat zu sehen – und seine weißen Einwohner nicht als *Afrikaaner* (holländisch-europäischen Ursprungs), sondern als *Afrikaner* mit einem «a», so wie die mit der schwarzen Hautfarbe.

Sollte de Klerk diesen Prozeß konsequent zu Ende führen wollen und können, und zwar in gleichberechtigter Zusammenarbeit mit den Schwarzen und ihren Organisationen und Politikern – es wäre die endliche Ankunft der Weißen in Afrika. Knapp 340 Jahre nach der Landung Jan van Riebecks am Kap. Eines wird auch an diesem

Abend im Stadion von Windhuk deutlich: Seit de Klerk Staatspräsident ist, gewinnt er immer mehr an Statur und versucht sich ganz offenbar Stück für Stück von den Schatten der Vergangenheit zu lösen. Bis jetzt macht er das erfolgreich. Wie weit er wohl gehen wird?

Es ist soweit. Die Trompetenfanfare weckt Kenneth Kaunda, vor allem aber gibt sie das Signal für den nun wirklich höchst symbolischen Augenblick. Soldaten der südafrikanischen Armee holen unter dem Jubel der vielen Tausend die Fahne Südafrikas ein, und zu den Klängen der Nationalhymne des jüngsten Staates in Afrika wird Namibias Fahne gehißt. Blau, Grün und Rot, die Farben der SWAPO. Auf dem blauen Feld prangt eine gelbe Sonne für die Wüsten Namibias. Zwei weiße Streifen sollen die weiße Bevölkerung symbolisieren. Als die Fahne an der Mastspitze angelangt ist, hat Afrika einen neuen, den letzten Staat auf dem Kontinent bekommen und die Vereinten Nationen ihr jüngstes Mitglied. Schließlich vereidigt Perez de Cuellar für die UNO Sam Nujoma als ersten Staatspräsidenten Namibias und erklärt das Mandat der Vereinten Nationen damit für beendet.

Im Jubel dieses Abends und der folgenden Tage geht unter, daß einige Ereignisse der Vergangenheit ungeklärt geblieben sind und unter den Teppich gekehrt werden, außer den Verbrechen, die die Kolonialmacht Südafrika in Namibia begangen hat.

Da ist zum Beispiel Sam Nujoma. Es kann keinen Zweifel daran geben, daß er seine Guerillas im April bewußt in den Tod geschickt oder ihre Vernichtung zumindest in Kauf genommen hat. Aber das hat ihm nicht geschadet. Im Gegenteil, er ist Staatspräsident geworden. Von ehemaligen SWAPO-Mitgliedern gibt es zahlreiche Aussagen, daß er die SWAPO im Exil über viele Jahre im reinsten stalinistischen Stil geführt habe. Dissidenten sollen spurlos verschwunden sein. Doch das ist längst nicht alles. Unzweifelhaft ist auch, daß der sogenannte «Sicherheitsdienst» der SWAPO – in Exilcamps tief im südangolanischen Busch und bei der angolanischen Stadt Lubango Mitte der 80er Jahre und danach – Mitglieder, die er aus irgendeinem Grund für (südafrikanische) Spione hielt, schwer gefoltert hat. Ich habe selbst mit mehreren ehemaligen SWAPO-Mitgliedern gesprochen, die solche Folterungen genau beschrieben: schwere Peitschenschläge, Wasserentzug, stundenlanges Aufhängen an den auf den Rücken gebundenen Armen, Gefangenhalten in finsteren Erdlöchern usw. Zahlreiche ehemalige SWAPO-Gefangene bestehen darauf, daß auch Menschen umgebracht wurden.

Eine von vielen Aussagen ist die des lutherischen Pastors Hellao. Er war engagiertes SWAPO-Mitglied in Südwest, wurde von der südafrikanischen Polizei verfolgt und mußte ins Exil fliehen. Auf Vermittlung der SWAPO konnte er in der ehemaligen DDR studieren. Nach seiner Rückkehr nach Südangola wurde er vom «Sicherheitsdienst» verhaftet:

«Ich war viereinhalb Jahre lang in fünf Gefängnissen der SWAPO in Angola, zeitweise in unterirdischen Höhlen... Man zwang mich unter Folter, ein schriftliches Geständnis abzulegen, daß ich ein südafrikanischer Spion sei. Mit eigenen Augen habe ich gesehen, wie man Kinder, alte Menschen und schwangere Frauen gefoltert hat. Der SWAPO-Präsident Nujoma hat uns zweimal im Gefängnis besucht.»

Der Besuch Nujomas hat allerdings am Schicksal der Gefangenen nichts geändert. Am 4. Juli 1989, also rund 4 Monate vor den Wahlen in Namibia, kehrten 153 Namibier nach Windhuk zurück, darunter 18 Kinder. Sie hatten bis dahin in sogenannten SWAPO-Gefängnissen in Südangola gesessen. Viele von ihnen berichteten über Folter in den Lagern. Ehemalige SWAPO-Gefangene veröffentlichten einen Kondolenzbrief, in dem es hieß:

«Mit diesem offenen Brief... wollen wir Sie darüber informieren, daß unsere (31 damaligen, T. R.) Mitgefangenen, deren Namen auf der beiliegenden Liste erscheinen, entweder zu Tode gefoltert worden sind, an Krankheiten starben oder von einem Erschießungskommando umgebracht wurden, während sie Gefangene der SWAPO in Angola waren...»

Nujoma hat sich zu den Vorwürfen nie direkt geäußert. Die SWAPO schob auf einer Pressekonferenz in Windhuk noch vor den

Wahlen ein hochrangiges Mitglied vor, Theo Ben Gurirab, der übrigens 5 Monate später, am Tag nach der Unabhängigkeitsfeier im Stadion von Windhuk, als künftiger Außenminister den Amtseid ablegt. Gurirab gab auf jener Pressekonferenz immerhin im Namen der SWAPO zu, daß einige ihrer Mitglieder bei der Suche nach Spionen «das Recht in ihre eigenen Hände genommen» hätten und es zu einigen «Übergriffen» gekommen sei. Eine milde und freundliche Formulierung der Tatsache, daß die SWAPO zwar «als Befreiungsbewegung für die Menschenrechte» kämpft oder gekämpft hat, sich aber nicht zu schade war, selbst diese Menschenrechte gravierend zu verletzen. Von einer strafrechtlichen oder zumindest einer disziplinarischen Verfolgung dieser Verbrechen und Verletzungen der Menschenrechte ist übrigens nie etwas bekannt geworden. Spätestens nach der Unabhängigkeitsfeier hätte die SWAPO, aus der Position der Stärke heraus, öffentlich darüber Rechenschaft ablegen können, ja sogar müssen. Das ist nicht geschehen: ein, um es vorsichtig zu sagen, nicht gerade glücklicher Beginn für Sam Nujoma als namibischer Staatspräsident, der für alle Namibier da sein muß, auch für die Opfer der SWAPO. Von seiner moralischen Integrität wird er zumindest diese Menschen erst noch überzeugen müssen.

Pikant an dem gesamten Vorgang ist auch, daß Teile der Kirchen zumindest von den Folterungen gewußt – und darüber geschwiegen haben. Das Schweigen brach erst ein deutscher Pfarrer, der jahrelang intensive kirchliche und soziale Arbeit mit ins Exil geflohenen SWAPO-Mitgliedern geleistet hat. 1985 hörte Pfarrer Siegfried Groth, Seelsorger der «Vereinigten Evangelischen Mission» für Exilnamibier, zum ersten Mal von diesen Dingen:

«... 1985 ... zu jener Zeit war die Verhaftung der sogenannten Spione (innerhalb der SWAPO, T. R.) im Gange. Ich wurde Seelsorger für viele Menschen, die verzweifelt waren, die in Angst zu mir kamen und mir erklärten, daß ihre Männer, Verwandten oder Freunde als Spione verhaftet worden sind. Seitdem habe ich mich mit dem Problem der Menschenrechtsverletzungen in der SWAPO auseinandersetzen müssen. Zuvor habe ich über zehn Jahre vor allem die Menschenrechtsverletzungen der Südafrikaner registriert. Von daher war es ein langer Prozeß, ein schmerzlicher Prozeß, daß ich nun bei der SWAPO auch Menschenrechtsverletzungen feststellen mußte.»

Siegfried Groth entschloß sich, ebenso wie die im *Council of Churches in Namibia*, dem namibischen Kirchenrat, zusammengeschlossenen unterschiedlichsten Konfessionen, dieses Problem *nicht* in die Öffentlichkeit zu tragen. Warum?

«Ich wollte die Menschen, die (in SWAPO-Lagern, T.R.) inhaftiert sind, nicht gefährden... Zweitens: Ich wollte aus Rücksicht auf unsere partnerschaftlichen Beziehungen (der deutschen evangelischen Kirche, T.R.) zu den namibischen Kirchen nicht öffentlich reden. Für mich war wichtig, als (deutscher, T.R.) Seelsorger, beauftragt von den namibischen Kirchen, diese schwierigen Fragen mit den leitenden Männern (der namibischen Kirchen, T.R.) zu verhandeln. Das habe ich seit 1985 ständig getan. Und sie haben mir versprochen, daß sie mit der SWAPO-Führung verhandeln wollten, um als Vermittler und Versöhner aufzutreten. Das ist jedoch nicht geschehen... und drittens: Ich hatte die Sorge, daß meine Aussagen mißbraucht würden. Daß die südafrikanische Propaganda gerade auch in unserem Land sich ihrer bemächtigt und sie gegen die SWAPO verwendet, und damit auch gegen den Befreiungskampf.»

Das Dilemma von Pfarrer Siegfried Groth ist nachvollziehbar, vor allem für den, der die Skrupellosigkeit der südafrikanischen Propagandamaschine und die Tricks des südafrikanischen Geheimdienstes kennt. Und doch führt kein Weg an der Erkenntnis vorbei, daß sich manche Methoden der SWAPO in den Exillagern von denen der Südafrikaner und ihrer «Sicherheitspolizei» nicht unterschieden. Übrigens spricht auch die Art, wie die ersten Foltervorwürfe durch die SWAPO zurückgewiesen wurden – 1986, als sie, trotz Stillhaltens der Kirchen, kaum beachtet an die Öffentlichkeit kamen – eher die höhnische Propagandasprache kommunistischer Betonköpfe als die einer demokratischen Organisation. Das Bonner Büro der SWAPO veröffentlichte folgende Erklärung:

«Propagandakampagnen mit Ursprung im rassistischen Südafrika sind gegen die SWAPO gestartet worden: die sogenannten Menschenrechtsverletzungen in SWAPO-Lagern. Diese Verkünder der neuen Propaganda gegen SWAPO sollten ihre Kritik da anbringen, wo sie wirklich angebracht ist, und dem Glauben schenken, was Glaubwürdigkeit verdient! Es ist aber deutlich, daß diese Propagandisten die Realität mit den eigenen Wunschvorstellungen verwechseln. Sie leben in ihrem selbstersonnenen Narrenparadies. Ihre Prioritäten für wirtschaftliche Interessen sind größer als die für Menschenrechte.»

Solche Sätze sind, angesichts der ein paar Jahre später dann ans Licht kommenden Tatsachen nichts als eine Ansammlung arroganter Zynismen. Zweifel an der Version der SWAPO gab es nicht, oder sie waren nicht erlaubt, oder beides.

Völlig versagt haben die namibischen Kirchen, jene Bruderkirchen, auf die Pfarrer Groth Rücksicht nehmen zu müssen glaubte. Warum haben sie versagt? Unter anderem, weil einige ihrer Repräsentanten zugleich führende Mitglieder der SWAPO waren und heute noch sind. Der stellvertretende Bischof der lutherischen Kirche Namibias, Zephania Kameeta, zum Beispiel. Er arbeitete außer seelsorgerisch auch in diversen Gremien der SWAPO. Der Konflikt zwischen seiner Loyalität zur SWAPO und seiner kirchlichen Pflicht zur moralischen Unabhängigkeit ist offenkundig. In einem Interview für die ARD kurz nach der Rückkehr der ehemaligen SWAPO-Gefangenen aus dem Exil, löste er ihn noch immer zugunsten der SWAPO auf:

«Natürlich mußten wir annehmen, daß die Südafrikaner Spione in die SWAPO eingeschleust hatten. Es war ja Krieg. Und jeder, der etwas anderes dachte oder denkt, ist naiv. Die Spione mußten bekämpft werden, denn davon hing das Leben von anderen ab.»

Vizebischof Zephania Kameeta schaffte es während des längeren Interviews nicht, von eigenen Fehlern oder solchen der SWAPO zu sprechen... Diese Frage lasse er sich von Holländern oder Skandinaviern gefallen, aber nicht von Deutschen, die ja immerhin Auschwitz zu verantworten hätten. In einem Punkt hat er sogar recht: Auch die deutsche Nachkriegsgeneration, zu der ich selbst gehöre, darf Auschwitz nie vergessen, denn es gehört zu uns und unserer Geschichte. Wir haben darüber zu informieren, die Erinnerung wachzuhalten, und eine Wiederholung zu verhindern, schon in den Anfängen. Es gibt keine «Gnade der späten Geburt», wie manch ein

Spätgeborener das schon gemeint hat. Das alles kann aber nicht bedeuten, daß deutschen Journalisten der Mund verboten wird, wenn sie sich nach der Beachtung der Menschenrechte anderswo erkundigen. Die Menschenrechte müssen überall gelten. Und sie sind schon dann in Gefahr, wenn nicht mehr jedermann danach fragen darf. Die SWAPO hat die Skrupel, wie sie Menschen wie Pfarrer Siegfried Groth empfanden, mit ihrem Wissen an die Öffentlichkeit zu gehen, skrupellos ausgenutzt. Wer die Moral so hochhält und gehalten hat wie die SWAPO, muß diesen Ansprüchen mehr als andere genügen. Das aber war nicht der Fall. Auch nicht bei Vizebischof Zephania Kameeta und dem namibischen Pfarrer Hendrik Witbooi, der in den betreffenden Jahren Vizepräsident der SWAPO in Namibia war. Ihnen ging die Solidarität zur SWAPO vor – um den Preis des Verschweigens von Menschenrechtsverletzungen.

Nicht zur Entschuldigung, aber zum Verständnis ihres Verhaltens kann beitragen, wenn man sich noch einmal die Situation in Namibia klar macht. In einer Zeit massiver politischer Unterdrükkung durch die Kolonialmacht Südafrika flüchtete sich die schwarze Bevölkerung Namibias zur Kirche, zumal über 85% durch die Missionsarbeit seit dem 19. Jahrhundert dem christlichen Glauben anhingen. Das Apartheidssystem schloß sie aus der Gesellschaft aus und verweigerte ihnen die elementarsten Menschenrechte. Dagegen machten die zunehmend mit schwarzen Priestern und Bischöfen arbeitenden Kirchen seit Ende der 60er Jahre im Namen der christlichen Botschaft Front (diese Entwicklung beginnt übrigens in Südafrika ungefähr zum gleichen Zeitpunkt). Die Kirchen übernahmen eine politische Funktion, denn sie waren die letzten legalen Organisationen der Schwarzen. Deshalb auch traten Kirchenführer wie der anglikanische Erzbischof Desmond Tutu schließlich nicht nur als christliche Mahner auf, sondern auch als politische Führer. Nicht anders war es in Namibia. Pfarrer wie Zephania Kameeta oder Hendrik Witbooi, wegen ihrer Hautfarbe genauso wie ihre Gemeindemitglieder diskriminiert, opponierten gegen den Rassenstaat und die Kolonialmacht Südafrikas.

Am 30. Juni 1971 schrieben Vertreter der evangelisch-lutherischen Kirche in Namibia unter Führung von Bischof Dr. Leonhard Auala einen Brief an den südafrikanischen Premierminister. Sie klagten ihn der Menschenrechtsverletzung an und forderten die Unabhängigkeit Namibias. Südafrika reagierte nicht mit weniger, sondern mit mehr Unterdrückung.

Die evangelisch-lutherische Kirche – später auch die katholische und die anglikanische – gewann durch ihren kompromißlosen Einsatz bei den schwarzen Namibiern, also bei 90% der gesamten Bevölkerung des Landes, ein hohes Maß an Glaubwürdigkeit und Vertrauen. Das beschleunigte den Prozeß noch mehr: Die Kirchen fast aller Konfessionen wurden Teil des politischen Kampfes, wie in vielen andern Ländern und Kirchen der Dritten Welt.

Mit der SWAPO lehnten die evangelische und die katholische Kirche die von Südafrika 1985 eingesetzte, von der Kolonialmacht völlig abhängige sogenannte «Übergangsregierung» für Namibia ab. Sie verlangten, wiederum mit der SWAPO, den vollständigen Rückzug Südafrikas und die Erfüllung der Forderungen der Vereinten Nationen (was dann schließlich, wiederum vier Jahre später, im Frühjahr 1989 auch geschah).

Bischof Kameetas Identifikation mit dem Kampf gegen Südafrika und für die Unabhängigkeit Namibias hat also in dieser besonderen, historischen Konstellation ihre Ursache. Sie hat ihm den Blick politisch geschärft, ihn aber kirchlich – jedenfalls bezogen auf das Thema SWAPO und Menschenrechte – getrübt. Die Evangelische Kirche in Deutschland reagierte deutlich, als sich die Faktenlage zweifelsfrei abzeichnete. Sie verabschiedete am 16. September 1989, knapp zwei Monate vor den Wahlen in Namibia, ein Kommuniqué, in dem sie schrieb:

«... Der Rat der Evangelischen Kirche ist erschüttert, daß sich Hinweise auf schwere Menschenrechtsverletzungen durch die SWAPO als zutreffend erwiesen haben. Die Frage ist berechtigt, ob die Kirchen und die ökumenischen Zusammenschlüsse den vorliegenden Hinweisen auf Menschenrechtsverletzungen nicht entschiedener hätten nachgehen müssen. Hier ist tiefes Unrecht geschehen, das nicht verdrängt oder gerechtfertigt werden darf.»

Ein kaum verhülltes Eingeständnis kirchlichen Versagens. Mit den «ökumenischen Zusammenschlüssen», die den «Hinweisen hätten entschiedener nachgehen müssen», ist der *Council of Churches in Namibia* gemeint, in dem alle wichtigen Kirchen von der evangelischen über die katholische bis zur anglikanischen vertreten sind. Und eben dieser Kirchenrat tat sich erheblich schwerer mit dem Eingeständnis, daß hier etwas gründlich schief gelaufen sei. Er veröffentlichte am 29. August 1989 eine Stellungnahme, in der es unter anderem hieß:

«Bei zahlreichen Anlässen haben wir zum Ausdruck gebracht, daß wir ganz und gar gegen jeden Mißbrauch von Menschenrechten sind, von wem er auch kommen mag und was auch immer seine Gründe sein mögen. Wir stehen zu unseren Aussagen und ebenso zu den Aussagen unserer einzelnen Mitgliedskirchen...»

Der «Rat der Kirchen» schaffte es aber selbst zu diesem sehr späten und kritischen Zeitpunkt nicht, über ein sehr allgemeines und insofern selbstverständliches Bekenntnis hinaus, die SWAPO konkret als Täter zu benennen, obwohl das längst zweifelsfrei geklärt war.

Der Vorgang ist eine von mehreren Hypotheken, die Namibia mit in die Unabhängigkeit nimmt. Der SWAPO hat das bei den von der UNO überwachten Wahlen im November 1989 dann doch geschadet, wo sie lediglich knapp 58% aller Stimmen bekam – gemessen an Wahlen in Europa ein hoher Prozentsatz, aber die SWAPO hatte mit 70% bis 80% gerechnet, die sie vielleicht erreicht hätte, wenn nicht dieses dunkle Kapitel noch vor den Wahlen ans Licht gekommen wäre. Und dabei hatte es schon genug Irritation wegen der Ereignisse im April des gleichen Jahres gegeben, die zur Rückkehr des Krieges geführt hatten.

Am Abend der chaotischen Unabhängigkeitsfeier im Stadion von Windhuk denkt vermutlich kaum jemand an all dies. Die Freude über den endlich erreichten Sieg ist zu groß. Auch die Diplomaten der UNO auf der Tribüne lehnen sich beruhigt zurück (sofern sie dazu Platz haben). Denn immerhin hat das namibische Parlament, noch unter der Verantwortung der Vereinten Nationen, nach den Wahlen die freieste und demokratischste Verfassung Afrikas verabschiedet.

Die SWAPO hat ihre frühere marxistisch-leninistische Weltsicht zugunsten einer marktwirtschaftlichen Demokratie aufgegeben – nicht ganz ohne internationalen Druck, und was der internationale Druck nicht vermochte, besorgte der Zusammenbruch des Kommunismus in Osteuropa. Aber es gab wegen dieser Kursänderung in Richtung Mehrparteienstaat und Marktwirtschaft auch Kritik von den Hardlinern in den eigenen Reihen, Kritik, die, auch außerhalb der SWAPO, noch zunehmen wird, da sie von den hohen Erwartungen der schwarzen Bevölkerung gespeist wird, die von der Unabhängigkeit eine rasche Steigerung des Lebensstandards und vor allem Arbeitsplätze erhofft. Doch es wird lange dauern, bis sich diese Erwartungen erfüllen lassen, vermutlich mehrere Generationen. Aber trotzdem: Insgesamt sind die Aussichten für das unabhängige Namibia besser als bei den meisten anderen Ländern Schwarzafrikas, die einen vergleichbaren Prozeß durchgemacht haben. Und es hat den Anschein, als ob der Rassenkonflikt – ein Erbe der Apartheid und der vielen Jahre Kolonialpolitik der europäischen Mächte – wenn nicht gelöst, so doch wenigstens entschärft sei.

Die schwarze Bevölkerung Namibias wird die Weißen, soviel ist sicher, nicht so behandeln, wie sie selbst von den Weißen behandelt wurde. Alle streben in Richtung Versöhnung, wenn auch manche gewiß nur aus der Einsicht, daß keiner ohne den andern kann. Die Schwarzen bleiben auf die Wirtschaftskraft der weißen Farmer und der großen Bergwerkkonzerne angewiesen. Die wiederum können nicht ohne die schwarze Arbeitskraft, die von Farmern und Firmen jetzt freilich besser zu bezahlen ist als vorher. Dafür sorgen die mittlerweile starken Gewerkschaften und gewiß die neue Regierung samt Parlament durch eine entsprechende Gesetzgebung.

Namibia normalisiert sich, wenn nicht alle Anzeichen trügen. Auch der große innenpolitische Gegner der SWAPO, die «Demokratische Turnhallenallianz» (DTA), ein Zusammenschluß mehrerer kleiner, «schwarzer» und «weißer» Parteien, wird nicht von der Bildfläche verschwinden. Dazu hat die DTA mit rund 28% aller Stimmen bei den Wahlen zu großes politisches Gewicht. Es wird die normalen, in jedem demokratischen Land üblichen innenpolitischen Auseinandersetzungen geben. Nichts weist derzeit daraufhin, daß die alten Konflikte noch einmal so weit eskalieren, daß sie blutig ausgetragen werden. Die vielen Tausend, die in der Nacht nach der Unabhängigkeitsfeier im Stadion durch die Straßen ziehen, haben allen Grund zur Freude.

Als die Maschine der «Luftwaffe» mit dem deutschen Außenminister und seinem Troß am nächsten Mittag vom Windhuker Flughafen abhebt, ist auch ein Kapitel afrikanisch-deutscher Geschichte abgeschlossen. Die ehemalige deutsche Kolonie ist nun tatsächlich ein freies Land, auch wenn sich die Spur der Deutschen, wie die der Südafrikaner, tief eingeprägt hat. Die außerordentlich grausame Herrschaft der kaiserlichen «Schutztruppe» um die Jahrhundertwende, die einen beinahe vollendeten Völkermord am namibischen Stamm des Hereros beging, die viele tausend schwarze Frauen und Kinder entweder selbst umbrachte oder in die namibische Wüste trieb, um sie elend verdursten zu lassen – all das ist der unrühmliche deutsche Anteil an der Kolonialgeschichte des jetzt freien Landes Namibia und wird symbolisiert im starr blickenden, eisernen «Reiter von Windhuk», einem kaiserlichen Schutztruppler, der seit 1905 mit auf den Oberschenkel gestützter Flinte über Windhuk thront.

Am Tag nach der Unabhängigkeitsfeier lassen die mit großem Wirbel angereisten Staatsoberhäupter, Potentaten und Minister das noch etwas verschlafene Windhuk unter sich. Aber die Utopie der Freiheit wirkt nach, direkt in das Nachbarland Südafrika hinein: Wenn das alles in Namibia möglich ist, warum nicht auch in Südafrika?

Auch wenn die beiden Länder kaum zu vergleichen sind, gibt es immer mehr Anzeichen, daß der African National Congress sich den Übergang des Rassenstaates Südafrika in ein nichtrassistisches, demokratisches Land so ähnlich vorstellt wie den Namibias, wenn möglich sogar unter der Überwachung der Vereinten Nationen. Ein Vorschlag, gegen den sich die südafrikanische Regierung natürlich sofort wendet. Südafrika sei keine Kolonie, sondern ein souveräner Staat mit einer legitimen Regierung. Dem widerspricht der ANC. Ohne gleichberechtigte Beteiligung der Schwarzen gebe es keine legitime Regierung in Südafrika.

Das sind Differenzen und Konflikte, gewiß, aber es scheinen auch die Vorhutgefechte kommender Verhandlungen zwischen Regierung und ANC über eine friedliche Zukunft in Südafrika selbst zu sein. Die Regierung de Klerk hatte sich schon vor der Unabhängigkeitsfeier in Namibia an den ANC gewandt, um den gemeinsamen Rahmen für die ersten «Verhandlungen über die künftigen Verhandlungen» mit dem ANC, aber auch mit allen anderen interessierten politischen Organisationen, schwarzen wie weißen, in Südafrika abzustecken. Auch die größten Skeptiker halten – nach der «namibischen Überraschung» und der Freilassung Mandelas – jetzt Lösungen für möglich, die bis vor kurzem als utopisch betrachtet wurden. Viel wird davon abhängen, wer die bessere Strategie und die besseren Nerven besitzt, aber auch davon, wer genug politischen Druck erzeugen kann, um die Gegenseite zu entscheidenden Zugeständnissen zu zwingen. Konsens scheint inzwischen zu sein, die gewaltsame «Lösung» des südafrikanischen Problems auszuschließen. Jedenfalls sieht es so aus.

Überall ist im Frühjahr 1990 Optimismus zu spüren, außer bei den weißen Rechtsextremisten natürlich. Aber vielleicht gelingt es ja, so ist bei vielen die Stimmung, die doch irgendwie in Schach zu halten. Zumal sich, zum ersten Mal in der Geschichte Südafrikas, eine Delegation des ANC und eine weiße Regierung in den nächsten Tagen in Kapstadt treffen werden. Vielleicht wird die Utopie eines nichtrassistischen und demokratischen Südafrika doch noch wahr. Als Fortsetzung der «Utopie von Windhuk».

Der Poker beginnt…

«Im Leben eines jeden Volkes kommt die Zeit, wo ihm nur noch zwei Möglichkeiten bleiben – aufgeben oder kämpfen. Dieser Augenblick ist nun auch in Südafrika gekommen. Wir werden nicht kapitulieren, und wir haben keine andere Möglichkeit, als mit allen Mitteln zurückzuschlagen, die uns zu Gebote stehen. Zur Verteidigung unseres Volkes, unserer Zukunft und unserer Freiheit!»

7 Tage vor Weihnachten, in den frühen Morgenstunden des 17. Dezember 1961, schrieben die wichtigsten Führer des ANC im Untergrund diese für Südafrika historische Erklärung. Es war eine Kriegserklärung, der Anfang des – militärisch nicht allzu erfolgreichen – Guerillakampfes gegen das weiße Apartheidsregime.

«Der ‹African National Congress› erklärt mit sofortiger Wirkung die vorläufige Einstellung aller bewaffneten Aktionen gegen den Staat… bis auf weiteres wird es keine bewaffneten Aktionen oder damit verbundene Handlungen des ANC und seines bewaffneten Arms, Umkhonto we Sizwe, mehr geben!» In den frühen Morgenstunden des 7. August 1990, also 29 Jahre nach der ersten Erklärung, verkündet Nelson Mandela diesen Beschluß des ANC im Union Building, dem auf einem Hügel über Pretoria gelegenen Regierungsgebäude. Neben ihm sitzt der wie er übernächtigt aussehende de Klerk. Sie haben, mit einer kurzen Unterbrechung, 16 Stunden lang intensive Gespräche geführt.

Zu der Alternative: «aufgeben oder kämpfen» ist, nach 29 Jahren, eine dritte Möglichkeit hinzugekommen – verhandeln. Die internationale Öffentlichkeit bekommt diesen, so entscheidenden Augenblick gar nicht recht mit, denn ihre Aufmerksamkeit ist von etwas anderem in Anspruch genommen: Fünf Tage zuvor hat der irakische Diktator Saddam Hussein Kuwait von seinen Truppen besetzen lassen und damit eine Weltkrise ausgelöst, die die Medien, allen voran das Fernsehen, so sehr beherrscht, daß epochemachende Entwicklungen (auch) in Südafrika regelrecht untergehen. Nichtsdestotrotz finden sie dennoch statt. Und eben deshalb sind de Klerk und seine Delegation in den frühen Morgenstunden des 7. August geradezu euphorisch.

Daß der ANC bereit ist, den bewaffneten Kampf aufzugeben bzw. «bis auf weiteres auszusetzen», ist zwar nicht militärisch, wohl aber psychologisch von großer Bedeutung. Kein Bombenanschlag mehr wie der im Zentrum von Pretoria, der 4 Menschenleben und zahlreiche Verletzte gekostet hat. Oder jener gegen die Tanks der staatlichen Raffinerie SASOL, die mit relativ hohem technischem Aufwand aus Kohle Benzin herstellt, ein Verfahren, das die Regierung entwickeln ließ, nachdem gegen sie – wegen der Apartheidspolitik – durch die arabischen Ölstaaten ein Boykott verhängt worden war. Keine Anschläge vor oder in Cafés und Einkaufszentren mehr, wie wir sie noch in unserem ersten Jahr in Südafrika beinah wöchentlich erlebt hatten. Solche Anschläge auf Unbeteiligte waren zwar nie offizielle «Politik» des ANC, gingen aber mindestens zum Teil auf das Konto seiner (relativ autonom operierenden) Kommandos. All das wird es nicht mehr geben.

Insgesamt also «ein erster Erfolg des Verhandlungskurses der Regierung» so wird es de Klerk später der weißen Bevölkerung gegenüber vertreten. Mit Recht, de Klerk hat äußerst clever verhandelt.

Was haben Mandela und seine Delegation dafür bekommen, daß sie dieses psychologisch so wichtige Zugeständnis gemacht haben? Auf den ersten Blick nicht viel, im wesentlichen nur die Versicherung, daß die Regierung verschiedenes «prüfen», über anderes «nachdenken» und jenes unter neuem Blickwinkel «betrachten» wird. Zum Beispiel die drakonischen Gesetze des sogenannten *Internal Security Act*, die in Südafrika auch nach der kürzlichen Aufhebung des Ausnahmezustands erlauben, was in europäischen Ländern nur im Krieg oder im Nationalen Notstand möglich wäre. Daran grundsätzlich etwas zu verändern, verspricht die Regierung zwar, aber erst für ein Jahr später. (Aber auch ein Jahr später wird sie damit äußerst zögerlich und widersprüchlich umgehen.)

Warum also strahlt Mandela in dieser Nacht, in der er sich nach 16 Stunden Gespräch gemeinsam mit de Klerk der Presse präsentiert, einen so überzeugenden Optimismus aus? Er hat, aus seiner Sicht, doch etwas Entscheidendes vorzuweisen: die Überzeugung nämlich, in einer besonders kniffligen Frage einen Durchbruch erzielt zu haben, die seit vielen Jahren internationale Juristen und Völkerrechtler beschäftigt – längst nicht nur bezogen auf Südafrika. Die Frage nämlich, wer als politischer Gefangener gilt und wer als «gewöhnlicher Verbrecher» oder «Terrorist».

Rund 3000 Häftlinge in den Gefängnissen Südafrikas sieht der ANC als politische Gefangene an – für die Regierung waren sie bis jetzt nur «Verbrecher» und «Terroristen». Der Durchbruch besteht nun darin, daß de Klerk und seine Regierung bereit sind, den Begriff des politischen Gefangenen zu akzeptieren und sogar so weit wie irgend möglich zu fassen. Auch sogenannte «extreme Fälle» sollen miteinbezogen werden. Ein solcher Fall ist Robert McBride. Der weiße Akademiker hatte sich dem ANC und dann den Guerillas von Umkhonto we Sizwe angeschlossen. Als Umkhonto-Mitglied legte er vor einem Café eine Bombe, bei deren Explosion mehrere Menschen ums Leben kamen. McBride wurde gefaßt und zum Tode verurteilt, aber wegen der Anordnung de Klerks, alle Hinrichtungen bis auf weiteres auszusetzen, nicht gehängt.

Für Mandela und den ANC ist die Frage der politischen Gefangenen entscheidend, denn es geht um ihre Glaubwürdigkeit bei ihren Anhängern. Ein ANC, der eine Lösung des Grundkonflikts in Südafrika zuließe, ohne seine politischen Gefangenen, und zwar alle, die der ANC dafür hält, aus den Gefängnissen freizubekommen, hätte auf lange Sicht verspielt. Radikalere Organisationen wie der *Pan Africanist Congress* oder die *Azanian Peoples Organization* würden in den emotional aufgewühlten schwarzen Gettos daraus eine gehörige Menge politisches Kapital schlagen. Ganz abgesehen davon, daß es nach wie vor zu Mandelas Grundüberzeugungen gehört, daß der bewaffnete Kampf, den er ja selbst in jenem Dezember 1961 initiiert hat, von Anfang an gerechtfertigt war. Also müssen alle freikommen, die ihn geführt haben. Im «Protokoll von Pretoria», das Mandela nun um 1.30 Uhr nachts, gemeinsam mit de Klerk, voller Optimismus der Presse vorträgt, wird festgelegt, daß das Motiv der Tat und die Frage, ob im Auftrag einer politischen Organisation gehandelt wurde, eine entscheidende Rolle in der Anerkennung als «politischer Gefangener» spielt. Auch «extreme Fälle» wie Robert McBride gelten dann als politische Gefangene, die zu entlassen sind. Ausgeschlossen davon sind nur noch solche Täter, die nicht im Auftrag, sondern auf eigene Faust gehandelt haben, etwa durch das eigenmächtige Hinrichten von sogenannten «Kollaborateuren». Die im «Protokoll» grob umrissenen Regelungen werden allerdings eines zur Folge haben: Nicht nur Guerillas des ANC oder des PAC kommen frei, sondern auch (wenn auch nur wenige) verurteilte und inhaftierte Mitglieder rechtsextremer und neonazistischer Gruppen, darunter sehr wahrscheinlich wohl irgendwann auch jener «Weiße Wolf» und Mitglied der Afrikaaner Weerstandsbeweging Barend Strydom, der auf der Hauptgeschäftsstraße von Pretoria wahllos acht Schwarze erschoß. Seine Freiheit wird Teil des Preises der ausgehandelten Regelung sein.

Der ANC, darauf verweist Mandela, hat noch einen Pluspunkt zu verbuchen: Die Rückkehr der im Exil Lebenden, man schätzt zwischen zwanzig- und dreißigtausend, soll eingeleitet werden. Die meisten von ihnen haben das Land auf der Flucht vor der Apartheid «illegal» verlassen. Ihnen wird, nach «Prüfung des Einzelfalls», von der Regierung Straffreiheit zugesichert.

Trotz dieses Durchbruchs aber bleibt nach Abwägung aller Details bei vielen Beobachtern der Eindruck, daß der ANC bei dieser Verhandlungsrunde mehr Zugeständnisse gemacht hat als die Regierung. Doch Mandela lehnt diese Feststellung als «oberflächlich» ab. Ebenso de Klerk:

«Es handelt sich hier nicht um das Festlegen eines Verkaufspreises für ein Auto, sondern um die Zukunft eines Landes.»

Mandela läßt de Klerks Antwort gelten, ohne ergänzend oder gar korrigierend einzugreifen. Ein paar Minuten später allerdings liefert er selbst in ein paar Nebensätzen den Schlüssel zum Verständnis der Haltung des ANC:

«Wir waren von Anfang an entschlossen, die vorläufige Einstellung des bewaffneten Kampfs zuzugestehen, sofern wir genügend dafür bekommen. Und wir haben erhalten, was wir brauchen.»

Mandela wußte also genau, daß auch der ANC, nicht zuletzt im Hinblick auf die internationale Öffentlichkeit, ein propagandawirksames Zugeständnis machen mußte, sofern es sich seinen Anhängern gegenüber irgendwie rechtfertigen ließ. Deshalb hatte er den ANC von vornherein auf diese Linie eingeschworen, dies um so mehr, als es sich ja bereits um die zweite Gesprächsrunde des ANC mit der Regierung handelte.

Die erste hatte auf Vorschlag und Initiative de Klerks unter spektakulären Umständen bereits vier Monate früher, im Mai 1990, in Kapstadt stattgefunden. Die internationale Öffentlichkeit ließ damals vor allem der Verhandlungsbereitschaft de Klerks Anerkennung zuteil werden, weniger der des ANC. Darüber hinaus hatte die Regierung mit Mandelas Freilassung und der Legalisierung des ANC und anderer Organisationen schon vor den ersten offiziellen Verhandlungen mit dem ANC ein äußerst positives internationales Echo erzielt.

De Klerk erweist sich immer mehr als ein cleverer politischer Taktiker, der sich überraschend schnell und ebenso robust auf den politischen Poker um die Zukunft Südafrikas eingestellt hat. Mandela, so scheint es, durchschaut erst jetzt, bei der zweiten Gesprächsrunde, dieses Spiel und versucht durch das Zugeständnis, den bewaffneten Kampf aufzugeben, die politische Initiative zurückzugewinnen. Im übrigen – noch befindet man sich ja im Anfangsstadium der Verhandlungen, den sogenannten «Gesprächen über künftige Gespräche». Gemeint ist damit, daß im Augenblick erst die Bedingungen festgelegt werden, unter denen die Regierung, der ANC und später auch andere politische Organisationen und Parteien zu «Verhandlungen über die eigentlichen Fragen der südafrikanischen Zukunft» antreten werden: über eine künftige Verfassung, gleiches Wahlrecht für alle, den sogenannten «Minderheitenschutz». Letzteren will de Klerk offenbar für die Weißen erreichen, hat dazu aber bis jetzt eher vage Andeutungen gemacht. Denn was genau bedeutet ein Satz wie: «Wir wollen ein demokratisches Südafrika, aber ohne Dominierung der Minderheit durch die Mehrheit.»? Auch das wird sich im Laufe der kommenden Verhandlungen zeigen.

Zunächst aber gilt es noch ein «Rätsel» zu lösen, das viele Beobachter und natürlich auch den ANC beschäftigt: Was hat den konservativen, zutiefst burischen Politiker de Klerk veranlaßt, diesen Reformprozeß mit höchst ungewissem Ausgang überhaupt in Gang zu setzen? Ist de Klerk über Nacht, nach einer Art Damaskuserlebnis, einsichtig und damit vielleicht sogar ein neuer Mensch geworden – oder gibt es andere, überzeugendere Erklärungen für die phänomenalen Veränderungen, die er ausgelöst hat? Eine Antwort darauf läßt möglicherweise auch auf de Klerks künftiges Verhandlungskonzept schließen. Also versuchen wir diese Antwort.

Spätestens seit de Klerk sein Amt als Staatspräsident angetreten hat, wird in seiner politischen und persönlichen Umgebung immer wieder hervorgehoben, daß er gar nicht so konservativ gewesen sei, wie die meisten ihn eingeschätzt hätten. Die Meinungsmacher glauben, dem Mann damit zu helfen. Doch das ist, besonders im südafrikanischen Kontext, ein Irrtum. Solche Behauptungen machen nur mißtrauisch, denn es gibt einfach zu viele Zeugnisse für sein lange Jahre äußerst positives und selbstverständliches Verhältnis zur Apartheid.

Im übrigen spielt es keine besondere Rolle, wo genau de Klerk auf der Skala des südafrikanischen Konservativismus angesiedelt war oder ist. Entscheidend ist, was sich bei ihm – dem 10 Jahre lang äußerst loyalen und weitgehend unauffälligen Minister im Kabinett Botha – verändert hat und warum. Gerade in der Unauffälligkeit dürfte ein Schlüssel zu seiner Persönlichkeit liegen. Er hat sich während seiner gesamten politischen Karriere keine wirklich ausufernden oder gar in öffentliche ideologische Debatten mündenden Feindschaften zugezogen. Auch die schwarze Opposition und die Anti-Apartheids-Bewegung im weiteren Sinne haben sich nie in den Minister de Klerk, sondern stets in den Regierungschef Botha, den Verteidigungsminister Malan oder die wechselnden Polizei- und Informations-, sprich Propagandaminister verbissen. De Klerk ist zwar durchaus ein geschickter Debattenredner, aber selbst seine schärfsten Beiträge, etwa im weißen Parlament, sind eher gemäßigte Ermahnungen und nicht messerscharfe Polemiken, die den Gegner verletzen oder gar vernichtend treffen könnten.

De Klerk war und ist seiner ganzen Natur nach, wie er selbst sagt, ein «moderater Pragmatiker». Er ist durch seine Herkunft aus einer sehr politischen, burischen Familie wohl auch mit einem sicheren Instinkt dafür ausgestattet, was politisch machbar ist. Dies ist sicher ein wichtiger Grund dafür, daß er sich in politischen Machtfragen nie getäuscht hat. Er ist außerdem ein Mann, der stets den Eindruck unbezweifelbarer Loyalität zur Sache der Afrikaaner vermittelt hat.

Nur so ist es zu erklären, daß die Anhänger der sich 1982 von der Nationalen Partei abspaltenden Konservativen Partei überrascht waren, daß de Klerk im Augenblick der Spaltung nicht auf ihrer Seite stand. Sie hatten zumindest kurze Zeit damit gerechnet und dabei sein Gespür dafür, wo sich die tatsächliche Macht befindet, falsch eingeschätzt. Er aber setzte nicht aufs falsche Pferd, aufs ideologische Abseits. De Klerk hat danach durch seine intensiven Kontakte zu dieser zutiefst reaktionären Ecke einige, die ebenfalls die «Nationale Partei» verlassen wollten, bei der Stange gehalten. Daß er nun den Parteivorsitz der *Nats* im Transvaal, der bei weitem konservativsten Provinz Südafrikas, übernahm, galt den Wackelkandidaten wohl als Garantie, daß das, was sie unter konservativer Grundfarbe verstanden, in der Partei gewiß erhalten bleibe. Eine seiner wichtigeren Eigenschaften scheint also zu sein, eher zusammenzufügen als zu trennen, eher zu verhandeln als sich, wie P. W. Botha und einige seiner Vorgänger, von Emotionen hinreißen zu lassen. Und da de Klerk aus politischer Klugheit, manche haben es puren Opportunismus genannt, die direkte Konfrontation im Kabinett Botha immer vermied, überstand er diese Zeit ohne größere Probleme – im Gegensatz zu manch anderen Ministern.

De Klerk sagte mir einmal, seine politische Entwicklung habe nichts mit einem Erweckungserlebnis zu tun, was wohl auch seiner Persönlichkeitsstruktur widersprochen hätte. Warum aber hat er seine Reformpolitik eingeleitet?

«40 Jahre lang haben wir danach gestrebt, ein Vaterland zu schaffen, das nur für Weiße gilt; es ist uns nicht gelungen. Eben deshalb haben wir uns entschlossen, unsere Politik zu ändern und die Realität zu akzeptieren, die uns umgibt.»

Diese Antwort ist typisch für de Klerk. Er gibt sie schon bald nach seiner Einführung in das Amt des Staatspräsidenten: Das Konzept der Apartheid hat nicht funkioniert. De Klerk war, im Unterschied zu den durchschnittlichen burischen Politikern, in der Lage, die Wirklichkeit zu erkennen. Er ähnelt darin Michail Gorbatschow, bei dem, wie der ARD-Korrespondent Gerd Ruge in seiner äußerst bemerkenswerten Gorbatschow-Biographie berichtet, die Erkenntnis der Realität den Panzer der Ideologie durchbrach. Später haben ihn die realen Machtverhältnisse (und die Ideologie) wieder ein Stück weit den umgekehrten Weg gehen lassen. Eine Vorahnung für Südafrika?

Für den Pragmatiker de Klerk war jedenfalls das bei genauem Hinsehen überall sichtbare «Nichtfunktionieren» der Apartheid das entscheidende Argument, die offizielle Politik zu verändern. Zur moralischen Seite der Apartheid hatte er sich bis dahin öffentlich nicht geäußert. Deshalb wurde er auch von seinem wesentlich liberaleren und intellektuelleren Bruder Willem de Klerk im Frühjahr 1991 nicht ganz ohne Dramatik in aller Öffentlichkeit aufgefordert:

«Politiker sind nur höchst ungern bereit, öffentlich Fehler einzugestehen. Vielleicht sollte man ihnen den Gesichtsverlust sogar ersparen. Aber es ist meiner Meinung nach zutiefst bedauerlich, daß es bis jetzt noch kein öffentliches und unumwundenes Eingeständnis gibt, daß Apartheid ein großer Irrtum war. Ich bin der Meinung, daß F. W. de Klerk Südafrika dieses Geständnis schuldig ist.»

Der ihm, obwohl er ihn provoziert, durchaus wohlgesinnte Bruder möchte, was dem Staatspräsidenten gewiß gegen die Natur geht: öffentliche moralische Bekenntnisse. Der antwortet ihm denn auch auf die Frage nach dem eigentlichen Grund für die Reformen und die angekündigte, vollständige Abschaffung der Apartheid so:

«Gegen Ende des Jahres 1989 (also nachdem er bereits einige Monate Staatspräsident war! T. R.) wurde es mir doch immer klarer, daß die bisherigen Schwerpunkte der Politik der Regierung uns alle in eine Sackgasse geführt haben ... wir mußten uns also aus einer Ecke befreien, die nur noch Stagnation und Konfrontation bedeutet hat... ich habe mir jetzt als Staatspräsident das Ziel gesetzt, die (politische, T. R.) Linie der Teilung der Macht mit der schwarzen Bevölkerung zu ihrem logischen Ende zu führen.»

Daß der ANC, gar nicht zu reden von radikaleren Parteien oder Gruppen wie dem PAC, unter «logischem Ende» doch noch etwas anderes versteht als F. W. de Klerk, wird sich zeigen. Bis jetzt sind die Verhandlungen noch nicht an diesem Punkt, an ihrem «logischen Ende» angelangt, und jeder der «Spieler» hält sich bis dahin so gut wie möglich bedeckt. Doch de Klerk, daran kann es keinen Zweifel geben, ist schon im ersten Jahr seiner Amtszeit weiter gegangen als jeder andere weiße Politiker in Südafrika vor ihm. Dazu beigetragen hat sicher sein eigensinniger Vorgänger P. W. Botha, als er in dem berühmten Brief an seine verdutzten Parteigenossen schrieb, daß er mit sofortiger Wirkung von der Führung der Nationalen Partei zurücktrete. In der Hals über Kopf angesetzten Wahl eines neuen Parteivorsitzenden gewann de Klerk mit nur 8 Stimmen Vorsprung vor dem jungen Finanzminister, einem ausgewiesenen «Verligten», also «Aufgeklärten», einem entschlossenen Reformer. De Klerk nahm die zum ersten Mal so deutlich in Richtung Reform weisende Stimmung in der Partei sehr ernst. Er wäre kein Pragmatiker, wenn er diesen Wink mit dem politischen Zaunpfahl nicht gesehen hätte. Die Partei wollte keinen zweiten Botha. Das hat de Klerk von Anfang an verstanden.

Politik ist nichts Statisches, auch in Südafrika nicht, obwohl es lange genug danach aussah. Auch de Klerk ist der Dynamik überraschender politischer Entwicklungen unterworfen.

Er wurde zu einer Zeit Staatspräsident, als die kommunistischen Systeme in Osteuropa eines nach dem andern zusammenbrachen. Die Berliner Mauer fiel (auch im südafrikanischen Fernsehen) nicht lange nach de Klerks Amtsantritt, was ihm die Dramatik der Ereignisse in Europa überdeutlich klargemacht haben muß. Vor alllem, da er als Staatspräsident Zugriff zu allen wichtigen nationalen und internationalen (auch diplomatischen) Informationsquellen hat. Für Europäer mag dieses Argument sonderbar klingen, doch für eine geschlossene und international isolierte Gesellschaft wie Südafrika ist das von großer Wichtigkeit. Um so mehr muß ihm sehr rasch klar geworden sein, daß die Apartheid, selbst in abgemilderter Form, in dem neuen internationalen Klima noch schwerer zu vermitteln sein würde als bisher. In diese Zeit, es geht dem Ende des Jahres 1989 zu, fällt öffentlich jener Satz von ihm, der das Erkennen der neuen internationalen Lage signalisiert:

«Wehe, wir wagen es und zucken vor der Strömung der Geschichte zurück! Wenn wir uns nicht in ihr und vor allem mit ihr bewegen, werden wir untergehen!» Ein für de Klerk in seiner Emotionalität eher untypischer und insofern auch metaphorisch etwas verunglückter Satz. Aber er ist die südafrikanische Version jenes Satzes von Gorbatschow, der den Anfang vom Ende des kommunistischen Regimes in Ostberlin bezeichnete: «Wer zu spät kommt, den bestraft das Leben!»

Schon bald darauf unternimmt de Klerk kurz hintereinander zwei Europareisen. Er trifft die ihm überaus freundlich gesinnte Margaret Thatcher und Bundeskanzler Kohl, auch der gewiß ein ihm eher nahestehender Politiker. Von beiden erhält er die eindeutige Auskunft: Bei weiteren Reformen werden die Wirtschaftssanktionen gegen Südafrika fallen. De Klerk weiß, daß er Deutschland und England, neben Japan die wichtigsten Handelspartner Südafrikas, braucht. Um so mehr, als 1992 ein Europa des gemeinsamen Marktes «droht». Wer glaubt, keine guten Beziehungen zur EG zu brauchen, den «bestraft das Leben». Botha, der jähzornige und selbstherrliche Ideologe, hat sich das geleistet. Zum Schaden seines Landes. De Klerk, der Pragmatiker, ist weit davon entfernt. Außerdem kommt seine freundliche und kommunikative Art – besonders bei seiner zweiten Reise, bei der er von Präsident Mitterand und, als erster südafrikanischer Staatspräsident, von der holländischen Regierung empfangen wird – bei den europäischen Diplomaten und Staatsoberhäuptern außerordentlich gut an, ein Faktor übrigens, der den ANC besonders in der Frage der europäischen Wirtschaftssanktionen sehr bald in große Schwierigkeiten bringen wird.

Wann habe ich de Klerk in der Öffentlichkeit zum ersten Mal als gefühlsbewegten Politiker gesehen? Bei seiner Rückkehr von seiner zweiten Europareise. Er entsteigt der Präsidentenmaschine auf dem Rollfeld des Johannesburger Flughafens, um dort mit militärischen Ehren, von seinem Kabinett und Hunderten von jubelnden (weißen) Zuschauern begrüßt zu werden. Die Teleoptik unserer Fernsehkamera enthüllt, was für die übrigen Zuschauer auf diese Entfernung nicht sichtbar ist: De Klerk weint. Politik wird, sehr viel mehr, als die Gelehrten und vor allem die Politiker und Diplomaten zugeben möchten, von Emotionen geformt und gesteuert. De Klerk kann sich dem nicht entziehen: Anerkennung bei den meisten führenden Politikern in Europa, Nationalhymne und jubelnder Empfang auf dem Flughafen in Südafrika – wenn es noch eines emotionalen Moments in seiner Politik bedurft hätte, hier ist er.

Erst jetzt kommt zu de Klerks Politik eine – moderate – Qualität der «Mission» hinzu, sein *volk* aus einer tiefen Misere zu führen. Insofern schließt sich hier nun doch der Kreis: De Klerk, Abkömmling einer zutiefst burischen Familie – und jeder macht einen großen Fehler, der dieses Element in Südafrika unterschätzt –, tritt in den Kreis der *Voortrekkerführer* ein, allerdings als einer, dessen «Mission» darin besteht, die Wagenburg zu öffnen.

Daß das «missionarische» Element so spät sichtbar wird, darin hat ein Kollege, der bei der vorzüglichen und zu keiner Zeit der «publizistischen Unterstützung» der Apartheid verdächtigen Zeitung *Le Monde* arbeitet, ein Argument für die Glaubwürdigkeit von de Klerks Reformpolitik gesehen. Weil de Klerks «Wandlung» eine «pragmatische und schrittweise» gewesen sei und «weil sie langsam vor sich ging, zeugt sie von mehr Glaubwürdigkeit... de Klerk ist ein Mann, der seine Zweifel gemeistert hat, ohne zurückzuschauen.» Das ist ein sehr wohlwollendes Urteil, für das eine Menge spricht, das aber eines definitiven Beweises noch bedarf – bei den Verhandlungen mit der schwarzen Opposition. Wird er tolerieren, daß am «logischen Ende» er und sein «volk der Afrikaaner» allenfalls die kleine politische Opposition unter einer im wesentlichen schwarzen Regierung sein werden – gleichgültig, ob er das mit seiner Reformpolitik beabsichtigt oder nicht? Massiver oder gar grundsätzlicher Widerstand gegen diese Entwicklung würde paradoxerweise nur eines bedeuten: Daß er die auch von ihm geschaffene Chance einer friedlichen Entwicklung am Kap selbst wieder zunichte machen würde.

Aber noch ist es nicht soweit. Bis jetzt spielt de Klerk seine Karten außerordentlich geschickt. Persönliche Freunde von ihm weisen immer wieder darauf hin, daß «Verhandeln» eine seiner herausragenden Fähigkeiten sei, die er auch schon lange vorher, hinter den Kulissen, bewiesen habe. Er besitze ein ausgeprägtes Gefühl für den richtigen Zeitpunkt bestimmter Maßnahmen. Und genau das bestätigt sich immer wieder: Er hat den ANC legalisiert, als der nicht damit rechnete. Während der ANC noch damit beschäftigt war, aus dem Untergrund aufzutauchen, und fast alle seine mittleren Führer noch im Gefängnis oder im Exil waren, tat de Klerk bereits die nächsten Schritte: Mandelas Freilassung, zweieinhalb Monate danach die ersten offiziellen «Gespräche über Gespräche» mit Mandela und dem Rest der gerade aus dem Exil in Sambia eingeflogenen, offiziellen Führung des ANC. Zwei Monate später dann die nächste Runde, bei der der ANC das Zugeständnis machte, den «bewaffneten Kampf bis auf weiteres auszusetzen» und kurz darauf von der emotionalen und überaus selbstbewußten Winnie Mandela öffentlich gesagt bekam, daß das ja sowieso nur eine kurzfristige Taktik sei, die man auch wieder umdrehen könne. Walter Sisulu, der 77jährige ehemalige Mitgefangene Mandelas, muß Winnie Mandela öffentlich zurechtweisen. Hier zeichnet sich ein persönliches und politisches Drama in der Mandelafamilie ab, das für die Regierung de Klerk rund sechs Monate später ein Selbstläufer werden wird.

Was dem lange verfolgten ANC fehlt, so stellt sich immer mehr heraus, ist eine in den Gettos fest verankerte, organisatorische Struktur, die politische Prozesse kanalisieren kann. Denn außer einer großen Welle der Sympathie für den ANC ist dort zunächst nicht viel vorhanden. Die im Zentrum von Johannesburg hastig eingerichtete Zentrale des African National Congress ist völlig unfähig, die anstehenden Aufgaben rasch zu bewältigen, wie Verhandlungen mit der Regierung; Etablierung internationaler Kontakte, um die «Sanktionsfront» aufrechtzuerhalten; Umgang mit der internationalen Presse und organisatorischer Aufbau des ANC. Die «großen alten Männer» – von Nelson Mandela über Walter Sisulu zu Govan Mbeki, die «Rentnerband von der Insel», wie sie von den Journalisten genannt werden – versuchen durch einen beinahe verzweifelten Einsatz in der Zentrale, die Entwicklung in den Griff zu bekommen. Es gelingt ihnen nur schlecht. Währenddessen «marschiert» de Klerk, ihre Schwäche erkennend, weiter.

An den rechten (weißen) und den linken (schwarzen) Rändern des politischen Spektrums baut sich eine äußerst rüde Kritik und die Neigung zu militanten Aktionen gegen die Reformen auf, die ebenfalls nichts Gutes verheißen. De Klerk aber hat klar erkannt – und er handelt danach, daß er sich durch seine überraschenden Reformmaßnahmen in einer Position der Stärke befindet. Läßt er im Tempo nach, so wird er schwächer und könnte das internationale Wohlwollen – mehr als ungewohnt für eine südafrikanische Regierung – verlieren.

Typisch für die neue Konstellation ist: Während sich Mandela – im Dezember 1990 auf der ersten legalen Konferenz des ANC in Südafrika – noch mit massiver Kritik von links herumschlägt, die ihm und dem Führungsgremium des ANC vertrauliche Verhandlungen mit der Regierung verbieten will, geht de Klerk bereits den nächsten Schritt. Er kündigt die endgültige Aufhebung aller Apartheidsgesetze für das Jahr 1991 an, mit einer Ausnahme: Der sogenannte *Population Registration Act*, wonach jeder Bürger nach seiner Hautfarbe zu registrieren ist, wird zunächst nur für Neugeborene aufgehoben, ganz wegfallen soll er erst mit der Verabschiedung der neuen Verfassung.

Damit macht de Klerk erneut Schlagzeilen. Der ANC auch, allerdings solche, die Unverständnis auslösen, so wenn er die Europäische Gemeinschaft davor warnt, die Wirtschaftssanktionen gegen Südafrika aufzuheben, da es andernfalls Streiks und Unruhen gebe, die jedem Geschäftsmann Neuinvestitionen verleiden würden. Die EG hebt das informelle «Verbot» für Neuinvestitionen in Südafrika trotzdem auf – eine taktische Niederlage für den ANC, und das zu einem Zeitpunkt, an dem sich eine zweite, äußerst gefährliche Entwicklung anzuzeichnen beginnt:

Der überaus ehrgeizige Mangoshutu Buthelezi, Führer eines Teils des mächtigen Zulustammes, hat eifersüchtig die beginnenden Verhandlungen des ANC mit der Regierung beobachtet. Er befürchtet, daß ihm die Felle davonschwimmen, zumal sich auch Mandela noch kein einziges Mal mit ihm getroffen hat, was den narzistischen Mann auch ganz persönlich verletzt. Das löst ein Abschlachten in den schwarzen Gettos um Johannesburg aus, das schrecklicher ist als alle bisherigen blutigen Auseinandersetzungen, selbst die mit der Polizei. In den nächsten Wochen und Monaten wird dieser Konflikt mehreren tausend Menschen das Leben kosten.

Die Zulus kommen

Der schwarze Junge vor meiner Kühlerhaube verzieht keine Miene und rollt den schweren Stein, ohne zu zögern, weiter auf die Fahrbahn. Jetzt bleibt dort nur noch eine kleine Lücke, durch die mein Wagen vielleicht gerade noch passieren könnte. Ich versuche, das Auto auf der leicht abschüssigen Straße langsam darauf zurollen zu lassen. Da läßt der Junge von dem Stein ab, richtet sich auf und schiebt die Hand unter sein löchriges Hemd. Langsam geht er um die Kühlerhaube herum und bleibt an der Fahrertür stehen. Ich kurble rasch die Scheibe herunter und bitte ihn freundlich, mich durchzulassen. Er schweigt. Ich wiederhole meine Bitte und versuche ihm zu erklären, daß ich es sehr eilig habe. Versteht er mich überhaupt? Keine Ahnung. Ich beginne noch einmal von vorn. Da unterbricht er meinen Redeschwall, indem er ruckartig seine Hand unter dem Hemd hervorzieht: Ein großkalibriger Revolver starrt mir aus etwa 20 Zentimeter Entfernung ins Gesicht. Die Mündung ist wie ein großes schwarzes Loch. Natürlich habe ich Angst, ziemlich viel sogar. Jetzt spuckt er seinen Kaugummi aus und sagt etwas in einer afrikanischen Sprache, die ich nicht verstehe. In der oberen Zahnreihe fehlen ihm die beiden vorderen Schneidezähne. Seine Augen scheinen wie in einer dunklen Flüssigkeit zu schwimmen und blicken starr geradeaus: Alkohol oder *Dagga*, wie Marihuana in Südafrika genannt wird. Vermutlich eher «Dagga». Bei Alkohol wäre er nicht so sicher und ruhig in seiner Körperhaltung. Nur der Lauf des schwarzen Revolvers zittert ein wenig. Ich weiß, daß die wenigsten der mit Schießeisen bewaffneten Jugendlichen in Soweto zielgenau schießen können, doch auf die Entfernung von 20 Zentimetern ist das ziemlich egal.

Ein paar hundert Meter hinter uns explodieren Tränengasgranaten. Die Polizei geht zum Angriff über. Gegen wen, weiß ich nicht. Der Junge wird unruhig und stößt mit dem Lauf des Revolvers in die Richtung, aus der ich gekommen bin. Offenbar will er, daß ich umdrehe. Doch das wäre sinnlos. Bis zur nächsten Straßenbarrikade sind es keine 100 Meter. Dort haben mich seine Freunde aus unerfindlichen Gründen gerade noch durchgelassen, bevor sie die Lücke schlossen. Außerdem ziehen dort bereits dichte Tränengasschwaden die Straße hinunter. Wenn sie ins Auto dringen, hilft nur noch eins: so schnell wie möglich raus. Doch drüben in Johannesburg im ARD-Studio warten sie bereits auf das Videoband, das ich dabei habe. In knapp zwei Stunden ist eine Satellitenzeit nach Hamburg zur *Tagesschau* gebucht. Ob das gut geht?

Jahrelange Berichterstattung aus Südafrika haben mich in vieler Hinsicht abgehärtet. Aber jetzt ist mir wirklich mulmig. Jungs wie er, er ist höchstens dreizehn oder vierzehn Jahre alt, sind an Gewalt gewöhnt. Von klein auf. Manche nennen solche Gettojugendlichen die *monster kids*. Das Leben in den Elendsvierteln hat sie entwürdigt, brutalisiert, sprachlos gemacht. Ohne Hoffnung, ohne Arbeit, Hunderttausende sind noch nie in einer Schule gewesen. Viele sind auf der Flucht vor der Polizei oder vor der Bande aus dem benachbarten Viertel. Oder sie sind selbst auf der Jagd. Ich weiß, daß er abdrücken wird, wenn er will, vielleicht auch, wenn er nicht will. Dann, wenn die Daggadosis so groß war, daß er weder sich noch den Revolver kontrollieren kann oder will.

Ganz langsam versuche ich, ihn noch einmal auf Englisch anzusprechen: *«Television, German Television!!»* Mit den Händen zeichne ich langsam einen Fernsehschirm in die Luft. Da quietschen plötzlich hinter uns Bremsen. Sie gehören zu einem vollbesetzten Minibus, einem *Black Taxi*, Teil des «alternativen», aber wirksamen Nahverkehrssystems der Schwarzen auch hier in Soweto. Der Fahrer brüllt uns in einer afrikanischen Sprache etwas zu. Als sich der Junge ihm zuwendet, um zurückzubrüllen, gebe ich Vollgas. Mit einem lauten Schlag streift die linke Radnabe den auf die Straße gerollten Stein. Ich zwinge mich, nicht in den Rückspiegel zu blicken. Entweder – oder!

Ich glaube, er hat nicht geschossen. Jedenfalls nicht auf mich.

Aber ich weiß es nicht genau. An der nächsten Straßensperre einen knappen Kilometer weiter – es ist eine der Polizei – wische ich mir den Schweiß von der Stirn.

«Was tun Sie eigentlich hier – es ist im Augenblick ziemlich gefährlich», sagt der junge Polizist und hängt sich sein Schnellfeuergewehr wieder um, das er – Zeigefinger am Abzug – mit beiden Händen an der Hüfte gehalten hatte. Als ich sage, ich sei Korrespondent für das deutsche Fernsehen, verfinstert sich seine Miene. Ich solle machen, daß ich verschwinde, sagt er. Ich mache, daß ich verschwinde.

Dort hinten in Soweto, zwischen dem Jabulani-Stadion, dem barackenartigen Lager für Wanderarbeiter – einem *hostel* – und der Bahnstation von Inhlazane geht das Schlachten weiter. In den nächsten zwölf Stunden werden vierzehn Menschen ermordet werden. Vorgestern waren es zwanzig, ein paar Kilometer von hier. Insgesamt starben in den letzten zweieinhalb Wochen in den Gettos um Johannesburg zweihundert. Zigtausende sind auf der Flucht. Ein selbst für Südafrika beispielloses Morden ist angebrochen.

Eine Welle der Anarchie wälzt sich mit Blut und Feuer durch die schwarzen Gettos, die niemand mehr in den Griff zu bekommen scheint. Und das, obwohl sich der African National Congress und die Regierung vor wenigen Tagen in Pretoria getroffen und erfolgreich miteinander verhandelt haben! Der ANC hat doch die «Suspendierung des bewaffneten Kampfes» verkündet! Die Rechnung der beiden Verhandlungsparteien schien doch aufzugehen! Richtig.

Aber genau das ist einer der wichtigsten Gründe, weshalb das Blutvergießen in den schwarzen Gettos um Johannesburg, auf dem *East-* und dem *West-*Rand, vor rund zwei Wochen begonnen hat.

Der heutige Tag in Soweto ist typisch für den Ablauf der Geschehnisse in den Gettos. In den frühen Morgenstunden griffen Bewohner des *hostels* beim Jabulani-Stadion die Häuser der anderen Einwohner des Viertels an. Im Barackenlager leben ausschließlich Männer vom Stamm der Zulus. Sie sind Wanderarbeiter. Das bedeutet, sie kommen (mit oder ohne) Arbeitsverträge/n aus den ländlichen Gebieten des Reservats KwaZulu nach Johannesburg, um dort eine Zeitlang zu arbeiten; danach kehren sie wieder nach KwaZulu zurück. So jedenfalls war es, bis das «Gesetz zur Zuzugskontrolle» abgeschafft wurde. Seitdem gehen viele Wanderarbeiter gar nicht mehr in Homelands wie KwaZulu zurück.

Das Gesetz war Teil des Systems der Apartheid und sollte gewährleisten, daß nur so viele Schwarze die Reservate verließen und in die Industriezentren zogen, wie vom Staat und den mit ihm eng kooperierenden Wirtschaftsunternehmen gewünscht wurde. Wie die Tiere wurden die Wanderarbeiter, die ihre Familien natürlich nicht mitnehmen durften, über staatliche Anwerbebüros aus den Reservaten in die Gettos geschleust. Dort mußten sie zu Tausenden in besonderen, von den übrigen Gettobewohnern isolierten Barackenlagern wohnen, in den *hostels*. Meist wurden sie bei der Zuteilung noch einmal nach «Unterrassen», nach Stämmen, sortiert. Deshalb ist auch das hostel beim Jabulani-Stadion bis heute fast ausschließlich von Zulus bewohnt.

Eine der sogenannten Reformen P. W. Bothas 1984 bestand darin, das «Gesetz zur Zuzugskontrolle» abzuschaffen, aber nicht, weil er das Gesetz als unmenschlich angesehen hätte, sondern eher aus rein praktischen Erwägungen – das Gesetz ließ sich einfach nicht mehr durchsetzen. In den Homelands gab (und gibt) es so gut wie keine Arbeitsplätze. Also kamen die Schwarzen, auch als es noch illegal war und mit Gefängnis bestraft wurde (und kommen sie noch heute), täglich zu Tausenden an den Rand der großen Städte, um Arbeit zu suchen. Mit dem verdienten Geld sollten die Familien daheim in den Reservaten ernährt werden.

Der Damm gegen den Zustrom der Schwarzen bekam, trotz aller Gewaltmaßnahmen von Polizei und Armee, im Laufe der Zeit immer mehr Risse. Deshalb wurde das Gesetz schließlich abgeschafft. Aber das war weder eine Reform noch das Zeichen eines grundsätzlichen Gesinnungswandels der Regierung, wie Botha behauptete.

Die hostels gibt es immer noch in jedem größeren schwarzen Getto Südafrikas, für Männer wie für Frauen, nach Geschlechtern getrennt und mit bewachten Eingängen: eine für erwachsene Menschen unwürdige Wohnung. Das hostel-System zeigt klar, wie die Weißen die Schwarzen sahen und (zum großen Teil) noch heute sehen: entweder als Kinder, die man «mit harter Hand führen und diszplinieren» und in kasernenartigen Gebäuden halten muß – oder wie Tiere. Wo und wie die leben, das spielt sowieso keine Rolle.

Viele Wirtschaftsunternehmen machen nach wie vor Gebrauch von diesem System. Sie mieten entweder hostels an oder bauen selbst welche auf dem Werksgelände oder in den Gettos. Für die Wanderarbeiter ist es immer noch die billigste Unterkunft. Sie werden zwar nicht mehr per Gesetz in die hostels gezwungen, aber sie haben allein aus finanziellen Gründen keine andere Wahl, als dort unterzuschlüpfen.

Die Wanderarbeiter sind die billigsten und für die Unternehmen bei weitem die bequemsten Arbeitskräfte: höchst selten gewerkschaftlich orientiert; meist wenig oder gar nicht gebildet; Renten- oder Krankenversicherung sind ihnen in aller Regel unbekannt, also fordern sie auch keine; ohne Familien. Also werden beide weiterhin benutzt: die Wanderarbeiter und die hostels.

Doch wie sich jetzt zeigt, sind die Barackenlager gefährliche soziale, politische und ethnische Zeitbomben. Wer es versteht, sie zu zünden, kann eine nach der anderen hochgehen lassen.

Am Morgen des 12. August marschieren sie gegen 4 Uhr los. Die meisten tragen zu Spießen geschliffene Eisenstangen, kleine Äxte, lange Buschmesser oder schwere, mit groben Schnitzereien versehene Holzprügel, die sogenannten *knobkerries.* Ein paar haben selbstgebastelte Schußwaffen oder richtige Revolver dabei.

Sie sind alle Zulus. Fast jeder ist Mitglied der konservativen Zuluorganisation *Inkatha.* Oder er unterstützt sie – muß sie unterstützen, da er in einem *Zuluhostel* wohnt. Dort zu wohnen und die Inkatha nicht zu unterstützen, ist in diesen Tagen lebensgefährlich.

Im «hostel» sind sie regelrecht militärisch organisiert. Nichts Wesentliches geschieht, ohne daß es nicht von einem führenden Inkathamitglied abgesegnet wird. Bei einem meiner Besuche dort habe ich das selbst erlebt. Ich konnte das Barackenlager beim Jabulani-Stadion erst betreten, nachdem ich offiziell von dem leicht angetrunkenen Inkathafunktionär am Eingang die Genehmigung bekam.

Zum Kampf tragen sie alle einen roten Stoffstreifen als Stirnband. Das kennzeichnet sie als Zulus und Inkathamitglieder. Wer dieses Zeichen nicht trägt, aber eine schwarze Hautfarbe hat und sich hier aufhält, schwebt in Lebensgefahr: er gehört zum Feind. Der Feind? Das sind die Bewohner der umliegenden Häuser, die von den Zulus durchweg für Mitglieder oder Sympathisanten des ANC gehalten werden. Ob das stimmt oder nicht, spielt keine Rolle, es gibt eine Menge alter Rechnungen zu begleichen.

Bei Tagesanbruch gehen sie zum Angriff über. Mit Benzin gefüllte Flaschen fliegen als Brandbomben in die Siedlung und durch rasch eingeschlagene Scheiben oder aufgebrochene Türen. In kürzester Zeit stehen mehrere der kleinen Häuser in Flammen. Die Bewohner stürzen heraus, formieren sich und gehen zum Gegenangriff über. Auch aus ihrer Sicht gibt es, neben dem gerade anstehenden Konflikt, alte Rechnungen zu begleichen: Sie haben die hostels von Anfang an als Fremdkörper empfunden: Dort wohnen «die vom Land», jene, die als Streikbrecher eingesetzt werden, wenn die Firmen gegen die organisierten Arbeiter vorgehen oder sie über Nacht zu Tausenden entlassen. Dort «blüht das Verbrechen», der Drogenhandel, der zwar auch sonst in Soweto heftig in Gang ist, aber in den hostels deutlicher sichtbar wird, genauso wie die Prostitution.

Die Prostituierten bereisen die Barackenlager regelrecht, vorzugsweise übers Wochenende, denn freitags werden die Löhne ausgezahlt. Wer seinen Lohn nicht in Alkohol, Dagga oder andere Drogen umsetzt und wer den *Tsotsis*, den Gangstern, entgeht, die jeden Freitagnachmittag an den Bahnhofsstationen in Soweto warten und die ankommenden Passagiere mit gezücktem Messer um ihre Lohntüte erleichtern – der gibt sein Geld den Prostituierten oder schickt es seiner Familie nach Hause. Doch die wenigsten, so war immer mein Eindruck, schicken hier ihr Geld nach Hause.

«Die da drüben, die halten uns doch für die Idioten vom Land. Wir sind dumm, sagen sie. Typen, die bloß auf den Häuptling hören. Zu blöd, um lesen und schreiben zu können!»

Moses ist wütend. Er kommt aus KwaZulu. Er kann lesen und schreiben. Aber das hilft ihm nichts. Die anderen Einwohner von Soweto schauen trotzdem auf ihn wie auf die übrigen «Hostelbewohner» herunter. Jedenfalls empfindet er es so. Daß es häufig so ist, konnte ich selbst beobachten. Moses hat in der Nähe eine Freundin, in Zululand eine Familie und drei Kinder. Seit ein paar Jahren lebt er hier. Das soll auch so bleiben. Denn für die Familie ist hier kein Platz. Und das Leben wäre in Soweto und Johannesburg für sie sowieso zu teuer. In KwaZulu hat seine Familie wenigstens ein winziges Stück Land und ein paar Ziegen. Damit schlagen sie sich irgendwie durch. Den meisten seiner Freunde im hostel, mit denen ich in der erbärmlichen Küche der niederen Baracke zusammensaß, geht es ähnlich.

Bei dem Elend, der Frustration, der sexuellen Unausgeglichenheit und der Arroganz der anderen Einwohner von Soweto hält die Männer vor allem eines zusammen: ihre Identität als Zulus. Wer sie darin bedroht, bekommt die ganze, in ihnen steckende Gewalt, die in Aggression umgesetzte Angst zu spüren. Und das mündet immer in ein monströses, blutiges Schlachten.

Als ich bald nach dem frühmorgendlichen Angriff der Zulus von Inkatha an der unterhalb des hostels vorbeiführenden Bahnlinie eintreffe, liegt eine Leiche neben den Gleisen. Ein Hieb mit einer Axt oder einer Machete hat dem vielleicht 30 Jahre alten Mann den Schädel geöffnet. Eine schleimige, blutige Masse bedeckt sein Gesicht und den Hinterkopf. Das T-Shirt hängt in Fetzen vom Leib, überall Wunden. Sie haben auf ihn eingehackt. Neben ihm liegt ein Spieß, vielleicht sein eigener. Ich kann nicht erkennen, ob er der Inkatha angehört hat oder den andern. Links und rechts des Bahndamms haben sich die kriegführenden Parteien versammelt, sie brüllen, schwingen Äxte und Speere; die mit den roten Stirnbändern, aber auch die ohne. Manche, so scheint es mir, handeln wie in Trance. Und doch – zu gewinnen gibt es nichts. Die mehreren tausend Hostelbewohner sind ebensowenig zu «besiegen» wie die übrigen Einwohner dieses Teils der Dreimillionen-Stadt Soweto.

Auch in den anderen Gettos um Johannesburg scheint sich in mächtigen Konvulsionen ein Blutrausch auszubreiten, der schließlich auch die kriminellen Gettobanden erfaßt. Sie nutzen die Kämpfe, um ihren eigenen Machtbereich zu erweitern. Oder, um einfach irgendwie mitzumischen. Wie jener Junge, der mich am späten Nachmittag mit vorgehaltenem Revolver zwingen wollte, umzudrehen. Seine Freunde an der anderen Barrikade hätten dann den Rest besorgt. Zum ersten Mal in Südafrika machen mir die schwarzen Gettos Angst. Angst vor der nihilistischen Orgie der Gewalt. Alle Probleme Südafrikas scheinen in einer einzigen, fast archaisch anmutenden Explosion aufzugehen. Und doch läßt sich in dem Chaos eine besondere treibende Kraft ausmachen, die praktisch über Nacht einen Konflikt in die Gettos um Johannesburg trägt, der in der südafrikanischen Provinz Natal und vor allem im dort liegenden Homeland KwaZulu schon seit Jahren schwelt. Er hat bisher rund 4000 Menschen das Leben gekostet. Es ist ein Konflikt, der mit der Tradition der Weißen Südafrikas immerhin eines gemein hat – es ist ein *Broedertwis.* Dieser Bruderkampf unter den Schwarzen geht hauptsächlich auf einen Mann zurück: den Häuptling und Zuluprinzen Mangoshutu Gatsha Buthelezi.

Buthelezi ist heute ein Mann über 60 und von noch immer brennendem Ehrgeiz. Er ist mit gehörigem Selbstbewußtsein ausgestattet, schon aufgrund seiner Abstammung. So wie Nelson Mandela mit dem Königshaus des Stammes der Tembu ist Buthelezi über eine Seitenlinie mit dem Königshaus der Zulus verwandtschaftlich verbunden. Er gilt als Prinz. In der Familie der Zulustämme blickt der Stamm der Buthelezis auf eine lange und bedeutende Tradition zurück. In diesem Bewußtsein ist Buthelezi, ähnlich wie Mandela, erzogen worden.

Der Zufall will es, daß die beiden Ende der 40er Jahre dieselbe Ausbildungsstätte in Südafrika besuchen, wo sie sich persönlich kennenlernen. Beide engagieren sich für die Sache der Schwarzen und werden Mitglied in der Jugendliga des African National Congress. Doch während Mandela nach Johannesburg geht und, neben seiner Praxis als Anwalt, die Politik des ANC konsequent vorantreibt, kehrt Buthelezi an seinen Geburtsort Mahlabatini in Zululand zurück, um Häuptling des Buthelezi-Clans zu werden. Er hat wohl von Anfang an eines sehr gut verstanden: Das Eingebundensein in die Tradition der Zulus stellt eine solide politische Machtbasis dar, wenn auch zunächst nur bezogen auf Zululand. Diesen Einfluß auf ganz Südafrika auszudehnen, damit wird er sich sehr bald beschäftigen – mit immer brutaleren Mitteln.

Sehr lange Zeit stand er noch dem ANC nahe, und der ANC sah ihn als einen der Seinen. Selbst die Gründung der «kulturell» orientierten Zuluorganisation *Inkatha yeNkululeko yeSizwe* («Freiheit der Nation») Anfang der 70er Jahre brachte noch keine wirklich ernsten Differenzen. Bis Mitte der 70er Jahre verstand der längst illegale ANC die Inkatha Buthelezis sogar als eine Art legalen Arm, und Inkatha übernahm die schwarz-grün-goldenen Farben des ANC.

Doch dann wurden die Dinge gefährlich. Buthelezi sah (und sieht sich noch heute) als *hard nosed politician*, als «hartgesottenen Politiker», und als Realist. Beides ist er sicher auch. Er stellte die folgenden Überlegungen an: Die Weißen Südafrikas sind nicht von der Macht zu verdrängen, auch nicht durch den «bewaffneten Kampf» des ANC. Der ANC selbst befindet sich seit der Verhaftung aller seiner bedeutenden Führer von Nelson Mandela bis Walter Sisulu schon lange in einem politischen Tief, dessen Ende auch Mitte der 70er Jahre nicht in Sicht ist. Die Exilführung des ANC in Sambia unter Präsident Oliver Tambo wirkt macht- und hilflos. Sie ist es auch. Aus der Sicht Buthelezis gibt es nur eine Alternative: die Opposition nicht außerhalb, sondern politisch und praktisch innerhalb des Systems der Apartheid.

1975 wandelt er seine Organisation von einer «kulturellen Zuluorganisation» in eine «schwarze Befreiungsbewegung» um, die aber den bewaffneten Kampf gegen den Apartheidsstaat ablehnt. Er verwirft außerdem eine Reihe von sozialistischen Positionen des ANC. So bereinigt, ist er für die weiße Regierung akzeptabler, obwohl er, so sieht er es, den Kampf gegen die Apartheid damit nicht aufgegeben, sondern im Gegenteil sogar noch wirksamer gemacht habe. Im übrigen verlangt er ja weiterhin mit Nachdruck die Freilassung Mandelas und das Wahlrecht für die Schwarzen. Da ist er in der Tat Realist genug, denn ohne diese Forderungen wäre er, Zuluprinz hin oder her, ganz ohne Einfluß geblieben. Aber mit dem Entschluß zur «konstruktiven Opposition von innen» und der Ausrichtung von Inkatha als eine Art «konservativer Befreiungsbewegung», die sogar noch mit den traditionellen Farben des ANC auftritt, sind alle Voraussetzungen für den «Broedertwis» da. Es sollte bald der blutigste in der neueren Geschichte Südafrikas werden.

Aber noch ist es nicht ganz soweit. Denn zunächst scheint Buthelezis Rechnung ja aufzugehen, besonders nach dem Massaker der südafrikanischen Polizei am 16. Juni 1976 an den Schülern in Soweto, das die internationale Öffentlichkeit tief erschüttert. Unter dem internationalen Druck sucht die weiße Regierung händeringend in Südafrika nach einem halbwegs glaubwürdigen schwarzen Partner, den sie nach innen wie nach außen vorzeigen kann, ohne wirklich etwas verändern zu müssen. Dieser Mann steht bereit: der Zuluhäuptling und Prinz Mangoshutu Gatsha Buthelezi. Er läßt sich 1976 zum *Chiefminister*, also zum Chef des von den Apartheidsstrategen konzipierten und von der weißen Regierung in jeder Hinsicht völlig abhängigen Homelands KwaZulu machen. Damit ist er, durch seinen Ehrgeiz und seine persönliche Eitelkeit verführt, nun doch in die Falle gegangen, die ihm die Regierung gestellt hat: Er ist Teil des Apartheidsstaats geworden, ein *sell-out*, ein «Verräter an der schwarzen Sache», wie ihm der ANC und die jungen Radikalen in den schwarzen Gettos vorwerfen. Die Atmosphäre ist endgültig vergiftet.

Verschiedene Versuche Buthelezis, am ANC vorbei schwarze Allianzen in Südafrika zu bilden, um seine Basis über den ihm nahestehenden Teil des Zulustammes hinaus zu erweitern, scheitern allesamt. Vielleicht ahnt er insgeheim auch schon, daß er sich verrechnet hat, obwohl alles für sein «Modell» zu sprechen schien: Es war doch realistischerweise nicht zu erwarten, daß der ANC wieder auf die Beine kommen würde. Man könnte ihn also mehr oder weniger gefahrlos ausmanövrieren. Und das tat Buthelezi. Konservative Kreise innerhalb und vor allem außerhalb Südafrikas unterstützten ihn großzügig, in Deutschland z. B. die Konrad-Adenauer-Stiftung und vor allem die CSU-nahe Hanns-Seidel-Stiftung. Franz Josef Strauß schätzte ihn ganz besonders.

In den schwarzen Gettos aber staute sich die Wut. Denn all das fand statt, während sich Südafrika in einen brutalen Polizeistaat verwandelte, der mit der Verhängung des Ausnahmezustandes 1985 die Maske vollends fallen ließ. Auch viele Führer der noch legalen Anti-Apartheids-Organisationen wanderten ins Gefängnis – ohne Richter, ohne Prozeß. Die Geheimpolizei jagte jeden, von dem sie glaubte, er könne als politischer Oppositioneller Einfluß auf die schwarzen Massen gewinnen. Ein Netz von bezahlten Spitzeln überzog das Land und lieferte der Geheimpolizei und dem militärischen Geheimdienst jede Information, die sie haben wollten. Aktivisten der Anti-Apartheids-Bewegung verschwanden spurlos. Andere wurden offen ermordet. Vor diesem Hintergrund wirkte das Konzept Buthelezis, der von der südafrikanischen Regierung finanziell reichlichst ausgestattet wurde, auch der schwere 500er Mercedes fehlte nicht, der zahlreiche Reisen nach Europa unternahm, der in seinem Kabinett im Homeland KwaZulu die drei wichtigsten Ministerposten (Polizei-, Wirtschafts- und Premierminister) auf sich selbst vereinigte und niemandem sonst eine wichtige politische Rolle zugestand – vor diesem Hintergrund wirkte Buthelezis Konzept der «konstruktiven Opposition von innen» auf viele wie ein Hohn, bei anderen löste es Haß aus.

Im Alptraumland Südafrika, in dem politische Toleranz keine Tradition hat, bedeutet eine solche Konstellation den Anfang des Blutvergießens, auch unter den Schwarzen: in den Elendsgettos wie in den armen, ländlichen Gegenden der Provinz Natal und in KwaZulu selbst. Dort erst recht, denn das ist Buthelezi-Gebiet. Dort herrscht er und seine, wie er selbst zugibt, von den Südafrikanern ausgebildete Polizei. Und dort herrscht Inkatha.

Wann die blutigen Zusammenstöße in KwaZulu und Natal wirklich begonnen haben, ist in dem Gewirr der Stimmen und in dem unzugänglichen Land nicht mehr genau auszumachen. Sicher ist, daß die kleinen Scharmützel in große übergingen, als Inkatha mit den Zwangsrekrutierungen in KwaZulu begann. Das wird von einer Reihe unabhängiger Beobachter bestätigt, darunter Professor John Aitcheson von der Universität Natal. Er sagt, daß die Einwohner

KwaZulus mit Vertreibung bedroht wurden, wenn sie sich nicht der Inkatha anschlossen oder umgehend eine Mitgliedsgebühr von 5 Rand entrichteten. Der ANC und mit ihm verbündete Organisationen versammelten daraufhin ihre Anhänger und Sympathisanten. Dörfer, ja ganze Gebiete wurden den jeweiligen Parteien zugeordnet und wechselseitig gebrandschatzt.

Als ich im Frühjahr 1988 nach Südafrika kam, war in den Bergen von Natal und KwaZulu ein regelrechter Krieg im Gange, dem zu diesem Zeitpunkt schon über 2000 Menschen zum Opfer gefallen waren. *Warlords*, von den Zuluhäuptlingen und Inkatha geduldete oder sogar regelrecht aufgebaute «Herren des Krieges», in aller Regel nichts anderes als besonders skrupellose Gangster, hielten ganze Dörfer oder Gettos in der Nähe von Pietermaritzburg unter ihrer blutigen Kontrolle. Pietermaritzburg, das ist ausgerechnet jene Provinzstadt, bei der Mahatma Gandhi um die Jahrhundertwende wegen seiner Hautfarbe aus dem Zugabteil geworfen wurde. Um die Stadt tobte eine Orgie der Gewalt.

Ich fuhr mit dem ARD-Team durch eine Gegend dort, die von den Bewohnern «das Tal des Todes» genannt wird. Es war eine grauenvolle Fahrt, bei der wir immer wieder von Kontaktmännern zu draußen in den Wiesen verwesenden Leichen geführt wurden; Frauen, Männer, die meisten auf der Flucht von hinten erschossen, erschlagen, erstochen. Alptraum Südafrika. Wie diese Wunden, und die vielen anderen, je wieder heilen sollen, übersteigt meine Vorstellungskraft.

Buthelezi bedeutet den ihm nahestehenden Zuluhäuptlingen – das sind bei weitem nicht alle –, daß sie durch einen wachsenden Einfluß des ANC nur verlieren könnten. Ich habe ihn auf einer Kundgebung reden hören, in dem er den versammelten Inkathaanhängern einbleute, der ANC greife sie «als Zulus» an und wolle sie «als Zulus» zerstören und ihre Stammesidentität auslöschen. Damit schürt er bei den ländlichen, ungebildeten und noch durch und durch von Stammestraditionen geprägten Menschen eine atavistische Angst, die ganze Stürme von Gewalt und Grausamkeit auslöst. Er versucht, das Feuer des Tribalismus und der Stammesfehden zu schüren, und kann, als er sich anders besinnt, dieses Feuer ab einem bestimmten Zeitpunkt selbst nicht mehr austreten, wie sich bald zeigt.

Der Krieg in Natal bleibt von der internationalen Öffentlichkeit und den Medien weitgehend unbeachtet. Und wenn darüber berichtet wird, heißt es sehr häufig, das sei in der Hauptsache ein Konflikt zwischen Zulus und dem Stamm der Xhosas, dem auch Mandela angehöre. Doch das kann nur behaupten, wer sich nicht selbst in Natal und KwaZulu aufgehalten hat. Wer das Land mit offenen Augen und Ohren bereist, bemerkt sehr schnell, daß hier Angehörige des gleichen Stammes, nämlich der Zulus, gegeneinander kämpfen, und zwar die, die sich mehr dem ANC und seinen Verbündeten zugehörig fühlen, gegen jene, die sich Inkatha zurechnen. Das macht die Kämpfe nicht erfreulicher und rechtfertigt sie nicht, aber das sind die Fakten.

Etwas anders, nämlich mit einer stärkeren Betonung der Stammesunterschiede, werden sich die Auseinandersetzungen bald in den Gettos um Johannesburg abspielen. In Natal geht es eher um den Gegensatz zwischen einer «abstrakten» – in Europa würde man sagen, einer «modernen» – Organisation, dem ANC, und einer (angeblich noch) geschlossenen Stammesidentität. Jedenfalls gelingt es Inkatha, diesen Gegensatz bei einem Teil der traditionell orientierten Bevölkerung zu verschärfen und für sich nutzbar zu machen. In den Gettos um Johannesburg fällt die Betonung der Stammesunterschiede auf fruchtbareren Boden, weil hier beispielsweise die Xhosas sehr viel stärker repräsentiert sind als in Natal. Doch, ohne die Bedeutung der Stammesunterschiede abtun zu wollen, nach meinen Beobachtungen ist das alles weder da noch dort der wirklich tragende Konflikt. Er wird allenfalls für andere Zwecke benützt.

Übrigens ist an der Ferienküste um die Stadt Durban, die nicht weit von den Mordschauplätzen in den Bergen entfernt ist, von all dem Blutvergießen groteskerweise nichts zu merken – dort wo sich die weißen Südafrikaner und auch die Reisenden aus Übersee in den teuren Touristenquartieren an den Wassern des Indischen Ozeans tummeln und Surfwettbewerbe ausschreiben oder die *Miss South Africa* küren. Auch das ist Teil des Alptraums Südafrika, die Verlogenheit der Fassade.

Buthelezi entwirft zur gleichen Zeit für KwaZulu eine Verfassung, die er der weißen Regierung auch überregional als Modell für ein künftiges Südafrika anbieten will. Er bringt es unter dem Stichwort der «großen Indaba», ein der afrikanischen Vorstellung von einer großen demokratischen Rats- oder Volksversammlung entlehnter Begriff, sogar in die internationale Diskussion. Er wähnt sich im Mittelpunkt der Reformbemühungen. Da allerdings wird er von der Entwicklung im weißen Lager überrascht: P. W. Botha tritt ab, de Klerk wird Staatspräsident, und Mandela kommt frei. Der ANC feiert völlig unerwartet einen politischen Triumph, den der «Realist» Buthelezi seit langem für ausgeschlossen gehalten hatte. Die Aufmerksamkeit der Weltöffentlichkeit, aber auch der weißen Regierung und fast der gesamten schwarzen Bevölkerung Südafrikas richtet sich nun auf Nelson Mandela und auf den ANC, der sich – trotz aller Chaotik und Desorganisation – mächtiger ausnimmt als je zuvor. Die Regierung beginnt ihren öffentlichen Verhandlungspoker, genauer, die «Verhandlungen über Verhandlungen» – mit dem ANC, nicht mit Buthelezi. Seine Rechnung, so einleuchtend sie Mitte der 70er Jahre gewesen sein mag, ist nicht aufgegangen!

Aus der Sicht des harten Machtpolitikers bleibt Buthelezi nur eines: Er muß klarmachen, daß er sich nicht so einfach übersehen und aus dem Rennen werfen läßt. Deswegen wird an dem Ort Blut fließen, wo es den ANC, und in der Folge indirekt sogar die weiße Regierung, am härtesten trifft: in den schwarzen Gettos um Johannesburg. Dort wohnt Mandela. Dort besteht, anders als in den Hügeln von Natal, eine hohe Aufmerksamkeit der Medien. Die Regierungshauptstadt Pretoria ist weniger als 50 Kilometer entfernt. Und, vor allem, in den hostels hier wohnen Zigtausende von einfachen Wanderarbeitern aus KwaZulu, die sich auf Geheiß ihrer Häuptlinge wie eine Streitmacht einsetzen lassen...

Diesmal läßt sich der Beginn der Auseinandersetzungen deutlicher als Mitte der 80er Jahre in Natal ausmachen. Am 14. Juli 1990 gründet sich Buthelezis «schwarze Befreiungsbewegung Inkatha» neu, nicht mehr als Befreiungsbewegung, sondern als «nationale politische Partei»: die «Inkatha-Freiheitspartei». Ihr Präsident ist und bleibt selbstverständlich Mangoshutu Gatsha Buthelezi. Sofort beginnt sie eine harte Rekrutierungskampagne in den Gettos um Johannesburg. Der ANC sagt, es seien Zwangsrekrutierungen wie damals in Natal. Die Stoßrichtung ist klar: Inkatha will und muß wieder einmal versuchen, ihre Machtbasis zu erweitern. Das in jenen Gebieten zu tun, die traditionell den ANC unterstützen, ist als Provokation gedacht, und so kommt es auch an. Das bedeutet Blutvergießen. Nach zwölf Tagen ist es soweit. In dem Getto Sebokeng werden bei Kämpfen zwischen Inkatha und dem ANC 29 Menschen umgebracht.

Die Mordaktionen und, von mir selbst beobachtet, gezielten Angriffe von Inkathakriegern aus den hostels heraus bilden das groteske Hintergrundszenario für die zweite Verhandlungsrunde der Regierung mit dem ANC in Pretoria. Ziemlich schnell wird klar, worauf Buthelezi auch hinaus will: Er will Nelson Mandela zwingen, sich mit ihm in aller Öffentlichkeit zu treffen, was der seit seiner Freilassung aus dem Gefängnis sorgsam vermieden hat. Gemeinsam würden sie dann, nach Buthelezis Vorstellung, ihre Krieg führenden Anhänger zum Frieden aufrufen. Seine, Buthelezis, Macht wäre durch ein solches öffentliches Treffen mit Mandela deutlich demonstriert, und, dank des außerordentlichen Ansehens von Mandela bei der schwarzen Bevölkerung, gewissermaßen geadelt. Der Mann setzt die Daumenschrauben an, denn er weiß natürlich genau, daß Mandela innerhalb des ANC unter ungeheurem Druck steht. Viele ANC-Mitglieder sind bereit, eine Menge hinzunehmen – aber nicht ein Treffen mit dem Erzfeind Buthelezi. Dazu kommt: Bei einer Fortsetzung des Blutvergießens würde sogar Mandelas internationale Reputation die ersten Kratzer erleiden, da er offenbar doch «nicht genügend Qualitäten als Staatsmann» besitze, «um sich mit Buthelezi zu treffen», wie in der Tat bald die ersten international verbreiteten Zeitungen schreiben werden. Mandela sei, so z. B. das amerikanische Wochenmagazin *Newsweek*, ein «Starrkopf». Die wenigsten verstehen, daß Mandela genauso wie de Klerk, nur so lange stark sein und handlungsfähig bleiben wird, wie er seine Organisation und seine Anhänger an sich binden kann. Ein Mandela, der die schwarzen Massen nicht mehr hinter sich hätte – auch das wäre ein südafrikanischer Alptraum. Der Kampf der Splittergruppen und Fraktionen innerhalb und außerhalb des ANC, untermalt von den Aktivitäten der Geheimpolizei, von Aktionen weißer, rassistischer Todeskommandos und den Machtkämpfen der «normalen» Kriminellen in den Gettos, das zusammengenommen würde alles an Gewalt übertreffen, was Südafrika gesehen hat. Davon bin ich fest überzeugt.

Fünf Monate oder, zynisch gesagt, zweitausend Tote später ist es so weit, die Rechnung Buthelezis geht diesmal auf: Im feinsten Hotel der Stadt Durban, im *Royal* direkt am Indischen Ozean, treffen sie sich schließlich doch. Die Geste, mit der die beiden sich begrüßen, verschlägt mir, sonst schon von Berufs wegen nicht gerade mundfaul, für einige Sekunden die Sprache: Sie gehen lachend aufeinander zu, umarmen sich, Mandela versprüht seinen inzwischen schon klassischen Charme, als wolle er jemanden verführen. Und Buthelezi ruft, während sie sich mehrmals umarmen, immer wieder laut: *«My brother, my brother!!»* Blitzlichter, laufende Kameras, das Treffen ist medienwirksam inszeniert. Von beiden Seiten. Mir ist unwohl. Es sind die zweitausend Toten. Ich habe nur wenige gesehen, aber manche in einem Zustand, daß ich sie nie mehr vergessen werde. Sie sind Opfer eines zynischen politischen Manövers. Eines Machtkampfes und der unsäglichen Geschichte Südafrikas. Ob sich das je ändern wird?

Mandela und Buthelezi konferieren mit ihren beiden Delegationen bis in die Nacht. Doch bei dem, was Buthelezi zu Beginn des Treffens in einer einstündigen Rede hinter verschlossenen Türen vorträgt, wird deutlich, wie sehr sich dieser Mann in den letzten 15 Jahren in seinem Narzismus gekränkt und in seiner Eitelkeit verletzt gefühlt haben muß. Sein Vortrag zeigt die höchst persönlichen Motive von Politik:

«Es gibt nur ganz wenige Mitglieder im Führungsgremium des ANC, die mich nicht ein- oder mehrmals verunglimpft hätten. Ich werde gleich eine Reihe von Beispielen aufzählen …!»

Dann zitiert Buthelezi minutenlang Beispiele aus den letzten 10 Jahren, von Mitschriften aus Radiosendungen im Ausland bis zu Artikeln der lokalen und der internationalen Presse. Der Mann ließ offenbar von einem ganzen Stab von Mitarbeitern recherchieren und darüber Protokoll führen, wer ihn wann, wo und wie persönlich beleidigt hat. Er sei eine «Schlange» genannt worden, die «man auf den Kopf schlagen» müsse. Spottlieder seien auf ihn gesungen worden, was er in bezug auf Mandela nie getan habe usw. – ein grotesker, aber dafür vielleicht um so afrikanischerer Auftritt eines in seiner Ehre verletzten Zuluprinzen. Es muß für ihn ein glühendes Eisen in einer offenen Wunde gewesen sein, von der stärksten politischen Organisation der Schwarzen, der er selbst einmal angehört hat, wie ein Verräter verachtet und wie ein Aussätziger behandelt zu werden. Bei seinem aufbrausenden Temperament muß es ihn zu Zeiten regelrecht rasend gemacht haben! Unvergessen sind die Ausbrüche kaum noch beherrschter Wut, die einige Journalisten bei ihm erlebt haben. Er hat sich andererseits, besonders international, stets als der konziliante Staatsmann zu geben versucht. Aber das ist er nicht. Auch deshalb warnt Mandela die Führung des ANC und besonders seine Kritiker in den eigenen Reihen – etwas verschlüsselt zwar, aber deutlich genug – vor der Gefahr, die von Buthelezi und Inkatha drohe:

«In unseren Nachbarländern haben wir immer wieder folgende Entwicklung gehabt: Die Regierungen haben mit bestimmten Gruppen nicht gesprochen, sondern sie mit Waffen bekämpft. Das Ergebnis war eine Orgie der Zerstörung, weil diese Gruppen mit Hilfe von außen eine solche Macht bekamen, daß die Regierungen unserer Freunde sie nicht mehr zu bändigen vermochten. Gott behüte, daß Südafrika von einer solchen Tragödie befallen wird!»

Was Mandela meint, ist im südlichen Afrika für jeden halbwegs Informierten leicht verständlich: Die linken Regierungen in Angola und Moçambique haben die rechtsgerichteten Rebellenbewegungen *RENAMO* oder *UNITA* nicht in die Regierung eingebunden, sondern sind rigide und kompromißlos bei ihren eigenen politischen Vorstellungen und Programmen, auch beim Einparteienstaat, geblieben. Mit Unterstützung der Südafrikaner und des CIA wurden die Rebellenbewegungen aber militärisch so stark, daß sie in den riesigen, zum Teil kaum erschlossenen Ländern nicht mehr zu stellen und nicht mehr vernichtend zu schlagen waren.

Diesen Fehler zu wiederholen, das meint Mandela mit seiner Bemerkung über «unsere Nachbarländer», wäre katastrophal. Zumal sich heute die Regierungen dieser völlig ausgebluteten Länder in Friedensverhandlungen mit den Rebellenbewegungen befinden – eine halbe Million Tote später. Deshalb trifft Mandela sich mit Buthelezi, wenn auch mit zeitlicher Verzögerung. Aber der ANC brauchte diese Verzögerung in dem emotional aufgeheizten Klima, um sich zu einem solchen Treffen überhaupt bereitfinden zu können. Darauf gibt mir Mandela in mehreren Gesprächen deutliche Hinweise.

Am Ende rufen Mandela und Buthelezi ihre Anhänger zum Frieden auf. Doch die Wirkung der Botschaft hält nicht lange vor. Schon ein paar Tage später beginnt das Töten wieder.

Zwei Monate danach, an einem Wochenende im März 1991, werden in dem Getto Alexandra bei Johannesburg in 24 Stunden 33 Menschen ermordet. Einem davon wird die berüchtigte grausige *necklace*, die «Halskrause», angelegt. Er bekommt einen mit Benzin gefüllten Reifen übergestülpt, der dann angezündet wird. Das Opfer verbrennt bei lebendigem Leib. Alptraum Südafrika.

Der von Buthelezi losgetretene Konflikt, dessen bin ich mir sicher, wird nie mehr ganz zu stoppen sein. Er wird weiter schwelen und gelegentlich hoch aufkochen, selbst wenn niemand mehr das Feuer bewußt schürt. Es ist einfach zuviel Konfliktstoff da. Es wurden einfach zu viele Wunden geschlagen. Der Wunsch nach Rache ist in den Elendsvierteln zu groß. Und niemand kann ausschließen, daß sich Buthelezi dieses Konflikts nicht doch wieder bedient. Vor allem weil er, sollte es je zu echten, demokratischen Wahlen in Südafrika kommen, nach heutigem Wissen nicht mit der Anzahl von Stimmen rechnen könnte, die ihm zuweilen, besonders im weniger informierten Ausland, zugeschrieben wird. Die Umfragen mehrerer Institute in Südafrika im späten Frühjahr 91 zeigen, daß nur zwei Prozent der schwarzen Bevölkerung ihn als künftigen Präsidenten Südafrikas sehen wollen. Selbst der weiße Staatspräsident de Klerk würde bei den Schwarzen, Stand Frühjahr 91, zehnmal mehr Stimmen bekommen. Die große Mehrheit der Schwarzen wünscht sich, zum gleichen Zeitpunkt, Nelson Mandela als Staatspräsident. Wird Buthelezi, angesichts solcher Zahlen, den Konflikt nicht doch immer wieder neu anheizen, wenn er sich davon einen Vorteil versprechen kann? Daß andere genau das schon tun, läßt sich seit geraumer Zeit nicht mehr übersehen, vollends seit jenem fürchterlichen Ereignis in einem Vorortzug, der von der Stadtmitte Johannesburgs nach Soweto unterwegs war.

Mord auf Befehl

IJekeleza, das «Karussell», so nennt die schwarze Bevölkerung beinahe liebevoll den Zug zwischen Soweto und Johannesburg. Jeden Morgen bringt «iJekeleza» Zigtausende schwarzer Arbeitskräfte aus dem Getto in die Stadt. Der Rücktransport beginnt bereits am späten Nachmittag.

Wie immer um 17 Uhr steigt Solly Ngwane im Johannesburger Hauptbahnhof zu. Und wie immer trifft er in seinem Wagen ziemlich genau in der Mitte des Zuges seine Freunde von der Gebetsgruppe «Unsere Stärke ist Jesus». Sie nutzen die tägliche Fahrt zur und von der Arbeit, um ihre Mitfahrer zum Beten und zu gemeinsamen Gesängen anzuhalten. Das ist nichts Ungewöhnliches im iJekeleza. Niemand stört sich daran. Als sie ein paar Minuten später im ersten kleinen Zwischenbahnhof einfahren, haben sie das erste Gebet gerade beendet und schicken sich an, ein Lied zu singen. Nur ganz nebenbei bemerkt Solly, daß eine Gruppe von acht oder zehn Schwarzen, die zugestiegen sind – Weiße fahren nicht mit diesem Zug –, auch nach dem Einsteigen nur dasteht und schweigt. Das ist ungewöhnlich.

«Die wären mir überhaupt nicht aufgefallen, wenn sie nicht geschwiegen hätten. Das gibt es sonst nie, daß die Leute, die in einer Gruppe zusammen sind, während der Fahrt nicht miteinander reden oder singen. Selbst die Detektive der Zuggesellschaft quasseln miteinander, wenn sie im Zug herumlaufen.»

Und noch etwas nimmt Solly Ngwane wahr.

«Ich sah, daß einer von ihnen einen langen Gegenstand den Ärmel hochgeschoben hatte und den Arm an den Körper preßte. Mein Getto-Instikt sagte mir sofort – der Mann ist bewaffnet. Aber ich habe mir dann doch keine weiteren Gedanken gemacht. Denn zur Zeit trägt ja so gut wie jeder eine Waffe bei sich.»

Keine 60 Sekunden später verwandelt sich iJekeleza in ein «Karussell des Todes». Auf den Schrei ihres Anführers: *«Nazi izinja! Hier sind die Hunde!»* ziehen die Männer lange Buschmesser, *Pangas*, aus den Ärmeln oder aus Plastiktüten. Ein paar haben plötzlich Revolver in der Hand. Schweigend beginnen sie ein grauenvolles Gemetzel.

«Schüsse krachten. Menschen schrien gellend. Alles war in Panik. Manche sackten zusammen und fielen zu Boden, wo sich sofort riesige Blutlachen bildeten. Fast alle versuchten gleichzeitig, zu den Fenstern zu gelangen. Vor mir wollte eine Frau auf eine Bank klettern. Sie war verletzt, und ein Strom von Blut lief ihr am Körper herunter. Ich konnte ihr nicht helfen, weil sie urplötzlich auf mich losgingen.»

Trotz allem hat Solly Ngwane sogar noch Glück. Ein Hieb trifft ihn, er fällt zu Boden und stellt sich instinktiv tot. Einer der Männer sticht ihm noch in den Rücken, doch Solly überlebt. 26 andere bleiben entweder tot in den Abteilen liegen oder sterben beim Sprung aus dem fahrenden Zug. Über hundert zum Teil schwer Verletzte stöhnen, schreien oder weinen laut, als der Zug in der nächsten Station einfährt. Doch bevor dem Zugführer und dem Bahnhofspersonal der kleinen *Benrose Station* so richtig klar ist, was eigentlich vor sich geht, sind die Mörder aus dem Wagen gesprungen. Es gelingt nicht, auch nur einen von ihnen aufzuhalten. Sie verschwinden in der früh hereinbrechenden Dämmerung.

Als wir etwa 45 Minuten später eintreffen, blinken überall orangene und rote Lichter. Krankenwagen fahren die letzten Verletzten weg. Auf dem Bahnsteig liegen mehrere Leichen im Halbdunkel. Jemand hat ihnen Kleidungsstücke übers Gesicht gebreitet.

«iJekeleza» fährt heute nicht mehr. Im Abteil, in dem die Gebetsgruppe «Unsere Stärke ist Jesus» fuhr, liegen noch drei tote Frauen auf dem blutverschmierten Boden. Zwei von ihnen haben die Bibel neben sich liegen. Der dritten hat jemand ihren Paß auf den Bauch gelegt, den sie in einer Tasche bei sich trug. Ihre Nylonstrümpfe sind aufgeplatzt, der rechte Schuh muß in dem Chaos verloren gegangen sein. An einem Bein klebt getrocknetes Blut und führt wie eine schwarze Spur auf der dunklen Haut zum Rocksaum hinauf, unter dem sie verschwindet.

Draußen gehen Polizisten auf und ab. Sonst herrscht bedrükkende Stille. Die Stille des Terrors. Nur Terror kann das Ziel dieses Mordens gewesen sein, Verbreitung von totalem Terror unter der schwarzen Bevölkerung, von Angst und von Chaos. Nach diesem Massaker kann sich niemand hier mehr sicher fühlen, gleichgültig welcher politischen Richtung oder welchem Stamm er angehören mag. Wem aber nützt das?

«Es handelt sich um eine logistisch bestens organisierte Terrorkampagne, die weit über das Bisherige hinausgeht», sagt Nelson Mandela am nächsten Morgen auf einer hastig einberufenen Pressekonferenz sichtlich erschüttert. Ihm ist klar, daß dieses Ereignis der erste Akt jener «Tragödie» sein könnte, vor der er seine Anhänger, vor allem aber seine Kritiker innerhalb des ANC mit Nachdruck gewarnt hat. Wenn die Auseinandersetzungen nicht bald entschärft und geschlichtet werden, kann die Entwicklung durch solcherart gezielte Eskalation einen Punkt erreichen, wo sie niemand mehr in den Griff bekommt. Das wäre das Ende des Reformprozesses in Südafrika.

«Solche Mordaktionen zu organisieren, übersteigt die Fähigkeit und die Kapazität von Inkatha. Nein, es ist eine dritte Kraft am Werk, die weder mit dem ANC noch mit Inkatha zu tun hat. Es sind finstere Elemente, die entweder in den Sicherheitskräften der Regierung zu finden sind oder zumindest von ihnen unterstützt werden.»

Diese Vorwürfe Mandelas weist Staatspräsident de Klerk umgehend zurück. Und, um es vorweg zu sagen, es könnte sein, daß Mandela sich täuscht, und die Inkatha oder deren fanatischen Anhänger sehr wohl die Fähigkeit haben ... Jedenfalls wird im April 1991 die Anklage wegen Mord in 21 Fällen gegen fünf Zulus formuliert. Sie werden bald nach dem Massaker verhaftet. Sie leben in einem der hostels, der Wohnheime für Wanderarbeiter, nicht weit von der Bahnlinie nach Soweto. Die Polizei behauptet, es habe vor dem Massaker in diesem hostel eine Versammlung gegeben, bei der auch über solche Aktionen gesprochen worden sei. Bei Fertigstellung des Manuskripts hat der Prozeß gegen die fünf noch nicht begonnen.

Staatspräsident de Klerk weist also Mandelas Vorwürfe gegen die

Sicherheitskräfte zurück, gesteht ihm aber zu, daß gefährliche Kräfte am Werk sind, «deren Interesse es offenbar ist, Zerstörung und Chaos» anzurichten; um diese Kräfte werde sich aber «die Polizei mit aller Intensität kümmern». Doch genau das ist – schon seit längerer Zeit – das Problem. Denn die Polizei hat, um es vorsichtig zu sagen, alles andere als eine weiße Weste. Spekulationen über ihre kriminellen Aktivitäten gibt es schon seit Jahren, aber wenig Handfestes. Das hat sich vor einigen Monaten buchstäblich über Nacht geändert. Der Ablauf der Enthüllungen könnte aus dem Drehbuch eines drittklassigen Kriminalfilms stammen: Am Tag vor seiner Hinrichtung legt ein ehemaliger Polizist in der Todeszelle des Zentralgefängnisses von Pretoria «an Eides Statt» das lange Geständnis eines Mords ab, von dem während des gesamten Prozesses gegen ihn nie die Rede gewesen ist. Die Beschreibung der Umstände des Mordes und der Mörder ist so sensationell, daß die Justiz nicht umhinkommt, die Hinrichtung des Mannes aufzuschieben. Das eigentliche Geschehen liegt 8 Jahre zurück…

Am späten Nachmittag des 19. November 1981 finden zwei Jogger bei einem Stadion in der Nähe von Durban die Leiche von Griffith Mxenge, einem bekannten schwarzen Bürgerrechtsanwalt. Sie ist gräßlich zugerichtet. 49 Stichwunden haben Brust und Bauch regelrecht durchlöchert. Die Stirn ist eingeschlagen, beide Ohren nahezu vollständig abgerissen und die Gurgel bis zur Halswirbelsäule durchgeschnitten. Griffith Mxenge wurde abgeschlachtet wie ein Tier. Der damalige Chef der Sicherheitspolizei läßt ein paar Tage danach in der örtlichen Zeitung laut und deutlich seinen Verdacht hören: Man vermute, daß der verbotene ANC, dessen Mitglied Mxenge gewesen sei, den Mann umgebracht habe.

«Die Polizei ist im Besitz von Informationen, daß der ANC mit Mxenge wegen der Verwendung von Geld im Streit lag, das ihm, Mxenge, von ausländischen Organisationen für den ANC anvertraut worden ist.»

Beweise für seine These «Mord durch ANC-Mitglieder» tritt der Chef der Sicherheitspolizei, Generalleutnant Johann Coetzee, nicht an. Er hätte es auch gar nicht können, denn er besitzt keine. Aber er braucht auch keine. Denn der Mord an Mxenge wird nicht weiterverfolgt, aus dem einfachen Grund, daß der schwarze Rechtsanwalt von einem Todeskommando der Sicherheitspolizei umgebracht wurde. So beschreibt es der ehemalige Polizist Butana Nufomela 8 Jahre später in der Todeszelle des Zentralgefängnisses von Pretoria. Die Frau des Rechtsanwalts äußerte übrigens schon 1981 Vermutungen, die in diese Richtung gingen.

«Die Argumentation der Polizei ist nichts anderes als eine Täuschung, ausgedacht von Leuten, die unbedingt die Aufmerksamkeit von sich weg auf andere lenken wollen», sagte Victoria Mxenge seinerzeit laut und öffentlich. Wie recht sie gehabt hat, kann sie, eine kämpferische Bürgerrechtsanwältin, nicht mehr erfahren. Sie ist einige Jahre nach ihrem Mann selbst umgebracht worden. Auch ihre Mörder sind nie gefunden worden. Doch Nufomela gibt in seinem Geständnis ein Stichwort: Sein Vorgesetzter habe ihm damals gesagt, er würde vielleicht in Zukunft noch dazu gebraucht werden, «Victoria Mxenge zu eliminieren», denn sie sei «in ANC-Kreisen aktiv». Nach dieser Bemerkung habe er aber nichts mehr darüber gehört.

Nicht die Einzelheiten des grauenvollen Mordes an Griffith Mxenge sind interessant – er wurde so zugerichtet, um einen Raubmord vorzutäuschen –, sondern die Truppe, die den Mord durchführte, und ihre Auftraggeber. Die Truppe bestand aus fünf Männern, vier Schwarzen und einem Weißen. Sie bildeten ein Kommando, das nichts anderes zu tun hatte, als sogenannte «Terroristen», oder was ihre Vorgesetzten darunter verstanden, zu jagen und für die Polizei zu ermorden. Zwei der Schwarzen waren ehemalige ANC-Guerillas, die jetzt für die Polizei arbeiteten. Sie wurden in höherem Auftrag, Nufomela nennt die entsprechenden Namen, von einer geheimen Polizeifarm namens *Vlakplaas* in der Nähe Pretorias losgeschickt, um Mxenge zu töten. Der Weiße war der Anführer ihrer «Zelle», ein Hauptmann namens Dirk Coetzee. In seinem Geständnis spricht Nufomela von weiteren «... acht Morden während meiner Zeit in der Todesschwadron *(assassination squad)* und zahlreichen Kidnapp-Aktionen ... Die Opfer waren alle ANC-Mitglieder. Mit einer Ausnahme, das war der Bruder eines ANC-Terroristen.»

Er sagt auch, warum er jetzt erst auspackt. Nufomela ist wegen des Mordes an einem Farmer zum Tode verurteilt, den er, gewissermaßen «außer Dienst», umgebracht hat: ein Raubmord ohne Auftrag, nichts Politisches. Diesen Raubmord wollten seine Kollegen aus dem politischen Mordkommando der Polizei doch nicht decken. Nufomela hat aber von einem Vorgesetzten die Zusicherung erhalten: Wenn er während des Prozesses über seine Aktivitäten bei der Todesschwadron der Polizei schweige, würden sie ihn später aus dem Gefängnis herausholen. Das wird ihm von früheren Kollegen, die ihn in der Todeszelle besuchen, bestätigt. Nufomela glaubt daran. Wenige Tage vor dem Hinrichtungstermin erhält er seinen letzten «offiziellen» Besuch. Der allerdings teilt ihm mit, daß man ihm bedauerlicherweise doch nicht mehr helfen könne. Die Rechnung der früheren Kollegen scheint aufzugehen: Der Henker des Staats Südafrika soll einen «Mitarbeiter», der lästig geworden ist, höchst rechtmäßig aus dem Weg räumen. Doch jetzt, da es ihm ans Leben geht, macht Nufomela nicht mehr mit – er packt buchstäblich in letzter Minute aus, auch wenn ihm das vermutlich nur eine Galgenfrist gibt.

Nufomelas Enthüllungen sind schon sensationell genug, aber es folgen noch erstaunlichere. Jener Hauptmann Dirk Coetzee, den Nufomela als Anführer des Todeskommandos genannt hat, flieht kurz danach aus Südafrika. In einem Hotel auf der im Indischen Ozean gelegenen Insel Mauritius gibt er dem Journalisten einer *afrikaansen* Zeitung ein langes Interview. Trotz einiger Abweichungen bestätigt er im wesentlichen Nufomelas Geständnis – und geht mit zusätzlichen Informationen noch weit darüber hinaus: Er erzählt von sorgfältig geplanten Giftmorden, von regelrechten Hinrichtungen unter dem Tarnmantel der «Selbstverteidigung gegen Terroristen».

Die Einheit Coetzees und Nufomelas hinterläßt im Verlauf von mehreren Jahren eine Blutspur, gegen die sich die Mafia wie ein Verein altersschwacher Tierschützer ausnimmt. Das Ziel dieser Mord- und Entführungsaktionen ist immer das gleiche: die Anti-Apartheids-Organisationen und den ANC zu schwächen und einzuschüchtern.

Coetzee bringt außerdem einen Begriff in die Diskussion, der bis dahin in der südafrikanischen Öffentlichkeit unbekannt war: den der

Askaris, «umgedrehter» Guerillas des ANC oder des PAC. Ihre Aufgabe besteht darin, der Polizei Untergrundstrukturen des ANC zu enthüllen und ihre früheren Kampfgenossen zu identifizieren, die sie anschließend selbst ermorden oder die von anderen Polizisten in regelrechten Hinterhalten ermordet wurden. Das Hauptquartier der Askaris ist die von Nufomela erwähnte Polizeifarm Vlakplaas in den Hügeln nicht weit von Pretoria.

Die südafrikanische Polizei gibt das unter dem Druck der Aussagen Coetzees und Nufomelas auch zu. Von einem Todeskommando aber könne keine Rede sein. Die auf der Farm untergebrachten Askaris würden allenfalls zur «Aufklärung» eingesetzt. Die Polizei führt sogar ausgewählte Journalisten auf die Farm, die mit ausgewählten «Askaris» reden dürfen. Natürlich sind die Antworten immer die gleichen: Man sei nur zu «Aufklärungs- und Informationszwecken» eingesetzt. Zu nichts anderem.

Doch während die Polizei versucht, die Löcher zu stopfen, aus denen plötzlich Informationen aus dem Inneren des Sicherheitsapparates fließen, kommen immer neue dazu. Ein Kollege von Nufomela und Hauptmann Coetzee sagt plötzlich aus – einer der Askaris –, allerdings erst nachdem er, wie Coetzee, aus Südafrika geflohen ist. Er war bei dem Mord an dem schwarzen Rechtsanwalt Griffith Mxenge der dritte im Bunde. Von dem Mord liefert er Beschreibungen wie diese:

«Jesus, da war einfach überall Blut. Jeder von uns stach einfach zu... Ich glaube Joe (ein anderer Askari, T. R.) und Almond (Nufomela, T. R.) schnitten seine Kehle durch. Wie bekamen dann 1000 Rand Schweigegeld. Wir alle wußten, daß es Mxenge war, den wir umgebracht hatten.»

Über seine polizeiliche Ausbildung in der Technik des Mordens mit einem Messer sagt er:

«Mir wurde gesagt, wenn ich auf jemanden einsteche, sollte ich das Messer in der Wunde herumdrehen, bevor ich es wieder herausziehe. Das macht das Loch größer. Und wenn ich jemandem die Gurgel durchschneide, dann muß das Messer so tief in den Hals, bis ich den Wirbelknochen spüre. Erst dann ist sicher, daß die Person auch tot ist.»

Die mörderischen Aktivitäten der Askaris im Auftrag der südafrikanischen Polizei spiegeln sich gelegentlich auch in den Namen wider, die sie ihren Trupps geben: Hauptsächlich in der Gegend um Kapstadt beispielsweise operiert ein Kommando, das sich «Gestapo» nennt. Ein Askari sagt Ende November 1989, während eines Prozesses vor einem Kapstadter Gericht, über seine Zusammenarbeit mit ihnen aus. Er war in einem sogenannten *terrorism trial*, einem Prozeß gegen ANC-Mitglieder wegen «Terrorismus», vom Staatsanwalt als Belastungszeuge gegen die Angeklagten eingeführt worden. Doch im Zeugenstand überlegte er es sich anders. Er sagte nicht aus, was die Vertreter der Anklage hören wollten, sondern, daß er «Askari» war, und beschrieb, welche Aufgabe er hatte: die «Gestapo» hatte demnach, «mit Informationen der Sicherheitspolizei versorgt, in den Gettos herumzufahren... und frühere ANC-Kollegen umzubringen.»

Je mehr sich die Enthüllungen häufen, um so mehr kommt der neue Staatspräsident de Klerk unter Druck. Er hat ja die Losung vom «neuen Südafrika» ausgegeben. Die liberale Öffentlichkeit des Landes fordert von ihm deshalb, daß diese Dinge nicht wieder unter den Teppich gekehrt werden, sondern eine Untersuchungskommission eingerichtet wird, die, mit veritablen Juristen besetzt, öffentlich tagen und eine kompromißlose Aufklärung betreiben soll. Nur das könne der Stil des «neuen Südafrika» sein.

Da begeht de Klerk den ersten, kapitalen Fehler seiner Amtszeit: Er lehnt die Forderung ab. Und das mit dem windelweichen, höchst merkwürdigen Argument: Bis der Sache innerhalb einer solchen Kommission auf den Grund gegangen werden könne, vergehe viel, viel Zeit, und, so sagt er, «*Justice delayed is justice denied!* Gerechtigkeit verzögern heißt, ihr keine Geltung verschaffen!» De Klerks Verdikt hat zur Folge, daß lediglich eine Abteilung der Polizei vertraulich gegen eine andere Abteilung der Polizei ermittelt. Dagegen aber gibt es massiven Protest, denn eine Polizei, die im Verdacht steht, Mordkommandos zu unterhalten, genießt bei einem großen Teil der Bevölkerung, ganz gewiß bei der schwarzen, keinerlei Vertrauen mehr. Warum sollte ausgerechnet diese Polizei objektiv und mit dem nötigen Nachdruck gegen andere Organe der Polizei ermitteln?

Für de Klerks eigentümliche Entscheidung, die zutiefst diskreditierte Polizei gegen sich selbst ermitteln zu lassen, gibt es nur zwei Erklärungen: Entweder will er ganz bewußt die Polizei und die Sicherheitskräfte schützen, um ihre Unterstützung zu behalten und nicht selbst ins Rutschen zu geraten, oder er verzichtet auf den eisernen Besen, weil er die entdeckten Probleme sowieso nicht für besonders wichtig hält. Seine Taktik jedenfalls ist, sie auszusitzen. Doch das hilft nur sehr bedingt. Denn es ziehen bereits neue, noch dunklere Wolken am politischen Horizont herauf. Die Ermittlungen in einem anderen Mordfall, der ganz offensichtlich politische Dimensionen hat, führen in das Zentrum einer geheimen, von der südafrikanischen Armee unterhaltenen Organisation, die sich auf das Geschäft des Mordens mindestens so gut versteht wie die Todesschwadronen der Polizei, wenn nicht besser. Das Geschehen nahm seinen Ausgang in Namibias Hauptstadt Windhuk...

Am Abend des 12. September 1989, wenige Wochen vor den ersten, demokratischen Wahlen und der Unabhängigkeit Namibias, fährt der deutschstämmige Rechtsanwalt Anton Lubowski vor seinem Wohnhaus in dem Stadtteil Klein-Windhuk vor. Aus irgendeinem Grund ist die Beleuchtung in diesem Teil der Straße heute ausgefallen. Lubowski ist in Namibia, aber auch in Südafrika bekannt, weil er vor Jahren als einer der ersten Weißen Mitglied der Befreiungsbewegung SWAPO wurde und inzwischen in der SWAPO eine führende Funktion bekleidet. An diesem Abend ruft er von der im Zentrum Windhuks gelegenen Anwaltskanzlei aus seine Freundin an. Sie wartet bereits in seinem Haus auf ihn, da die beiden vorhaben, an diesem Abend noch gemeinsam irgendwo in der Stadt essen zu gehen.

Er hat gesagt, er werde sich etwas verspäten. Schließlich aber kommt er doch. Sie hört, wie er draußen vorfährt. Dann ertönt ein knatterndes Geräusch. Jemand hat ein paar Feuerwerkskörper in den Vorgarten geworfen, denkt sie. Doch das Geräusch ist das Knattern einer Ak 47 Maschinepistole, mit der Anton Lubowski gerade erschossen worden ist. Der oder die Täter entkommen in der dunklen Straße unerkannt. Ärzte entdecken später bei der Obduktion in Lubowskis Körper ingesamt acht Kugeln.

Die Windhuker Polizei reagiert auf den schockierenden Mord überraschend schnell. Vielleicht auch, weil sie die künftige Regierung eines unabhängigen Namibia erfreuen will, die eine SWAPO-Regierung sein wird. Davon gehen auch die bis vor kurzem höchst loyal für die Kolonialmacht Südafrika arbeitenden Polizeibeamten aus. Lubowski aber war als prominentes SWAPO-Mitglied in politischen Kreisen bereits als künftiger Justizminister gehandelt worden. Also arbeitet die Polizei unter Hochdruck. Sie verhaftet bereits am folgenden Nachmittag einen Mann irischer Abstammung, der erst wenige Tage zuvor nach Windhuk gekommen und seiner gestrengen deutschen Zimmervermieterin durch einige Absonderlichkeiten aufgefallen ist. Durch den Mord an Lubowski alarmiert, meldet sie den Herrn bei der Polizei. Es ist in der Tat ein «Treffer». Der Mann hat nach eigenem Bekunden früher für den berühmt-berüchtigten rhodesischen Geheimdienst gearbeitet und versteht sich aufs Töten. Er gibt sogar schließlich zu, in einer «geheimen Mission» nach Windhuk gekommen zu sein. Die «Mission», die er allerdings nicht preisgibt, habe aber nichts mit der Ermordung Lubowskis zu tun. In der Haft, unter der Drohung einer Anklage wegen Mordes an Lubowski, nennt er nach langem Zögern den Namen seines südafrikanischen «Auftraggebers», den er auch auf einem Foto identifiziert. Dieser «Auftraggeber» lebt in Johannesburg. Die Spur führt also wieder zurück nach Südafrika.

Dort herrscht wegen der Aussagen Nufomelas, Hauptmann Coetzees und einiger Askaris über die Todesschwadronen der Polizei eine gehörige innenpolitische Erregung. Das hat es in der jüngeren Geschichte Südafrikas noch nicht gegeben, eine solche öffentliche Diskussion über die mörderischen Aktivitäten der Polizei. Vielleicht greift auch deshalb die Johannesburger Mordkommission den Hinweis aus Namibia auf einen angeblichen «Auftraggeber für geheime Missionen» so rasch auf.

Und siehe da: Der Tip aus Namibia weist auf einen Mann hin, der auch etwas mit einem politischen Mord in Südafrika zu tun haben könnte, dem Mord an dem Johannesburger Universitätslehrer und engagierten Apartheidsgegner Dr. David Webster, dem einige Monate zuvor, genau wie Lubowski, vor seinem Haus in einem

Vorort von Johannesburg aufgelauert und der in einer hoch professionellen Killeraktion erschossen worden ist. Auch hier sind, wie im Fall Lubowski, die Täter unerkannt entkommen. Interessanterweise war Dr. Webster gerade dabei gewesen, eine geplante Veröffentlichung abzuschließen, die sich mit den «Methoden der Unterdrükkung im Apartheidsstaat» befaßte. Im Manuskript standen Sätze wie:

«Gezielter Mord (im Apartheidsstaat, T. R.) hat die Wirkung, die der Regierung gegenüberstehenden, oppositionellen Kräfte zu kontrollieren, wenn alle anderen Mittel wie Haft oder Einschüchterung versagen. Solche Morde werden höchst selten aufgeklärt.»

Es ist im nachhinein unheimlich, wie sehr Dr. Webster mit seiner These, auch in bezug auf sich selbst, recht hatte. Obwohl es zunächst aussieht, als solle der Mord an ihm aufgeklärt werden. Die Johannesburger Mordkommission nimmt den Mann, auf den sie auch aus Namibia als «Auftraggeber geheimer Missionen» aufmerksam gemacht worden ist, zusammen mit zwei seiner Bekannten fest. Nach langen Verhören beantragt der zuständige Kommissar beim Untersuchungsrichter, die drei bis auf weiteres in Haft behalten zu dürfen. Die Begründung für seinen Antrag: Sie seien Mitglieder einer gefährlichen Geheimorganisation.

«Im Verlauf meiner Nachforschungen fand ich heraus, daß die Geheimorganisation für die unterschiedlichsten Delikte verantwortlich ist. Mord, Brandstiftung, Sprengen von Gebäuden, Körperverletzung und Einschüchterung... während meiner Verhöre erfuhr ich, daß die erwähnte Geheimorganisation eine Einheit der südafrikanischen Armee ist und sich *Civil Cooperation Bureau* (CCB) – Ziviles Kooperationsbüro – nennt.»

Und diese Einsichten sind erst der Anfang. Es zeichnet sich bald ab, daß die Geheimorganisation mit dem zynischen Namen «Ziviles Kooperationsbüro» nicht nur selbst aktiv ist, sondern, wenn nötig, auch die Dienste von Berufsverbrechern in Anspruch nimmt, um Apartheidsgegner zu ermorden.

Das alles setzt, so öffentlich geworden, vor allem zwei Männer im südafrikanischen Kabinett unter Druck: Verteidigungsminister Magnus Malan, in dessen Ressort die geheime Organisation zur Durchführung politischer Morde fällt, und – Staatspräsident F. W. de Klerk selbst. Irgendwie muß er auf die empörenden Enthüllungen reagieren. Er genehmigt deshalb nun doch die schon lange von vielen geforderte, öffentlich tagende, richterliche Untersuchungskommission. Und der Verteidigungsminister? Der lügt. Er sagt, er sei erst vor wenigen Monaten über das «Zivile Kooperationsbüro» und dessen Aktivitäten informiert worden. Rund ein Jahr später, im Frühjahr 1991, wird er unter steigendem politischem Druck zugeben, daß er «im Prinzip» schon Ende 1985 von einer solchen Organisation gewußt und sie «im Prinzip» genehmigt habe.

Natürlich hat er das. Denn er ist einer jener Betonköpfe, einer jener *Securocrats*, mit deren Hilfe Botha die letzten 10 Jahre das Land regiert und die Opposition zerschlagen hat. Er, als Chef der Armee, und Botha haben die militärischen Überfälle in Angola zu verantworten. Er hat erheblich dazu beigetragen, Südafrika nach innen und nach außen in einen Belagerungszustand zu versetzen, in dem die Sicherheitskräfte oft keine Rücksicht auf Gesetze nehmen mußten. Er hat, gemeinsam mit Botha und anderen Securocrats, jenes gesellschaftliche Klima erzeugt, in dem Killerorganisationen wie das «Zivile Kooperationsbüro» wachsen konnten. Solche Organisationen, genauso wie die Todesschwadronen der Polizei und die für sie arbeitenden Askaris, existieren nicht aufgrund von Entgleisungen einzelner. Sie sind Symptome einer gesellschaftlichen Entwicklung, die nur einem einzigen Ziel diente: die Apartheid und die Vorherrschaft der Weißen in Südafrika um jeden Preis zu verteidigen.

Die von de Klerk schließlich genehmigte Untersuchungskommission nimmt unter Vorsitz eines Richters zwar ihre Arbeit auf, aber sie stößt sofort auf große Probleme. Das erste hat mit dem Staatspräsidenten selbst zu tun. Er hat nämlich verordnet, daß sich die Kommission nur mit Vorgängen innerhalb Südafrikas beschäftigen darf. Das schließt die Aufklärung des Mordes an Anton Lubowski in Windhuk, Namibia, von vornherein aus. Der Verteidigungsminister Malan meldet sich im Fall Lubowski trotzdem öffentlich zu Wort. Er wolle nur anmerken, daß Lubowski gar nicht von Mitgliedern des «Zivilen Kooperationsbüros» umgebracht worden sein könne. Lubowski sei nämlich ein bezahlter Agent des militärischen Geheimdienstes der Südafrikaner gewesen. In dieser Eigenschaft habe er seit Jahren wichtige Informationen über die SWAPO geliefert. Den Beweis dafür tritt der Minister, unter Hinweis auf die «Staatssicherheit» und den Schutz von Agenten, allerdings in der Öffentlichkeit nicht an. De Klerks Reaktion ist typisch für die südafrikanische Situation: Er genehmigt, daß dem vorsitzenden Richter der Untersuchungskommission – unter Ausschluß der Öffentlichkeit – angebliche Beweise für Malans Behauptung vorgelegt werden dürfen, Lubowski sei ein bezahlter Agent der Südafrikaner gewesen. Doch was das für Beweise sind, dürfen nicht einmal die Anwälte der Hinterbliebenen von Anton Lubowski näher überprüfen: aus Gründen der «Staatssicherheit». Welchen Wert haben diese Beweise also? Vor allem da es ja darum geht oder gehen sollte, das Vertrauen der Öffentlichkeit zurückzugewinnen? Doch de Klerk befindet sich entweder fest im Griff der «Securocrats» oder ist selbst nicht an der Aufklärung dieser Dinge interessiert.

Die Mörder Lubowskis können natürlich in den Reihen des «Zivilen Kooperationsbüros» zu finden sein – selbst wenn Lubowski Agent des südafrikanischen Geheimdienstes gewesen sein sollte. Es gibt sogar Indizien, die zumindest eine Beteiligung des «Büros» an dem Mord nahelegen. Doch diesen Indizien kann die Kommission auf Weisung von Staatspräsident de Klerk nicht mehr weiter nachgehen. Sie darf sich ja nur noch mit Vorgängen innerhalb Südafrikas beschäftigen. Daran kann leider auch die Tatsache nichts ändern, daß ein Mitglied des «Zivilen Kooperationsbüros» aussagt, sein Auftrag sei es gewesen, den Rechtsanwalt während eines Besuches in Kapstadt zu beschatten. Lubowski war also nachweislich im Visier des «Büros». Nach Recherchen von Journalisten weilten zwei Mitglieder des «Kooperationsbüros» an dem Tag, an dem Lubowski umgebracht wurde, ebenfalls in Windhuk. Einer war am Tag zuvor unter dem falschen Namen «Gagiano» mit einer Linienmaschine der *South African Airlines* auf dem Flughafen von Windhuk gelandet und flog am Tag nach dem Mord wieder nach Johannesburg zurück. Alles Zufall? Doch selbst diese höchst merkwürdigen Verknüpfungen haben die Regelung de Klerks, keinem Vorgang «im Ausland» nachzugehen, nicht zu Fall gebracht. Der Mord an Lubowski, so steht zu befürchten, wird, nicht zuletzt deshalb, nie mehr aufgeklärt werden.

Obwohl die Untersuchungskommission letztlich harmlos ist, reicht schon der kleinste Einblick, den sie im Lauf ihrer Arbeit vermitteln kann, um klarzumachen, daß das «Zivile Kooperationsbüro» nichts anderes als eine verbrecherische Organisation ist, die mit Absicherung von höchster Stelle gearbeitet haben muß. Eine Reihe zuständiger Generäle, bis in die Führungsspitze der Armee und des militärischen Geheimdienstes, gibt sogar zu, von dem «Büro» gewußt und dessen Projekte diskutiert und genehmigt zu haben. Eines dieser «Projekte» bestand darin, den Fötus eines Affen an einen Baum im Garten von Erzbischof und Friedensnobelpreisträger Desmond Tutu zu nageln. Das sollte Tutu einschüchtern. Weitere «Projekte»: Das *Early Learning Center*, ein als linkslastig eingeschätztes Kommunikationszentrum bei Kapstadt in die Luft zu jagen. Einen Kriminellen aus der Unterwelt Kapstadts auf den Rechtsanwalt Nelson Mandelas anzusetzen, um ihn zu ermorden. Das Vorhaben mißlang. Warum, das wurde ebenfalls vor der Kommission deutlich. Der beauftragte und bezahlte Kriminelle mit dem Decknamen *Gordon Peaches* («Gordon-Pfirsiche») sagte aus:

«Die waren unglaublich dumm. Ich habe ziemlich schnell gemerkt, daß man aus denen Geld herausholen kann, und das habe ich dann getan.»

Er habe Mandelas Anwalt, den er bewunderte, gar nicht umbringen wollen. Weder durch die Kugeln, noch durch das Gift, das er ihm ins Essen streuen sollte. Die Mordwaffen, einschließlich eines Revolvers, hat Gordon-Pfirsiche nacheinander von einem Agenten des «Kooperationsbüros» überreicht bekommen. Doch da er das «Büro» nur ausnehmen wollte, hat Mandelas Anwalt überlebt.

«Gordon Peaches» kann sich über die «Deppen», die ihm dauernd Geld gaben, obwohl er den Auftrag gar nicht ausführte, heute nicht mehr lustig machen. Er wurde einige Monate, nachdem er seine Aussage gemacht hatte, in Kapstadt ermordet aufgefunden. Täter unbekannt. Genauso erging es einem anderen, der ebenfalls vor der Kommission aussagte: einem ehemaligen Askari und Mitglied des Teams von Hauptmann Coetzee. Er wurde einige Monate später in der Nähe von Pretoria ermordet aufgefunden. Täter unbekannt.

Dieses Kapitel ließe sich noch über viele Seiten hinweg mit Details über die Polizei, das «Zivile Kooperationsbüro» und weitere Morde fortsetzen. Die Fakten wären im wesentlichen von der gleichen Art. Viel interessanter aber ist, was denn mit den zwar spärlichen, aber doch schon höchst beunruhigenden Ermittlungsergebnissen der Untersuchungskommission geschieht. Zunächst werden sie von dem Richter in einem über 200 Seiten starken Bericht zusammengefaßt. Seine Interpretation der Ereignisse löst in der liberalen Presse Südafrikas Erstaunen und Empörung aus: Es handle sich um einen *whitewash*, um eine nicht ernst zu nehmende «Weißwäscherei». Die Kommission erweise sich, schreibt die größte Tageszeitung in Südafrika, der Johannesburger *STAR*, wie viele andere vor ihr als «zahnloser Wachhund»!

Der vorsitzende Richter hat keine Anhaltspunkte dafür zu finden vermocht, daß das «Zivile Kooperationsbüro» in die Morde an Lubowski und Webster verwickelt sei. Er räumt allerdings ein, daß ein ganz bestimmtes Mitglied der staatlichen Geheimorganisation, gewissermaßen privat, den Mord an Dr. Webster verübt haben könnte. Dabei bleibt es.

Zum allseitigen Erstaunen kann der Richter weiterhin den Aussagen der ehemaligen Polizeibeamten – von Hauptmann Coetzee bis hin zu Nufomela, der die Lawine von der Todeszelle aus ins Rollen gebracht hat – nur wenig bis gar keine Glaubwürdigkeit beimessen. Das ist eine Interpretation, die ein anderer, in Südafrika in hohem Ansehen stehender Richter im Frühjahr 1991 (einige Monate nach der Kommission), bei Durchsicht der Protokolle und sonstigen Unterlagen überhaupt nicht nachvollziehen kann. Er hält die Aussagen Hauptmann Coetzees in wichtigen Punkten für glaubwürdig.

Hätte dieser Richter die Untersuchungskommission geleitet, wäre sie vielleicht am Ende zu anderen Schlußfolgerungen gekommen. Er wäre vielleicht energischer aufgetreten, als klar wurde, daß Armee, militärischer Geheimdienst und das «Büro» die Kommission nach allen Regeln der Kunst an der Nase herumführten. Da verschwanden ganze Bündel von Akten, interessanterweise auch jene mit den Namen Anton Lubowski und Dr. David Webster. Diese Akten hatte es nämlich gegeben. Da wurden die Seiten des Tagebuchs eines führenden Mitglieds des «Zivilen Kooperationsbüros» herausgerissen. Sie tauchten später nie mehr auf. Zum Beispiel die vom 31. 8. 1989. An jenem Tag explodierte die Bombe in dem Kommunikationszentrum bei Kapstadt; daß ein Anschlag dort geplant war, hatte ein anderer Agent bereits ausgesagt. Oder es fehlte die Tagebuchseite vom 12. 9. 1989. An diesem Tag wurde der Rechtsanwalt Anton Lubowski in Windhuk umgebracht. Alles Zufall? Oder der Richter erlaubte zwielichtigen Figuren, Mitgliedern des «Büros», vor der Kommission in den abenteuerlichsten Verkleidungen und mit großen Perücken und falschen Bärten aufzutreten, um ihre Identität zu schützen. Man bekam den Eindruck, daß die Täter selbst jetzt noch weitaus mehr Schutz genossen als die Opfer, und seien es ‹nur› die Familien Ermordeter, die an einer ernsthaften Aufklärung interessiert waren. Und schließlich erfreuten sich die verantwortlichen Politiker, wie der Polizei- und der Verteidigungsminister, größter Rücksichtnahme. Obwohl als Minister der öffentlichen Rechenschaft schuldig, wurden sie nicht vorgeladen. Der Richter traute sich zwar, in seinem Abschlußbericht zu formulieren: «Der Verteidigungsminister ist für alle Aktivitäten politisch verantwortlich, die sich in seinem Ressort abspielen, einschließlich der Aktivitäten des ‹Zivilen Kooperationsbüros›», aber er hat es während der Untersuchung nicht für seine Sache gehalten, den Herrn vorzuladen.

Staatspräsident de Klerk reagiert auf den Report des Richters flott und fragwürdig: Er finde keinen Anlaß, sagt er, «im Amt befindliche Politiker wegen dieser Dinge zu verdammen». Damit deckt er sie. Zu der Glaubwürdigkeit seiner Versicherungen in bezug auf ein «neues Südafrika» trägt de Klerks Verhalten in dieser Affäre wenig bei.

Keiner der Verantwortlichen, auch nicht jene Generäle, die ihre Verwicklung in die Vorgänge zugegeben haben, wird disziplinarisch oder gar strafrechtlich verfolgt. Einige Agenten verabschieden sich, mit großzügigen Abfindungen versehen, in ein Privatleben als Geschäftsleute oder als Pensionäre. Andere Mitglieder des Mordbüros werden in eine andere Dienststelle der großen Mutter «südafrikanische Armee» versetzt. So ziehe man, sagt der Verteidigungsminister, die Konsequenzen aus dieser ganzen Sache. Er nennt es «operationelle Auflösung des Zivilen Kooperationsbüros».

Es ist zwar nicht so recht zu verstehen, was eine «operationelle Auflösung» sein soll, doch selbst harte Kritiker der Regierung gehen davon aus, daß das Orwellsche «Kooperatiosbüro» damit aufgelöst sei. Aber der Verteidigungsminister hat wieder gelogen. Etwas später gibt er zu, daß nur 80 Prozent des sonderbaren «Büros» aufgelöst seien. Welche 20 Prozent noch bestehen, sagt er nicht. Obwohl er erneut bei einer Lüge ertappt wird, verliert der Verteidigungsminister sein Amt nicht. De Klerk will nicht durchgreifen. Hat er Angst davor, oder hält er diese Dinge nicht für sehr gravierend? Er rechtfertigt sein Verhalten so: «Die Ereignisse, die die Kommission untersucht hat, spielten sich in einer Zeit ernsten Konflikts ab, die jetzt der Vergangenheit angehört».

Da täuscht er sich. Wie um ihn zu konterkarieren, fällt einige Monate später ein junger schwarzer Rechtsanwalt in Johannesburg einer heimtückischen Bombe zum Opfer. Sie war im Kopfhörer eines *Walkman* untergebracht, den der junge Rechtsanwalt mit einer bereits eingelegten Audiokassette zugeschickt bekam, auf der stand: «Weiteres Beweismaterial über Todesschwadronen». Als er sich den Kopfhörer überstreifte und die Abspieltaste drückte, explodierte die Minibombe in der rechten Hörermuschel. Der Anwalt war sofort tot. Nachforschungen zeigen im übrigen eindeutig, daß die Bombe nicht ihm, sondern einem seiner Klienten galt: dem geflohenen ehemaligen Polizeihauptmann Dirk Cotzee. Solange solche Morde stattfinden, gehört «die Zeit der ernsten Konflikte» eben doch nicht der Vergangenheit an.

Trotz ermutigender Anfänge führen die Ermittlungen, wie so oft in Südafrika, nicht zu einem eindeutigen Ergebnis. Selbst die zwischenzeitlich so eifrige Johannesburger Mordkommission befällt eine eigenartige Lähmung. Den entsprechenden Behörden, besonders der Armee und dem Geheimdienst, wird erlaubt, zu mauern. Ermittlungen verzögern sich, Haus- und Wohnungsdurchsuchungen finden erst statt, nachdem alle Beteiligten Zeit hatten, sich gegenseitig zu warnen und eventuell inkriminierende Unterlagen verschwinden zu lassen. Schließlich werden bereits verhaftete Mitglieder des «Zivilen Kooperationsbüros» wieder freigelassen, obwohl zweifelsfrei nachgewiesen ist, daß sie Teil einer (vom Staat unterhaltenen) verbrecherischen Organisation sind oder waren.

Im Ergebnis wird schließlich weder der Mord an dem Johannesburger Universitätslehrer Dr. Webster noch der an dem namibischen Rechtsanwalt Anton Lubowski oder irgendeiner der übrigen 60 «rätselhaften» Morde an bekannten Apartheidsgegnern aufgeklärt. Eines kommt allerdings doch noch ans Licht. Das «Zivile Kooperationsbüro» und die Todesschwadron der Polizei waren gar nicht die einzigen Organisationen, die sich mit solchen Aktivitäten befaßten – es gibt noch den «Johannesburger Spionagering».

Erhellt werden dessen dunkle Machenschaften, ähnlich wie bei der Todesschwadron der Polizei: durch ein ehemaliges Mitglied, das sich entschließt auszupacken. Diesmal wird sogar gleich eine richterliche Untersuchungskommission eingesetzt. Und es beginnt wieder einmal vielversprechend. Schon das Kratzen an der Oberfläche fördert Fakten zu Tage, die den schlimmsten Verdacht bestätigen: «Wir haben Häuser niedergebrannt, Menschen eingeschüchtert, Arme und Beine gebrochen ...» So schildert es Hannes Gouws, ein Mitglied der sogenannten Abteilung «Sicherheit» der Johannesburger Stadtverwaltung vor der Kommission.

Die «Abteilung Sicherheit» dient nichts anderem als dem Terror gegen Regimekritiker. Mit ungutem Gefühl nehme ich zur Kenntnis, daß die Leute nur ein paar Kilometer von unserem Wohnhaus auf einer Militärfarm «ausgebildet» wurden. Dann ließ man sie auf alles los, was dem Sicherheitsboß der Stadt und seinen engeren Mitarbeitern verdächtig vorkam. Und verdächtig war alles – und jeder, der nicht stramm auf der Apartheidslinie lag. Liberale Journalisten, Universitätslehrer, Anwälte, sogar progressivere Geschäftsleute – und natürlich jeder, der eine schwarze Hautfarbe hatte und sich politisch gegen die Apartheid betätigte.

Der Boß der «Abteilung Sicherheit», John Pearce, ist übrigens jener Mann, der dem bayerischen CSU-Politiker Franz Josef Strauß bei seinem Besuch in Südafrika eine Safari arrangierte. Hauptberuflich befand er sich auf Safari gegen Regimekritiker.

Es stellte sich heraus, daß die Stadtverwaltung sogar mit dem «Zivilen Koooperationsbüro» der Armee zusammenarbeitete und zum Beispiel Baupläne der Häuser von Regimekritikern weitergab. Damit sich die Agenten beim Bombenlegen besser auskannten?

Doch trotz des vielversprechenden Beginns wird die Arbeit auch dieser Untersuchungskommission von der lähmenden südafrikanischen Krankheit befallen: Akten verschwinden, Zeugen treten nicht auf oder setzen sich fürs erste ins Ausland ab usw. Und einige versuchen, die Schuld für die ganze Affäre «Johannesburger Spionagering» einem Mann zuzuschieben, der federführend in der Abteilung «Sicherheit» der Stadt Johannesburg tätig war, einem gewissen Danie van Zyl. Der Mann hat einen Vorteil: Er ist bereits tot. Insofern eignet er sich vorzüglich, um sämtliche Schuld auf sich zu nehmen.

Ein interessanter Hinweis wird aber trotz all dieser Manöver am Ende doch noch zutage gefördert: Auch die «Sicherheitsabteilung» der Stadt Johannesburg hat Universitätslehrer Dr. David Webster zu seinen Lebzeiten im Visier gehabt. Es gab sogar eine Akte mit seinem Namen, die aber «leider» nicht mehr aufzufinden ist. Es stellt sich heraus, daß Dr. Webster beschattet worden ist und ein beauftragter Agent sich in den Freundeskreis von Webster eingeschlichen hat – als sein Joggingpartner. Dieser Agent hat Berichte abgefaßt, die an die «Abteilung Sicherheit» gegangen sind, von dort an den militärischen Geheimdienst, von dort an das «Zivile Kooperationsbüro». Merkwürdig, daß bei so vielen «interessierten» und beschattenden Organisationen nach wie vor niemand den oder die Mörder von Dr. Webster findet.

Es gibt dafür nur eine sinnvolle Erklärung: Die Mörder sitzen in diesen vom Staat bezahlten Organisationen selbst. Der Staat aber hat offenbar kein Interesse, dem nachzugehen. Die einzige Konsequenz im Fall des «Johannesburger Spionageringes»: Die Untersuchungskommission befindet, die Aktivitäten der Stadtverwaltung seien illegal gewesen, weshalb ihr Sicherheitsboß in den vorzeitigen Ruhestand versetzt wird. Das ist alles. Und selbst das klappt nicht so recht. Denn der Sicherheitsboß befindet sich Ende April 1991, als ich

Südafrika wieder verlasse, noch im Streit mit der Stadtverwaltung. Die ihm in Aussicht gestellte Abfindung und die zu erwartende Rente kommen ihm zu niedrig vor. Von einer Strafverfolgung dieses und anderer Herren spricht niemand mehr.

Das südafrikanische Dilemma kristallisiert sich damit, gerade in der «Ära der Reform», noch deutlicher heraus: Es gibt in den staatlichen Organen nur wenige, die überhaupt Glaubwürdigkeit und Vertrauen verdienen. Dazu gehört weder die Polizei noch das Militär. Die Exekutive ist zutiefst kompromittiert, nicht anders als die meisten Politiker, die sich aalglatt der Wende angepaßt haben. Wendehälse überall. Ob das wohl reicht, das Vertrauen der großen Mehrheit der schwarzen und der weißen Bevölkerung in Reformen und in ein «neues Südafrika» zu gewinnen? Zumal der wichtigste Teil der Reformen ja erst noch kommen muß: das gleiche Wahlrecht für alle, und damit unweigerlich eine schwarze Regierung.

Mit dem Vertrauen ist es allerdings auch in eine andere Richtung so eine Sache. Denn in Soweto beispielsweise gibt es, außer unter den junge ANC-Anhängern, nicht mehr allzu viele, die großes Vertrauen in die Frau des bekanntesten Mannes von Südafrika haben – in Winnie Mandela. Selbstherrlich, arrogant, ja sogar persönlich wie politisch gefährlich, finden sie inzwischen viele, Schwarze wie Weiße, ANC-Mitglieder und andere. Wie gefährlich, zeigt möglicherweise der Prozeß gegen sie und andere, der am 3. Februar 1991 in Johannesburg beginnt. Interessanterweise antwortet Winnie Mandela auf meine Frage, wie sie diesem Prozeß entgegensieht:

«Ich begrüße diesen Prozeß, denn er gibt mir Gelegenheit, meine Unschuld zu beweisen!»

Diese Antwort überrascht mich. Bis dahin hat sie die südafrikanische Justiz vor allem – zu Recht – als juristischen «Handlanger des Rassenstaates» gesehen. Die Apartheidsgesetze und die Gesetze des Ausnahmezustands haben diese Justiz über viele Jahre zum Werkzeug der Unterdrückung gemacht. Doch Frau Mandela vertraut sich dieser Justiz nun offenbar vorbehaltlos an: ein Vorgang, der mich stutzig macht, um so mehr, als die Anklage gegen Winnie Mandela immerhin lautet: Teilnahme an der Entführung von vier schwarzen

Jugendlichen aus einem Pfarrhaus und schwere Körperverletzung. Einen der Jugendlichen findet man später nur noch tot – ermordet. Außerdem: Schon vor Prozeßbeginn wird hinter den Kulissen mit Mafiamethoden gearbeitet. Zeugen verschwinden, andere sagen nicht aus, denn sie haben Angst – diesmal allerdings nicht vor der Polizei, sondern vor dem ANC.

Winnie Mandela – ein Denkmal stürzt

«Frau Mandela zog mich an den Haaren und schlug plötzlich mit der Faust auf mein rechtes Auge, sie schlug immer wieder zu ... dann prügelte sie auf Stompie ein, bevor sie schließlich auf Thabiso und Pelo losging!»

Im Gerichtssaal könnte man eine Stecknadel fallen hören, so still ist es. Kenneth Kgase, ein 30 Jahre alter Mann von dunkler Hautfarbe, steht leicht vornüber gebeugt im Zeugenstand und schaut auf den Richter. Der nickt ihm zu. Kenneth fährt fort:

«Plötzlich hörte sie auf zu schlagen. Statt dessen begann sie eine Melodie vor sich hin zu summen und rhythmisch dazu zu tanzen. Dabei hielt sie eine Lederpeitsche in der Hand. Sie holte aus und verpaßte mir mehrere Hiebe ... danach schlug sie Stompie mit der Peitsche. Anschließend waren die andern beiden dran und bezogen Hiebe.»

«Stompie» ist ein 14jähriger Junge, der ein paar Tage nach dieser Szene ermordet aufgefunden wird. Die «andern beiden» sind ebenfalls Jugendliche, die, laut Aussage von Kenneth Kgase, mit ihm von Frau Mandelas Leibwächtern entführt und schließlich von ihr selbst mit der Peitsche «behandelt» wurden. Aus ihnen sollte das Geständnis herausgepreßt werden, daß sie homosexuelle Kontakte zu einem Priester gehabt hätten. Stompie traf das Verdikt, das einem Todesurteil gleichkam: Er sei ein *sell-out* und ein *impimpi*, ein Polizeispitzel und ein Verräter. Stompie hatte nach der Auspeitschung nicht mehr lange zu leben. Er wurde von einem der fanatischen Anhänger Winnie Mandelas mit einer Gartenschere erstochen.

Frau Mandela hört dem Zeugen Kenneth Kgase von der Anklagebank aus mit versteinerter Miene zu. Nichts, keine Geste, keine

Regung an ihr verrät, was sie denkt. Ob sie wütend ist, ob sie all das für Lügen hält. Nur eines strahlt sie nach wie vor höchst unmißverständlich aus: ein großes Maß an Selbstbewußtsein. Es hat auch während des schon Wochen dauernden Prozesses nicht gelitten. Im Gegenteil. Winnie Mandela, oft von ihrem Mann Nelson bis in den Gerichtssaal begleitet, machte von Anfang an aus ihrer allmorgendlichen Ankunft am Gericht im Zentrum Johannesburgs einen regelrechten, und wie sie selbst wohl glaubte, einen pressewirksamen Auftritt, gemeinsam mit den während der ersten Prozeßwochen allmorgendlich vor dem Gerichtsgebäude aufmarschierenden Trupps ihrer Anhänger. Das Ganze wiederholte sich, wenn Frau Mandela das Gericht mit hoch gereckter Faust um die Mittagszeit wieder verließ.

Mit ihrer täglich wechselnden, stilvollen Garderobe spielte sie in den vergangenen Wochen innerhalb und außerhalb des Gerichtsgebäudes eine Menge Rollen durch: von der *First Lady* im gedeckten Dunkelblauen und dem locker um den Hals gelegten, weißen Seidenschal bis hin zur *African Queen*, mit bunten, wallenden Gewändern und kunstvoll geschlungenem Turban als Kopfbedekkung. Heute hat sie sich für ein etwas zu eng anliegendes, weißes Leinenkostüm mit dazu passender, an einer langen Goldkette hängender Krokotasche entschieden. Ihre Vorliebe für Perücken mußte dieses Mal zurückstehen, denn Frau Mandela zeigt heute ihr natürliches Haar, dessen schwarze Kräusel allerdings durch eine spezielle Behandlung gestreckt wurden. Um den Hals und am Handgelenk trägt sie schweren Elfenbeinschmuck.

Nun gut, aber ist das alles so wichtig? Es ist wichtig. Denn es ist auffällig. Sie will, daß es gesehen wird. An einem Mangel an Eitelkeit und an Sinn für öffentliche Auftritte hat sie zumindest während der letzten Jahre nicht gelitten. Ihre äußere Erscheinung, verbunden mit ihrer außerordentlich starken persönlichen Ausstrahlung, hat viele, auch viele Journalisten, fasziniert. Doch Winnie Mandela vermag längst nicht mehr wahrzunehmen, daß auch viele ANC-Mitglieder – mit Ausnahme ihrer meist sehr jungen und fanatischen Anhänger in den Gettos – ihre Auftritte nur noch für das eitle Theater einer hochmütig gewordenen Primadonna der Revolution halten.

Das Ansehen Winnie Mandelas ist, in Südafrika jedenfalls, auf einem Tiefpunkt angelangt – gleichgültig, wie dieser Prozeß am Ende ausgehen wird. Aber vielleicht wäre das noch nicht einmal so bedeutsam. Viel entscheidender ist, daß, zu einem denkbar ungünstigen Zeitpunkt, längst auch das Ansehen des African National Congress und sogar das Nelson Mandelas unter dem Prozeß leidet. Dabei ist schon die Vorgeschichte dieses Prozesses nichts weniger als, um es milde auszudrücken, eine überaus peinliche Blamage für alle Beteiligten: für Winnie Mandela, den ANC, die Polizei, die Geheimpolizei, eine ganze Reihe von Journalisten und für die Justiz selbst. Von Anfang an umgibt den ganzen Vorgang eine Aura von Gewalt, Mord und absoluter Willkür. Dieser Anfang liegt bereits mehrere Jahre zurück.

Genaugenommen begann es mit Winnie Mandelas Rückkehr nach Johannesburg im Dezember 1985. Bis dahin hat sie, seit der Verhaftung ihres Mannes Anfang der 60er Jahre, jenen qualvollen Leidensweg zurückgelegt, mit dem das Apartheidsregime sie bedachte. Verfolgung, Haft und immer wieder die gewaltsame Trennung von ihren beiden Töchtern, die sie in den wenigen Jahren des gemeinsamen Zusammenlebens mit ihrem Mann Nelson geboren hat. Als fürchterlichste Erfahrung beschreibt sie noch lange danach jene 17 Monate Einzelhaft, in denen ihr gesamter Kosmos auf fünf Quadratmeter Zellenfläche schrumpfte. Fünf Quadratmeter und eine absolute Stille, nur unterbrochen vom Echo der eigenen Gedanken.

Natürlich zielt all das darauf ab, ihre politische Identität und sie selbst als Mensch zu zerbrechen – ohne sie hinrichten zu müssen. Psychischer Tod als Ersatz des körperlichen, so stellt sich das die weiße Regierung vor. Doch das Regime täuscht sich. Winnie Mandela, Tochter eines *Ministers* im Homeland Transkei und vor ihrer Ehe mit Nelson erste schwarze Sozialarbeiterin des Rassenstaates, ist so nicht zu zerbrechen. Ihre außerordentlich starke Persönlichkeit übersteht jene Torturen, ja, bildet im Kampf gegen all die Schikanen eine eigene politische Identität aus.

Und sie wird ausgerechnet an jenem Ort erst so richtig international bekannt, wo das Regime sie am isoliertesten glaubt: in der Verbannung in der tiefsten – und reaktionärsten – südafrikanischen Provinz, in dem schwarzen Getto, das zu dem weißen Städtchen Brandfort in der Provinz Oranje-Freistaat gehört. Sieben Jahre lebt sie dort in Verbannung, darf von 7.00 Uhr abends bis 7.00 Uhr morgens das winzige Häuschen nicht verlassen, was sie zur idealen Zielscheibe für Attentate macht. Das Häuschen wird prompt niedergebrannt, sie kommt lebend davon. Sie darf über Jahre nie mit mehr als einem Menschen zugleich zusammen sein. Doch Winnie Mandela übersteht all das. Sie hält sich trotz aller Drohungen und immer wieder verhängter Haftstrafen nicht an die Auflagen, gründet in Brandfort eine kleine Klinik für Schwarze, schafft mit Unterstützung internationaler Hilfsorganisationen Ernährungsprogramme für die unterernährte schwarze Bevölkerung dort. Winnie Mandela wird vor allem in diesen Jahren zum Symbol für den Stolz der Schwarzen. Selbst die übelsten Unterdrückungsmaßnahmen haben es nicht geschafft, diese Frau zu zerbrechen.

Ihre Stunde kommt schließlich, als in einer mächtigen und entsetzlich blutigen Konvulsion Mitte der 80er Jahre der Sturm in den schwarzen Gettos Südafrikas losbricht. Es kommt zu Massenaktionen gegen Staatspräsident Bothas angebliche Reformen, die aber für die schwarze Bevölkerung nach wie vor demokratische politische Rechte ausschließen und die wesentlichen Gesetze der Apartheid beibehalten. Während die Polizei mit purer Gewalt und scharfer Munition den Protest niederschlägt und zusammenschießt, entschließt sich Winnie Mandela, wiederum unter Mißachtung der gegen sie verhängten Auflagen, Ende 1985 aus ihrer Verbannung in dem Provinzstädtchen Brandfort nach Soweto zurückzukehren. Der Apartheidsstaat, inzwischen unter massivem internationalem Druck, läßt sie schließlich gewähren. Daß ausgerechnet das den Anfang des Niedergangs der ab diesem Zeitpunkt noch mehr verehrten «Heldin der schwarzen Revolution» bedeuten sollte, hat sich wohl auch der cleverste und verschlagenste Taktiker des Regimes nicht träumen lassen.

Winnie Mandela wirft sich regelrecht in den Kampf. Sie spricht auf großen Versammlungen in Fußballstadien, aber auch draußen in der Provinz, wo bis dahin aufgrund der Unterdrückung und Einschüchterung durch rassistische und gewalttätige Weiße noch nie Protestversammlungen stattgefunden haben. Sie geht demonstrativ auf sogenannte «politische Begräbnisse», bei denen von der Polizei Erschossene oder von deren heimlich operierenden Todeskommandos Ermordete begraben werden. Winnie Mandelas beeindrukkende Erscheinung überstrahlt die Podien, sie hält feurige Reden, ruft, einem schwarzen Racheengel gleich, die Massen zum Kampf auf. Und das trotz der Unterdrückung, die sie viele Jahre am eigenen Leib erlebt hat.

Das überzeugt. Obwohl dieser Kampf innerhalb Südafrikas eigentlich nur weitere Opfer einbringt. Allerdings hilft er, nicht zuletzt wegen der täglichen Fernsehbilder über die blutigen Polizeiaktionen vor allem in den USA, den internationalen Druck auf das weiße Minderheitsregime zu verstärken. *Mama wethu*, Mutter der Nation, ist jetzt Winnie Mandelas Attribut.

Während die meisten nennenswerten politischen Führungspersönlichkeiten der Anti-Apartheids-Bewegung in Südafrika, männliche wie weibliche, nachts von der Geheimpolizei abgeholt und über die Gefängnisse Südafrikas verteilt werden, bleibt Winnie Mandela nun davon verschont. Die auf sie gerichtete internationale Aufmerksamkeit ist der südafrikanischen Regierung zu groß. Sie spart sich diesen Ärger und zerschlägt statt dessen die gesamte Führungs- und Infrastruktur der Antiapartheidsbewegung. Das führt wiederum dazu, daß sich die nationale wie die internationale Aufmerksamkeit noch mehr auf Winnie Mandela konzentriert. Sie ist die sichtbare Personifikation der Sache der Schwarzen. Zahlreiche ausländische Botschafter besuchen sie, die Weltpresse hofiert sie, auch die mit Interesse an Kitsch, und begleitet sie fast ständig. Die Versuchung, all diesem schönen Schein zu erliegen, ist groß – zu groß, wie sich allmählich heraustellen wird.

Für die «Revolution» selbst hat das Hauptquartier des ANC in Sambias Hauptstadt Lusaka inzwischen die Parole ausgegeben, die schwarzen Gettos in Südafrika «unregierbar» zu machen. Eine hilflose, ja bald sogar gefährliche Strategie! Denn sie beschränkt die Auseinandersetzung im wesentlichen auf die schwarzen Wohngebiete, die, durch Polizei und Armee von der Außenwelt abgeriegelt und dann systematisch mit gezielten Angriffen überzogen, im Chaos versinken.

Von Polizei und Todeskommandos terrorisiert und abgeknallt, richtet sich die Wut der Gettobewohner immer mehr gegen die «Verräter» in den eigenen Reihen, die *sell-outs*. Das sind besonders die schwarzen, von der weißen Regierung eingesetzten Bürgermeister. Unter Polizeischutz halten sie angeblich die Stadt- bzw. die Gettoverwaltung aufrecht oder tun jedenfalls so. Viele, wenn nicht die meisten von ihnen, sind korrupt. Sie und entdeckte Polizeispitzel oder solche, die man dafür hält, sind, in dem hereinbrechenden Chaos und der Hysterie der aufgepeitschten Massen, Ziel regelrechter Hinrichtungaktionen. Dabei wird die schon beschriebene, grausige Erfindung radikaler Gettojugendlicher angewendet: *the necklace*, «die Halskrause». Das Opfer stirbt einen gräßlichen Feuertod. Aber Winnie Mandela, wohl immer mehr von ihrer Rolle und ihren Emotionen getragen, preist während einer öffentlichen Versammlung die grauenvolle Mordaktion:

«*Hand in hand with our boxes of matches and with our necklaces we will liberate this country!* – Hand in Hand werden wir mit unseren Streichholzschachteln und mit unseren Halsketten dieses Land befreien!»

Natürlich sorgt die in Propagandatechniken inzwischen etwas geübtere südafrikanische Regierung höchst erfreut mit einer regelrechten Offensive im In- und Ausland sofort dafür, daß diese Äußerung entsprechend verbreitet wird. Bestürzt reagieren die überlegteren und politisch gemäßigteren Teile der Antiapartheidsbewegung und ein Teil des African National Congress. Winnie Mandela wird vom ANC auf nicht öffentlichem Weg zurechtgewiesen. Öffentlich distanziert sich der ANC von «mißverständlichen Interpretationen» ihrer Äußerung. Sie erhält die Anweisung, sich zurückzunehmen. Doch genau das kann sie immer weniger.

«Ich kenne Winnie Mandela schon lange, schon aus den späten 50er Jahren und habe die Familie medizinisch seit dieser Zeit betreut.» Dr. Ntatho Harrison Motlana, der vielleicht bekannteste und angesehenste «politische» Arzt in Soweto, lehnt sich nachdenklich zurück. «Es ist sehr gut möglich, daß all die Schikanen, dann die Isolation in Brandfort und schließlich die Rückkehr in den Hexenkessel Johannesburg ihre Persönlichkeit verändert haben.» Ntatho Motlana drückt sich sehr vorsichtig aus. Doch was er sagt, sagt schon genug. Er versucht, Winnie Mandelas zunehmend exzentrisches Verhalten nicht zu vertuschen, sondern nur noch zu erklären.

Als jemand, der tief in Soweto verwurzelt ist, weiß er, daß ein anderer Coup von Winnie gerade unter den Einwohnern Sowetos tiefe Verwirrung und Ärger ausgelöst hat. Auf einem Hügel, der hier sarkastisch «Beverly Hills» genannt wird, läßt sie sich ein doppelstöckiges Haus mit 15 Zimmern bauen. «*Winnies Palace* – Winnies Palast» wird der Rohbau fast sofort in Soweto genannt. Die Kritik an ihr, vorgetragen auch von den politisch wenig oder gar nicht engagierten Einwohnern Sowetos, wird schnell massiver: Wie sie inmitten der bitteren Armut diesen «Palast» bauen könne? Und: Ob das nicht auch deswegen unmäßig sei, weil Nelson Mandela nach wie vor allenfalls eine Gefängniszelle für sich habe!

Ergebnis: Sie bezieht Winnie's Palace nicht, sondern bleibt in jenem kleinen Häuschen, das sie noch mit Nelson Mandela in den 50er Jahren bewohnt hat. Dort aber braut sich, mit Winnies kräftiger Unterstützung, bereits das nächste Unheil zusammen. Es entwickelt sich schließlich zu einer ernsthaften Krise nicht nur in Soweto, sondern sogar innerhalb der wichtigsten Anti-Apartheids-Organisationen.

Das soziale Elend in den Gettos, das Zerbrechen der traditionellen Strukturen in den afrikanischen Familien, die Arbeitslosigkeit und die «Aktivitäten» der Polizei, all das führt seit Jahren dazu, daß mehr und mehr schwarze Jugendliche aus ihrer natürlichen Umgebung herausgeschleudert werden und, von Getto zu Getto über ganz Südafrika hinweg, auf der Flucht sind – die politisch Aktiven, die der Polizei oder zumindest ihren Spitzeln über kurz oder lang ins Visier geraten, sowieso.

In fast allen schwarzen Gettos gibt es außerdem einen großen «Bodensatz» an Jugendlichen, die im Zuge dieser Flucht immer mehr verwildern und sich nur noch schwer integrieren lassen –

wenn überhaupt. Winnie Mandela versammelt eine Reihe solcher Jugendlicher um sich und gründet mit ihnen den «Mandela-Fußballklub». Doch der «Klub» kommt über die gelben Trainingsanzüge, die sie für die Jugendlichen anschafft, nicht hinaus. Zum Fußballspielen reicht es auch nicht, denn die Jugendlichen, einige wohnen nun bei ihr im Haus, übernehmen die Funktion der Leibwache von «*Mummy*», wie sie Winnie Mandela nur noch nennen. Sie gehören ab jetzt zu Mummys lärmend auftretender Entourage, wenn sie durch die Gettos, aber auch nach Johannesburg geht oder nach Kapstadt fliegt, um ihren Mann im Gefängnis zu besuchen. Mummys kräftige Jungs, sie sind durchweg im Alter zwischen 15 und 25 Jahren, werden in Soweto ziemlich schnell ziemlich berüchtigt: Unter dem Schutz des Namens Mandela unternehmen sie regelrechte Raubzüge, wobei schon mal die eine oder andere Vergewaltigung anfällt. Oder eine Schießerei. Oder die «Konfiszierung» von Autos. Mummys Lieblinge formen nach außen eine üble, bald in ganz Soweto operierende Terrortruppe, nach innen sind sie ihr bis ins letzte ergeben. Und sie genießt das.

So jedenfalls sieht es die engagierte schwarze Journalistin Nomavenda Mathiane, die Winnie und ihrer Truppe einmal – wir schreiben den April 1987 – folgt. Die Begegnung macht ihr noch Monate später zu schaffen und löst noch «jedesmal Angst» aus, wenn sie an Winnies Haus in Soweto vorbeikommt. Nomavenda Mathiane gerät bei ihren Recherchen in einen «Prozeß», den Winnie und ihre Leibwache als «Volksgericht» gegen einen an die 70 Jahre alten Mann in Soweto anstrengen. Der Mann hatte Differenzen mit seiner Tochter. Die ruft Mummy und deren Truppe zu Hilfe. Frau Mandela übernimmt dabei kurzerhand die Funktion von Staatsanwalt und Richter in einem. Die Jugendlichen tragen mit einem scharfen Kreuzverhör zum Prozeß bei. Der alte Mann, dazu verurteilt, seine Tochter samt ihren Habseligkeiten ohne Widerrede aus dem Haus ziehen zu lassen, beklagt sich, daß einer «kriminellen Bande» von Jugendlichen erlaubt sei, über ihn Recht zu sprechen. Mummy erteilt ihm mit samtener Stimme eine Lektion:

«Lieber Mann, du wirst diese Jugendlichen in Zukunft nicht mehr ‹kriminelle Bande› nennen ... Sie sind nämlich diejenigen, die dieses

Land und seine Zukunft in Ordnung bringen werden... deine Art zu reden dulden wir hier nicht!»

War die mehr oder weniger öffentliche Demütigung durch die Jugendlichen für diesen alten Mann nach afrikanischen Maßstäben schon eine schwere Strafe, so ging dieser «Prozeß» dennoch glimpflich aus, jedenfalls im Vergleich zu anderen. Eine von den «Fußballern» sonst verhängte Strafe bestand darin, dem Verurteilten mit einem Messer ein «M» oder ein «Viva ANC» in die Haut zu ritzen und, wenn man die Strafe noch ein wenig verschärfen wollte, in die Wunde Batteriesäure zu gießen. Einige von den «Fußballern» mehr oder weniger informell «Verurteilte» wurden, so stellt sich mit der Zeit heraus, ganz einfach umgebracht.

Winnie Mandela ist für die Monstrosität dieser Entwicklung offenbar völlig blind. Sie hält sich und die Jugendlichen, die sie verehren und auch materiell völlig von ihr abhängig sind, für die Avantgarde des Kampfes gegen die Apartheid. Ihre Art, mit der in Soweto wachsenden Kritik an ihr umzugehen, besteht darin, auf öffentlichen Versammlungen um so radikaler aufzutreten. Die zum Teil analphabetischen und, wie Winnie Mandela selbst, hauptsächlich von Emotionen und der Wut auf die elenden Verhältnisse getriebenen Massen jubeln ihr natürlich zu, besonders die Jugendlichen. Das nimmt sie als Bestätigung. Für rationale Kritik ist sie nicht mehr zugänglich. Sie, die ja kein Amt im (noch verbotenen) ANC oder in einer mit ihm verbündeten Organisation innehat und damit auch keiner politischen Disziplin unterworfen ist, schwadroniert durch die Gettos als, wie manche es nennen, One-woman-liberation-movement, als «Eine-Frau-Befreiungsbewegung». Und so gut wie alle, die Frau Mandelas nun immer deutlicher werdenden charakterlichen Schwächen entdeckten, sind damit beschäftigt, möglichst schnell möglichst viel unter den Teppich zu kehren. Das ist gewiß verständlich angesichts der Unterdrückung durch den Apartheidsstaat.

Die Opposition schließt sich noch enger zusammen. Eine «Mandela-Krise», so sagt mir ein im Untergrund operierendes ANC-Mitglied, «ist das letzte, was wir im Augenblick brauchen!» Diese Haltung ist, wie gesagt, verständlich, aber sie ist trotzdem falsch.

Aus zwei Gründen: Die «(Winnie-) Mandela-Krise» gibt es längst, es wird nur nicht deutlich genug und öffentlich genug ausgesprochen. Das ist das eine. Zweitens: Auch die noch sehr zurückhaltend geäußerte Kritik an der Frau des unantastbaren Nelson Mandela interpretiert diese Kritik fälschlicherweise als Beweis ihrer persönlichen Stärke und ihres Avantgardismus. Das entfernt sie noch weiter von der Realität. Selbst als Schüler der benachbarten Schule in Soweto ein Fanal setzen und das «Mandela-Haus» anzünden, um sich für die Vergewaltigung einer ihrer Mitschülerinnen durch Winnies Leibwache zu rächen, ändert sich nichts. Mit Genugtuung wird im übrigen in Soweto noch lange danach erzählt, daß keiner der Nachbarn auch nur einen Finger krumm gemacht hat, um den Brand zu löschen. Ein paar Mitglieder der nach wie vor häufig im gelben Trainingsanzug auftretenden Fußballer werden von »normalen» südafrikanischen Gerichten verurteilt – zwei davon wegen mehrfachem Mord.

Obwohl eine ganze Reihe ihrer Verbrechen gar nicht erst vor Gericht gelangen, weil sich viele aus Angst vor den Fußballern nicht trauen, auszusagen – ein Mord wird in Gegenwart von Mummy vor Gericht verhandelt werden: der an Stompie, dem 14jährigen Jungen. Stompie verkörpert ein sehr südafrikanisches Schicksal eines schwarzen Jugendlichen aus einem der Elendsgettos draußen in der Provinz. Er ist schon ein großer Verehrer der Mandela-Familie, bevor er sie je gesehen hat. Als er schließlich Winnie Mandela in Soweto «begegnet», wird ihn dies das Leben kosten.

Stompie kommt eigentlich aus dem Getto Tumahole im Oranje-Freistaat. Noch keine zehn Jahre alt, war Stompie schon bei der schwarzen Bevölkerung in ganz Tumahole und in der näheren Umgebung bekannt. Sie nannten ihn den «General». Er kommandierte eine 1500 Mitglieder starke «Armee» von Kindern, die sich die *Army of the Under Fourteen* – die «Armee der Unter-Vierzehnjährigen» nannte. Eine «Armee», die der überdurchschnittlich intelligente und energiegeladene Stompie gegründet hatte. Stompie und seine «Armee» verstanden sich als Kampftruppe gegen das Verbrechen in Tumahole, aber auch als Kommando gegen die lokale Polizei, wenn die sich unvorsichtigerweise ohne Schutz im Getto bewegte. Die kompromißlose Militanz der Kinderarmee jagte den Betroffenen Angst ein, weil sie beim Gang durch Tumahole nie genau wußten, welches Kind dazu gehörte und welches nicht. Und die Kinder waren durchaus bereit zuzuschlagen, auch tödlich.

«Er sagte immer, die Jugendlichen sind viel stärker und furchtloser als die Erwachsenen!» erzählt Stompies Onkel Isaiah. Er lebt noch heute in Tumahole. Stompie war Mitglied der Anti-Apartheids-Bewegung, in deren Dienst er die Kinderarmee stellte. Und er hatte einen besonderen Wunsch:

«Er wollte einen Brief an die Gefängnisbehörden schreiben, um die Erlaubnis zu bekommen, Nelson Mandela im Gefängnis zu besuchen. Er verehrte ihn sehr. Und Stompie wußte, daß er als so exponierter Aktivist nicht leben würde, bis er erwachsen ist. Deshalb wollte er diesen Wunsch bald erfüllt haben – bevor sein, Stompies, Tod kommen würde.»

Stompies Onkel Isaiah ist noch heute davon überzeugt, daß der kleine, einen Meter fünfzig große «General» fest mit seiner Ermordung rechnete. Er hatte Grund dazu. Denn nicht nur die schwarze Bevölkerung, auch die Geheimpolizei war längst auf ihn aufmerksam geworden und machte ihn schließlich mit seinen 11 Jahren zum jüngsten Häftling Südafrikas. 11 Monate verbrachte er im Gefängnis. Freunde sagen, er habe danach berichtet, daß er unter anderem mit Elektroschocks gefoltert worden sei, um Geständnisse über die Aktivitäten seiner «Armee» und der Anti-Apartheids-Bewegung in Tumhole aus ihm herauszupressen. Als er im Juni 1987 wieder freikam, rief er seine Armee zusammen und erklärte die lokale Polizei «zum Feind Nummer eins». Es kam zu Zusammenstößen der Kinderarmee mit der Poliziei – und Stompie wanderte erneut ins Gefängnis. Als er wieder entlassen wurde, verfrachteten ihn Aktivisten zu seinem eigenen Schutz nach Soweto bei Johannesburg. Er fand Zuflucht in einem Pfarrhaus der methodistischen Kirche, wo sich schon einige andere Kinder befanden – auch sie Teil der ständigen Flucht vieler Jugendlicher vor der Polizei, vor Spitzeln, vor sozialem Elend.

Am frühen Abend des 29. Dezember 1988 fährt ein VW-Bus vor

dem Pfarrhaus der methodistischen Kirche in Soweto vor. Mehrere Mitglieder des «Mandela-Fußballklubs» und Xoliswa Falati, eine Frau Mitte dreißig, steigen aus. Xoliswa Falati ist geistig höchst einfach gestrickt, aber dafür eine um so militantere und puristischere ANC-Anhängerin, die sich häufig bei Winnie Mandela aufhält. Sie arbeitet als Haushaltshilfe des jungen, in der Anti-Apartheids-Bewegung engagierten weißen Priesters Paul Verryn im Pfarrhaus in Soweto. Doch an diesem Abend kommt sie nicht, um zu arbeiten, sondern um vier der hier wohnenden Jugendlichen an Winnies Terrorgruppe auszuliefern. Vorwurf: Drei der vier unterhielten homosexuelle Beziehungen zu dem jungen Priester, davon sei sie fest überzeugt. Der vierte sei ein *impimpi*, ein Verräter und Polizeispitzel. Dieser vierte ist niemand anders als Stompie. Der kleine «General» kennt sich gut genug aus, um zu wissen, daß der Vorwurf, ein impimpi zu sein, beinahe schon das Todesurteil bedeutet. Und für faire «Prozesse» sind Winnies Gangster in Soweto nicht bekannt. Die vier werden mit dem VW-Bus zu Winnie Mandelas Haus gebracht und in einen Raum im Hinterhof befohlen. Über das, was dann geschieht, hat Kenneth Kgase, einer der vier, so berichtet:

«Winnie Mandela trat ein... ihre Bewegungen waren langsam, ich bin nicht sicher, ob sie betrunken war... sie schaute voller Verachtung auf uns herab und begann auf uns zu schimpfen: ‹Seit 26 Jahren sitzt unser Führer auch für euch im Gefängnis, und ihr macht trotzdem solche Dinge. Ihr seid nicht einmal wert zu leben!›... Dann gab ihr Xoliswa Falati ein paar Details über uns. Sie begann mit Stompie und sagte, er sei ein Verräter, und fügte hinzu, daß er wahrscheinlich eine Art Tonband in der Nase habe, um alles aufzuzeichnen... die andern seien homosexuell und teilten das Bett mit dem Priester Verryn... Frau Mandela griff sich Stompie zuerst, sie warf ihm vor, daß er ein Verräter sei, und schlug ihn, bevor er überhaupt antworten konnte... sie war außer sich.»

Was dann folgte, war laut Kenneth Kgase eine Prügelorgie, bei der Winnie Mandela eine schwere Lederpeitsche benutzte. Mehrere Mitglieder ihrer Leibwache nahmen ebenfalls daran teil und machten weiter, als sie aufhörte und sich zurückzog. Das Ganze war als Strafaktion für die angebliche Homosexualität gedacht – wobei den

Jugendlichen keine Gelegenheit gegeben wurde, sich zu äußern, auch Stompie nicht. Bei ihm reichten Xoliswa Falatis bloße Anschuldigungen aus, um das Todesurteil über ihn zu verhängen. Während die anderen zwar weiterhin gefangengehalten, aber nicht mehr geprügelt werden, ist der Leidensweg des «kleinen Generals» im Haus von Winnie Mandela noch nicht zu Ende. Er wird zunächst einer Sonderbehandlung durch den sogenannten Trainer des «Fußballklubs», einen 41 Jahre alten, muskulösen Mann namens Jerry Richardson, unterzogen. Kenneth Kgase:

«Er wurde gestaucht und geschlagen, bis er sich in einer Art Agonie befand ... er konnte nichts mehr essen ... Jerry sagte zu ihm am nächsten Tag schließlich, er solle seine Adresse aufschreiben und mit ihm kommen ... irgendwie schaffte es Stompie, aufzustehen und mitzugehen ... als Jerry zurückkehrte, war Blut an seinen Schuhen.»

Der kleine General, in dem schwarzen Getto Tumahole noch heute eine Legendenfigur, war tot. Jerry Richardson hatte ihn, so stellt sich einige Wochen später heraus, durch mehrere Stiche in den Nacken umgebracht: die Hinrichtung eines angeblichen Verräters! Es war ein kurzes Leben, durch die Mühle der Apartheid, der Geheimpolizei und der Gefängnisse gedreht – und anschließend der Paranoia revolutionärer Lynchjustiz ausgeliefert. Stompies Wunsch, Mandela zu begegnen, erfüllt sich indirekt über Nelson Mandelas Frau auf entsetzliche Weise. Das muß für ihn das Fürchterlichste und Desillusionierendste am Ende seines kurzen Lebens gewesen sein.

Nun überstürzen sich die Ereignisse. Denn einer der anderen drei Jugendlichen schafft es, aus der Gefangenschaft zu entkommen. Er informiert einige bekannte Persönlichkeiten in Soweto über das, was geschehen ist. Es wird ein sogenanntes «Mandela-Krisen-Komitee» aktiviert, das sich aus Mitgliedern der Kirchen, des ANC und verbündeter Organisationen und aus Einzelpersönlichkeiten zusammensetzt, die in der schwarzen Bevölkerung Sowetos großes Vertrauen genießen. Verhandlungen mit Frau Mandela erreichen, daß die anderen entführten Jugendlichen freikommen. Über seinen Rechtsanwalt verlangt Nelson Mandela aus dem Gefängnis heraus von seiner Frau, daß der sogenannte Fußballklub sofort aufgelöst wird.

Doch Winnie Mandela verhält sich auf eine, angesichts der Geschehnisse, kaum faßbare Weise rechthaberisch, ja sogar arrogant. Ich erlebe sie kurz danach bei sich zu Hause, als ich für die ARD ein Interview über die Vorfälle mache, zu dem sie sich, nach Vermittlung durch einen besonderen Kontaktmann, bereit erklärt hat. Während der gesamten 30 Minuten unseres Gesprächs bringt sie es nicht ein einziges Mal fertig, Nachdenklichkeit oder auch nur den Ansatz eines Bewußtseins davon zu zeigen, daß bei ihrem Verhalten irgend etwas schief gelaufen sein könnte, oder bei dem des sogenannten Fußballklubs. Nichts davon, im Gegenteil. Sie ergießt sich in einer regelrechten Tirade gegen die methodistische Kirche und gegen alle, die sie, Winnie Mandela, kritisieren. Außerdem mobilisiert sie aufs primitivste gegen die angeblichen homosexuellen Aktivitäten, ohne die geringsten Beweise.

Sie nimmt wieder einmal wie selbstverständlich zwei Rollen gleichzeitig ein, woran sie sich mittlerweile offenbar gewöhnt hat: nämlich Staatsanwalt und Richter in einem zu spielen. (Zum Zeitpunkt des Interviews war die Leiche von Stompie noch nicht gefunden und insofern auch noch nicht klar, daß er von Winnies Leibwächter ermordet worden war.) Ein Auszug aus dem Interview:

Winnie Mandela: «Was hier im Augenblick passiert, ist, daß die Kirche um jeden Preis geschützt werden soll. Wir haben es gewagt, eine Schlangengrube aufzudecken, wir haben es gewagt, die Kirche... anzugreifen. Aber eigentlich wollten wir dem Priester und vor allem diesen Jugendlichen helfen, die von ihm homosexuell mißbraucht worden sind. Und zwar von ihm, einem Mann Gottes. Das war unsere Pflicht. Diese Jugendlichen wurden im übrigen nicht entführt, sondern ganz normal vom Pfarrhaus abgeholt...»

Roth: «Wurden die Jugendlichen geschlagen?»

Winnie Mandela: «Mir wurde gesagt, daß der Trainer (Jerry Richardson, T. R.), der sie vom Pfarrhaus abgeholt hat, sie geschlagen hat. Er wollte die Wahrheit aus ihnen herausbringen und hat sie gefragt: ‹Wie ist es möglich, daß ihr in so etwas Ekelhaftes verwikkelt seid, in so eine Widernatürlichkeit... ihr seid aus verschiedenen Teilen Südafrikas vor der Polizei geflohen, und jetzt seid ihr in diese Sodomie verwickelt, in Homosexualität›. Das ist abnormal für schwarze Jugendliche... und nicht richtig, in so eine Sodomie verwickelt zu sein.»

Natürlich gab und gibt es Homosexualität auch innerhalb der schwarzen Bevölkerung, nur, daß sie dort noch stärkerem Druck und noch stärkerer Diskriminierung als in der schon intoleranten, weißen Bevölkerung Südafrikas ausgesetzt ist. An genau diese Gefühle appelliert Frau Mandela, wohl in der Hoffnung, Verständnis für die an den Jugendlichen begangenen Brutalitäten zu wecken. Zu mir sagt sie, daß sie nicht selbst geschlagen habe. (In einem späteren Interview mit der amerikanischen Fernsehgesellschaft ABC gibt sie allerdings überraschend zu, daß sie doch schon «Klapse» verteilt habe – was immer sie darunter verstehen mag.) Im übrigen aber sei gegen sie eine «Verschwörung» im Gange, die nicht nur vom Staat, sondern auch «von der schwarzen Gemeinschaft» und von «bestimmten Organisationen» betrieben würde. Damit meint sie die beiden größten und am meisten respektierten Anti-Apartheids-Organisationen in Südafrika, die sich zwei Tage zuvor auf einer internationalen Pressekonferenz scharf von Winnie Mandelas Verhalten distanzierten, weil sie ganz einfach die Nase voll davon hatten, mit ihrem egozentrischen und mittlerweile menschlich wie politisch gefährlichen Verhalten identifiziert zu werden. Deshalb rufen sie öffentlich dazu auf, Winnie Mandela zu isolieren. Sie hoffen, damit das Problem gelöst zu haben. Das ist ein gewaltiger Irrtum, denn Frau Mandela kommt ein Jahr später politisch stärker als je zuvor aus der Isolation zurück – an der Seite ihres Mannes Nelson.

Wer nach Nelson Mandelas Entlassung aus dem Gefängnis mit den Mandelas längere Zeit zusammen ist, spürt sehr schnell, daß er seiner Frau gegenüber nicht nur zutiefst loyal ist, sondern sie regelrecht verehrt. Sie weiß das – und nützt es aus. Unter dem Schutz seiner Autorität nimmt sie Rache an jenen, die es in der Vergangenheit gewagt haben, sie öffentlich zu kritisieren. Führende Persönlichkeiten des Anti-Apartheids-Kampfes, die dafür auch im Gefängnis saßen, finden sich plötzlich politisch bedeutungslos mit einem Studienstipendium in den USA wieder oder verschwinden ganz einfach in der politischen Versenkung. «Winnies Werk!» sagen mir ANC-Mitglieder, die sich aber nicht trauen, diese Kritik öffentlich zu machen.

Und wenn Kritik an Frau Mandela innerhalb des ANC geäußert wird, dann hat sie so gut wie keine Auswirkungen. Etwa, als Winnie Mandela ohne Konsultation irgendwelcher ANC-Mitglieder vom höchsten Gremium des ANC, dem «Nationalen Exekutivkomitee», plötzlich zur Chefin der Abteilung *Social Welfare* ernannt wird. Sie erlangt damit den Status einer Art Schattensozialministerin. Mehrere Ortsvereine des ANC protestierten dagegen, schreiben Briefe und schicken eine Delegation in das Hauptquartier des ANC nach Johannesburg. Sie erhalten eine deftige Abfuhr. Denn das «Nationale Exekutivkomitee», besonders seine älteren Mitglieder, ist Nelson Mandela gegenüber zutiefst loyal. So nehmen das Drama und die Blamage – nicht nur des ANC, sondern nun auch Nelson Mandelas – ihren Lauf. Und die «eitle Primadonna der Revolution», wie sie von manchen jetzt nur noch spöttisch genannt wird, handelt wieder so rücksichtslos und egozentrisch wie zuvor. Nur, daß es jetzt auch der breiteren Öffentlichkeit gleich ins Auge fällt.

Denn inzwischen hat der Prozeß gegen sie und sieben andere in Sachen Entführung der vier Jugendlichen und deren «Behandlung» in Winnie Mandelas Haus vor dem Johannesburger Gerichtshof begonnen. In einer vorangegangenen, getrennten Verhandlung ist Jerry Richardson wegen Mordes an dem kleinen Stompie bereits zum Tode verurteilt worden. In diesem Prozeß kam der Richter zu dem Schluß, daß Winnie Mandela bei der Auspeitschung nicht nur dabei gewesen sei, sondern selbst mitgemacht habe. Das gab mit den Ausschlag, gegen Winnie und andere einen Prozeß anzustrengen. Die Anklage lautet auf Entführung und schwere Körperverletzung.

Der Prozeß beginnt gleich mit mehreren Paukenschlägen. Vor dem ersten Verhandlungstag verschwinden vier der Angeklagten spurlos; sie gehörten zu Winnies Leibwache. Doch das ist nicht alles, denn kurz danach geht einer der drei Hauptbelastungszeugen, der gegen Frau Mandela aussagen soll, «verschütt». Ein angesehener Johannesburger Journalist, Chefeporter des *STAR*, recherchiert, daß dieser Zeuge zuletzt in Soweto mit drei ANC-Mitgliedern gesehen und von ihnen mitgenommen worden sei. Es bleibt unklar, ob dabei Gewalt im Spiel war oder nicht.

All das versetzt nun die beiden verbleibenden Belastungszeugen, zwei der Jugendlichen, die von den «Fußballern» entführt und in Winnie Mandelas Haus verschleppt wurden, so in Furcht und Schrecken, daß sie zunächst die Aussage verweigern. Erst mehrere Tage später, nach der massiven Drohung des Richters, sie wegen Zeugnisverweigerung für fünf Jahre ins Gefängnis zu schicken, was nach dem südafrikanischen Gesetz möglich ist, entschließen sie sich, trotz der «Furcht um ihr Leben», doch noch zur Aussage. Der verschwundene dritte Belastungszeuge ist bisher nicht wieder aufgetaucht. Was ist mit ihm geschehen? Es gibt keinen Beweis, daß diese höchst sonderbaren Vorgänge auf die Initiative von Winnie Mandela zurückgehen. Aber sie geschehen, und sie nützen nur einer Person – Winnie Mandela.

Einer der Verteidiger sagt mir in einer Prozeßpause auf meine Frage, wie er denn all das interpretiere: «Muß ich Ihnen das wirklich erklären? Das müßte Ihnen doch eigentlich klar sein. Es handelt sich um einen Machtkampf des ANC mit der Justiz und mit der Regierung!»

Gewiß hat er damit recht. Denn der ANC hat diesen Prozeß offiziell und von Anfang an zu einem «politischen Prozeß» erklärt und die Justiz aufgefordert, ihn niederzuschlagen. Eine schwarze Journalistin, die ich vor dem Gerichtsgebäude treffe, bekommt ob dieses Verhaltens des ANC einen regelrechten Wutanfall:

«Es wäre eine unglaubliche Schweinerei, wenn die aufgrund irgendwelcher Absprachen hinter den Kulissen oder wegen irgendwelcher Verfahrenstricks straflos davonkäme!»

Sie berichtet, als Reaktion auf das Verhalten des ANC, besonders akribisch in ihrer Zeitung, dem *Sowetan*, einer «schwarzen» Zeitung mit rund 1,5 Millionen täglichen Lesern in Soweto und Johannesburg: ein nicht gerade regierungsfreundliches Massenblatt. Diese Art von Berichterstattung, die nun auch von südafrikanischen Zeitungen übernommen wird, die dem ANC all die Jahre mit viel Sympathie gegenüber standen, veranlaßt den ANC zu einer grotesken Reaktion: Er klagt die Presse der Vorverurteilung an.

Die in den ersten Wochen des Verfahrens täglich vor dem Gerichtsgebäude aufmarschierenden ANC-Trupps beschimpfen die Journalisten, rempeln sie an und übernehmen im Gerichtssaal kaltschnäuzig und arrogant die Regie über die Zuschauer- und Pressebänke. Das Verhältnis der Politiker zur Pressefreiheit erfährt seine Nagelprobe immer dann, wenn sie sie am eigenen Leibe spüren. In Sachen Winnie Mandela hat das ANC die Probe nicht bestanden. Und Winnie Mandela habe ich nie arroganter gesehen als vor und im Gerichtssaal, ganz besonders im Umgang mit Journalisten.

Auch wenn – in aller Bescheidenheit – festgehalten werden kann, daß die internationale (Fernseh-) Berichterstattung ganz erheblich dazu beigetragen hat, daß die Öffentlichkeit über das Leben der schwarzen Bevölkerung unter der menschenverachtenden Apartheid informiert ist – jetzt, wo es Kritisches über ihn selbst zu berichten gibt und geben muß, reagiert der ANC wütend. Aber auch er wird beherzigen lernen müssen, was er (zu Recht) immer der weißen Regierung vorgehalten hat: Pressefreiheit ist nicht teilbar. Jedenfalls dann, wenn man ein demokratisches Verständnis davon hat.

Auch Nelson Mandela verschont sich nicht mit Eigentoren. Auf die Frage während einer großen, internationalen Pressekonferenz, ob es denn nicht angemessen sei, daß Frau Mandela ihr Amt als «Sozialministerin» im ANC niederlege, bis der Prozeß entweder vom Tisch oder das Urteil gesprochen sei, sehe ich Nelson Mandela zum ersten Mal in der Öffentlichkeit wütend. Wohl auch, weil die Frage noch einen Halbsatz darüber enthielt, daß es ja wohl auch im ANC Kritik daran gebe, wie sie in dieses Amt gekommen sei. Er solle sich schämen, fährt Mandela den Journalisten an, so eine Frage gestellt zu haben. Der Widerstand gegen Frau Mandela im ANC sei verschwindend gering. Selbst ein vorläufiger Rücktritt käme im übrigen einem Schuldeingeständnis gleich, das es selbstverständlich nicht geben könne.

Doch da täuscht sich der in meinen Augen sonst so integre Mandela. Zweierlei Maß kann es nicht geben. Der ANC hat von der weißen Regierung (zu Recht) mehrfach den Rücktritt bestimmter

Minister verlangt, bevor Detailuntersuchungen bestimmter Vorfälle vorgenommen wurden. Das sei «demokratischer Brauch», hat er argumentiert. Das stimmt. Nur muß das auch für den ANC gelten. Zweierlei Maß kann es nicht geben, auch dann nicht, wenn es sich um Frau Mandela handelt, der bedauerlicherweise jede Sensibilität in diesen Fragen abgeht.

Ich schreibe das nicht, weil ich der Journalist war, den Mandela wegen seiner unbequemen Fragen glaubte beschämen zu müssen, oder weil ich deshalb beleidigt oder gar verletzt wäre. Nein, ich kenne Mandela gut und habe ihn oft getroffen – und gerade deshalb war es wichtig, ihm vor Augen zu führen, wieviel auf dem Spiel steht. Um so mehr angesichts der Unfähigkeit des ANC, dieses Problem auch «gegen» Mandela zu lösen.

Das vielköpfige Team der Verteidiger, unter der Führung des in Südafrika äußerst renommierten Menschenrechtsanwalts George Bizos, verfolgt die fragwürdige Strategie, Winnie Mandelas Verhalten auf Kosten einer Minderheit «verständlicher» zu machen, die sowohl innerhalb der schwarzen als auch innerhalb der weißen Bevölkerung unter enormem Druck steht: Es sind die Homosexuellen bzw. jene, die man dafür hält. Winnies «Empörung» über die (angeblichen) Untaten des Priesters habe, sagt die Verteidigung, zu dem Geschehen geführt. Vor dem Gericht taucht eine Gruppe von Anhängern Winnie Mandelas mit Transparenten auf, die an primitive Vorurteile appellieren: «Homosexualität ist nicht Teil der schwarzen Kultur!» Was mit denen geschieht, die angeblich «nicht Teil der schwarzen Kultur» sind, haben Winnie und ihr Fußballklub ja vorexerziert.

Die Transparente werden von Frauen hochgehalten, die in den schwarz-grün-goldenen Farben des ANC gekleidet sind. Sind sie die neuen Sittenrichter? Haben Südafrikas Minderheiten, egal ob weiß oder schwarz, in Zukunft mit dieser Art von Kampagnen zu rechnen? Ist der ANC nicht vor vielen Jahren mit dem Ziel angetreten, für mehr Toleranz zu kämpfen? Sollte er, der mit einem sehr hohen moralischen Anspruch begann, versagen, wenn er selbst gefordert ist? Das ist leider der Fall. Die Strategie der Verteidigung stimmt mit der Kampagne außerhalb des Gerichtssaals überein, mit der Mobilisierung des «gesunden Volksempfindens».

Im übrigen: Selbst wenn es zu den homosexuellen Handlungen tatsächlich gekommen wäre, wenn der Priester «Unzucht mit Abhängigen» begangen hätte, was im Verlauf der Gerichtsverhandlung nicht belegt werden kann – selbst wenn es also dazu gekommen wäre: das würde jene grausame Selbstjustiz, die an den Jugendlichen verübt wurde, noch lange nicht rechtfertigen.

Winnie Mandela findet im Verlauf des Prozesses weder innerhalb noch außerhalb des Gerichts ein Wort des Bedauerns. Auch jetzt scharen sich ihre fanatischen Anhänger um sie, zu denen auch der Vorsitzende des *South African Youth Congress* gehört, der Jugendorganisation des ANC. Er und ein nicht geringer Teil seiner Organisation zeigen schon seit längerem ihr gegenüber eine geradezu sklavische Ergebenheit. Wäre ich ihm oder Winnie Mandela politisch und menschlich ausgeliefert, ich hätte Angst um mein Leben. Und ich weiß aus Gesprächen unter vier Augen, daß es Mitglieder im ANC gibt, die diese Angst haben. Sie halten sich deshalb mit öffentlicher Kritik an Frau Mandela zurück.

Das Urteil nach dem mehrere Monate dauernden Prozeß: 6 Jahre Gefängnis ohne Bewährung. Obwohl einige das Strafmaß für zu hoch halten, finde ich keinen auch nur halbwegs unabhängigen Journalisten, der die Korrektheit des Verfahrens und die Begründetheit eines solchen Urteils anzweifelt. Der Richter ist außerordentlich sorgfältig vorgegangen. Er hat mit einer Langmut, die für die südafrikanische Justiz nicht gerade typisch ist, versucht, jeden Aspekt zu würdigen, der Frau Mandela entlasten könnte. Natürlich war ihm die nationale und internationale Dimension dieses Verfahrens bewußt.

Dieses Urteil ist kein «Terrorurteil», es wäre in jedem anderen, wie der ANC gerne sagt: «halbwegs zivilisierten Land» so oder ähnlich ausgefallen. Das grundlegende Problem bleibt allerdings: Solange es in Südafrika keine schwarzen Richter gibt und die schwarze Bevölkerung nicht dieselben politischen Rechte wie die weiße Minderheit hat, so lange werden die Schwarzen Justiz und Gesetz als fremd betrachten und jedwedes Gerichtsurteil, das innerhalb dieses undemokratischen Systems gefällt wird, als Unrecht empfinden. Und solange die Verhältnisse bleiben, wie sie sind, ist das Urteil über Winnie Mandela in dieser Hinsicht ein Unrechtsurteil. Was an Frau Mandelas persönlicher Schuld natürlich nichts ändert.

Ihre Verteidigung wird in die Berufung gehen. Doch wenn nicht neue, bis heute unbekannte Tatsachen auf den Tisch kommen, wird eine Berufungsverhandlung höchstens das Strafmaß verändern.

Nelson Mandela äußert sich «enttäuscht über dieses Urteil», das ihn natürlich zutiefst verletzt. Er zweifelt zwar das Verfahren nicht an, aber er weiß besser als jeder andere, daß es zu diesen verhängnisvollen Entwicklungen nur kommen konnte, weil in Südafrika das Unrechtssystem der Apartheid mit Gewalt eingeführt und aufrecht erhalten wurde: ein System, das ihn ins Gefängnis gebracht und seine Familie viele Jahre den vielfältigen und gnadenlosen Schikanen der skrupellosen weißen Minderheitsregierung ausgesetzt hat.

In den Tagen und Wochen nach der Urteilsverkündung ist Mandela von diesen Empfindungen nichts anzumerken. Aber niemand, auch seine engsten Mitarbeiter nicht, vermag zu sagen, wie er reagieren würde, wenn seine Frau, nach Abschluß der Berufung, tatsächlich ins Gefängnis müßte. Und diese Prüfung wird ihm wahrscheinlich nicht erspart bleiben. Das Leben Nelson Mandelas erinnert mich auch jetzt, da er bereits über ein Jahr in Freiheit ist, an den unerbittlichen Ablauf alter griechischer Tragödien.

Ich hoffe, daß er standhält. Denn wenn er sich, etwa aus persönlicher Verbitterung, aus der Politik zurückziehen sollte, wäre das verhängnisvoll für die Zukunft eines ganzen Landes. Und um diese Zukunft steht es, trotz aller Veränderungen und Reformen, nicht gut im späten Frühjahr 1991. Auch ohne das Problem Winnie Mandela.

Letzte Chance oder letzte Schlacht?

Blutige Ostern. In drei Gettos bei Johannesburg ziehen sich die wieder aufgeflammten Machtkämpfe zwischen Inkatha und ANC schon seit einer Woche hin. Morgen ist Ostersonntag, das Fest der Auferstehung. Bittere Ironie.

Es hat wie bei den meisten früheren Malen begonnen: Die in einem riesigen Wohnheim versammelten Inkatha-Anhänger mobilisierten in dem Getto Alexandra. «Friedlich», sagt Inkatha. «Mit Gewalt», sagt der ANC. Schließlich sei, sagt Inkatha, eines ihrer Mitglieder von ANC-Anhängern auf ein Sofa gebunden und eine kurze Strecke durch Alexandra getragen worden. Anschließend hätten sie das Sofa mit Benzin übergossen und den festgebundenen Mann bei lebendigem Leib verbrannt.

Ein paar Tage danach werden ANC-Anhänger, die in Alexandra eine Feier veranstalten, durch Inkatha-Leute überfallen, und dabei werden 15 Menschen umgebracht: aus Rache.

In dem Getto hält sich seit Wochen hartnäckig das Gerücht, daß der schwarze Bürgermeister die Inkatha «geholt» und sie im Wohnheim der Wanderarbeiter habe «einsickern» lassen. Der Bürgermeister fühlt sich bedroht, denn der ANC und mit ihm verbündete Organisationen sind der Meinung, daß er Teil des alten Apartheidssystems sei und deshalb zurückzutreten habe. Inkatha reagiert geschickt: Sie bietet dem Bürgermeister von Alexandra ihre Unterstützung an. Natürlich nutzt Inkatha diesen Konflikt, um für sich einen taktischen und praktischen Vorteil herauszuschlagen. Sie gibt sich demokratisch, geht aber in ihrem Haupteinflußgebiet, dem Homeland KwaZulu, mit Gewalt gegen Andersdenkende vor, um sie in die eigene Organisation zu zwingen oder zumindest von einer Unterstützung des ANC abzuhalten.

In Alexandra, das bis jetzt von solchen Auseinandersetzungen verschont wurde, fließt Blut. Fanatisierte Anhänger beider Seiten schlagen aufeinander los. Mandela fliegt in aller Eile nach Durban, um Inkathapräsident Buthelezi zu treffen und den sich rasch aufheizenden Konflikt zu schlichten. Sie besprechen sich intensiv den ganzen Ostersamstag. Heraus kommt dabei praktisch nichts. Außer, daß Buthelezi nun das Ziel seiner Politik zum ersten Mal wirklich deutlich ausdrückt: Ein «Triumvirat» sei nötig, um das Land sicher zu führen: De Klerk, Mandela – und er! Vermutlich hat er sogar recht. Denn ohne seine Mitwirkung wird das Blutvergießen nicht geringer. Zum völligen Stillstand kann es niemand mehr bringen.

Buthelezis Rechnung ist nun doch aufgegangen. Aber auch er hat längst keine Kontrolle mehr über die Auseinandersetzungen in den Gettos und über seine Anhänger. Das ist der Preis dieses politischen Manövers, und wie hoch er ausfallen würde, war – bei nüchterner Analyse – von vornherein abzusehen. Wer die soziale und ethnische Bombe so zündet, daß sie politisch und praktisch innerhalb der schwarzen Bevölkerung explodiert, setzt in den Gettos ein Zerstörungspotential frei, das nie mehr ganz einzudämmen sein wird.

Buthelezi war zynisch genug, diesen Prozeß im Kampf um politische Macht auszulösen. Dieser Prozeß spielt sich innerhalb des grotesken, typisch südafrikanischen Szenarios ab. Zum Beispiel Alexandra: Wir wohnen etwas mehr als einen Kilometer davon entfernt. In unserem weißen Wohnviertel ist nichts davon zu merken, daß drüben Menschen abgeschlachtet werden, daß drüben Killerkommandos unterwegs sind, um Menschen wahllos umzubringen und Hütten anzuzünden, um Chaos zu stiften. Zwischen uns und Alexandra liegen ein Industriegürtel und die Autobahn; das genügt, um die beiden Welten vollständig voneinander zu trennen. Eine groteske, bedrückende Realität, die mir noch einmal, wenige Tage vor unserer Abreise aus Südafrika, die ganze Schizophrenie der Situation vor Augen führt, in der wir drei Jahre lang gelebt haben.

An Ostern meldet sich zu dem Gemetzel einer wütend zu Wort, der immer auch gegen die Apartheid gepredigt und gekämpft hat: der Erzbischof von Kapstadt, Desmond Tutu.

«Unter uns hat sich eine Kultur der Gewalt breit gemacht. Wir gehen in den Gettos nur noch brutal miteinander um und, was noch schlimmer ist, wir sind schon soweit, diesen Zustand als normal zu akzeptieren!!»

Tutus Stimme schneidet regelrecht durch die vollbesetzte St. Georgs-Kathedrale im Zentrum von Kapstadt. Der kleine Erzbischof in seiner brandroten Robe und mit dem funkelnden Goldkreuz auf der Brust ist ein Prediger, wie ich in deutschen Kirchen noch keinen gehört habe. Er unterstützt seine Worte mit weit ausladenden Gesten und kümmert sich nicht um die Grenzen von Religion und Politik. Sein Wortschatz kommt aus der Alltagssprache. Tutu bezieht Stellung. Er kann gar nicht anders.

In seiner Osterpredigt über die Welle der Gewalt in den Gettos zählt er die bekannten Faktoren auf, die sie auslösen und ausgelöst haben: die Apartheid; das soziale Elend; der ungeheure Gegensatz zwischen Arm und Reich; die Gettos selbst; die Wanderarbeiter und deren Elendsunterkünfte in den sogenannten Wohnheimen; die blutig ausgetragenen Machtkämpfe zwischen den politischen Organisationen; die unterschiedlichen Stammestraditionen usw. Dann aber holt Tutu zu einer Anklage gegen die schwarze Bevölkerung selbst aus, wie sie, in Südafrika zumindest, von einem glaubwürdigen Gegner der Apartheid noch nicht ausgesprochen wurde:

«Ja, wir Schwarzen haben genügend Anlaß, für das Blutvergießen all diese Gründe zu nennen. Aber reicht das? Was ist mit uns selbst geschehen? Was ist mit uns geschehen, daß wir es zulassen, wenn unsere Kinder um einen auf fürchterliche Weise sterbenden Menschen herumtanzen, dem sie den mit Benzin gefüllten Reifen, die ‹Halskrause›, umgelegt haben und der jämmerlich verbrennt?... Wir können nicht auf immer und ewig die Apartheid verantwortlich machen, auch wenn sie die Ursache für vieles Böse ist... Ich habe den Eindruck, daß wir Schwarzen unsere Menschlichkeit verloren haben und das, was wir in unserer Sprache *ubuntu* nennen: unseren Sinn für Gemeinschaft; das Aufgehobensein in der gegenseitigen Fürsorge; die Gastfreundschaft; den Sinn für den andern; das Wissen, daß sich meine Menschlichkeit nur darin zeigt, wie ich den anderen behandle und umgekehrt. Wir sind dabei, die Achtung vor uns selbst zu verlieren!!»

Tutus Stimme, durch die Lautsprecheranlage verstärkt, peitscht bis in die hintersten Bankreihen der ehrwürdigen St. Georgs-Kathedrale zu Kapstadt. Sie provoziert zustimmendes Gemurmel oder betretenes Schweigen. Eine unbequeme Anklage, vielleicht auch eine naive. Aber trotz meiner weißen Hautfarbe glaube ich verstehen zu können, was Tutu meint. Ich habe das Elend und die Demütigung der Apartheid nie wie die Schwarzen am eigenen Leibe erfahren, nur beobachtet, genauso wie den Kampf gegen die Apartheid. Weil es ein Kampf um die einfachsten Menschenrechte ist, war er für mich verstehbar. Doch ich habe dabei manches Fürchterliche, Blutige und Grausame beobachtet, wofür es vielleicht Gründe, aber keine Rechtfertigung geben kann. Diese Abscheulichkeiten – zum Beispiel die grausame Hinrichtung von angeblichen oder tatsächlichen Verrätern – haben mich einige Male stumm vor Entsetzen gemacht: das Abschneiden der Geschlechtsteile; das Totschlagen des «Gegners», «Feindes», «Verräters», der wie ein Hund totgeschlagen wird; die «Halskrause»; das Abschneiden des Kopfes bei der «spontanen Hinrichtung» eines Gangsters in Soweto, Kinder standen darum herum, ein Alptraum.

Tutu hat in dieser zutiefst verfahrenen Situation den Mut, die «Würde und Selbstachtung» der Schwarzen einzuklagen. Ich weiß, daß er «recht» hat, und weiß zugleich, daß dieses Einklagen – unter den gegebenen Lebensbedingungen des größten Teils der schwarzen Bevölkerung – «naiv» ist. Ich weiß aus eigener Anschauung, daß das die Realität in den Gettos ist – das Abschlachten, das Töten, das Elend und das tägliche Blutbad im kleinen, auch ohne die politischen Machtkämpfe. Und: Daß die Aussichten auf Veränderungen zum Besseren hin äußerst klein sind, trotz aller Reformen – die bislang am Leben der schwarzen Bevölkerung nicht das geringste geändert haben. Und das wird noch viele Jahrzehnte so bleiben. Warum?

Beginnen wir mit dem, was ist – im späten Frühjahr 1991, da die meisten Apartheidsgesetze abgeschafft sind oder, so verspricht es die Regierung de Klerk, noch im Laufe dieses Jahres abgeschafft werden sollen. Ich zweifle nicht am Versprechen der Regierung, denn sie hat gar keine andere Wahl. Daß sie das begriffen hat, unterscheidet sie von früheren weißen Regierungen in Südafrika. Aber es wird sie nicht vor einer Regierung der schwarzen Mehrheit «retten». Das ist fast nur noch eine Frage der Zeit, kaum mehr eine der Bedingungen.

Wird es Südafrika vor der wachsenden Anarchie in den Gettos, der sinnlosen Gewalt und dem Morden «retten»? Ich glaube nicht, nicht zuletzt wegen der sich immer mehr ausbreitenden Armut auch bei den unteren sozialen Schichten der Weißen, die inzwischen von der schlechten Wirtschaftslage erfaßt werden. Sie haben, im Vergleich zu den letzten 40 Jahren, wenig Gutes zu erwarten.

Es redet, angesichts dessen, kaum jemand mehr von der Apartheid. Die gibt es natürlich trotzdem noch, genauso wie den täglichen Rassismus, der die Schwarzen nach wie vor verbittert. Dazu einige Beispiele vom Frühjahr 91:

Fünfzig Neonazis der *Afrikaaner Weerstandsbeweging* AWB dringen bewaffnet in das Krankenhaus des Minenstädtchens Welkom ein. Sie «besuchen» es, um den schwarzen Patienten und dem medizinischen Personal unter Androhung von Gewalt klarzumachen, daß die Rassentrennung im Krankenhaus erhalten bleibt. Basta. Der führende Krankenhausarzt erhält Drohanrufe, wenn er schwarze und weiße Patienten gleich, also auch in gleichen Räumen, behandelt. Und die Polizei? Die «bestätigt, daß ca. 50 Mitglieder des AWB das Krankenhaus besucht haben und es später ohne besondere Vorfälle wieder verlassen haben. Bei der Polizei sind keine Klagen eingetroffen.»

Daß die Polizei von sich aus etwas gegen die Einschüchterungskampagne der Neonazis unternehmen könnte? Fällt ihr nicht ein. Das Gesetz über Rassentrennung in Krankenhäusern wurde schon vor 6 Monaten abgeschafft. In Welkom gilt das nicht. Ob sich die Weißen klarmachen, wie das alles, im angeblich «neuen Südafrika», von der schwarzen Bevölkerung erlebt wird?

Oder: Der Zug von Johannesburg nach Kapstadt. Wie kommt es eigentlich, daß die Abteile immer noch säuberlich nach Hautfarben getrennt sind, obwohl das Gesetz zur Rassentrennung in Zügen längst abgeschafft ist? Zufall? Keineswegs. Die Bahnhofsbeamten fragen selbst bei telefonischer Bestellung der Zugkarten nach der

Hautfarbe. Ich habe das immer wieder geprüft, zuletzt wenige Tage bevor wir Südafrika verlassen. Auf meine Nachfrage höre ich, daß es Weiße gäbe, die nicht mit Schwarzen in einem Abteil sitzen wollten. Keine Apartheid? Kein Rassismus im «neuen Südafrika»?

Oder: Wir wollen, April 91, für Freunde eine Ferienhütte buchen, am Rand des Krüger-Nationalparks, eines riesigen Wildparks. Die Gesellschaft, die solche Hütten unterhält und vermietet, schickt uns ein Bestätigungsformular, auf dem ganz oben in Großbuchstaben prangt: «*We accomodate Whites only!* Wir nehmen nur Weiße als Gäste auf!» Keine Apartheid? All das ist legal. Die Apartheid ist zwar offiziell weitgehend abgeschafft, aber es gibt kein Gesetz, das die Rassendiskriminierung unter Strafe stellt.

Die Liste ließe sich beliebig verlängern: etwa um die Tricks, die sich so manche weiße Gemeinde draußen auf dem Land ausgedacht hat, um Schwarze weiterhin von Bibliotheken und öffentlichen Schwimmbädern fernzuhalten – trotz der gesetzlichen Abschaffung der Rassentrennung in Bibliotheken und Schwimmbädern...

Abgeschafft ist ja auch der *land act* aus den 50er Jahren, jenes Gesetz, das bestimmte, daß 87% des gesamten Landes in Südafrika den Weißen vorbehalten ist. Wer als Schwarzer oder Mischling auf dem nur für Weiße vorgesehenen Land oder in als «weiß» erklärten Vororten der großen Städte wohnte, wurde entweder zwangsumgesiedelt oder mußte sein Haus und sein Grundstück zu einem Spottpreis verkaufen. 3,5 Millionen Menschen wurden auf diese Weise um ihr Eigentum gebracht und in Gettos eingewiesen. Abgesehen von den menschlichen Tragödien und dem psychischen Elend, in das die weiße Minderheit all diese Familien stürzte: Wer gibt diesen Familien heute ihr von der weißen Regierung regelrecht geraubtes und an andere Weiße verkauftes Eigentum zurück? Erhalten sie wenigstens so etwas wie eine Abfindung?

De Klerk und seine Regierung glauben, mit der bloßen Abschaffung des land acts durchzukommen, von Abfindung oder Wiedergutmachung ist nicht die Rede. In und um Kapstadt allein gibt es über 30000 Familien, die, wie in den Staaten des Ostblocks, enteignet und vertrieben wurden, hier aufgrund ihrer Hautfarbe. Nicht wenige von ihnen lebten in Vierteln und Vororten von Kapstadt, wo heute die wohlhabende bis reiche weiße Mittelschicht ihre Anwesen hat: beständige Vermögenswerte! Den vertriebenen und enteigneten Familien nützt die Abschaffung des land acts und die theoretische Möglichkeit, sich überall einzukaufen, überhaupt nichts. Sie könnten sich die Rückkehr in ihre frühere Heimat, an ihren früheren Wohnort, sowieso nicht leisten. Ob sie sich mit de Klerks Aufforderung: «*Let bygones be bygones!* Laßt uns die Vergangenheit begraben!» so ohne weiteres zufriedengeben werden, bezweifle ich.

Dasselbe hat sich draußen auf dem Land abgespielt. Die Politik des Rassenstaates zielte während vieler Jahre darauf ab, die Schicht der schwarzen Bauern zu zerschlagen und sie von den weißen Farmern abhängig zu machen. Exorbitante Steuern und die Zwangsumsiedlung auf schlechtes, «schwarzes» Farmland waren ihre äußerst wirksamen Instrumente. Große Teile der sich bis dahin selbst versorgenden schwarzen Bevölkerung wurden dadurch in die Armut gebracht. Natürlich könnten diese Schwarzen, theoretisch betrachtet, jetzt weißen Farmern Land abkaufen (das ihnen früher vielleicht sogar gehört hat). Aber praktisch gesehen, haben sie dafür kein Geld. Und abgesehen davon: die weißen Farmer verkaufen nichts, jedenfalls nicht freiwillig.

Oder nehmen wir die Gettos. Natürlich wäre es am besten, wenn möglichst viele diese Brutstätten des Elends und des Verbrechens verlassen könnten. Aber von den vielen Millionen Gettobewohnern werden sich das auf viele Jahre hin nur wenige Tausend *leisten* können.

Die Apartheidsgesetze sind in der Tat fast alle abgeschafft, die übrigen werden auch noch verschwinden. Nur – an der täglichen Lebensrealität von 30 Millionen Schwarzen ändert sich buchstäblich nichts. Und bei den Gettobewohnern wächst die Wut darüber, daß sich für sie nichts ändert. Tiefe, auch für sie spürbare Veränderungen kann es nur durch eine weitergehende Demokratisierung in Südafrika geben. Doch was will der Pragmatiker de Klerk?

Er und seine Regierung handeln inzwischen wieder so, als ob sie unermeßlich viel Zeit hätten, und es ist noch immer nicht klar, was sie eigentlich wollen und wo sie wirklich stehen. Professor Sampie Terreblanche – er ist Inhaber des Lehrstuhls für Wirtschaftswissenschaften und politische Ökonomie an der burischen Elite-Universität Stellenbosch und steht selbst in Südafrika nicht im Verdacht des Linksradikalismus – hat seine Ansichten dazu nach 18monatiger Amtszeit de Klerks mit wenigen Sätzen so zusammengefaßt:

De Klerk «behauptet, daß die Lauterkeit der Moral der Nationalen Partei (von der die Apartheid eingeführt wurde, T. R.) trotz allem immer außer Frage stand. Dieser späte Versuch, die Apartheid reinzuwaschen, ist beinahe zu übel, um wahr zu sein... de Klerk hat sich letztlich doch noch nicht befreit von den alten Vorstellungen.»

De Klerk weigert sich «... halsstarrig, öffentlich die Schuld der Nationalen Partei einzugestehen und die moralische Verwerflichkeit des Apartheidsstaates beim Namen zu nennen... Kann es sein, daß er das unter anderem deshalb nicht tut... weil er davor zurückschreckt, der weißen Bevölkerung durch ein so grundsätzliches Bekenntnis zuviel zuzumuten... und weil die weiße Bevölkerung, als direktes Ergebnis ihrer Privilegiertheit durch die Apartheid, nicht bereit ist, Wiedergutmachungen zu bezahlen? Offenbar ja.»

In den politischen Verhandlungen um die Zukunft Südafrikas ist de Klerks «neuer politischer Ansatz der, zumindest die Kontrolle (über die andern) zu behalten. Und zwar durch eine Haltung, die genauso absurd ist und die genauso wenig funktionieren wird (wie die Apartheid): ‹*Power-sharing without dominance*, Teilung der Macht, ohne einander zu dominieren›.»

De Klerk und seine Partei haben «offenbar vor, nicht nur den Verhandlungsprozeß und sein Ergebnis vollkommen zu kontrollieren, sondern auch jede Regelung zu verhindern, die direkt oder indirekt zur Folge hätte, daß die Nationale Partei... kurz- oder langfristig die Kontrolle über den Staatsapparat verlöre.»

Wenn diese Einschätzung stimmt, und es spricht aus meiner Sicht alles dafür, dann steht es schlecht um Südafrikas Zukunft. De Klerk ist dann, und das schwingt in Professor Terreblanches Beurteilung mit, der «letzte Zauberlehrling des Systems», das abgewirtschaftet hat und nicht reformierbar ist. Es ist so wenig reformierbar, wie der Mehrheit der Bevölkerung Südafrikas die politische Macht noch länger vorzuenthalten ist. Es ist nur noch offen, ob die Machtfrage in der Wahlkabine entschieden wird oder außerhalb.

Wer auf die Spaltung der schwarzen Bevölkerung setzt – etwa auf den blutigen Konflikt zwischen ANC und Inkatha –, der setzt auf die Anarchie, innerhalb wie außerhalb der Gettos. Das große Blutbad, die letzte Entscheidungsschlacht, wird es auch dann nicht geben, aber ein allmähliches Absacken in politische und persönliche Unsicherheit. Die Mauern um die Grundstücke in den weißen Wohnvierteln sind schon heute nicht hoch genug, um die rapide ansteigende Gewaltkriminalität, den Raub und den Mord, abzuhalten. Der Johannesburger Vorort mit dem Namen *Dunkeld* hat deshalb beschlossen, nicht nur die Grundstücke, sondern den gesamten Ort mit einer hohen Mauer umgeben zu lassen. Als ob nicht gerade anderswo sichtbar geworden wäre, daß auch die höchste und bewehrteste Mauer historische Entwicklungen nicht aufhalten kann!

Das alles geschieht zu einem Zeitpunkt, da Südafrika vor ungeheuren ökonomischen Problemen steht. Die Bodenschätze, allen voran das Gold, und damit der Bergbau, sind nach wie vor Südafrikas größter und stärkster Wirtschaftsfaktor. Doch der Goldpreis ist im Laufe der letzten Jahre abgesackt, und es besteht, nach Auskunft vieler Experten, wenig Aussicht, daß er sich in absehbarer Zeit wieder spürbar erholen wird. Gold ist, aufgrund vieler Faktoren, international nicht länger der dominierende Fluchtpunkt der Geldanlagen bei Wirtschaftskrisen, was den Goldpreis ja irgendwann wieder entscheidend in die Höhe treiben würde, aber mit solchen erheblichen Steigerungen ist, zumindest auf absehbare Zeit, nicht zu rechnen. Für eine Wirtschaft wie die Südafrikas, die nach wie vor weitgehend vom Gold- und Diamantenbergbau abhängig ist – sie bringen den Löwenanteil an Devisen –, ist das eine höchst gefährliche Entwicklung. Und je instabiler die politische Lage, desto weniger werden sich die Banken bereit finden, nötige Kredite zu geben.

Die Regierung des Apartheidsstaats, die eigentlich durch die Wirtschaftssanktionen und den immer wieder bedenklich auf und ab schwankenden Goldpreis längst hätte gewarnt sein müssen, hat nicht ausreichend vorgebeugt. Sie hat versäumt, ihre Wirtschaft auf eine breitere Grundlage zu stellen. Ein paar Zahlen mögen genügen, das Problem deutlich zu machen: Rund 450 000 (größtenteils schwarze) Bergleute arbeiten heute unter Tage in den Minen Südafrikas. Das sind bereits 50 000 weniger als vor drei Jahren, als ich nach Südafrika kam. Man schätzt, daß diese 450 000 Bergleute für rund 2,5 Millionen Menschen sorgen. Jeder entlassene Bergmann (vermutlich werden es 1991 weitere 40 000 sein, werden 6 Bergwerke geschlossen werden) steht mit seiner Familie und seinen Verwandten, die von seinem Einkommen abhängig sind, vor dem ökonomischen Nichts, denn ein Netz sozialer oder wirtschaftlicher Absicherung wie bei uns gibt es für sie nicht. Sie erhöhen damit direkt die Arbeitslosigkeit in den schwarzen Gettos, die – nach konservativen Schätzungen – bei 38% liegt, wahrscheinlich aber noch wesentlich höher ist. (Nicht wenige Sozialforscher gehen von rund 50% und mehr aus.) Das entspricht mindestens 10 Millionen Menschen, die ohne Arbeit sind.

Hinzu kommt das bedrohliche Wachstum der schwarzen Bevölkerung, die sich aller Voraussicht nach in weniger als 20 Jahren nahezu verdoppelt haben wird. 43 Millionen Schwarze stehen dann rund 5 Millionen Weißen gegenüber. Ein Szenario, wie es schwieriger kaum sein könnte.

Das mit Sicherheit weiter ansteigende Elend in den schwarzen Gettos, in den sogenannten Homelands und überall dort, wo sich die schwarzen Massen sonst niederlassen, wird das politische und besonders das kriminelle Konfliktpotential in eine Höhe treiben, die für die Weißen heute noch unvorstellbar ist. Die Mauer um den (weißen) Johannesburger Nobelvorort «Dunkeld» wird dann mit Panzern und Haubitzen geschützt werden müssen. Und es wird doch nichts nützen.

Ist das die Schwarzseherei eines Journalisten, der gerade mal drei Jahre in Südafrika gelebt hat? Ich glaube nicht. Es ist nur die nüchterne Feststellung einer herannahenden ökonomischen und sozialen Katastrophe.

Die brillante Journalistin und Mitherausgeberin der deutschen Wochenzeitung DIE ZEIT, Marion Gräfin Dönhoff, hat sich während vieler Jahre immer wieder mit Südafrika beschäftigt. Nach ihrer letzten Reise nach Südafrika, De Klerk war längst im Amt und Mandela aus dem Gefängnis entlassen, drückte sie anläßlich eines Besuchs des Gettos Alexandra in der ZEIT ihr Erstaunen, ja ihre Fassungslosigkeit darüber aus, daß die Regierung angesichts des sozialen Elends der Schwarzen nicht ausreichende Gegenmaßnahmen ergriffen, geschweige denn für die Zukunft vorgesorgt habe.

Genau so ist es. Es ist kaum zu begreifen, jetzt erst recht nicht. So wenig wie das – nach einigen «Sensationen» – immer noch schleppende, ja sogar wieder stockende Tempo der Reformen. Und dabei haben die entscheidenden Verhandlungen noch gar nicht begonnen! Nämlich die um eine neue Verfassung und darüber, wie Südafrika in Zukunft politisch und praktisch aussehen soll.

Dann wird sich zeigen, ob de Klerk zu einem zweiten «Sprung» – nach dem der Freilassung Mandelas, der Legalisierung der politischen Opposition und der Abschaffung der meisten Apartheidsgesetze – überhaupt fähig ist. Doch ohne diesen zweiten «Sprung» wird auch der erste irgendwann wieder bedeutungslos. Und die Gefahr wächst, daß große Teile der schwarzen Bevölkerung – gleichgültig, welche Partei oder welche Splittergruppe sie favorisieren – jede Lust am Pokern verlieren werden.

Vielleicht ist es paradox, aber dennoch bleibt es eine historische Tatsache: Wer die Reform eines totalitären Systems, und nichts anderes war der Apartheidsstaat Südafrika, beginnt und diese Reform nicht rasch und zügig an einen Punkt bringt, an dem zwischen den Konfliktparteien ein friedlicher Konsens hergestellt werden kann und die Reform sich auch ganz praktisch auszahlt – der wird scheitern. In Osteuropa und in der Sowjetunion wird das gerade weithin sichtbar vorexerziert.

Doch de Klerk müßte es eigentlich auch aus Südafrika wissen. Denn genau das war das Los seines Vorgängers Botha gewesen, der versucht hatte, die Apartheid stromlinienförmiger zu machen – mit dem Ergebnis, daß er schließlich von der Dynamik der nationalen und internationalen Entwicklung hinweggefegt wurde. Sein ideologischer und politischer Standpunkt war unhaltbar geworden. De Klerk, obwohl «offener» und pragmatischer, könnte das gleiche

Schicksal erleiden, wenn er nicht sofort eine ganze Reihe von Maßnahmen dagegen ergreift.

Warum bändigt er nicht die sogenannten Sicherheitskräfte? Warum werden die Hauptverantwortlichen für Mordkommandos, wie das «Zivile Kooperationsbüro», immer noch nicht zur Rechenschaft gezogen? Wie ist es möglich, daß es immer wieder zu Massakern an Schwarzen durch die Polizei bei Unruhen in den Gettos kommt? Ist die Polizei unfähig, anders zu reagieren, oder «darf» sie das, weil ihr am Ende sowieso nichts oder fast nichts passiert?

De Klerk riskiert mit seiner Passivität längst nicht nur seine politische Glaubwürdigkeit, er riskiert längerfristig immer mehr auch die friedliche Zukunft Südafrikas. Oder ist eine friedliche Zukunft inzwischen schon unmöglich? Für viele Schwarze gibt es ja noch nicht einmal eine friedliche Gegenwart. Die meisten Weißen vergessen das. Oder haben es noch nie gewußt!

Geradezu abenteuerlich sind die Perspektiven für kommende Verhandlungen. Nelson Mandela ist heute bereits 73 Jahre alt. Er ist einer der ganz wenigen politischen Führer der schwarzen Bevölkerung, die begriffen haben, wie ernst die Lage tatsächlich ist. Aber von drei Seiten wird im Augenblick versucht, ihm Daumenschrauben anzulegen!

Da ist zum einen der zynische Machtpolitiker Buthelezi, der sein persönliches Ego – erst lange danach spielt sein politisches Credo überhaupt eine Rolle – gnadenlos durchsetzt und weiter durchsetzen wird, egal, wie viele Menschenleben das in den Gettos kostet. Buthelezi hat schon jetzt – nicht durch Wahlen, sondern durch die blutigen Feldzüge seiner fanatischen Zuluanhänger – klargemacht: Nichts geht ohne ihn, auch wenn jede Umfrage ihm und seiner Inkatha bei demokratischen Wahlen nicht einmal 3% aller Stimmen prognostiziert.

Mandela weiß, daß nichts ohne Buthelezi geht: Entweder er wird in die politische Entwicklung integriert und irgendwann mit einem halbwegs einflußreichen politischen Amt versehen – oder das Blutvergießen in den Gettos steigert sich wieder. Weiter geht es sowieso. Wie gesagt, Mandela hat als einer von wenigen dieses

Problem erkannt. Er nimmt es sehr ernst, aber wie lange wird er das noch können? Sehen wir mal von seinem Alter ab – radikale Mitglieder im ANC zeigen ihm schon offen den Vogel, angesichts seiner «Befriedungspolitik eines alten Mannes» gegenüber Buthelezi und der weißen Regierung.

Die weiße Regierung legt ihm Daumenschrauben an, indem sie sich unermeßlich viel Zeit läßt. Vielleicht hofft sie, der ANC werde so bei den schwarzen Massen mehr und mehr an Einfluß verlieren und damit geschwächt werden. Doch diese Rechnung enthält einen verhängnisvollen Fehler, denn das dann entstehende Vakuum würde von weit radikaleren Gruppen ausgefüllt werden, die für Verhandlungen mit der weißen Regierung nichts übrig haben.

«*One settler, one bullet!* Jedem (weißen) Siedler eine Kugel!» Bei vielen Demonstrationen habe ich diesen Slogan des im Wachsen begriffenen *Pan Africanist Congress* gehört, gerufen von jungen, durch die Wut auf die elenden Verhältnisse angetriebenen Radikalen. Diese hauptsächlich emotionalen, eigentlich sogar eher unpolitischen Jugendlichen – zu Zigtausenden ohne Schulbildung oder von der minderwertigen und verhaßten, sogenannten «Bantu-Erziehung» des Apartheidsstaates geprägt – folgen blind der Organisation mit den radikalsten Parolen. «Verhandeln» ist für sie ein Fremdwort. Selbst Nelson Mandela ist inzwischen für viele von ihnen ein *sell-out*, ein Verräter an der schwarzen Sache. Auch ihr Radikalismus legt Nelson Mandela Daumenschrauben an!

Eine Kultur der politischen Toleranz gibt es (noch?) nicht in Südafrika. Darüber hört man jetzt erstaunlicherweise, nach so vielen Jahren Apartheid und Rassismus, auch viele Weiße klagen. Doch von wem hätten die wütenden Jugendlichen in den schwarzen Gettos Toleranz lernen sollen? Von den Weißen gewiß nicht. Die hätten viele Jahre Zeit gehabt, Toleranz zu demonstrieren und vorzuleben. Sie taten das Gegenteil und errichteten einen brutalen Polizeistaat.

Es ist wahrscheinlich, daß viele Weiße am Ende selbst von dem getroffen werden, was die Apartheid bei den Schwarzen hervorgebracht hat: Soziales Elend, Zusammenbruch des Erziehungssystems, Zerbrechen der traditionellen Familienstrukturen, Arbeitslosigkeit. Eines aber ist sicher: Sie werden von einer schwarzen Regierung nie so behandelt werden, wie sie die Schwarzen behandelt haben. Das mag ihnen ein Trost sein.

In den schwarzen Gettos regieren längst jugendliche Arbeitslose, Gangster und junge politische Aktivisten selbst über ihre Eltern in einem Ausmaß, wie es noch vor 20 Jahren unvorstellbar war. Wer das einst so stabile Wertesystem afrikanischer Familien kennt, die Bedeutung des Respekts vor der älteren und den vorangegangenen Generationen, den Eltern, den Ahnen, der starrt fassungslos auf die Zerstörung dieser Tradition, die Zerstörung der afrikanischen Identität. Das ist ein unheilvoller Prozeß, der noch viele Aggressionen und viel Verzweiflung freisetzen wird.

Trotz der begonnenen Reformen stehen die Zeichen nicht gut in Südafrika. Wenn die Demokratisierung, die Reformen und die Verhandlungen nicht sehr schnell entscheidende Fortschritte machen und die unmittelbaren politischen Probleme nicht bald soweit gelöst sind, daß die ökonomischen angegangen werden können – wer will schon gerne bei ungeklärten politischen Verhältnissen im Land investieren? –, gibt es keinen Grund zum Optimismus. Und selbst wenn diese Probleme gelöst wären: Wie soll der ungeheure Mangel an Kompetenz einer schwarzen oder hauptsächlich schwarzen Regierung ausgeglichen werden?

Die Führung des ANC hat sich weitgehend von staatssozialistischen Modellen gelöst, die Basis noch längst nicht. Die setzt die kapitalistische Wirtschaftsform noch immer mit der Apartheid gleich, und die Alternative dazu ist in ihren Augen die umfassende Verstaatlichung, was ganz gewiß das Ende der, bereits angeschlagenen, südafrikanischen Wirtschaft bedeuten würde.

Die soziale Marktwirtschaft ist beiden Seiten noch zutiefst verdächtig. Vielen Weißen ist sie verdächtig, weil sie, ernst genommen, die nackte und brutale Ausbeutung der schwarzen Arbeitskraft nicht mehr zuließe. Sie verlangt ja die Einrichtung von Mechanismen zur Erhaltung des sozialen Friedens, die Anerkennung aller Gewerkschaften, ordentliche Tarifverträge, Verbot von Massenentlassungen sowie Kranken- und Rentenversicherungen für alle Arbeitnehmer.

Für viele Unternehmer in Südafrika ist das immer noch der reinste Kommunismus. Umgekehrt ist vielen politisch engagierten Schwarzen die soziale Marktwirtschaft, wenn sie sich überhaupt etwas darunter vorstellen können, deswegen zutiefst verdächtig, weil das Element der Umverteilung in Form von Verstaatlichung fehlt. Soziale Marktwirtschaft funktioniert im übrigen nur dann, wenn genügend erwirtschaftet wird, um die nötigen sozialen Absicherungen einschließlich eines funktioniernden Bildungssystems einzurichten; die gibt es aber bis jetzt nur bei den Weißen. Südafrikas Wirtschaft steckt in einer tiefen Rezession... ob die verelendeten schwarzen Massen akzeptieren, daß – egal, mit welcher Regierung – alles im Grunde noch für viele Jahre so bleiben wird, wie es ist, abgesehen von der einen oder anderen kosmetischen Korrektur?

Die Weißen, soviel ist mir nach drei Jahren Südafrika, wenige Tage vor dem Abschied, klar: Die Weißen haben sich mit der Apartheid und ihren Folgeerscheinungen auf Kosten der Mehrheit ein paar fette Jahrzehnte verschafft. Diese Jahre sind vorbei, und ihre Kinder werden dafür bezahlen müssen. Was den Weißen in den kommenden Jahren bevorsteht, ist die Begegnung mit der ganzen Wirklichkeit Südafrikas, deren tatsächliche Dimension die meisten von ihnen noch gar nicht erkannt haben. Sie werden sie zur Kenntnis nehmen müssen, ob sie wollen oder nicht.

Ich gebe zu, das alles stimmt nicht besonders hoffnungsfroh. Ich bin auch nicht hoffnungsfroh.

Südafrika braucht Glück, viel Glück. Und dabei hat es schon so viel Glück gehabt! Einen Mann wie Nelson Mandela in solch einer schwierigen Situation – noch – als Partner zu haben, das ist mehr Glück, als die weißen Südafrikaner sich erhoffen konnten. Sie haben mit diesem Glück gespielt und viele Jahre verstreichen lassen, als Mandela im Gefängnis saß, 28 Jahre, der dennoch zu Verhandlungen, ja zur Versöhnung bereit war, als er das Gefängnis verließ.

Doch die Probleme Südafrikas erscheinen, wenn man *ganz* Südafrika betrachtet und nicht nur die Welt der Weißen, beinahe unüberwindlich.

Und dabei habe ich von meiner größten Angst noch gar nicht gesprochen, der Angst vor einem Mord, der die winzige, Südafrika noch verbleibende Chance mit einem Schlag zunichte machen und tatsächlich das totale Chaos heraufbeschwören würde: der Mord an Nelson Mandela. Es gibt in Südafrika zu viele Waffen, zu viele in purem Rassismus aufgewachsene Menschen und zu wenig Toleranz, als daß dieser Mord ausgeschlossen werden könnte.

Wer, wie jener verblendete Neonazi Barend Strydom, Mitglied der Afrikaaner Weerstandsbeweging AWB, am hellen Nachmittag durch die Hauptgeschäftsstraße von Pretoria geht und wahllos «zur Übung» Schwarze erschießt, ist auch zum Mord an Mandela bereit. Noch im Gerichtssaal wurde Strydom von seinen Nazifreunden mit lautem Hallo begrüßt. Es gibt noch viele potentielle Strydoms in Südafrika. Und es wird wenig bis gar nichts gegen sie unternommen.

Das war so, als ich vor drei Jahren nach Südafrika kam. Das ist jetzt so, während die Umzugsfirma unsere Habseligkeiten in einen Container packt, der sechs Wochen mit dem Schiff unterwegs sein wird, bis er in Deutschland eintrifft.

Abschied vom Kap

Die letzten Tage in Südafrika sind schnell vergangen. Die wenigen echten Freunde nochmals sehen, manche sehr wahrscheinlich zum letzten Mal. Rebecca Rapetswa, «unsere» Maid lud uns nach Soweto ein, zu dem winzigen Grundstück, das sie gekauft hat. Bald wird dort ein kleines Häuschen stehen, ein bescheidener Platz für sie und die vier Kinder. Besser als nichts. Wir verlassen Südafrika wenigstens in der Gewißheit, daß niemand mehr diese wunderbare Frau und ihre Kinder vertreiben kann. Der Makler hat Schwierigkeiten, das Haus, in dem wir die letzten drei Jahre verbrachten, zu vermieten. Um das Grundstück gibt es nach wie vor keine Mauer. Die Mauer um das Nachbargrundstück ist dagegen noch um einen Meter gewachsen. Sie ist jetzt beinahe drei Meter hoch. Wer dahinter lebt, wissen wir immer noch nicht.

«Wann sind denn das *girl* und der *garden boy* zu Hause?» fragte mich die Dame der Maklerfirma gestern nochmal am Telefon. Jetzt, so kurz vor Schluß, bekomme ich doch tatsächlich den ersten echten Wutanfall auf die Ignoranz vieler Weißer in Südafrika.

«Nur damit Sie's wissen: Wir haben kein *girl*, sondern eine 45 Jahre alte Frau, die uns im Haushalt hilft, Frau Rapetswa, wenn Sie das mit girl meinen. Und was sie *garden boy* nennen, ist kein boy, sondern nach wie vor ein Mann, der eine Familie mit fünf Kindern ernährt und zweimal die Woche bei uns arbeitet. Er heißt auch nicht «boy», sondern Herr Brown!»

Jetzt brülle ich beinahe ins Telefon. Als ob sich in den letzten drei Jahren nichts verändert hätte! In den Alltagsgewohnheiten vieler Weißer hat sich wohl auch nicht viel verändert. Nur, daß vielleicht die Mauern in den weißen Vororten noch ein bißchen höher geworden sind. Hoffnung, daß das alles hier gutgeht? Ich bemühe mich ja. Ich weiß nur nicht, woher ich sie nehmen soll, diese Hoffnung. Und dabei bin ich von Natur aus alles andere als ein Pessimist. Bestimmt nicht.

Den Vogel schießt eine zweite Maklerfirma ab, die von unseren nach wie vor in Thailand weilenden Vermietern zusätzlich beauftragt wurde. Die Dame ist am Telefon sehr anbiedernd. Ich bin freundlich. Sie verwechselt das mit Sympathie.

«Ach ja, man kann machen, was man will. Die Kaffer klettern über jede noch so hohe Mauer!»

Ich frage nach, ob ich mich verhört habe. Oder hat sie tatsächlich das Schimpfwort «Kaffer» für Schwarze verwendet?

«Oh, yes, why are you asking...? Aber sicher, warum fragen Sie...?»

Ich lege den Hörer auf. Werden es diese Weißen doch noch irgendwann lernen, die mit der anderen Hautfarbe schlicht und einfach ganz normal und ohne Diskriminierung zu behandeln? Während unser Lufthansa-Jumbo von der langen Rollbahn des Jan-Smuts-Flughafens abhebt, schaue ich Monika an. Wir denken beide das gleiche. Unter uns verschwinden die Lichter von Johannesburg langsam in der tiefen afrikanischen Nacht.

Nachbemerkung

Bücher wie dieses schreibt man nicht allein. Viele schreiben mit. Zum Beispiel jene Kollegen, mit denen ich immer und immer wieder meine Wahrnehmungen diskutiert habe und denen ich Dank schulde:

Mike Hanna, dem Südafrika-Korrespondenten des hervorragenden englischen Fernsehprogramms *Channel Four*; Allister Sparks und Patrick Laurence, zwei hervorragenden und kritischen südafrikanischen Kollegen. Patrick Laurence verdanke ich insbesondere viele zusammenfassende Informationen über die Mordkommandos der Polizei und des Militärs. Allister Sparks schrieb das Buch *«The Mind of South Africa. The Rise and Fall of Apartheid»*, das ich für das augenblicklich beste Buch über Südafrika halte, es hat mir, dem «Zugereisten», viele Einsichten vermittelt; Peter und Amina Frense, zwei ausgezeichneten und schon viele Jahre in Südafrika lebenden Journalisten, denen ich, neben vielen Diskussionen, auch wunderbare Abende bei afrikanischem Jazz verdanke; Dank schulde ich ebenfalls den für mich stets geöffneten Archiven der Zeitungen *The Citizen, The Star, The Weekly Mail, Business Day, The Sowetan.*

Marijana hat mit ihren unermüdlichen Recherchen zu diesem Buch beigetragen – einen außerordentlich wichtigen Teil, genauso wie die geduldigen Kolleginnen und Kollegen des ARD-Büros, die auch einen übernächtigten Korrespondenten stets aufgemuntert und gelegentlich besonders nachsichtig behandelt haben.

Ganz besonderen Dank aber schulde ich meiner Frau Monika, die mir stets Mut gemacht und nicht nur als unermüdliche und kritische Leserin wertvolle Tips gegeben, sondern auch beinahe alle Fotos zu diesem Buch beigesteuert hat. Ihr Anteil an diesem Buch ist sowieso viel größer, als ich es hier durch ein paar Sätze deutlich machen kann. Nicht zu vergessen schließlich unsere Tochter Natascha, die nach wie vor Soweto, seine MusikerInnen und den *Township Groove* tausendmal besser kennt als ich. Auch von ihr habe ich viel gelernt.

T. R.

Traumkontinent Südamerika?

Rolf Pflücke
Das verlorene Jahrhundert
Südamerika zwischen Krise und Reform
336 Seiten mit 24 farbigen Abbildungen und Karten
gebunden mit Schutzumschlag
ISBN 3 522 65250 9

EDITION ERDMANN